QUEM REALMENTE ESCREVEU A BÍBLIA

WILLIAM M. SCHNIEDEWIND

QUEM REALMENTE ESCREVEU A BÍBLIA

A história dos escribas

ALTA BOOKS
GRUPO EDITORIAL

Quem realmente escreveu a Bíblia

ISBN: 978-65-53190-29-0

Impresso no Brasil — 1ª Edição, 2025 — Edição revisada conforme o Acordo Ortográfico da Língua Portuguesa de 2009.

DADOS INTERNACIONAIS DE CATALOGAÇÃO NA PUBLICAÇÃO (CIP)
(BENITEZ Catalogação Ass. Editorial, MS, Brasil)

S361q
1. ed. Schniedewind, William M.
Quem realmente escreveu a bíblia : a história dos escribas / William M. Schniedewind ; tradução Brian Kibuuka. – 1. ed. – Rio de Janeiro : Contra O Vento, 2025.
386 p.; il.; 16 x 23 cm

Título original: Who Really Wrote the Bible.
Bibliografia.
ISBN 978-65-53190-29-0

1. Autenticidade bíblica. 2. Cânon bíblico. 3. Exegese bíblica 4. História bíblica. I. Kibuuka, Brian. II. Título.

05-2025/122 CDD 220.12

Índice para catálogo sistemático :
1. Bíblia : Autenticidade : Cânon bíblico 220.12
Aline Graziele Benitez – Bibliotecária – CRB-1/3129

Produção Editorial: Grupo Editorial Alta Books
Diretor Editorial: Anderson Vieira
Editor da Obra: Eduardo de Proença
Vendas Governamentais: Cristiane Mutüs
Gerência Comercial: Claudio Lima
Gerência Marketing: Andréa Guatiello

Tradução: Brian Kibuuka
Assistente de tradução: Cláudia Montico
Revisão: Giovanni Pieroni
Projeto gráfico: Alessandra S. O. de Proença
Capa: cortesia da Biblioteca dos Pergaminhos do Mar Morto Leon Levy. Fotografia de Shai Halevi

ALTA BOOKS
GRUPO EDITORIAL

Rua Viúva Cláudio, 291 — Bairro Industrial do Jacaré
CEP: 20.970-031 — Rio de Janeiro (RJ)
Tels.: (21) 3278-8069 / 3278-8419
www.altabooks.com.br — altabooks@altabooks.com.br
Ouvidoria: ouvidoria@altabooks.com.br

Editora **afiliada à:**
abdr
ASSOCIADO CBL Câmara Brasileira do Livro

Sumário

Lista de Figuras

Prefácio à Edição Brasileira

A questão da autoria da Bíblia constitui um dos temas mais intrincados e decisivos para os estudos bíblicos e a historiografia do Antigo Oriente Próximo. Não se trata de uma mera indagação filológica ou de um debate sobre atribuições textuais, mas de uma investigação que toca a própria essência da transmissão da tradição religiosa, da construção da identidade literária e do papel das elites letradas na preservação da memória cultural. A Bíblia não é um livro de autoria única e linear, mas o resultado de séculos de produção, edição e compilação realizadas por escribas que operavam sob distintos regimes políticos e estruturas sociais.

Essa problemática insere-se em um campo mais amplo de reflexão sobre a passagem das culturas orais para a fixação escrita, bem como sobre os critérios que determinaram a sacralização de certos textos e a exclusão de outros do cânone religioso. A escrita, longe de ser um mero expediente técnico, foi sempre um instrumento de poder e, ao mesmo tempo, um mecanismo de estabilização das tradições. A compreensão da Bíblia como fenômeno literário exige, portanto, um exame minucioso das condições materiais de sua produção, da função dos escribas e das comunidades que garantiram sua continuidade e adaptação ao longo dos séculos.

A pergunta fundamental que norteia essa discussão não se restringe a um simples "quem escreveu?", mas abrange "como, quando e por quê se escreveu?". As Escrituras não surgem *ex nihilo*; são modeladas por contextos políticos e institucionais, refletindo disputas ideológicas, deslocamentos populacionais e transformações religiosas. A investigação sobre os escribas hebreus nos conduz, assim, a uma compreensão mais profunda da história da Bíblia, situando-a no horizonte dinâmico das sociedades que a produziram.

William M. Schniedewind figura entre os mais proeminentes estudiosos contemporâneos da Bíblia Hebraica e da história da escrita no Antigo Oriente Próximo. Seu percurso acadêmico se distingue pelo rigor metodológico e pela abordagem interdisciplinar, conjugando filologia semítica, arqueologia e crítica literária na reconstrução dos processos que levaram à fixação dos textos bíblicos. Atualmente professor na Universidade da Califórnia em Los Angeles (UCLA), ele ocupa a cátedra de Estudos Bíblicos e Línguas Semíticas, consolidando sua posição como uma das principais referências na investigação das práticas escriturais do antigo Israel e Judá.

Ao longo de sua carreira, Schniedewind tem se dedicado à análise da formação do texto bíblico sob a ótica das comunidades de escribas, afastando-se das tradicionais hipóteses documentárias que buscam identificar fontes e autores individuais. Em sua obra seminal *How the Bible Became a Book* (2004), ele argumenta que a passagem da oralidade para a escrita na cultura hebraica foi condicionada por mudanças sociopolíticas, sobretudo a partir do exílio babilônico, quando a preservação da identidade nacional tornou-se uma preocupação central das elites letradas. Já em *A Social History of Hebrew* (2013), sua investigação aprofunda-se na evolução da língua hebraica, demonstrando como a escrita, mais do que um meio de comunicação, foi um instrumento de coesão social e redefinição teológica.

O mérito de Schniedewind reside não apenas na solidez de suas análises, mas na originalidade com que articula diferentes campos do saber para compreender a complexidade do processo de composição da Bíblia. Sua pesquisa combina a erudição filológica com uma leitura atenta das evidências epigráficas e arqueológicas, permitindo-lhe traçar um panorama abrangente das condições em que os textos foram produzidos, editados e transmitidos. Diferentemente de abordagens que privilegiam exclusivamente a exegese textual, seu trabalho enfatiza o papel dos escribas como mediadores culturais, responsáveis por preservar e, ao mesmo tempo, transformar o legado literário do antigo Israel.

A publicação de *Quem realmente escreveu a Bíblia. A história dos escribas* representa o ápice dessa trajetória intelectual. Nessa obra, Schniedewind retoma e expande suas investigações sobre a escrita e a formação do cânone bíblico, aprofundando a análise do papel das comunidades escribais e de suas interações com as instituições políticas e religiosas. Seu estudo, sustentado por um impressionante aparato crítico, apresenta não apenas uma revisão da historiografia sobre o tema, mas uma proposta metodológica que redefine a compreensão da Bíblia como um fenômeno literário, social e político.

Quem realmente escreveu a Bíblia. A história dos escribas se impõe como uma análise magistral do papel dos escribas na configuração do texto bíblico. Partindo de uma crítica ao modelo tradicional que enfatiza a autoria individual e as hipóteses documentárias clássicas, Schniedewind propõe um deslocamento interpretativo: em vez de buscar nomes ou grupos específicos responsáveis por determinadas porções do texto bíblico, ele investiga as dinâmicas sociopolíticas que permitiram a emergência e a consolidação de tradições escritas. Seu objetivo não é apenas reconstruir a história da formação da Bíblia, mas compreender os mecanismos que governaram sua transmissão, edição e canonização.

O autor rejeita a concepção anacrônica da autoria como um ato singular e individualizado, característico da literatura clássica e moderna, e enfatiza o contexto coletivo da produção textual na Antiguidade. A escrita, em seu modelo, não era uma atividade isolada, mas um empreendimento institucional que se desenvolvia em ambientes específicos — cortes reais, templos, centros administrativos. Os escribas, longe de serem meros copistas, atuavam como agentes da memória cultural, adaptando e reinterpretando textos conforme as demandas políticas e teológicas de cada período.

Schniedewind estrutura sua investigação em três grandes eixos: a emergência das comunidades escribais no antigo Israel e Judá, o papel desses escribas na fixação e transmissão dos textos e, por fim, a sobrevivência dessas tradições ao longo dos séculos, até sua consolidação na Bíblia Hebraica. A obra é enriquecida por um exame minucioso de inscrições epigráficas, comparações com práticas escriturais do Egito e da Mesopotâmia, além de uma crítica à visão excessivamente fragmentária dos estudos textuais modernos.

Ao demonstrar que a Bíblia foi o produto de um longo processo de escrita, reescrita e adaptação, Schniedewind desafia leituras essencialistas do texto bíblico e propõe uma visão mais matizada, na qual a escrita não é um ato definitivo, mas uma prática em constante negociação. Esse modelo permite compreender como diferentes camadas textuais se sobrepõem, como determinados gêneros literários foram introduzidos ao longo do tempo e como as elites escribais desempenharam um papel decisivo na configuração da tradição israelita.

Assim, a obra se destaca não apenas pelo rigor acadêmico, mas pela amplitude de sua proposta teórica. Ao deslocar o foco da autoria para a prática e A estrutura de *Quem realmente escreveu a Bíblia. A história dos escribas* segue uma progressão meticulosa, conduzindo o leitor da emergência das comunidades de escribas à consolidação do cânone bíblico. O livro está organizado em três partes, cada uma abordando um estágio fundamental na formação dos textos sagrados.

A Introdução, intitulada "Uma nova abordagem para a Bíblia", estabelece as premissas fundamentais do estudo. Schniedewind argumenta que a compreensão tradicional da autoria bíblica — baseada na identificação de indivíduos ou escolas responsáveis por diferentes seções do texto — deve ser substituída por uma investigação das comunidades escribais e das dinâmicas institucionais que regeram a escrita e a transmissão textual. Ele rejeita a noção de que os textos foram concebidos como obras literárias autônomas e propõe um modelo em que a Bíblia emerge como um fenômeno cumulativo, resultado de séculos de intervenções e adaptações.

A Parte Um, intitulada "Comunidades de escribas hebreus", dedica-se à análise das primeiras práticas escriturais no antigo Israel e Judá. No Capítulo 1, Schniedewind examina o aprendizado escribal, enfatizando que a escrita era uma habilidade adquirida em ambientes altamente especializados, onde mestres e aprendizes formavam redes fechadas de transmissão do conhecimento. O Capítulo 2 investiga a influência do Egito nas práticas administrativas e na formação dos primeiros escribas hebreus, mostrando como o domínio egípcio modelou o aparato burocrático israelita. No Capítulo 3, o autor discute o papel dos escribas na administração estatal e na produção de documentos legais, históricos e diplomáticos. Já no Capítulo 4, ele explora o impacto da destruição do Reino do Norte, analisando como os escribas samaritanos que migraram para Judá contribuíram para a diversificação e ampliação da tradição literária hebraica.

A Parte Dois, "Os começos da Bíblia", focaliza a transição da oralidade para a escrita e o papel das novas comunidades escribais nesse processo. No Capítulo 5, Schniedewind demonstra como diferentes grupos de escribas começaram a atuar fora do contexto estatal, associando-se a círculos religiosos e proféticos. O Capítulo 6 aprofunda a relação entre escribas e profetas, argumentando que muitos dos escritos proféticos não foram redigidos pelos próprios profetas, mas por escribas que registraram e adaptaram suas mensagens. O Capítulo 7 analisa a disseminação gradual da escrita entre diferentes camadas da população, enquanto o Capítulo 8 desafia a visão tradicional da atividade escribal como exclusiva dos homens, apresentando evidências da presença de mulheres em funções administrativas e literárias. No Capítulo 9, Schniedewind volta-se para os escribas sacerdotais, discutindo seu papel na preservação dos textos religiosos e na definição das tradições cultuais de Jerusalém.

A Parte Três, "A sobrevivência das comunidades escribais", examina os desafios enfrentados pelos escribas em períodos de instabilidade política e suas estratégias de adaptação. No Capítulo 10, o autor investiga a atuação dos escribas durante o exílio babilônico, demonstrando como a preservação das tradições escritas se tornou um elemento central da identidade dos judeus na diáspora. No Capítulo 11, ele analisa a relação entre escribas judeus e samaritanos, explorando as divergências e continuidades na transmissão textual. O Capítulo 12 trata do papel de Esdras e Neemias na reorganização da tradição escribal sob o domínio persa, destacando sua influência na fixação do texto que posteriormente seria canonizado como Bíblia Hebraica.

Na Conclusão, Schniedewind reafirma sua tese de que a Bíblia não pode ser compreendida sem uma investigação detalhada das comunidades que produziram, preservaram e editaram seus textos ao longo dos séculos. Ele argumenta que a história da formação do cânone deve ser lida como um processo dinâmico, no qual os escribas desempenharam um papel não apenas de copistas, mas de agentes intelectuais que redefiniram constantemente os significados e funções da tradição escrita.

A obra *Quem Realmente Escreveu a Bíblia. A história dos escribas* não se limita a apresentar uma nova perspectiva sobre a autoria da Bíblia, mas redefine os parâmetros da investigação sobre a formação do texto sagrado. A abordagem de William M. Schniedewind distingue-se por sua solidez metodológica, aliando análise filológica rigorosa, interpretação de fontes epigráficas e arqueológicas e uma leitura perspicaz da dinâmica sociopolítica que permeou a escrita e a transmissão textual no antigo Israel e Judá. Seu trabalho não se restringe a um exercício acadêmico isolado; trata-se de uma tentativa bem-sucedida de reformular a maneira como se entende a relação entre a escrita, a autoridade e a construção da identidade religiosa e política.

O mérito central do livro reside em sua capacidade de afastar-se das explicações tradicionais e anacrônicas, que frequentemente reduzem a formação da Bíblia a um processo de autoria individual ou de composição linear. Schniedewind demonstra, com farta documentação, que os textos bíblicos não foram concebidos como unidades coesas e imutáveis, mas emergiram como resultado de uma longa tradição de reescrita, edição e adaptação. Esse enfoque permite compreender a complexidade do corpus bíblico, mostrando que os escribas não eram simples copistas, mas intelectuais que desempenharam um papel fundamental na preservação e redefinição da tradição israelita.

Outro aspecto notável da obra é a maneira como o autor articula diferentes tipos de evidência para sustentar suas teses. A análise epigráfica, frequentemente negligenciada nos estudos bíblicos tradicionais, é explorada de maneira exemplar, permitindo que Schniedewind reconstituísse as práticas escriturais das diversas comunidades escribais. Inscrições oriundas de sítios arqueológicos do Levante, documentos administrativos e textos legais são mobilizados para demonstrar que a escrita no mundo bíblico estava longe de ser um monopólio religioso, mas era uma ferramenta essencial para o funcionamento do Estado e para a transmissão da memória cultural.

O equilíbrio entre erudição e clareza expositiva é outra virtude do livro. Embora se trate de um estudo denso e embasado em um impressionante arcabouço crítico, Schniedewind evita o hermetismo acadêmico e constrói uma narrativa acessível, capaz de dialogar tanto com especialistas quanto com leitores interessados em compreender a história da Bíblia sob uma nova perspectiva. Sua escrita, marcada por precisão conceitual e argumentação sólida, contribui para que a obra transcenda o âmbito estritamente acadêmico e se torne uma referência incontornável para todos aqueles que buscam uma abordagem mais matizada e historicamente fundamentada da composição dos textos bíblicos.

Se há um ponto em que *Quem realmente escreveu a Bíblia* se destaca de modo definitivo, é na rejeição de uma visão essencialista da Bíblia como um texto fixo e homogêneo. O autor demonstra que os textos sagrados evoluíram em um processo contínuo de transmissão e reinterpretação, moldado por fatores políticos, sociais e teológicos. Essa concepção tem implicações profundas para os estudos bíblicos, pois desloca a ênfase da questão da autoria para a análise das comunidades que produziram, modificaram e legaram os textos.

Schniedewind entrega uma obra de grande envergadura, que não apenas desafia pressupostos arraigados, mas propõe uma nova maneira de abordar a formação da Bíblia. Sua investigação, sustentada por um impressionante rigor acadêmico, representa um marco nos estudos da Bíblia Hebraica e da história da escrita no Antigo Oriente Próximo. Trata-se de uma leitura indispensável para todos aqueles que buscam compreender como a tradição escrita moldou a identidade religiosa e política do antigo Israel e como esse legado textual chegou até nós.

Brian Gordon Lutalo Kibuuka

Prefácio

Este livro começou a partir da simples observação de que os escribas do hebraico antigo aprendiam por meio da *aprendizagem por tutoria*, e não em escolas. Naquela época, não existiam escolas como as conhecemos hoje. A partir dessa observação, comecei a me perguntar como isso poderia impactar a formação da literatura bíblica ao longo dos séculos. Eu queria contar a história dos escribas, mas também queria tornar essa história amplamente acessível além do círculo dos especialistas. Nesse espírito, procurei seguir o conselho de Albert Einstein, que diz: "Tudo deve ser o mais simples possível, mas não mais simples."[1] Acho que o melhor é começar com a explicação mais simples como ponto de partida para observar a complexidade da literatura bíblica.

Um dos catalisadores do meu pensamento sobre o modelo de aprendizado por tutoria foi a recente publicação das inscrições de Kuntillet ʻAjrud. Publiquei minha interpretação dessas inscrições em um artigo, bem como em minha monografia *The Finger of the Scribe*, que investigava o currículo usado pelos escribas para aprender a ler e escrever no antigo Israel. O que me chamou atenção, embora estivesse fora do foco daquele livro, foi a evidência direta de que a tutoria era o modo de aprendizagem entre os escribas em Israel antigo. Isso era algo amplamente assumido pelos estudiosos, mas se evidencia de forma explícita nas inscrições de Kuntillet ʻAjrud. Quanto mais eu pesquisava, mais encontrava evidências desse modelo de aprendizado por tutoria. Outro catalisador para mim foi a pesquisa antropológica – em sua maioria conduzida por arqueólogos – que começou a refletir sobre como a aprendizagem por tutoria criava redes profissionais. As implicações pareciam profundas, mas em grande parte inexploradas. Nesse sentido, acredito que este livro nos conduz a um território novo.

As comunidades de escribas – e não indivíduos isolados – foram as responsáveis por coletar, compilar e preservar a maior parte da literatura bíblica. É claro que havia escribas individuais, e ocasionalmente conseguimos vislumbrar esses indivíduos em meio às suas comunidades. Os escribas atuavam em diferentes tipos de comunidades associadas ao Estado, ao exército, às classes mercantis, ao templo e aos anciãos tribais – e cada grupo produzia sua própria literatura. Com o tempo, todas essas tradições literárias chegaram a Jerusalém, onde foram reunidas e preservadas por instituições oficiais – primeiro o palácio, depois o templo. Este livro narra a história dessas diversas comunidades de escribas que escreveram e coletaram a literatura bíblica, e como essas comunidades e seus escritos chegaram a Jerusalém, onde puderam ser preservados, compilados, editados e, por fim, canonizados em nossa Bíblia.

Espero que meus colegas acadêmicos me perdoem por evitar o uso de grafias originais e optar por transcrições simplificadas, exceto nos casos em que achei necessário por uma questão de clareza. Em princípio, sempre procurei priorizar a acessibilidade e a legibilidade. Salvo indicação em contrário, as traduções presentes neste livro são de minha autoria, embora eu tenha tentado não me afastar significativamente de traduções já publicadas, exceto em casos pontuais em que considerei que estas eram enganosas ou poderiam ser mais claras para ilustrar meu argumento.

Este livro certamente reflete minha própria dívida com várias comunidades. Nas palavras do Talmude Babilônico: "Aprendi muito com meus mestres, ainda mais com meus colegas, e mais do que todos com meus alunos" (*bTa'anith* 7a). Quero primeiro lembrar meus antigos professores, que começaram a me ensinar em minha alma mater de graduação, o George Fox College, especialmente Arthur Roberts e Cyril Carr. Este último me apontou o caminho para Jerusalém, onde comecei a estudar hebraico, arqueologia, história e geografia na hoje chamada Jerusalem University College, com Gabi Barkay, Isaiah Gafni, Ami Mazar, Jim Monson, Chaim Rabin e Anson Rainey. Anson e Jim me ensinaram a apreciar a Terra e a pensar com os pés no chão sobre a história e a literatura bíblica, e foi Anson quem me direcionou à Brandeis University para meus estudos de pós-graduação, onde sentei aos pés de novos mestres – especialmente Michael Fishbane e Marc Brettler – que foram exemplos de imaginação acadêmica, rigor e generosidade.

Meus colegas na UCLA têm sido parte prazerosa de uma pequena comunidade, e sou grato a Cate Bonesho, Aaron Burke, Liz Carter, Kara Cooney, Gina Konstantopoulos, Rahim Shayegan, Willeke Wendrich e Jonathan Winnerman. E o mundo acadêmico também é um mundo bastante pequeno, no qual me vejo em dívida com muitos colegas, incluindo Susan Ackerman, David Carr, Spencer Elliot, Dan Fleming, Yuval Gadot, Ron Hendel, Michael Langlois, Mahri Leonard-Fleckman, Mark Leuchter, Oded Lipschits, Drew Longacre, Sara Milstein, Lauren Monroe, John Monson, Matthieu Richelle, Seth Sanders, Omer Sergi, Mark Smith e Abigail Zammit. Andrew Herbek fez belas ilustrações para o livro. Acima de tudo, fui abençoado com alunos extraordinários, que contribuíram de muitas formas para o meu pensamento ao longo deste trabalho. Gostaria de reconhecer Andrew Bock, Bob Cargill, Lisa Cleath, Brian Donnelly-Lewis, Bryan Elliff, Tim Hogue, Moise Isaac, Alice Mandell, Roger Nam, Melissa Ramos, Matt Suriano, Elizabeth VanDyke, Stephen Ward e Alex Youngstrom.

Este livro começou a ser escrito durante uma pandemia mundial. Se houve um lado positivo nesse período, foi o hábito que minha esposa e eu desenvolvemos de fazer longas caminhadas. Sou profundamente grato à minha querida esposa, Jeanne, que alegremente escutou minhas reflexões durante essas muitas caminhadas e fez inúmeras perguntas instigantes, que sem dúvida tornaram este livro mais claro e acessível.

Notas

1 Essa citação foi atribuída a Einstein por Roger Sessions em "How a 'Difficult' Composer Gets That Way," *The New York Times*, 8 de janeiro de 1950. Nos próprios escritos de Einstein, encontramos muitas declarações que se alinham a essa ideia geral, embora nenhuma utilize exatamente essa formulação. Ver Alice Calaprice, ed., *The Ultimate Quotable Einstein* (Princeton, NJ: Princeton University Press, 2013).

Introdução: uma nova abordagem para a Bíblia

Este livro propõe uma forma diferente de compreender a formação da Bíblia Hebraica com base na aprendizagem por meio de *aprendizagem por imitação* (*apprenticeship*) e nas comunidades de escribas.[1] Ao longo dos últimos quarenta anos, estudei a literatura bíblica, inscrições antigas e arqueologia. A partir desses estudos surgiu a percepção de que comunidades – e não tanto indivíduos – são centrais para a formação da Bíblia. Especificamente, estou falando das comunidades de escribas. São essas as pessoas que escreveram, copiaram, coletaram, organizaram, editaram e preservaram a literatura bíblica. Para entender a Bíblia, é necessário compreender quem a escreveu e as comunidades nas quais esses escribas atuavam.

Ao propor um modelo de *aprendizagem por imitação* para a formação da literatura bíblica, estou me opondo ao modelo individualista de autoria bíblica. A concepção de autores bíblicos é anacrônica. Ela transporta concepções modernas de escrita e autoria para o passado distante.[2] Parte-se da suposição das conveniências de tecnologias modernas como a prensa tipográfica e a produção industrial de papel, que tornam a escrita e os livros muito mais fáceis, acessíveis e empreendimentos individuais. No entanto, a produção e a circulação de literatura na Antiguidade dependiam profundamente das comunidades de escribas e de uma infraestrutura social. Um escriba não podia simplesmente se sentar, escrever e distribuir sua obra. Tanto a escrita quanto a literatura, assim como sua difusão e transmissão, dependiam de comunidades.

Neste livro, enfatizarei as comunidades, não os indivíduos. Não pretendo descartar completamente a existência de autores individuais – e encontraremos alguns ao longo do caminho. O que defendo, porém, é que precisamos reconhecer que as comunidades de escribas foram o cenário principal para a criação, preservação e transmissão da literatura. Temos a tendência de projetar nossa própria visão de mundo sobre a formação da Bíblia – ou seja, uma visão centrada em autores e indivíduos. As comunidades de escribas representam um modelo radicalmente diferente de autoria bíblica em comparação com aquele suposto pela velha pergunta: quem escreveu a Bíblia?[3] Essa pergunta se dirigia a indivíduos. Moisés escreveu o Pentateuco; Esdras o editou. Davi escreveu os Salmos. Salomão escreveu os Provérbios. A necessidade de atribuir autores à literatura da antiga Israel começou, na verdade, no período helenístico. Os gregos tinham seus autores – Homero, Heródoto, Platão, Aristóteles – e, à medida que a literatura judaica clássica entrou no mundo helenístico, os judeus começaram a sentir a necessidade de atribuir autores às suas obras. Mas a figura do autor não fazia parte do contexto do antigo Oriente Próximo em que a Bíblia surgiu. Trata-se, antes, de uma ideia helenística que foi inserida na história da Bíblia em sua recepção, não em sua produção.

Um livro como o Gênesis, por exemplo, não fornece qualquer indício de autoria. E isso vale para a maioria dos outros livros bíblicos. Mesmo os livros proféticos – como o de Isaías – na verdade não atribuem a autoria ao profeta. O profeta é um personagem do livro, não seu autor. Assim, o livro é introduzido como "visão que Isaías viu" e não como "palavras que eu escrevi" (Is 1:1). Da mesma forma, livros como Samuel recebem seus títulos com base em personagens da narrativa, e não nos autores dos textos. Mas abordaremos essa parte da história dos escribas mais adiante. Por ora, basta destacar que, ao contrário das nossas expectativas modernas, a Bíblia em si raramente nomeia autores. Isso se deve quase certamente ao fato de que foi coletada e produzida por comunidades.

A ênfase nas comunidades, em vez de autores, harmoniza-se com a crescente insatisfação dos estudiosos da Bíblia em relação à Hipótese Documentária.[4] Durante mais de um século, a Hipótese Documentária – que postulava quatro documentos (e, por extensão, quatro autores) responsáveis pelo Pentateuco – dominou a pesquisa bíblica. Esses documentos, designados por J, E, D e P (autores Javista, Eloísta, Deuteronomista e Sacerdotal), formavam o núcleo da teoria clássica. Em 1977, o professor alemão Rolf Rendtorff publicou uma crítica a essa hipótese, sugerindo que, em vez de documentos, deveríamos pensar nos processos e tradições que formaram o Pentateuco.[5] Seu trabalho foi amplamente responsável por introduzir fissuras significativas no antigo consenso acadêmico – embora um novo consenso ainda não tenha surgido.[6] Mesmo com o declínio da influência da Hipótese Documentária, a estrutura mental baseada em autores e documentos continua a moldar o campo. Isso não apenas reflete uma maneira helenística de pensar sobre literatura e autoria; é também a forma como operamos no mundo moderno. Mas o mundo do antigo Israel era bastante diferente – era um mundo habitado mais por comunidades de escribas do que por autores individuais.

Para sermos justos, a Hipótese Documentária sempre reconheceu a dificuldade de lidar com a noção de autores.[7] Por exemplo, na obra seminal de Julius Wellhausen, *Die Composition des Hexateuch*, ele sugeriu uma longa história de composição dentro das diferentes fontes – como J^1, J^2, J^3 e também E^1, E^2, E^3 – cada uma representando uma etapa no processo composicional, o que implicava a atuação de uma comunidade de escribas contínua em vez de uma série de autores distintos. Hermann Gunkel resumiu isso de forma clara ao afirmar que "J e E não são escritores individuais, mas sim escolas de narradores."[8] Infelizmente, os estudos bíblicos frequentemente voltaram à conveniência do conceito e da terminologia de autores individuais.

Este livro também reflete minha própria trajetória pessoal com o texto bíblico. Fui especialmente influenciado pelos estudos de arqueologia, geografia e línguas em Jerusalém. Cheguei a Israel logo após concluir a faculdade, com apenas vinte e um anos de idade. Fiquei particularmente marcado por um professor que me advertia repetidamente: "Bill, você precisa pensar com os pés no chão." Era sua maneira de me dizer para sair da torre de marfim. Parte disso significava passar muitos dias vagando num velho Land Rover, caminhando por *wadis* e subindo e descendo *tells* (montes artificiais de antigas cidades bíblicas). Hoje, sentado em meu escritório universitário com ar-condicionado, em frente ao laptop e cercado de livros, é fácil perder essa perspectiva. Mas os antigos israelitas não viviam em livros – viviam ao longo das estradas poeirentas da terra. Mergulhar na arqueologia dos lugares, percorrer a geografia da região e ler as inscrições dos antigos começou a colocar meus pés no chão e me ajudou a pensar de forma prática sobre como a literatura bíblica veio a existir.

Pensar com os pés no chão pode incomodar algumas abordagens religiosas da Bíblia, que a tomam como a "palavra de Deus" – e não dos escribas. Não pretendi com este livro fazer um ataque frontal a uma leitura religiosa do texto – nem à inspiração divina, se é isso em que se crê. Minha intenção é apenas levar a sério o lado humano das Escrituras. Somente as tradições religiosas mais conservadoras aderem a uma "teoria da ditado" das Escrituras, eliminando assim qualquer agência humana. Este livro se interessa pela agência humana daqueles que criaram e preservaram a literatura bíblica.

Pensar com os pés no chão também irá subverter algumas concepções populares entre estudiosos. Por exemplo, os estudiosos frequentemente escrevem sobre e se referem a uma "escola de sabedoria".[9] Mas isso simplesmente não existia. É uma projeção de nós mesmos – de nossos contextos acadêmicos e experiências – sobre o antigo Israel. Essa visão dos antigos escribas começou com a identificação de um gênero literário, a literatura sapiencial, e então se imaginou uma escola de sábios que teria produzido tal literatura.[10] Parece até que um grupo de professores universitários escreveu a Bíblia! Neste caso, não creio estar equivocado ao sugerir que frequentemente projetamos nossa própria realidade sobre o mundo antigo.

As comunidades de escribas certamente tinham localizações sociais, mas não existia uma instituição social equivalente a uma universidade para os "sábios" do antigo Israel. A chamada escola de sabedoria não possui nenhum fundamento prático na sociedade israelita antiga. A literatura sapiencial é apenas um gênero do currículo estudado por todos os escribas. Não havia "escolas" formais. Não havia salas de aula. Os escribas aprendizes se formavam por meio de sistemas de *aprendizado/aprendizagem artesanal*. Escribas estavam vinculados uns aos outros, e vinculados a instituições como o palácio, o templo, ou a grupos sociais como o exército, os comerciantes ou os proprietários de terra.

Os escribas não eram veneráveis homens sábios cercados de livros. Todos precisam "pagar o aluguel", e os escribas não eram exceção. Aprender a escrever era uma habilidade associada a profissões, não a sábios em torres de marfim. Às vezes, as descrições acadêmicas desses sábios beiram o cômico. Por exemplo, Gunkel descreveu os sábios como homens de longas barbas que se sentavam juntos à porta da cidade trocando provérbios de sua juventude, rodeados de jovens atentos.[11] E no entanto, agora sabemos que a sabedoria e os ditos proverbiais eram um gênero fundamental da literatura educacional utilizada na formação de todos os escribas.[12] Talvez velhos tenham mesmo se sentado nos portões das cidades para discursar. Mas "o Sábio" não era um título no antigo Israel da mesma forma que "o Sacerdote", "o Profeta" ou "o Escriba" podiam ser usados como títulos.[13] Sacerdotes e profetas eram profissões – sábio, não. Todos os escribas, fossem reais, militares, do templo ou do comércio, estudavam e aprendiam provérbios como parte do currículo básico da formação escrita. Não havia escribas sapienciais. Não havia sábios vagando independentemente de instituições sociais como a corte, a burocracia, o mercado ou o templo.

Se quisermos compreender a formação da literatura bíblica, precisamos pensar nos locais onde os escribas realmente trabalhavam na antiga Jerusalém, em Judá e em Israel. É importante distinguir esses três termos e locais – Jerusalém, Judá e Israel. Jerusalém é o lugar onde a literatura bíblica foi, em última instância, reunida, editada e preservada. Mas a literatura hebraica chegou a Jerusalém vinda de outros lugares em Israel e Judá. Embora o termo "Israel" tenha se tornado uma designação geral para ambos os reinos – o do norte e o do sul, como um povo unificado –, ele originalmente se referia de modo mais específico ao reino do norte, cuja capital era Samaria (e antes disso, as capitais foram Siquém e Tirza). Neste livro, uso "Israel" para me referir de forma mais restrita ao reino do norte, e "Judá" ao reino do sul. A literatura chega a Jerusalém vinda de Samaria e talvez de

Betel, ao norte, bem como do interior de Judá, de cidades como Laquis e de vilarejos menores. A literatura também retorna do exílio e da diáspora – de lugares na Babilônia e no Egito – para Jerusalém, onde é reunida e editada no Templo de Jerusalém. Por fim, não devemos esquecer que o Pentateuco também saiu de Jerusalém rumo ao norte, onde se tornou um documento fundacional para o templo samaritano no monte Gerizim, quando este foi construído no século v a.C.

Também precisamos pensar de forma prática sobre como os escribas realmente aprendiam e trabalhavam. Isso começava por meio de relações – mestres escribas e seus aprendizes. Esses mestres escribas eram, primeiramente, funcionários da burocracia governamental. Ocupavam cargos oficiais. Eles formavam seus aprendizes – escribas juniores. E, enquanto aprendiam e trabalhavam juntos, criavam comunidades muito coesas. Podemos chamá-las de corporações, mas esse termo pode infelizmente evocar associações medievais (falaremos mais sobre isso no próximo capítulo). Embora eu não queira equiparar as corporações medievais às comunidades de escribas da Antiguidade, o termo *corporação* (*guild*, em inglês) é um sinônimo útil. Na verdade, gosto da expressão *corporação de escribas*, porque ela transmite um sentido mais tangível do que "comunidade". Os escribas de fato formavam associações concretas ao serem treinados juntos e ao compartilharem uma mesma vocação.

Não havia escolas no antigo Israel – pelo menos, não no sentido formal. Escolas têm edifícios. Escolas são instituições públicas e organizadas. No antigo Israel, no entanto, o aprendizado era mais parecido com o ensino doméstico, para usar uma comparação moderna útil, ainda que imprecisa. Os escribas aprendiam seu ofício por meio de *aprendizado por imitação*, e um mestre escriba podia ter vários aprendizes. No livro de Isaías, o profeta se refere a eles como *limmûdîm*, que pode ser traduzido como "alunos" ou "discípulos". Essas comunidades de discípulos-escribas surgiram a partir do modelo de aprendizagem por *apadrinhamento* (ou tutoria) que predominava na educação antiga. Assim, a Bíblia foi formada e transmitida segundo um modelo colaborativo, e não segundo um modelo individualista de aprendizagem e transmissão de conhecimento. Isso tem implicações profundas, pois esse modelo de formação gerou comunidades que criaram a literatura do antigo Israel.

As comunidades de escribas estavam ligadas a profissões, e a escrita era uma habilidade aprendida para o exercício dessas profissões. Aprender a ler e escrever era uma prática artesanal, como ser oleiro e aprender a moldar vasos, ou ourives e aprender a produzir joias, ferramentas ou armas. Muitas profissões faziam uso da escrita – incluindo burocratas do governo, soldados, sacerdotes, profetas, artesãos e comerciantes. Essas comunidades transmitiam conhecimento e saber, reproduzindo-se e passando tradições e habilidades para a geração seguinte. As comunidades de escribas que escreveram a Bíblia não foram exceção.

Este livro é a história das antigas comunidades hebraicas de escribas que nos deram a Bíblia. Ele traça o surgimento, desenvolvimento, multiplicação, sobrevivência e adaptação dessas comunidades que produziram a Bíblia Hebraica. Aqui, assumidamente, procuro simplificar a formação da Bíblia ao enxergá-la pelo prisma das comunidades de escribas. É claro que, na vida real, tudo é mais complexo e cheio de nuances, mas ajuda termos um modelo operacional. As comunidades de escribas serão aqui uma forma de simplificar o processo de formação da literatura bíblica. A tentação será multiplicar e fragmentar as comunidades de escribas – ou seja, individualizá-las. No entanto, a literatura antropológica sobre "comunidades de prática", juntamente com as evidências arqueológicas e epigráficas, deve funcionar como um antídoto contra essa tendência. Vou insistir que toda comunidade de escribas precisa ter um contexto social tangível.

É comum que estudiosos multipliquem indefinidamente as "fontes" e "redações" da literatura bíblica, mas o modelo de comunidade de escribas exige contextos sociais concretos – o que deve servir de freio a essa inclinação. Como resultado, poderemos entrelaçar a história das diversas comunidades de escribas da Antiguidade, que poderá servir como um modelo transformador para compreendermos a composição da literatura bíblica.

O modelo de aprendizagem por *aprendizado/apadrinhamento* certamente não era exclusivo do antigo Israel ou dos escribas hebreus. Os estudiosos reconhecem prontamente que escribas do antigo Oriente

Próximo aprendiam em contextos de ensino-aprendizagem do tipo artesanal. Por exemplo, o livro *Reading and Writing in Babylon*, de Dominique Charpin, apresenta amplas evidências sobre as "aprendizagens na arte do escriba".[14] Da mesma forma, o livro *Ancient Egyptian Scribes*, de Niv Allon e Hana Navrátilová, apresenta estudos de caso de diferentes tipos de escribas egípcios, oferecendo uma janela sobre como funcionava o aprendizado por tutoria na formação desses profissionais.[15] Estudos sobre escribas israelitas, como *Writing and Literacy in the World of Ancient Israel*, de Christopher Rollston, também reconhecem o papel do *aprendizado/apadrinhamento* na formação dos escribas, embora essa observação seja feita de forma passageira.[16] Já James Crenshaw, em seu estudo *Education in Ancient Israel*, acaba por deturpar o modelo de formação dos escribas quando escreve: "No Egito e na Mesopotâmia, onde existiam sistemas complexos de escrita, a formação dos escribas ocorria em escolas oficiais".[17]

A palavra "escolas" é problemática mesmo quando falamos do Egito e da Mesopotâmia. Ela tende a evocar imagens mentais equivocadas baseadas em nossas experiências contemporâneas com a educação formal. Para ser justo, Crenshaw usava essa afirmação para contrastar a ausência de evidências para "escolas" no antigo Israel, bem como para discutir dois possíveis períodos para o desenvolvimento de "escolas" hebraicas – os dias de Davi e Salomão (século X a.C.) ou os tempos de Ezequias e Isaías (século VIII a.C.). Mas nunca houve "escolas" no nosso sentido da palavra em Israel antigo – e tampouco esse é um modelo adequado para outras regiões do antigo Oriente Próximo.

Além disso, como demonstrei em meu livro *The Finger of the Scribe*, o currículo dos escribas hebreus já estava em desenvolvimento no início da Idade do Ferro (isto é, por volta do século XI a.C.). Esse currículo, voltado para comunidades de escribas, servia aos aprendizes em formação, que aprendiam com seus mestres por meio de um processo de acompanhamento e prática, e não como alunos em uma escola institucionalizada.

Este livro irá simplificar a história das comunidades de escribas em uma narrativa coesa. Em primeiro lugar, restrinjo o escopo ao concentrar-me no surgimento e na história das comunidades de escribas da língua hebraica. Além disso, meu interesse na formação da literatura bíblica mantém o foco em Jerusalém e em Judá, pois foi ali que a literatura bíblica se consolidou ao longo dos séculos. Ainda que o objetivo seja compreender a formação da literatura bíblica, acredito ser útil abordar a questão "de fora para dentro" – isto é, a partir de evidências externas colhidas em inscrições hebraicas, dados arqueológicos e comparações com outras culturas. O modelo de trabalho para essa narrativa simplificada provém da teoria antropológica da educação, especialmente do modelo de aprendizagem por *apadrinhamento* (ou tutoria). Embora meu uso desse modelo se concentre nas evidências externas – arqueológicas, epigráficas e comparadas –, ele será complementado e ilustrado por meio do texto da Bíblia Hebraica.

O surgimento de novas comunidades de escribas é um dos desenvolvimentos mais importantes para a formação da literatura bíblica discutidos neste livro. Até o século VIII a.C., o Estado era o principal patrocinador dos escribas. No entanto, com o advento do império assírio, a urbanização e a globalização estimularam a expansão da escrita para diferentes setores da sociedade. A escrita deixou de ser apenas uma ferramenta administrativa, tornando-se também um instrumento político, econômico e religioso. Diversos segmentos da sociedade passaram a se apropriar desse recurso emergente. Novas comunidades de escribas se desenvolveram e cultivaram suas próprias literaturas, tradições e formas de propaganda.

Com a destruição da cidade de Jerusalém e do reino de Judá pelos babilônios, essas diversas comunidades de escribas foram interrompidas. No processo de reconstrução posterior, os sacerdotes e o templo emergiram como os líderes de uma comunidade de escribas restaurada em Jerusalém. Eles reuniram e preservaram as tradições escritas do período do Ferro, mas suas próprias produções literárias concentraram-se no templo e na reconfiguração da identidade e da comunidade judaica em seu contexto persa e helenístico – o que nos leva ao fim da narrativa sobre as comunidades de escribas hebraicos.

Ao focar nessas comunidades de escribas, ofereço aqui um modelo simples e potente para compreendermos a formação da literatura bíblica.

Notas

1 Este livro trata da Bíblia Hebraica ou Antigo Testamento, embora, por brevidade, eu frequentemente me refira a ela simplesmente como "a Bíblia".

2 Esse ponto tem sido abordado por diversos estudos recentes. Ver especialmente Karel van der Toorn, *Scribal Culture and the Making of the Hebrew Bible* (Cambridge, MA: Harvard University Press, 2007), bem como meu livro anterior *How the Bible Became a Book: The Textualization of Ancient Israel* (Cambridge: Cambridge University Press, 2004). Sobre o desenvolvimento de conceitos de autoria, ver Hindy Najman, "Reading Beyond Authority," em *Rethinking 'Authority' in Late Antiquity: Authorship, Law, and Transmission in Jewish and Christian Tradition*, ed. A. J. Berkovitz e Mark Letteney (New York: Routledge, 2018), 17-30.

3 Essa pergunta é o título de um livro popular importante de Richard Elliot Friedman, *Who Wrote the Bible?* (Englewood Cliffs, NJ: Prentice Hall, 1987). Ver também Najman, "Reading Beyond Authority."

4 Isso é bem expresso no ensaio recente de Konrad Schmid, "Die Torah als multiautorielle Diskussionsliteratur Geschichte, Ästhetik und Hermeneutik eines kollaborativen Schreiberprodukts," em *Plurale Autorschaft: Ästhetik der Co-Kreativität in der Vormoderne*, ed. Stefanie Gropper, Anna Pawlak, Anja Wolkenhauer e Angelika Zirker (Berlin: de Gruyter, 2023), 161-83.

5 O livro de Rendtorff foi traduzido para o inglês como *The Problem of the Process of Transmission in the Pentateuch* (New York: Bloomsbury, 1990).

6 Ver, por exemplo, a tentativa malsucedida de "superar a divisão" em Jan Gertz, Bernard Levinson, Dalit Rom-Shiloni e Konrad Schmid, eds., *The Formation of the Pentateuch: Bridging the Academic Cultures of Europe, Israel, and North America* (Tübingen: Mohr Siebeck, 2016). Note-se que, se a Bíblia Hebraica fosse em grande parte uma obra helenística (como alguns estudiosos sugeriram), então ela teria sido um livro focado em seus autores.

7 Ver Konrad Schmid, "The Neo-Documentary Manifesto: A Critical Reading," *JBL* 140 (2021): 473-75.

8 Citado em Schmid, "Neo-Documentary Manifesto," 474, a partir da obra de Hermann Gunkel, *Genesis*, 6ª ed. (Göttingen: Vandenhoeck & Ruprecht, 1964), lxxxv.

9 Ver, por exemplo, James Crenshaw, *Old Testament Wisdom: An Introduction* (Atlanta: John Knox, 1981), 27-29. Ver também o tratamento mais nuançado em M. Sneed, "Is the 'Wisdom Tradition' a Tradition?" *CBQ* 73 (2011): 50-71. R. Whybray há muito criticou essa noção de uma tradição, argumentando que ela se desenvolveu a partir de intelectuais não institucionais. Whybray está correto em seu ceticismo, mas não em sua solução, já que está bastante claro no currículo escribal mesopotâmico que a sabedoria é simplesmente um gênero de literatura educacional em uma etapa avançada do treinamento elementar de escribas, e não uma tradição especial de alguma comunidade de escribas distinta. Ver Whybray, *The Intellectual Tradition in the Old Testament*, *BZAW* 135 (Berlin: de Gruyter, 1974).

10 Ver, por exemplo, J. Blenksopp, *Sage, Priest, Prophet: Religious and Intellectual Leadership in Ancient Israel* (Louisville: Westminister John Knox, 1995).

11 Gunkel, "The Literature of Ancient Israel," em *Relating to the Text: Interdisciplinary and Form-Critical Insights on the Bible*, ed. T. Sandoval, C. Mandolfo e M. Buss, *JSOTSS* 384 (London and New York: Clark), 69-70.

12 Ver meu próprio livro *The Finger of the Scribe: How Scribes Learned to Write the Bible* (New York: Oxford, 2019), 120-40.

13 Não há, por exemplo, nenhum caso de nome pessoal seguido por "o sábio" (החכם) como título na Bíblia Hebraica. Esse conceito de fato se desenvolveu posteriormente na tradição rabínica, como aponta Paul Mandel, sendo então projetado retroativamente sobre o antigo Israel; ver Mandel, "Between רֵפֹס and רַפָּס: The Evolution of the Second Temple Period 'Scribe,'" em *The Scribe in the Biblical World*, ed. Esther Eshel e Michael Langlois (Berlin: de Gruyter, 2023), 295-320.

14 Dominique Charpin, *Reading and Writing in Babylon* (Cambridge, MA: Harvard University Press, 2010), 17-67.

15 Niv Allon e Hana Navrátilová, *Ancient Egyptian Scribes: A Cultural Exploration* (London: Bloomsbury, 2017).

16 Christopher Rollston, *Writing and Literacy in the World of Ancient Israel: Epigraphic Evidence from the Iron Age* (Atlanta: SBL Press, 2010).

17 James Crenshaw, *Education in Ancient Israel: Across the Deafening Silence* (New York: Doubleday, 1998), 85.

1. Escribas e seus Aprendizes: comunidades em ação

Os ambientes de aprendizagem criam comunidades. Fiz a maioria dos meus melhores amigos na escola, particularmente na faculdade e na pós-graduação. Isso não é surpreendente nem incomum. Passei incontáveis horas em sala de aula com colegas de estudo, preparando-me para exames e aprendendo línguas antigas. Compartilhei apartamentos na pós-graduação com meus colegas de viagem acadêmica. Quando um dos meus colegas de faculdade morreu de esclerose múltipla alguns anos após a graduação, senti como se tivesse perdido um membro da minha família. Durante o meu terceiro ano de faculdade, um dos meus professores – meu orientador – morreu inesperadamente de um ataque cardíaco. Perdi um mentor, uma figura paterna, e tentei ajudar a viúva dele de pequenas maneiras, como cortando a grama do jardim dela. Mentores se tornam como família, e você nunca os esquece.

Uma das reflexões mais marcantes que tenho agora sobre minha área de estudo é como nossos professores e mentores moldam a forma como pensamos ao longo de nossas vidas. Os estudantes quase invariavelmente seguem as posições e opiniões dos acadêmicos com quem estudam, mesmo quando somos incentivados a pensar de forma independente e elogiados pela individualidade. Na verdade, eu repreendo meus próprios alunos sobre isso, lembrando-lhes que não precisam me seguir em todos os pontos acadêmicos. Mas não é surpreendente que os estudantes tendam a seguir seus professores. Nós treinamos, estudamos, e somos ensinados a respeitar nossos professores. Tornamo-nos parte de uma guilda moldada por um aprendizado próximo e compartilhado. Nesse aspecto, compartilhamos um pouco da experiência dos antigos escribas, com uma grande exceção: a individualidade era estritamente desencorajada entre esse grupo.

Os antigos escribas não eram incentivados a ser independentes. Eles eram incentivados a fazer parte do grupo. Aprendiam a seguir e memorizar suas tradições e a transmiti-las para a próxima geração. Esse *ethos* é marcante na composição suméria clássica conhecida como *Dias de Escola*: "Meu professor disse para mim: Companheiro, porque não odiaste minhas palavras, não as negligenciaste, que possas completar a arte do escriba do começo ao fim. Porque me deste tudo sem restrição, me pagaste um salário maior do que meus esforços merecem, e me honraste, que teu estilete afiado escreva bem para ti; que teus exercícios não contenham falhas. Que entre teus irmãos, sejas seu líder; entre teus amigos, sejas seu chefe; que ocupes o mais alto posto entre os escolares."[1] Havia um mestre respeitado e um grupo de amigos. Não surpreende que o sistema de aprendizagem dos escribas incentivasse os alunos a formar comunidades sociais coesas.

Os escribas formavam uma família – tanto fictícia quanto real. A natureza do aprendizado por meio da tutoria fazia com que um mestre recebesse aprendizes que podiam ser chamados de "filhos". Um mestre treinava primeiro seus próprios filhos, mas também podia aceitar aprendizes que então se tornavam seus "filhos" dentro de uma relação de parentesco fictício. Esse tipo de parentesco fictício entre estudantes me faz lembrar dos meus próprios tempos de escola. Um orientador de doutorado é chamado de *Doktorvater* ou *Doktormutter*, termos emprestados do alemão que se referem ao orientador como um pai ou mãe. Nossos colegas de estudo se tornam nossa família. (Na verdade, a primeira fralda que troquei na vida foi da filha de um dos meus colegas de pós-graduação. Até hoje, ela me chama de Tio Bill, embora não sejamos formalmente parentes.) E agora que já orientei mais de trinta dissertações de doutorado, compreendo profundamente esse senso de família entre meus alunos. Cuido deles, apoio suas carreiras, incentivo suas publicações e os ajudo a encontrar posições acadêmicas. E eles também cuidam uns dos outros e se apoiam em suas carreiras. Somos um grupo de parentesco fictício, com um forte senso de família. Para as comunidades antigas de escribas, esses laços certamente eram ainda mais fortes.

Um escriba mestre tomava alunos que podiam ser chamados de "filhos." A palavra hebraica *ben* (plural *benê*), que normalmente é traduzida como "filho," não precisa ser entendida estritamente como familiar e também pode se referir a uma profissão. Por exemplo, os "filhos dos porteiros" (por exemplo, Ed 2:42) não são biologicamente relacionados, mas sim membros de uma profissão do templo. O uso do termo filhos para aprendizes sublinha o aspecto familiar do ofício de escriba. Vemos essa relação expressa pela primeira vez nas listas administrativas dos oficiais do rei Salomão, Elihorefe e Aías, em 1 Rs 4:3. Eles são chamados de "os filhos de Shisha-escribas" (*benêshîsha'soferîm*). A expressão "filhos de" reflete a natureza familiar da relação de aprendizado dentro da comunidade de escribas. Nessa referência, a palavra *shîsha'* era um empréstimo egípcio para um escriba real que foi traduzido pelo seu equivalente hebraico-*soferîm* "escribas." O termo egípcio original ficou distorcido por escribas, copistas e tradutores posteriores, de modo que uma variedade de transcrições diferentes pode ser encontrada em manuscritos hebraicos, passagens paralelas (ou seja, 2 Sm 8:17; 2 Sm 20:25; 1 Cr 18:16) e traduções (especialmente a LXX). A confusão dessa palavra em relatos paralelos e traduções nos mostra que os escribas posteriores já não conheciam o empréstimo egípcio, mas tinham noção de seu significado, então acrescentaram a glossificação interpretativa *soferîm* como uma explicação do significado de "filhos de Shisha."

A natureza familiar do aprendizado antigo também se reflete no uso da palavra hebraica *yeladîm*, ou "crianças". Essa palavra, que na literatura bíblica normalmente se refere genericamente a "crianças", também pode ser usada para se referir a comunidades de escribas. Por exemplo, na narrativa da divisão do reino de Salomão (1 Rs 12), as "crianças" são um grupo adulto de conselheiros reais. Após a morte de Salomão, um grupo de israelitas reclama dos altos tributos e ameaça dividir o reino se o fardo não for aliviado (vv. 3-4). O filho de Salomão, Roboão, considera a questão consultando "os anciãos" e os *yeladîm*.

Mas esses *yeladîm* são contemporâneos de Roboão, e Roboão teria, supostamente, quarenta anos quando subiu ao trono, então *yeladîm* dificilmente são "crianças". Talvez isso seja apenas um tropo literário para contrastar os sábios anciãos com os jovens tolos, mas "anciãos" também pode ser um termo técnico-administrativo em hebraico, relacionado às estruturas tribais e sociais tradicionais. Um estudioso apontou a semelhança dos *yeladîm* com o grupo administrativo egípcio conhecido como "os filhos da creche do Faraó" (*hrdw n k'p*)[2]. Esse é um termo administrativo amplamente utilizado durante o período do Império Novo, e aparentemente se referia a pessoas que foram criadas e preparadas para o serviço dentro da administração do Faraó. Muitas vezes eram estrangeiros, e pode-se supor que muitos atuavam nos vastos centros administrativos egípcios no Levante durante o auge do Império. Dado esse pano de fundo, os *yeladîm* provavelmente representavam jovens preparados para o serviço governamental, incluindo o treinamento em escrita. Nesse sentido, eles representavam a burocracia governamental em oposição às estruturas sociais tribais tradicionais representadas pelos "anciãos". O contraste literário, então, não é simplesmente etário; trata-se da burocracia estatal versus os sábios e antigos líderes locais.

O Livro de Isaías também usa o termo "crianças" (*yeladîm*) para descrever uma comunidade de escribas proféticos. Ao se dirigir a seus "discípulos" (*limmûdim*), o profeta Isaías transita facilmente do termo "discípulos" para "crianças" (*yeladîm*) ao exortar seus aprendizes a reunir seus oráculos. Lemos em Is 8:16-18: "Guarda o testemunho; sela a instrução entre os meus discípulos [*limmûdim*]. [...] Eis que eu e as crianças [*yeladîm*] que o Senhor me deu somos sinais e presságios em Israel, da parte do Senhor dos Exércitos, que habita no monte Sião." Isaías pretendia referir-se aqui a seus filhos biológicos? Provavelmente não, já que o texto começa falando de seus "discípulos". Mas seus discípulos – aprendizes do profeta – tornaram-se seus filhos. O termo familiar expressa a relação criada por uma comunidade coesa de estudantes.

Na relação de aprendizado, o mestre também era referido em termos familiares. Talvez o exemplo mais marcante disso na literatura bíblica seja a relação entre Elias e Eliseu. À medida que o tempo de Elias na terra chega ao fim, ele nomeia seu aprendiz, Eliseu, como seu sucessor. A partida traumática é descrita em 2 Rs 2:9-12:

> Quando atravessaram, Elias disse a Eliseu: "Dize-me o que queres que eu faça por ti antes que seja tirado de ti." Eliseu disse: "Peço-te que me deixes herdar porção dobrada do teu espírito." Ele respondeu: "Pediste uma coisa difícil. Contudo, se me vires quando for tirado de ti, isso te será concedido; senão, não será." Enquanto continuavam a caminhar e conversar, um carro de fogo e cavalos de fogo os separaram, e Elias subiu ao céu num redemoinho. Eliseu continuava olhando e clamando: "Meu pai, meu pai! Os carros de Israel e seus cavaleiros!" Mas, quando já não pôde mais vê-lo, agarrou suas próprias vestes e as rasgou em duas partes.

Elias é o pai fictício de Eliseu. Apropriadamente, então, após a morte de Elias, Eliseu tornou-se o chefe de seu próprio grupo de parentesco fictício – a saber, "os filhos dos profetas".

Uma das razões para a confusão na tradução do termo hebraico para aprendiz – *na'ar* – é que a relação de aprendizagem podia durar muitos anos. Assim, por exemplo, alguém podia ser iniciado como aprendiz ainda menino, como Samuel foi com Eli (1 Sm 1:24-26). Eli o chama de "meu filho" (1 Sm 3:16), embora não fossem biologicamente aparentados. Samuel permanece aprendiz de Eli por muitos anos, mesmo depois de adulto, e apenas sucede seu mestre e "pai" quando Eli morre.

A profissão de escriba era um assunto de família em todo o antigo Oriente Próximo. Pais treinavam seus filhos na profissão, embora pessoas de fora pudessem ser integradas a uma família de escribas. O assiriólogo Yoram Cohen, por exemplo, reconstrói a história de uma família de escribas ativa na antiga cidade síria de Emar no final do segundo milênio a.C. Usando colofões anexados aos textos com os nomes dos escribas, Cohen consegue traçar uma árvore genealógica de quatro gerações de escribas através de suas linhagens; por exemplo, um colofão diz: "A mão de Ba'almālik, filho de Ba'al-qarrād, escriba, o adivinho dos deuses da cidade de Emar."[3] A partir de colofões como esse, é evidente que, além de treinarem alunos pagantes, os escribas também transmitiam seu ofício a seus filhos biológicos. A atividade de escriba era considerada um elemento identificador da própria linhagem. Os escribas possuíam títulos oficiais na administração siro-hitita da cidade, e havia uma hierarquia clara na profissão, de modo que um escriba podia começar com o título de "escriba júnior" e mais tarde progredir, tornando-se professor e mestre.

"Comunidades de Prática" na Antropologia

Minha compreensão das relações fomentadas pelo aprendizado por meio da tutoria foi aprofundada pela pesquisa seminal da antropóloga Jean Lave e do teórico educacional Etienne Wenger.[4] Em seu livro *Situated Learning*, eles exploram como redes sociais são criadas através do aprendizado por meio da tutoria, utilizando estudos de caso extraídos de corporações de ofício como alfaiates, açougueiros ou parteiras. Fui apresentado ao trabalho deles pela primeira vez em uma dissertação de Nadia Ben-Marzouk, uma estudante de arqueologia da UCLA que pesquisava corporações de ourives. Minha compreensão foi ainda mais enriquecida pela pesquisa de outra colega da UCLA, a professora Willeke Wendrich, que editou o livro *Archaeology and Apprenticeship*.[5] A ideia me foi inicialmente apresentada no maravilhoso livro de Seth Sanders, *The Invention of Hebrew*; conheci-o pela primeira vez em uma conferência sobre escribas antigos que ele organizou na Universidade de Chicago.[6] Essa é a maravilha de estar em meio a uma comunidade tão talentosa e colaborativa – você adquire novos *insights*, descobre novas formas de olhar as coisas. Ao longo de vários anos, comecei a refletir sobre a importância dessa observação de que a escrita era uma habilidade utilizada em uma profissão. Um artesão aprendia suas habilidades por meio da tutoria, e esse tipo de aprendizado criava redes sociais duradouras e coesas. Lave e Wenger enfatizam que seu modelo "não é em si uma forma educacional, muito menos uma estratégia pedagógica ou uma técnica de ensino. É uma perspectiva analítica sobre o aprendizado, uma maneira de compreender o aprender."[7] Eles apontam que o aprendizado é uma prática social, especialmente o aprendizado no contexto da tutoria. Embora esse modelo tenha sido adotado e aplicado a contextos modernos de aprendizagem, Lave e Wenger enfatizam que comunidades de prática existem desde que pessoas passaram a aprender juntas. Com efeito, esse tipo de aprendizado pode existir em contextos tanto formais quanto informais, e os grupos sociais também podem ser bastante formais ou totalmente informais.

As comunidades de prática são definidas por três características: um domínio compartilhado, uma comunidade e uma prática. Lave e Wenger identificaram essas características com base em vários tipos diferentes de corporações de ofício, como açougueiros ou parteiras. Corporações são simplesmente profissões – isto é, domínios compartilhados – nas quais se aprende por meio da tutoria. O aprendizado em um domínio compartilhado cria redes, que podem se tornar formais. Mas não precisam se formalizar; podem também permanecer informais. Na Antiguidade, as corporações mais proeminentes eram as de ourives e oleiros, que formavam redes informais. O aprendizado entre escribas também criava redes sociais informais, embora estas pudessem ser formalizadas por meio do emprego em estruturas sociais – por exemplo, o palácio ou o templo.

O termo "corporação" (*guild*) carrega consigo algumas conotações problemáticas. Ele costuma ser associado a sociedades medievais – justamente de onde Lave e Wenger retiraram seus estudos de caso. Mas Lave e Wenger também cunharam o termo "comunidades de prática", que destaca alguns dos aspectos menos formais da educação por meio da tutoria. As comunidades de escribas eram grupos organizados de maneira flexível. Elas não devem ser equiparadas às associações formais medievais de artesãos e mercadores que detinham considerável poder político. Elas podiam exercer poder político? Certamente. Mas as corporações de escribas da Antiguidade eram associações menos formais dentro de profissões criadas por domínios e práticas compartilhadas. Os escribas pertenciam a corporações no mundo antigo assim como outros artesãos. Por exemplo, Charpin observa que, na Mesopotâmia, "o escriba era considerado um artesão e remunerado como tal."[8] Nesse sentido, profissões que exigiam habilidades de escribas tinham paralelos com os ourives, oleiros e outros artesãos do antigo Oriente Próximo. Eles aprendiam de maneira semelhante, ou seja, por meio da tutoria. De fato, a difusão inicial e a padronização do alfabeto têm sido associadas às redes econômicas de artesãos metalúrgicos.

A escrita era uma prática inserida em profissões definidas. Nesse sentido, uma comunidade de escribas se encaixa especialmente bem no modelo antropológico. O desenvolvimento da prática de escribas começa com o domínio compartilhado da profissão, o qual distingue sua comunidade de outras pessoas. Esse domínio compartilhado é um aspecto comum da "especialização" – no caso dos escribas, a alfabetização. O domínio compartilhado criava uma comunidade que se engajava em atividades coletivas. Isso começa com o aprendizado da prática, mas depois se estende à aplicação dessas habilidades em uma profissão.

O "escriba" era uma profissão dentro de um contexto governamental, mas "autor" não era uma profissão antiga. Exemplos do título "escriba" na literatura bíblica referem-se especificamente a pessoas afiliadas ao governo. Isso inclui os "filhos de Shisha", assim como o famoso escriba, Safã, que estava trabalhando para o rei Josias e envolvido com a descoberta e disseminação de um livro em 2 Rs 22-23. Em contraste, "autor" é uma ideia anacrônica para o antigo Israel e o antigo Oriente Próximo. Como Karel van der Toorn apontou em seu influente livro *Scribal Culture and the Making of the Hebrew Bible*: "No antigo Oriente Próximo, era incomum que um autor assinasse seu trabalho." E ele conclui: "autores, na antiguidade, eram escribas."[9] Mas isso é um pouco enganoso. Escriba não é apenas outra palavra para autor. Como van der Toorn observa, os escribas na antiguidade não se viam como indivíduos, mas sim como parte de um grupo. O que van der Toorn não aborda suficientemente é que havia diferentes grupos ou profissões de escribas, como escribas militares e de templo, com papéis e funções diferentes.[10] Eles pertenciam a diferentes comunidades, que eram suas profissões. A autoria é uma ideia anacrônica porque a escrita era uma habilidade usada em uma profissão – como um ferreiro, uma parteira, um oleiro ou um burocrata. A escrita não era a própria profissão, pelo menos não no antigo Israel.[11] Por comparação, um ferreiro no mundo antigo precisava das habilidades de fundição e forjamento, mas nenhuma dessas era considerada sua profissão. Tome o exemplo de Esdras. Ele é, de fato, chamado de "escriba", mas essa não era sua profissão. Ele era um sacerdote, que era alfabetizado – ou seja, um "escriba" – por causa de sua profissão. Para um autor, a escrita é a profissão. Mas para um escriba antigo, a escrita era uma habilidade usada em uma profissão. Suspeito que seja por isso que não existem selos hebraicos antigos com o título "Escriba".[12]

Foi apenas muito mais tarde, talvez no século I a.C., que o escriba se tornou uma profissão nas comunidades hebraicas. Por exemplo, entre os novecentos Manuscritos do Mar Morto, há dezessete manuscritos redigidos em um estilo "caligráfico" – isto é, foram copiados por escribas profissionais cujo trabalho provavelmente consistia apenas em produzir cópias de apresentação de rolos que poderiam ser usados em sinagogas, arquivados em bibliotecas ou exibidos como parte da coleção de uma elite abastada.[13] O surgimento dessas cópias caligráficas provavelmente está relacionado ao aparecimento das sinagogas por volta do século II a.C. (por exemplo, em Modi'in), onde a leitura ritual de textos passou a fazer parte das atividades (cf. Ne 8).[14] As sinagogas precisavam de textos de apresentação, e isso passou a integrar a economia do Templo de Jerusalém, que produzia rolos caligráficos tanto para sinagogas quanto para outros patronos ricos. Como resultado, rolos caligráficos passaram a ser produzidos por escribas ou copistas profissionais. Mas não existiam tais copistas no antigo Israel. A escrita fazia parte de outras profissões. Os escribas pertenciam a comunidades de prática, e os textos eram transmitidos de uma geração à outra como instrumentos e produtos de suas profissões.

A função da escrita hebraica e o lugar da escrita hebraica nas profissões mudaram ao longo do tempo. Por vezes, o mecenas da escrita era o rei e o palácio. Outras vezes, a escrita encontrava emprego no templo, entre os sacerdotes e o pessoal cultual. Uma comunidade de escribas também podia encontrar voz fora do Estado e do templo, entre "os filhos dos profetas" ou com "o povo da terra". A escrita também podia ser importante para atividades econômicas e mercantis. Isso se reflete em alguns dos títulos para "escribas" no antigo Oriente Próximo, incluindo escribas reais, escribas do palácio, escribas do templo, escribas militares, escribas supervisores e escribas administrativos. Há também hierarquias, como escribas mestres e escribas juniores. A escrita desempenhava papéis diferentes em diferentes profissões que passaram a utilizar cada vez mais a alfabetização, e essas diversas profissões que empregavam a escrita criavam suas próprias comunidades de prática. Uma comunidade de escribas na Antiguidade era um ambiente formal de aprendizagem, encorajado por seu próprio currículo e seus próprios padrões. A capacidade de se tornar escriba era decidida pelos mestres do ofício.

Como a escrita era uma habilidade, a alfabetização não precisava estar estritamente limitada aos indivíduos que possuíam o título de "Escriba". Isso talvez seja melhor ilustrado pelas alegações de alfabetização atribuídas aos reis. Por exemplo, a alfabetização foi atribuída ao famoso faraó Tutancâmon; em uma estela real, encontramos a afirmação: "Uma cópia do decreto, que Sua Majestade escreveu com as próprias mãos." O relato de um faraó anterior afirma: "Sua Majestade dirigiu-se à casa dos rolos, quando Sua Majestade desenrolou os textos com os oficiais, então Sua Majestade encontrou os textos da mansão de Osíris."[15] Da mesma forma, o rei assírio Assurbanípal notoriamente declarou ser alfabetizado: "Marduque, o sábio dos deuses, deu-me vasta compreensão e amplas percepções como presente. Nabû, o escriba do universo, concedeu-me como dádiva a aquisição de toda a sua sabedoria. [...] Aprendi o conhecimento do sábio Adapa, o segredo oculto, a totalidade da arte do escriba."[16] Evidentemente, um rei do antigo Oriente Próximo podia ser treinado na habilidade da escrita sem necessariamente assumir a profissão ou o título de escriba.

E quanto aos reis de Israel antigo? Pode-se supor que reis como Davi (a quem a tradição atribui os salmos) ou Salomão (a quem a tradição atribui textos de sabedoria como Provérbios e Eclesiastes) eram alfabetizados. O texto bíblico nunca afirma isso explicitamente, mas a "Lei do Rei" em Deuteronômio implica alfabetização: "Quando o rei assumir o trono do seu reino, ele deverá escrever para si uma cópia desta torá na presença dos sacerdotes levitas" (Dt 17.18). O texto hebraico afirma claramente que o próprio rei faz uma cópia do texto, mas estudiosos e tradutores ficaram tão desconfortáveis com essa ideia que a maioria das Bíblias traduz de forma equivocada o texto. Por exemplo, a Nova Versão Padrão Revisada, ao traduzir, sugere que o rei "terá uma cópia desta lei escrita para ele na presença dos sacerdotes levitas"![17] Tais traduções errôneas ilustram o quão desconfortáveis até os estudiosos ficam com a ideia de alfabetização fora da elite dos escribas. Mas a escrita era uma habilidade que podia ser adquirida por qualquer um. Normalmente estava ligada a ofícios que usavam a escrita como parte da profissão, mas provavelmente era um reflexo da disseminação da alfabetização quando o rei pôde escrever sua própria cópia da lei.

Mas, certamente, alguns escribas individuais escreveram livros, certo? Havia, claro, escribas individuais em todo tipo de profissões. Às vezes sabemos seus nomes porque eles aparecem em selos e impressões de selos em inscrições hebraicas ou narrativas bíblicas. No Oriente Próximo, encontramos os nomes dos escribas em colofões, às vezes anexados ao final de textos literários ou ao final de correspondência diplomática. Nesses casos, o escriba é mais um copista do que um autor. É notável que obras clássicas do Oriente Próximo, como a *Epopeia de Gilgamesh*, a *Epopeia Babilônica da Criação* (*Enuma Elish*) e o Livro dos Mortos egípcio não têm autores. Nesse sentido, o livro bíblico de Gênesis se encaixa bem. É útil recordar o versículo de Provérbios 25:1 ao pensar sobre autoria e comunidades: "Estes são os provérbios de Salomão que os homens de Ezequias copiaram." O texto aponta para Salomão, mas os compiladores do texto eram "homens de Ezequias" que viveram mais de dois séculos depois. A agência para o texto real é uma comunidade de escribas – os homens de Ezequias – não o famoso rei.

Um escriba individual que alegou ser um autor pode ser encontrado no Egito. O escriba, Tjanuni, se juntou ao exército egípcio como escriba militar e subiu nas fileiras durante o auge do período do Novo Império.

Allon e Navrátilová contam sua história em seu livro, *Ancient Egyptian Scribes*.[18] Tjanuni eventualmente recebeu os títulos de "Supervisor dos Escribas Militares" e "General". Eles apontam que Tjanuni acompanhou o faraó em suas campanhas militares e alegou "firmar" suas vitórias ao registrá-las por escrito. Eles também observam que "Tjanuni é o primeiro a afirmar que colocou um texto, e um historiográfico, por escrito" e que isso "o distingue de quase qualquer outro escriba egípcio antigo". Onde Tjanuni escreve essa alegação? Em sua tumba. Ele se gaba do túmulo! Não era para ninguém ver, exceto aqueles no além-vida – e, claro, os escavadores modernos. A natureza excepcional da alegação autobiográfica do escriba Tjanuni em sua tumba só destaca o problema geral da autoria no mundo antigo antes dos gregos. Escribas normalmente não afirmam ser autores.

O problema da autoria na Bíblia possui dois exemplos de grande destaque – Moisés e Isaías. Segundo as tradições judaica, samaritana e cristã, Moisés teria escrito o Pentateuco, ou a Torá.[20] No entanto, o próprio Pentateuco não faz tal afirmação. Em alguns trechos, Moisés é retratado escrevendo algumas leis ou instruções (por exemplo, Êx 17.14), mas não os livros como um todo. Às vezes é Deus quem escreve (Êx 24.12), às vezes é Moisés quem escreve (Êx 24.4), mas sua escrita parece ter um escopo limitado. E essas referências a Deus e Moisés como autores permanecem em uma tensão desconfortável até que leitores posteriores, no período helenístico, passem a atribuir o Pentateuco inteiro a Moisés. Contudo, o aspecto comunitário da literatura é evidente no próprio Pentateuco. Por exemplo, o livro de Deuteronômio começa com: "Estas são as palavras que Moisés falou..." (Dt 1.1), e quando Moisés conclui seu discurso, ele exorta a comunidade a escrever a Torá: "Moisés e todos os anciãos de Israel ordenaram ao povo: [...] Escreverás todas as palavras desta Torá em pedras grandes, revestidas de cal" (Dt 27.1-3). Em uma leitura literal e restrita, a comunidade – todo o povo – torna-se, de fato, o escriba do texto "desta Torá" (como o Deuteronômio se refere a si mesmo). Mas, mais adiante na narrativa, Deuteronômio conclui sugerindo que "Moisés escreveu esta Torá [presumivelmente, as leis do Deuteronômio, mas não o Pentateuco inteiro] e a entregou aos sacerdotes" (Dt 31.9, 24-25). E, a cada sete anos, os sacerdotes "lerão esta Torá diante de todo o Israel" (v. 11). Moisés também é ordenado por Deus a "escrever esta canção [aparentemente, o Cântico de Moisés registrado no capítulo 32] e ensiná-la aos israelitas" (vv. 19, 22, 30). Assim, o Pentateuco sugere que Moisés escreveu uma parte dos cinco livros, mas não reivindica que ele tenha sido o escriba que redigiu todo o Pentateuco.

O livro de Isaías também oferece um bom exemplo de transmissão comunitária em oposição à autoria individual. Tradicionalmente, o livro é atribuído ao profeta Isaías de Jerusalém, do século VIII a.C., mas os estudiosos há muito notaram que o livro parece ter uma história literária complexa. Muitos acreditam que três "Isaías" são responsáveis pelas seções de Isaías 1-39, 40-55 e 56-66. Outros têm apontado que o livro é ainda mais complexo do que isso.[21] Por exemplo, os capítulos 36-39 são amplamente paralelos a 2 Rs 18-20. Quem escreveu esses capítulos? Por que eles fazem parte de dois livros diferentes? Vale também observar que o livro de Isaías não afirma, de fato, ter sido escrito por Isaías, mas sim ser uma visão de Isaías: "Visão de Isaías [...] que ele viu a respeito de Judá e Jerusalém" (Is 1.1). Na verdade, o próprio Isaías ordena a seus discípulos que recolham seus oráculos: "Guarda o testemunho, sela a instrução entre os meus discípulos" (Is 8.16). Isso parece tornar os discípulos de Isaías – ou seja, seus aprendizes – responsáveis pelo "ensinamento" contido no livro. Isso se encaixa bem no modelo comunitário de coleta, edição e preservação da literatura bíblica.

Mestres escribas recebiam alunos ou aprendizes, e esses, por sua vez, eventualmente transmitiam a tradição. Em alguns casos, esses aprendizes podiam ser membros da família, e, assim, surgia uma linguagem familiar como "irmãos" e "filhos". Essa linguagem familiar tornava-se então reflexo de um grupo social coeso. Segundo a pesquisa de Lave e Wenger, tais comunidades de prática visavam à manutenção e reprodução do grupo, sendo "uma estrutura historicamente construída, conflituosa e sinergética de atividades e relações entre os participantes."[22] Como lemos em *Dias de Escola*, o aluno ideal não odiava as palavras do mestre. A educação inicial incluía um currículo comum e padronizado que continha listas de vocabulário e textos-

-modelo, como cartas e contratos. Esse aprendizado em grupo criou padrões ortográficos e caligráficos que são evidentes em inscrições hebraicas.[23] Os alunos também praticavam e memorizavam literatura "canônica", que incluía provérbios (como os do livro de Provérbios), narrativas (como as de Gênesis) ou liturgias (como as de Êx 15 ou os Salmos). Dessa forma, o ambiente de aprendizado compartilhado ao longo do tempo criava uma comunidade coesa.

As comunidades de escribas não formavam uma única comunidade homogênea. O aumento da urbanização e da complexidade nas sociedades antigas gerou novas comunidades de prática (ver Parte Dois). Por exemplo, em vilarejos pequenos e isolados, cada pessoa podia ter que produzir sua própria cerâmica, cultivar seu próprio alimento e construir sua própria casa. Mas a urbanização incentivou a especialização artesanal. Um oleiro agora fazia cerâmica. Um viticultor produzia vinho. Um artesão do metal fabricava ferramentas, joias e armas. A especialização artesanal era característica dos grandes centros urbanos do antigo Oriente Próximo. A urbanização e a complexidade já faziam parte de cidades do Oriente Próximo como Babilônia ou Tebas desde o terceiro milênio a.C.

Israel, por outro lado, era inicialmente uma cultura predominantemente rural e aldeã, especialmente nos tempos dos "juízes" (Idade do Ferro I, 1150-960 a.C.) ou dos primeiros reis, como Davi e Salomão (Idade do Ferro IIA, 960-840 a.C.), quando ainda não havia grandes centros urbanos. Mas a ascensão do império neoassírio, a partir do século IX a.C., trouxe mudanças profundas para o antigo Israel e Judá. Ao final do século VIII a.C. (isto é, durante o período da Idade do Ferro IIB, 840-700 a.C.), a urbanização já havia se espalhado por todo o Oriente Próximo. Como resultado, a especialização artesanal e a urbanização passaram a emergir também no antigo reino de Judá.

A escrita foi uma das habilidades que se desenvolveram e se espalharam como parte da especialização artesanal. A escrita passou a ser empregada em uma variedade de profissões antigas que, anteriormente, podiam ter feito uso mínimo dela – ou mesmo nenhum uso. Por exemplo, no final do século VIII a.C., foi identificado um complexo industrial de produção de vinho no sítio de Gibeá, apenas cerca de

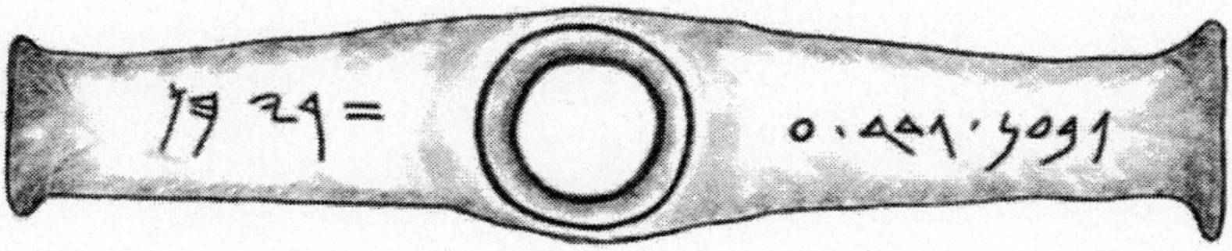

Figura 1.1 Rótulo em alça de jarro de Gibeon.
Fonte: elaborada pelo autor.

oito quilômetros ao norte de Jerusalém. Sessenta e três adegas foram escavadas, com capacidade total estimada em cerca de 150 mil litros de vinho![24] Os viticultores ali usavam a escrita para rotular os jarros de vinho. Mais de cinquenta inscrições foram encontradas gravadas nas alças desses jarros. Não se tratam de inscrições sofisticadas. Por exemplo, uma das inscrições mais longas, escrita atravessando as duas alças que cruzam o topo do jarro, diz: "Gibeá. O terreno murado de Azarias" (ver Figura 1.1).[25] Trata-se de um nível básico de alfabetização. Eles não estavam escrevendo a Bíblia. Mas isso ilustra o uso da escrita como uma habilidade aplicada a diferentes profissões. Um viticultor ou um talhador de tumbas não precisava de altos níveis de alfabetização. A escrita ainda era uma ferramenta utilitária. Já os escribas do palácio ou do templo, por contraste, precisariam de níveis de alfabetização mais sofisticados.

As inscrições de Kuntillet 'Ajrud revelaram, pela primeira vez, o desenvolvimento de habilidades escribais ligadas à profissão militar-administrativa.[26] Antes da publicação completa dessas inscrições, sabíamos muito pouco sobre o currículo real de aprendizado da leitura e escrita no antigo Israel. O local dessas inscrições é particularmente interessante (ver Figura 1.2). Kuntillet 'Ajrud era uma fortaleza remota no deserto, patrocinada pelo reino de Samaria (Israel do Norte) nos séculos IX e VIII a.C. Servia como posto de comércio em uma rota de caravanas que atravessava o deserto, ligando Elate, no Mar Vermelho, a Gaza, na costa do Mediterrâneo.

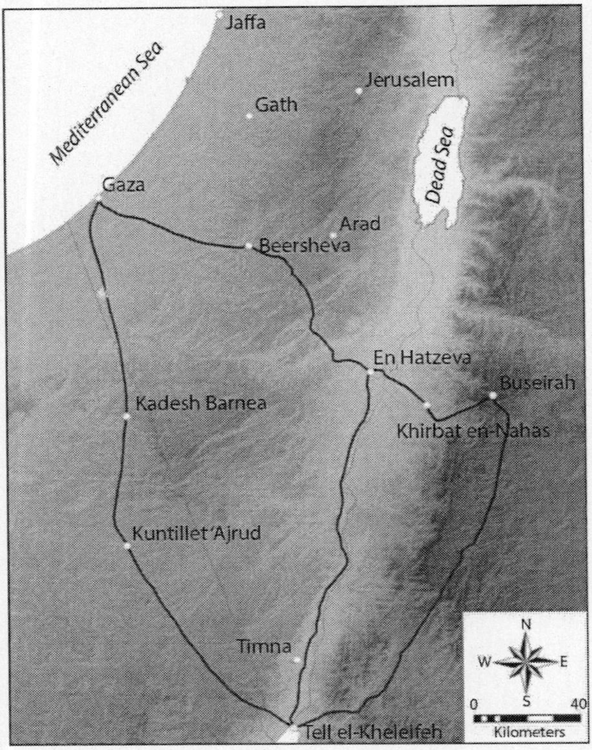

Figura 1.2 Kuntillet 'Ajrud ao longo da estrada de Tell el-Kheleifeh (Eilat) até Gaza.

Fonte: Amy Carroll.

Um exame atento das inscrições de Kuntillet 'Ajrud revela mestres escribas e aprendizes em ação.[27] Por que precisamos recorrer a um local tão remoto para ilustrar o aprendizado dentro de uma comunidade de escribas? Normalmente, esse tipo de prática escribal não é preservado em Israel devido ao clima e à ação do tempo. Mas a localização de Kuntillet 'Ajrud, numa região árida das terras altas do Sinai, era perfeita para a preservação de inscrições. E a própria função do sítio, como fortaleza militar e entreposto comercial ao longo da rota Eilat-Gaza, fazia com que fosse de se esperar a presença de atividades militares e mercantis que exigiam o uso da escrita. Nesse sentido, não surpreende que outro local ao longo dessa rota comercial, Cades-Barneia (cerca

Figura 1.3 Desenho projetado de vários exercícios (KA 3.6-15), em um grande jarro de armazenamento de Kuntillet 'Ajrud.

Fonte: elaborada com base em Meshel, *Kuntillet 'Ajrud*.

de 80 km ao norte de Kuntillet 'Ajrud), também tenha apresentado vários exemplos de exercícios de escribas.

Em Kuntillet 'Ajrud, foram usados dois grandes jarros de armazenamento como lousas para a prática da escrita. Provavelmente, os aprendizes se sentavam no chão ou em um banco, redigindo seus exercícios. Quando preenchiam a metade superior do jarro com escrita e ilustrações, viravam o jarro para poder usar a parte inferior e continuar a prática. Em seguida, lavavam tudo e começavam de novo. Os escavadores encontraram ilustrações, rabiscos e exercícios mais formais nesses jarros. Em algumas partes, os exercícios anteriores não foram completamente apagados e ainda podem ser vistos sob a inscrição final. Como se pode ver na Figura 1.3, eles rabiscavam letras (KA 3.15), ensaiavam o alfabeto (KA 3.11-14), anotavam listas de vocabulário (KA 3.7, 8, 10) e até escreviam cartas-modelo (KA 3.6, 9). Em um segundo jarro, encontramos até mesmo práticas com símbolos contábeis. Os jarros ilustram a caligrafia refinada de um mestre escriba ao lado das formas rudimentares das letras traçadas pelos aprendizes.

Um recurso que ainda utilizamos hoje é o uso de tinta vermelha e preta por mestres e alunos. Essa era, de fato, uma tradição antiga. Nas rubricas educacionais egípcias, os mestres escreviam os textos-modelo com tinta vermelha e também corrigiam os exercícios dos alunos com essa cor. A educação hebraica herdou esse uso da tinta vermelha dos antigos egípcios. Outro elemento comum nos exercícios entre mestre e aluno era uma linha vertical separando o modelo do mestre à esquerda do exercício do aluno à direita (ver KA 3.6). No geral, as inscrições de Kuntillet 'Ajrud fornecem uma visão notável de uma comunidade que aprendia seu ofício dentro de um contexto arqueológico muito específico. Eles não estavam se formando como escribas profissionais, mas estavam aprendendo habilidades escribais como parte de sua formação em uma comunidade militar-administrativa estabelecida em uma fortaleza comercial. (Examinaremos essa comunidade de escribas militares-administrativos com mais detalhes nos Capítulos 2 a 4.)

A interação continuava quando os escribas se engajavam uns com os outros em suas respectivas profissões. Uma comunidade que atuava dentro de um determinado domínio desenvolvia uma prática compartilhada. Isso envolvia um repertório de recursos. Para os escribas, isso podia incluir tecnologias da escrita, como a preparação da tinta ou o conhecimento sobre diferentes tipos de materiais de escrita. Mas também envolvia espaços comuns (para aprender e trabalhar), experiências compartilhadas, histórias, instrumentos e outros recursos. A interação contínua cria uma comunidade com conhecimento e experiência comuns que passam a compor o repertório da prática da comunidade – neste caso, a prática escribal.

A formação e a organização dos escribas na Antiguidade eram comparáveis às diversas corporações de ofício das sociedades do antigo Oriente Próximo. Como aponta o assiriólogo Dominique Charpin em seu livro *Reading and Writing in Mesopotamia*, as evidências arqueológicas sugerem que os mestres escribas "formavam aprendizes em casa", e ele observa ainda: "No todo, a aprendizagem de escribas talvez não tenha sido muito diferente, em sua realidade sociológica, de outras formas de transmissão de conhecimento."[28] Essa observação certamente se alinha ao modelo de aprendizado proposto por Lave e Wenger. A alfabetização era provavelmente apenas uma parte da formação exigida por muitas profissões – por exemplo, a de um sacerdote do templo ou de um administrador militar. O título hebraico "Escriba" (*sōpēr*), bem como outros cargos que exigiam formação escribal, como "Cronista" (*mazkîr*), "Administrador do Palácio" (*'asher 'al ha-bayit*), ou "Servo do Rei" (*'eved ha-melek*), provavelmente exigiam redes sociais e hierarquias complexas.[29] Como apontaram Lave e Wenger, uma corporação inclui "aprendizes, jovens mestres com aprendizes, e mestres cujos aprendizes já se tornaram mestres."[30]

Vestígios de comunidades de escribas podem ser identificados tanto nos registros epigráficos quanto nos textos bíblicos. Já mencionei três exemplos bíblicos que aludem a comunidades de escribas. O primeiro são os "filhos de Sisa – escribas", listados entre os oficiais de Salomão (1 Rs 4.3). O segundo são os "homens de Ezequias", que supostamente recolheram os provérbios de Salomão (Pv 25.1). E o terceiro são os "discípulos" do profeta Isaías, que teriam recolhido seus oráculos (Is 8.16). Este último exemplo também aponta para o papel fundamental da aprendizagem/aprendizado na formação das comunidades de escribas.

O título hebraico "aprendiz" (na'ar)

O sistema de aprendizagem no antigo Israel é indicado pelo título hebraico *na'ar*, conhecido tanto nos textos bíblicos quanto em inscrições.[31] Esse termo às vezes é traduzido como "jovem" na Bíblia, mas, em muitas passagens, o jovem está servindo como aprendiz em uma profissão. A tradução desse termo tem sido objeto de muita discussão, em parte por causa de seu aparente amplo campo semântico. O dicionário padrão de hebraico bíblico apresenta como primeira definição "rapaz, adolescente" e como segunda "jovem",[32] no entanto, isso parece ser enganoso, pois muitas das passagens citadas para essas definições poderiam muito bem ser traduzidas como "servo" ou "aprendiz".

Por exemplo, na narrativa de José, lemos sobre um *na'ar* "servo do chefe dos copeiros" (Gn 41.12). Josué, o servo de Moisés, também recebe o título *na'ar* (Êx 33.11). O profeta Balaão possui dois servos que são chamados pelo título *na'ar* (Nm 22.22). Gideão tem um servo chamado

Purá, que é seu *na'ar* (Jz 7.10-11). Abimeleque tem um *na'ar* encarregado de carregar suas armas (Jz 9.54). Alguém podia ser designado como *na'ar* desde o nascimento (por exemplo, Jz 13.7; Jr 1.5-6), mas o *na'ar* podia ter idades diversas. O caso mais famoso é o do jovem Samuel, que foi feito *na'ar* de Eli (1 Sm 3.1). Ele era seu aprendiz. Por quanto tempo Samuel permaneceu *na'ar*? Presumivelmente até a morte de Eli, momento em que assumiu seu cargo e deixou de ser *na'ar* (1 Sm 4.18). Ser o *na'ar* de Eli não tinha relação com a idade de Samuel, mas sim com sua relação com Eli. Em resumo, ele foi aprendiz de Eli.

Um dos usos mais curiosos de *na'ar* é com o rei Salomão. Salomão, ao dirigir-se a Deus, chama a si mesmo de *na'ar*, mesmo tendo acabado de se tornar rei (1 Rs 3.7). Obviamente, Salomão está usando *na'ar* como metáfora. Trata-se de uma autodepreciação que não tem a ver com idade, mas com experiência e posição relativa. Ele está recém-iniciado no cargo de rei. Por isso, diz a Deus que é seu aprendiz. Se entendermos a metáfora de Deus como o rei supremo, então Salomão é de fato seu *na'ar*.[33] A metáfora se estende ainda mais à concepção do rei como "filho de Deus" (por exemplo, Sl 2.7), já que "filho" também funciona como metáfora para aprendiz.

Um dos exemplos mais claros de *na'ar* como aprendiz aparece em um golpe político liderado por Jeú. Aqui, o *na'ar* é claramente mais velho e faz parte de uma comunidade de profetas:

> Então o profeta Eliseu chamou *um dos filhos dos profetas* e lhe disse: "Cinge os teus lombos, toma esta vasilha de azeite em tua mão e vai a Ramote-Gileade. Ao chegares lá, procura Jeú, filho de Josafá, filho de Ninsi; entra, afasta-o de seus companheiros e leva-o para uma câmara interior. Então toma a vasilha de azeite, derrama-a sobre a cabeça dele e dize: 'Assim diz o Senhor: Eu te unjo como rei sobre Israel.' Em seguida, abre a porta e foge, sem demora."
> Assim o *na'ar*, o *na'ar* do profeta, foi a Ramote-Gileade. Ele chegou enquanto os comandantes do exército estavam reunidos em conselho, e anunciou: "Tenho uma mensagem para ti, comandante." (2 Rs 9.1-5)

Eliseu delega a função de ungir Jeú como rei ao seu *na'ar*, que é membro de uma comunidade de profetas. A idade do *na'ar* certamente não é a questão aqui. Não poderia ter sido um jovem no sentido etário. Na verdade, o *na'ar* é um dos "filhos dos profetas". Como observa Robert Wilson em *Prophecy and Society in Ancient Israel*: "o grupo rotulado como 'filhos dos profetas' parece ter tido uma estrutura mais rígida. [...] o grupo era capaz de ações sociais coordenadas e possuía uma estrutura hierárquica."[34] Nesse caso, o termo *na'ar* nos oferece mais uma evidência da existência de um sistema de aprendizagem na literatura bíblica.

Na'ar é também um título formal em inscrições antigas. Vale a pena começar com exemplos provenientes de listas administrativas ugaríticas, nas quais o termo é frequentemente utilizado como título.[35] Mas, afinal, onde ficava Ugarit e por que isso é relevante aqui?[36] Ugarit era uma cidade portuária no Mediterrâneo Oriental (ao norte do que hoje é Beirute), que esteve sob domínio egípcio durante o período de Amarna e, posteriormente, integrou o império hitita. Culturalmente, no entanto, também fazia parte do amplo mundo cananeu durante o final do segundo milênio a.C. Arqueólogos escavaram um grande *tell* conhecido como Ras Shamra – as ruínas da antiga Ugarit – e encontraram mais de mil e quinhentas tabuinhas escritas em uma língua aparentada ao hebraico. A maioria dos textos data de cerca de 1200 a.C., sendo, portanto, quase contemporânea dos primeiros escribas hebreus. Embora os textos sejam em grande parte listas administrativas, foram os textos literários que mais chamaram a atenção dos estudiosos. Esses textos incluem a "Épica de Baal" e outras narrativas com paralelos marcantes na poesia hebraica. Para os nossos propósitos aqui, entretanto, meu interesse está nas partes mais "monótonas" – as listas. Por exemplo, há uma lista militar com o título: *na'ar maryānîm*, ou "Aprendizes dos Guerreiros de Carruagem".[37] Outra lista administrativa publicada recentemente, proveniente da "Casa de Urtenu", mostra que *na'ar* era um termo genérico para aprendiz em outras profissões também (ver Figura 1.4).

O título "Aprendizes do Mestre do Campo" (*na'arim ba'al šadim*) está relacionado à administração das propriedades agrícolas do palácio.

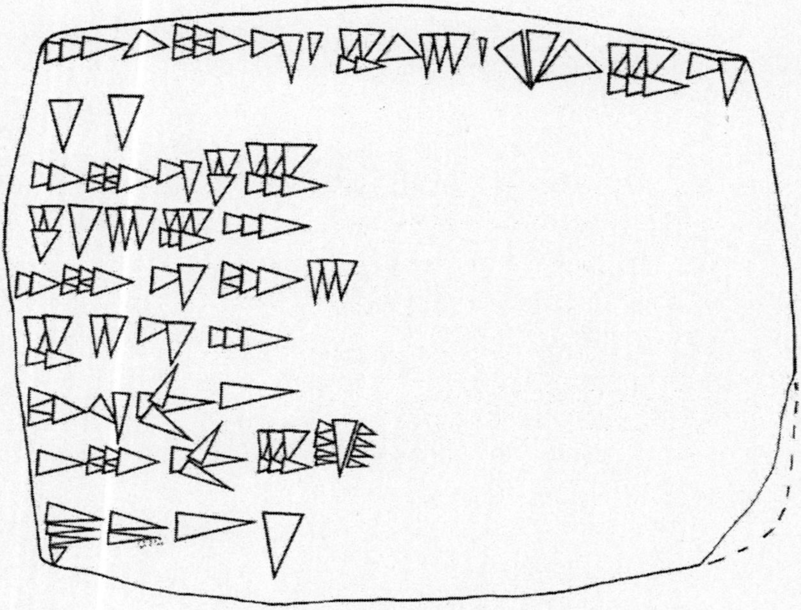

Figura 1.4 Lista administrativa ugarítica de aprendizes (*na'ar*; RS 94.2439).
Fonte: Dennis Pardee.

Os "aprendizes" (*na'arim*) eram subordinados ao Mestre. Essa lista ilustra que o termo *na'ar* está ligado à hierarquia e às estruturas sociais, e não simplesmente à idade. Outros textos ugaríticos (RS 92.2179; KTU 9.436) incluem os *na'arim* entre profissões como sacerdotes, oficiais cultuais, pastores, oficiais militares, guardas, escultores, ferreiros e mercadores.[38] Assim, o uso de *na'ar* para se referir a "aprendizes" já era amplamente conhecido no Levante desde o final do segundo milênio a.C.[39]

As inscrições hebraicas apresentam paralelos interessantes com as listas ugaríticas. Na fortaleza de Arad (cerca de 80 km ao sul de Jerusalém), há duas listas de nomes que usam *na'ar* como título (Arad 15.4; Arad 100.1-2). O termo também aparece em várias impressões de selos, incluindo quatro pertencentes ao mesmo indivíduo: "Eliakim, Aprendiz de Yawkin" (*'lyqm n'r ywkn*), escavadas em diferentes locais.[40]

Figura 1.5 Título "Aprendizes do Comandante da Fortaleza" em Kuntillet 'Ajrud.
Fonte: elaborada pelo autor.

Talvez o exemplo mais interessante seja o título de um texto literário fragmentário encontrado em Kuntillet 'Ajrud, que diz: "(Para) os Aprendizes do Comandante da Fortaleza" (*n'ry . śr. 'r*; ver Figura 1.5).[41] Essa inscrição em parede de gesso – devido ao caráter educacional geral das outras inscrições do local – aponta para um componente escribal no treinamento desses aprendizes.

Comunidades de escribas no registro epigráfico

Escavações arqueológicas revelaram duas comunidades de escribas atuando em Jerusalém. Uma delas, a família de Safã, já era conhecida pela literatura bíblica.[42] Aparentemente, a família de Safã fazia parte da burocracia governamental, e o próprio Safã foi o escriba que leu o "livro da aliança" encontrado durante o reinado do rei Josias – episódio que motivou suas reformas religiosas (ver 2 Rs 22-23). Ali, Safã é apresentado com uma incomum linhagem de três gerações na narrativa da descoberta do rolo: "Safã, filho de Azalias, filho de Mesulão, o Escriba" (2 Rs 22.3). A família parece ter sido importante e bem conectada.

Essa relevância é confirmada por outras referências a membros da família. Por exemplo, os filhos de Safã – Gemarias e Elasa – também eram burocratas mencionados no livro de Jeremias (Jr 29.3; 36.10).

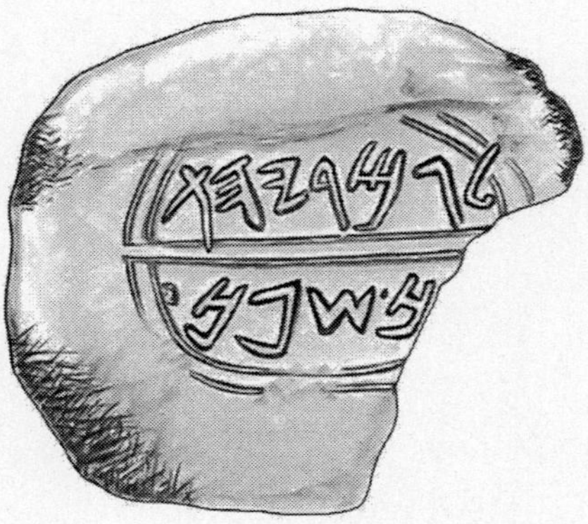

Figura 1.6 De um selo: "Pertencente a Gemarias, filho de Safã."
Fonte: elaborada pelo autor.

O primeiro, Gemarias, filho de Safã, é conhecido por uma impressão de selo escavada em Jerusalém (ver Figura 1.6).[43] Outro filho de Safã, Aicão, também era oficial do governo (2 Rs 22.12). O neto de Safã, Gedalias, foi nomeado governador de Judá durante a ocupação babilônica e, posteriormente, foi assassinado (Jr 39.14; 41.2). A habilidade da escrita fazia parte da formação familiar dessas figuras, que passaram a ocupar diferentes funções administrativas. A escavação de uma impressão de selo oferece uma evidência material concreta para essa família específica de escribas.

Entre a Cidade de Davi e o Monte do Templo, em Jerusalém, um novo e até então desconhecido grupo de escribas e administradores veio à luz nas escavações da região do Ofel. Eilat Mazar encontrou trinta e quatro impressões de selos nessa área, datadas por volta de 700 a.C.[44] Sete impressões de selo, dentre um conjunto maior descoberto nessas escavações, revelam uma família de escribas relacionada a um patriarca chamado Bes. Três dessas impressões (publicadas como B2, B3 e B4) foram feitas com o mesmo selo, que foi reconstruído em um desenho composto (Figura 1.7b). Esse exemplo ilustra de forma clara três gerações de uma família de escribas.

As outras quatro impressões de selo (B5, B6, B7 e B8) parecem pertencer a quatro indivíduos diferentes, de modo que, em conjunto,

Figura 1.7 (a) Impressões de selo Bes
e (b) desenho das impressões B2-4.

Fonte: (a) Ouria Tadmor/© Eilat Mazar e
(b) ilustração elaborada pelo autor.

representam cinco pessoas distintas pertencentes a uma comunidade de prática escribal. As particularidades dessa prática são refletidas no uso de uma linha dupla separando cada registro, em pequenos traços verticais (" | ") separando as palavras (algo bastante incomum), e na menção ao patriarca Bes no registro final.

B2, B3, and B4

[l]yrhm – "Pertencente a Yerahmi"

[']l | bn | nhm –'el, filho de Nahum,

[bn |]bs – filho de Bes

B5

l'hml – "Pertencente a 'Ahimel"
k | bn | pl[ ] – -ek, filho de Pel[??,]
bn | bs – filho de Bes
B6
[...] – "[Pertencente a ...]"
l[...] –'el – [filho de ...]
h bn | bs – H, filho de Bes
B7
[...] – "[Pertencente a ...]"
[...] – [filho de ...]
[b]n | bs – filho de Bes
B8
[...] – "[Pertencente a ...]"
[...] – [filho de ...]
b[n] | bs – filho de Bes

O conjunto de selos da família de Bes é especialmente importante porque conhecemos algo de seu contexto arqueológico mais amplo. Em primeiro lugar, a região do Ofel, em Jerusalém, era um distrito administrativo real, situado entre a Cidade de Davi e o Monte do Templo. A arqueóloga Eilat Mazar reconstruiu um grande edifício que ela identificou como um portão. Esse edifício pode ter funcionado como uma passagem interna das áreas predominantemente residenciais da Cidade de Davi para as áreas administrativas, reais e religiosas do Ofel e do Monte do Templo. O conjunto de selos fazia parte de um grupo maior de trinta e quatro impressões. As mais notáveis entre essas outras impressões incluem uma com a inscrição: "Pertencente a Ezequias, filho de Acaz, rei de Judá" e outra: "Pertencente a Isaías, profeta" (ver discussão no Capítulo 6). Assim, essa coleção de impressões de selos fazia parte de um enclave administrativo e real em Jerusalém.

A área escavada também inclui um edifício identificado como a "Casa dos Padeiros Reais". O arqueólogo Benjamin Mazar (avô de Eilat Mazar) encontrou um jarro com a inscrição *lśr h'w[pym]*, que ele interpretou como "Pertencente ao Oficial P[adeiro]".[45] No entanto, outras interpretações são possíveis, e eu prefiro *lśr h'w[sr]*, "Pertencente ao Oficial do T[esouro]". Em ambos os casos, a inscrição oferece mais uma evidência da presença de edifícios administrativos governamentais nessa área. É também importante destacar que duas das impressões de selo da família de Bes foram encontradas no mesmo quadrante de escavação em que foi achada a impressão do selo de Ezequias. Como Ezequias reinou do final do século VIII ao início do século VII a.C., isso nos oferece uma boa datação para essa comunidade de escribas específica.

Não devemos imaginar que existiam muitas comunidades de escribas diferentes e concorrentes. No início do reino de Judá, a maioria dos escribas provavelmente estava vinculada ao Estado, incluindo burocratas e oficiais militares (ver Capítulo 3). Posteriormente, à medida que a sociedade judaíta se tornou mais complexa, surgiram algumas poucas comunidades de escribas desvinculadas do governo, atuando em diferentes profissões. Mas não eram muitas. Os escribas faziam parte de comunidades fechadas de prática, e Judá era pequeno demais para abrigar corporações rivais disputando supremacia dentro da mesma profissão. Em vez disso, havia escribas em diferentes profissões. A evidência dessa simplicidade e unicidade começa com a situação descrita nas cartas de Amarna, do final da Idade do Bronze (discutida no Capítulo 2).

Notas

1 Da tradução de Samuel Noel Kramer, *From the Tablets of Sumer* (Falcon, 1956); ver também sua publicação crítica, "Schooldays: A Sumerian Composition Relating to the Education of a Scribe," *JAOS* 69 (1949): 199-215.

2 Ver Nili Fox, "Royal Officials and Court Families: A New Look at the ילדים (*yelādîm*) in 1 Kings 12," *BA* 59 (1996): 226.

3 Ver Yoram Cohen, "The Historical and Social Background of the Scribal School at the City of Emar in the Late Bronze Age," em *Theory and Practice of Knowledge Transfer*, ed. W. van Egmond e W. van Soldt (Leiden: Nederlands Instituut, 2012), 120-21. Este artigo resume seu livro *The Scribes and Scholars of the City of Emar in the Late Bronze Age*, *HSS* 59 (Winona Lake, IN: Eisenbrauns, 2009).

4 Ver Jean Lave e Etienne Wenger, *Situated Learning: Legitimate Peripheral Participation* (Cambridge: Cambridge University Press, 1991), e E. Wenger-Trayner, *Communities of Practice: Learning, Meaning, and Identity* (Cambridge: Cambridge University Press, 1998). Esse modelo de aprendizagem encontra diversas aplicações úteis na literatura acadêmica; por exemplo, J. Kopaczyk e A. Jucker, eds., *Communities of Practice in the History of English* (Amsterdam e Filadélfia: John Benjamins Publishing, 2014); E. Wenger-Trayner et al., eds., *Learning in Landscapes of Practice: Boundaries, Identity, and Knowledgeability in Practice-Based Learning* (London: Routledge, 2015).

5 Ver Nadia Ben-Marzouk, "Forged by Society: An Interregional Investigation into the Social Implications of Metallurgical Knowledge Transfer in the Southern Levant and Egypt," tese de doutorado, UCLA, 2020; e W. Wendrich, ed., *Archaeology and Apprenticeship: Body Knowledge, Identity, and Communities of Practice* (Tucson: University of Arizona Press, 2013).

6 Seth Sanders, *The Invention of Hebrew* (Urbana: University of Illinois Press, 2009), 131-34. Ver também Sanders, ed., *Margins of Writing, Origins of Culture* (Chicago: University of Chicago Press, 2006).

7 Lave e Wenger, *Situated Learning*, 40.

8 Charpin, *Reading and Writing in Babylon*, 22.

9 Van der Toorn, *Scribal Culture*, 31, 48.

10 Esse ponto é especialmente desenvolvido por Philip Boyes em seu estudo sobre a escrita na antiga Ugarit. Ver *Script and Society: The Social Context of Writing Practices in Late Bronze Age Ugarit* (New York: Oxbow, 2021).

11 Para uma aplicação dessa observação à antiga Ugarit, ver Boyes, *Script and Society*.

12 Há exemplos provenientes do mercado de antiguidades, mas provavelmente se tratam de falsificações; por exemplo, Nahman Avigad, *Corpus of West Semitic Stamp Seals*, revisto e editado por Benjamin Sass (Jerusalém: Israel Exploration Society, 1997), nos. 21, 22, 23, 417. Ver, por exemplo, Yuval Goren e Eran Arie, "The Authenticity of the Bullae of Berekhyahu Son of Neriyahu the Scribe," *BASOR* 372 (2014): 147-58.

13 Sobre o estilo "caligráfico", ver Drew Longacre, "Paleographic Style and the Forms and Functions of the Dead Sea Psalm Scrolls: A Hand Fitting for the Occasion?" *VT* 72 (2022): 67-92.

14 Ver Rachel Hachlili, *Ancient Synagogues-Archaeology and Art: New Discoveries and Current Research* (Leiden: Brill, 2013); e Lutz Doering e Andrew Krause, eds., *Synagogues in the Hellenistic and Roman Periods: Archaeological Finds, New Methods, New Theories* (Göttingen: Vandenhoeck & Ruprecht, 2020).

15 Textos citados por Allon e Navrátilová, *Ancient Egyptian Scribes*, 74-75.

16 Citado de Irving Finkel, "Assurbanipal's Library: An Overview," em *Libraries before Alexandria*, ed. K. Ryholt e G. Barjamovic (New York: Oxford, 2020), 373; ver também Alasdair Livingstone, "Assurbanipal: Literate or Not?" *ZA* 97 (2007): 98-118.

17 Ênfase adicionada. Curiosamente, o *Rolo do Templo* de Qumran revisa esse texto hebraico e faz dos sacerdotes o sujeito que escreve o rolo para o rei (ver 11Q19 56:20-21).

18 Ver Allon e Navrátilová, *Ancient Egyptian Scribes*, 41-51.

19 Allon e Navrátilová, *Ancient Egyptian Scribes*, 50-51.

20 *Torah* é um sinônimo comum e posterior para o Pentateuco, mas esse não é seu significado original. *Torah* é geralmente traduzido como "lei" nas Bíblias em português por causa da influência de sua tradução grega como *nomos* ("lei"), mas o termo hebraico *torah* originalmente significava "ensino, instrução" e podia se referir a qualquer instrução oral, e não a um texto escrito específico (ver, por exemplo, Sl 78:1; Pv 1:8). Ver meu ensaio, "Diversity and Development of *tôrâ* in the Hebrew Bible," em *Torah: Functions, Meanings, and Diverse Manifestations in Early Judaism and Christianity*, ed. W. Schniedewind, J. Zurawski e G. Boccaccini (Atlanta: SBL, 2021), 17-36.

21 Ver, por exemplo, David Davage, *How Isaiah Became an Author: Prophecy, Authority, and Attribution* (Minneapolis: Fortress Press, 2022).

22 Lave e Wenger, *Situated Learning*, 56.

23 Sobre o currículo escribal, ver Schniedewind, *Finger of the Scribe*. Para uma discussão sobre padronização, ver Rollston, *Writing and Literacy in the World of Ancient Israel*, 91-126. A padronização, no entanto, parece estar relacionada à "comunidade de prática" burocrática do governo, e não necessariamente imposta a outras comunidades. A burocracia governamental provavelmente influenciou uma padronização, mas é evidente que não impôs um sistema nacional de escrita padronizado.

24 Ver James Pritchard, *Gibeon, Where the Sun Stood Still; the Discovery of a Biblical City* (Princeton, NJ: Princeton University Press, 1962).

25 Inscrição n. 1, de James Pritchard, *Hebrew Inscriptions and Stamps from Gibeon* (Filadélfia: University of Pennsylvania Museum, 1959), figura 1.

26 Essas inscrições foram publicadas pela primeira vez em um volume editado por Z. Meshel, *Kuntillet ʿAjrud* (Jerusalém: Israel Exploration Society, 2012).

27 Ver Schniedewind, *Finger of the Scribe*, cap. 2.

28 Charpin, *Reading and Writing in Babylon*, 32.

29 Para uma lista de diversos títulos administrativos e discussão, ver Y. Avishur e M. Heltzer, *Studies on the Royal Administration in Ancient Israel in the Light of Epigraphic Sources* (Tel Aviv e Jaffa: Archaeological Publication Center, 2000).

30 Lave e Wenger, *Situated Learning*, 56.

31 Ver J. MacDonald, "The Status and Role of the *Naʿar* in Israelite Society," *JNES* 35 (1976): 147-70; C. Leeb, *Away from the Father's House: The Social Location of the Naʿar and Naʿarah in Ancient Israel* (Sheffield: Sheffield Academic Press, 2000).

32 L. Koehler e W. Baumgartner, eds., *Hebrew and Aramaic Lexicon of the Old Testament* (Leiden: Brill, 2000), ad loc.

33 Sobre a importância de "rei" como metáfora divina, ver Marc Brettler, *God Is King: Understanding an Israelite Metaphor* (New York: Bloomsbury, 1989).

34 Robert Wilson, *Prophecy and Society in Ancient Israel* (Filadélfia: Fortress Press, 1980), 141.

35 Leeb, *Away from the Father's House*, 175.

36 Para uma introdução abrangente, ver Wilfred Watson e Nicholas Wyatt, *Han-*

dbook of Ugaritic Studies (Leiden: Brill, 1999). Visões gerais mais concisas podem ser encontradas em manuais introdutórios como William Schniedewind e Joel Hunt, *A Primer on Ugaritic* (Cambridge: Cambridge University Press, 2007), ou Dennis Pardee e Pierre Bordreuil, *Manual of Ugaritic* (Winona Lake, IN: Eisenbrauns, 2009).

37 Ver John Macdonald, "The Unique Ugaritic Personnel Text KTU 4.102," *UF* 10 (1978): 161-73; comparar com Leeb, *Away from the Father's House*, 176-78.

38 Kevin McGeough, *Ugaritic Economic Tablets: Text, Translation, and Notes* (Leuven: Peeters, 2011), 33-35, 539.

39 David Schloen sugere que os *na'arim* em ugarítico são homens subordinados, parte de lares, mas não necessariamente ligados por laços de sangue. Em vez disso, fazem parte de um grupo de parentesco fictício. Schloen, *House of the Father as Fact and Symbol: Patrimonialism in Ugarit and the Ancient Near East* (Cambridge, MA: Harvard Semitic Museum, 2001), 324; ver também McGeough, *Ugaritic Economic Tablets*, 27-28.

40 Ver Avigad, *West Semitic Stamp Seals*, n. 663; ver também os selos n. 24, 25 e 26. Esse título também aparece em uma impressão de selo proveniente das recentes escavações de salvamento em Bet-Semes.

41 Para uma discussão mais extensa, ver Schniedewind, *Finger of the Scribe*, 42-48.

42 Para uma visão especulativa e expansiva da família de escribas de Safã (*Shaphan*), ver Preston Kavanagh, *The Shaphan Group* (Eugene, OR: Wipf and Stock, 2011).

43 Avigad, *West Semitic Seal Stamps*, n. 470 (ver discussão na p. 40, n. 60). Outros possíveis membros dessa família de escribas parecem ser conhecidos por meio de impressões de selos oriundas do mercado de antiguidades (ver n. 387, 388, 431). Eles são provavelmente autênticos, mas isso pouco importa. Neste caso, arqueólogos escavando a Cidade de Davi nos forneceram uma confirmação impressionante da existência dessa família de escribas.

44 Eilat Mazar, *The Ophel Excavations to the South of the Temple Mount, 2009-2013. Final Reports, Volume II* (Jerusalém: Shoham, 2018), 256-63.

45 E. Mazar e B. Mazar, *Excavations in the South of the Temple Mount, the Ophel of Biblical Jerusalem, QEDEM*, 29 (Jerusalém: Israel Exploration Society, 1989), 42-48.

PARTE UM

COMUNIDADES DE ESCRIBAS HEBREUS

A arte do escriba, que recebe generosa recompensa,
é guardiã vigilante, necessidade do palácio.

— PROVÉRBIO MESOPOTÂMICO

2. O Início sob o Domínio Egípcio

Minha filha certa vez me ajudou a decifrar uma inscrição híbrida, composta de escrita alfabética e hieroglífica. Suponho que isso já seja uma compensação mais do que justa pelo fato de ela ter "virado as costas" para os "negócios da família" – ou seja, ter deixado de lado a ideia de se tornar professora. Ela fez a graduação em Egiptologia na Universidade da Califórnia, em Berkeley, e estudou hieróglifos e escrita hierática por três anos. Tornou-se uma excelente interlocutora enquanto eu me debruçava sobre uma inscrição antiga "não decifrada". Essa inscrição acabou se revelando uma peça-chave na compreensão da transição das comunidades de escribas que trabalhavam para os egípcios em Canaã durante o Novo Império (no final do segundo milênio a.C.), período em que esses faraós dominavam o sul do Levante – justamente quando o alfabeto começava a se espalhar e a se firmar.

Mas estou me adiantando na narrativa. Neste capítulo, exploro as origens históricas das comunidades de escribas hebraicas, que surgem sob a sombra do império egípcio.

A comunidade de escribas cananeia nas Cartas de Amarna

Começo com algumas observações a partir da cidade egípcia de Amarna. Amarna foi a capital do Egito durante o reinado do faraó Akhenaton, no século XIV a.C. É amplamente conhecida pela descoberta de um conjunto de mais de trezentas cartas em escrita cuneiforme, enviadas por pequenos governantes cananeus ao faraó. Essas cartas são instrutivas de várias maneiras, mas sua linguagem chama particularmente a atenção. Elas foram redigidas em um dialeto acádio, utilizando o sistema de escrita cuneiforme – e não hieróglifos egípcios. Com isso, apontam para a existência de uma variedade de comunidades de escribas em diferentes lugares do Mediterrâneo Oriental. Fornecem-nos, assim, uma visão geral sobre comunidades de escribas que existiam alguns séculos antes do surgimento dos reinos israelita e judaíta.

A hegemonia egípcia se estendia até o norte, alcançando o reino de Ugarit (na costa oriental do Mediterrâneo, na atual Síria), e os egípcios faziam uso tanto da escrita cuneiforme quanto da língua acádia – um sistema de escrita e uma língua originários da Mesopotâmia – que serviam como *lingua franca* no antigo Oriente Próximo durante o segundo milênio a.C.

À primeira vista, as cartas de Amarna parecem estar escritas em língua acádia. Isso, por si só, já seria digno de nota. Os egípcios não exigiam que seus súditos em Canaã escrevessem em egípcio médio; ao contrário, eles acomodavam e até incentivavam o uso da escrita cuneiforme. Há explicações tanto religiosas quanto nacionalistas para isso. Os egípcios reservavam os hieróglifos para os próprios egípcios. Era uma língua nacional. Era também uma língua sagrada, concedida aos egípcios pelo deus dos escribas, Thoth. Não era destinada a estrangeiros. Já o acadiano, escrito em cuneiforme (ou "escrita em forma de cunha"), era uma *lingua franca*, utilizada em todo o mundo antigo pelos escribas para se comunicarem entre si. Assim, os egípcios fizeram escolhas linguísticas que eram ao mesmo tempo práticas, religiosas e ideológicas.

A linguagem das cartas de Amarna não é simplesmente acádio. Meu antigo colega na UCLA, Robert Englund – um renomado especialista internacional em cuneiforme – uma vez descartou as cartas de Amarna comigo, chamando-as de "acádio de mentira". E ele tinha um ponto. As tabuletas parecem acádio para um observador casual porque apresentam a escrita em forma de cunha (ou seja, cuneiforme), mas a língua é, na verdade, uma versão cananeia local do acádio. Um estudioso cunhou o termo "acádio-cananeu" (*Canaano-Akkadian*).[1] Uma analogia possível seria com o inglês *pidgin* – isto é, uma forma de comunicação usada por dois grupos que não compartilham uma língua comum.[2] Por esse motivo, esse tipo de texto é frequentemente estudado por especialistas que não se dedicam exclusivamente ao acádio. De fato, meu próprio professor, Anson Rainey – um especialista em hebraico e em línguas semíticas ocidentais – escreveu uma gramática em quatro volumes sobre essa língua. É claro que ele conhecia o acádio, mas não era sua especialidade. E, pouco antes de falecer, ele me confiou a tarefa de editar e publicar sua nova edição crítica das cartas de Amarna.[3] Mas eu também não sou assiriólogo. Minha especialidade é a Bíblia Hebraica, sua língua e as inscrições provenientes de Israel e de seus vizinhos. Naturalmente, também conheço acádio, mas não é minha área principal – e isso nos revela algo importante sobre as cartas de Amarna. Os egípcios desenvolveram uma língua padronizada – mas *pidgin* – baseada no cuneiforme acádio, voltada aos governadores locais que administravam as cidades cananeias sob controle egípcio. Essa língua – o acádio-cananeu – era um híbrido, mas não era realmente a língua materna de ninguém. Os egípcios incentivaram (ou talvez até criaram) uma comunidade de escribas que usava essa língua.

Então, quem eram esses escribas cananeus que usavam o acádio-cananeu? Às vezes, os escribas aparecem com mais destaque em sua correspondência. Por exemplo, o escriba do governante de Jerusalém concluiu uma carta com uma mensagem pessoal dirigida ao seu correspondente egípcio: "Ao escriba do rei, meu senhor: mensagem de ʻAbdi-Heba, teu servo. Apresenta palavras eloquentes ao rei, meu senhor. Eu sou sempre, inteiramente teu!"[4] Esse tipo de saudação direta de um escriba a outro, acrescentada ao final das cartas, ilustra a fraternidade entre escribas. A fraternidade escribal nas cartas de Amarna era formada por escribas militares e administrativos. Como até uma leitura superficial demonstra, questões militares, logísticas e políticas dominam a correspondência desses escribas.

ʻAbdi-Heba, o governante de Jerusalém, afirma: "Dize ao escriba do rei [que] eu sou um soldado do rei" (EA 287:64-69). Em outra carta, ele escreve: "O rei, meu senhor, estacionou uma guarnição aqui, mas Yenhamu a retirou por completo" (EA 286:26-29). Há um sentimento, nas cartas de Amarna, de que o controle egípcio sobre Jerusalém (e sobre Canaã em geral) era bastante precário. 'Abdi-Heba implora ao faraó: "Se não houver tropas este ano, que o rei envie um comissário para buscar a mim e a meus irmãos" (EA 288:58-61). Quando 'Abdi--Heba se refere literalmente a seus "irmãos", compreendemos que se trata de seus colegas vinculados à burocracia egípcia – incluindo seus escribas. Infelizmente, para esses escribas e burocratas, os faraós não os levaram de volta ao Egito quando sua hegemonia se desintegrou no século XII a.C. Eles foram deixados para trás.

No Egito, os escribas tinham uma situação mais favorável. Em contraste com Canaã, havia uma série de diferentes profissões para escribas. A escrita era uma habilidade que podia ser utilizada em diversas ocupações, e existiam diferentes comunidades de escribas. Como regra geral, podemos afirmar que, quanto mais complexa a sociedade, mais profissões incorporavam o treinamento de escribas em suas funções. O título egípcio *seš* (ou *zẖ3.w*), "escriba", podia ser aplicado a uma variedade de profissões que exigiam algum grau de formação na escrita.[5] Por exemplo, aparecia em títulos como *sš-ḳdw.t* (desenhista), *sš-n-pr-ḥḏ* (escriba do tesouro) e *sš nswt* (escriba real).

Os egípcios também tomaram emprestado o termo *mahir* do semítico ocidental (isto é, do proto-hebraico) para se referir a escribas administrativos que atuavam no Mediterrâneo oriental.[6] O termo acádio propriamente dito para escriba, *tupšarru*, também podia se referir a várias ocupações – desde burocratas comuns até escribas reais.[7] Por exemplo, o império neoassírio contava com diversos tipos de escribas, incluindo escribas-chefes (*rab ṭupšarri*), escribas do palácio (*ṭupšar ēkalli*) e escribas do templo (*ṭupšar bītūti*).[8] Assírios e babilônios também distinguiam entre escribas *tupšarru*, que usavam escrita cuneiforme, e escribas *sepīru*, que utilizavam escrita alfabética. O trabalho dos escribas *sepīru* era puramente administrativo, utilizando a língua aramaica para auxiliar os assírios (e, mais tarde, os babilônios) na administração de seu império global.[9]

Diferentes tipos de escribas

Começarei com a visão mais ampla possível das comunidades de escribas no antigo Egito e, em seguida, afunilarei o foco até alcançar a comunidade que deu origem aos primeiros escribas hebreus. Os egiptólogos Niv Allon e Hana Navrátilová apresentam um panorama dos escribas durante o reinado de Ramsés "o Grande" (ca. 1279-1213 a.C.). Seu livro, *Ancient Egyptian Scribes*, dedica dez capítulos a escribas individuais e suas diversas profissões no Egito do Novo Império. Eles narram a vida de várias pessoas que possuíam formação escribal, incluindo um prefeito, um desenhista, um cortesão, um escriba real (tutor), um supervisor, um general que se tornou faraó, um artista (de túmulos e templos), um copista (encarregado da preservação de textos), um gestor (na vila operária de Deir el-Medina) e um escriba militar.

O escriba militar é particularmente interessante para a história inicial das comunidades de escribas porque esses escribas atuavam em Canaã no final do segundo milênio a.C., justamente quando o alfabeto estava emergindo. Eles terão um papel crucial na formação de uma comunidade de escribas hebraica (e alfabética).

Os escribas militares-administrativos são celebrados em um texto escolar-literário egípcio do período raméssida conhecido como *A arte do escriba*.[10] Há mais de oitenta e cinco cópias conhecidas desse texto, composto durante o reinado de Ramsés, o Grande, o que sugere que era amplamente conhecido como texto escolar. A cópia mais bem preservada é o Papiro Anastasi I (ver Figura 2.1). O texto é escrito como uma carta satírica de Hori, um escriba sênior, dirigida a outro escriba chamado Amenemope. Hori não pretende apenas ensinar, mas também entreter: "Farei para ti um documento como distração, e ele se tornará divertimento para todos!" Mas quem é "todos"? Na verdade, o texto não é tão divertido – a menos que você seja um escriba, especialmente um escriba envolvido na administração egípcia de Canaã (chamada de *Retenu* pelos egípcios). Assim, esse texto satírico entretém ao mesmo tempo em que nos oferece um vislumbre da vida e da formação dos escribas militares-administrativos que poderiam atuar em Canaã.

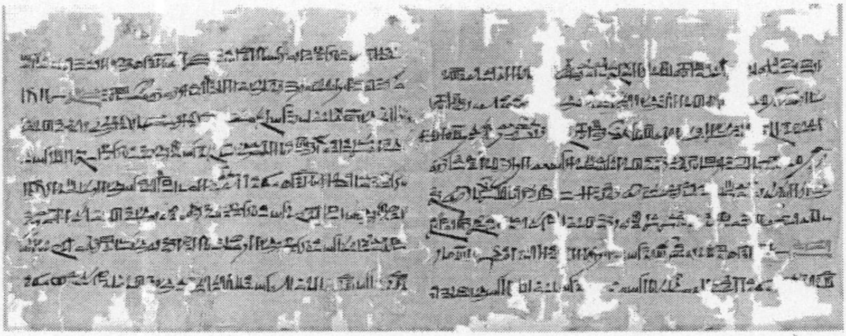

Figura 2.1 Papiro Anastasi I, *A Arte do Escriba* (EA 10247,11).
Fonte: © The Trustees of the British Museum.

Como Hori enfatiza para Amenemope, o escriba *mahir* (isto é, o escriba militar cananeu) precisava conhecer geografia e logística. Embora o texto esteja escrito em egípcio, Hori utiliza cinquenta palavras cananeias e menciona inúmeras cidades e localidades de Canaã. Às vezes, há até frases inteiras escritas em cananeu, das quais podemos depreender que um escriba precisava conhecer algum cananeu. E também precisava de resistência física e mental para a vida difícil nas estradas durante campanhas militares, negociando com diversos governantes locais ou lidando com salteadores que cruzavam seu caminho nessa profissão: "Vê, eu te contei o ofício de um *mahir*, percorri *Retenu* por ti, reuni a terra estrangeira em um só lugar para ti, com suas cidades conforme suas estruturas. Oxalá as visses por nós com calma, para que possas relatá-las e tornar-te conosco um respeitado oficial do tesouro."[11]

Hori chama Amenemope de seu "irmão" e lhe atribui vários outros títulos, incluindo o de "escriba de ordens reais". Vale destacar que Hori não era irmão de sangue do destinatário, mas sim seu irmão dentro da fraternidade dos escribas. No final do texto, Hori declara: "Meu pai me ensinou o que sabia." Esse "pai" era o pai biológico de Hori? Provavelmente não. Assim como Amenemope também não era seu irmão biológico. O mestre escriba frequentemente acolhia aprendizes sem vínculo familiar, os quais passavam a ser seus "filhos". Por sua vez, o mestre era considerado seu "pai". Como já mencionado, trata-se de algo semelhante à expressão alemã *Doktorvater* ou *Doktormutter*, usada para designar o orientador de uma dissertação acadêmica. *A Arte do Escriba* é um texto satírico inteiramente voltado às relações entre escribas. Hori e Amenemope são "irmãos" – ou seja, pares –, mas Hori acusa Amenemope de se comportar "como um aprendiz" quando este reivindica superioridade.

O mahir, um tipo de escriba e administrador semita Ocidental

Um dos títulos que tornam *A Arte do Escriba* especialmente relevante é um termo emprestado do proto-hebraico (que os estudiosos chamam de semítico ocidental). Trata-se do título *mahir*, que aparece mais de quinze vezes nesse texto e é conhecido também de textos bíblicos posteriores como um termo relacionado aos escribas. Amenemope declarou: "Sou um escriba [em egípcio, *seš*] e um *mahir*" (Papiro Anastasi I, 18:4), mas Hori quer esclarecer tudo o que isso implica. Por que ele equiparou o termo egípcio para escriba com um equivalente proto-hebraico? Porque esses eram escribas que atuavam na administração colonial egípcia em Canaã. Era apropriado que escribas pertencentes à corporação militar-administrativa em Canaã fossem referidos pelo título local *mahir*.

O título *mahir* torna-se particularmente significativo para nós porque foi preservado em alguns textos bíblicos hebraicos. Contudo, *mahir* já era um termo arcaico quando foi usado nos textos bíblicos – ele pertencia a uma era passada. Após vários séculos, a maioria dos escribas hebreus já não compreendia o seu significado.[12]

Existem três exemplos de *mahir* na literatura bíblica. Eles refletem a dificuldade de um arcaísmo cujo sentido foi esquecido e perdido. Eu compararia isso ao uso do inglês médio nos escritos de Shakespeare. A linguagem de Shakespeare é elisabetana, mas seu público ainda conseguia compreender, em grande parte, quando ele usava certos termos arcaicos. No entanto, hoje, conseguimos entender o inglês arcaico de Shakespeare, mas não necessariamente os arcaísmos que ele mesmo empregava.[13]

Esse paralelo é instrutivo para o uso bíblico de *mahir* no Salmo 45.1 [hebraico v. 2], que normalmente é traduzido como: "Dirijo ao rei as minhas palavras; a minha língua é como a pena de um escriba veloz [*sôfer mahîr*]." A maioria das traduções entende *mahir* como relacionado ao radical hebraico *mhr*, que no hebraico posterior significa "ser rápido, apressar-se". Outras línguas aparentadas, como o etíope ou o árabe, dão ao termo o sentido de "ser habilidoso". No entanto, a maneira mais simples de entender *mahir* é considerá-lo uma glossa para o título hebraico usual *sôfer*, "escriba". Assim, o texto originalmente deveria ser compreendido como: "Dirijo ao rei as minhas palavras; a minha língua é como a pena de um *mahir* – isto é, um escriba." Era bastante comum, durante a redação e edição do hebraico bíblico, que escribas acrescentassem glosas para explicar palavras ou termos que já não eram bem compreendidos.

Um segundo exemplo interessante encontra-se em Provérbios 22.29, geralmente traduzido como:

> Viste um homem perito [*mahîr*] na sua obra? Perante reis será posto; não servirá a homens obscuros." Embora as traduções modernas geralmente optem por traduzir *mahîr* como "habilidoso", a atividade ou ocupação mencionada está claramente relacionada à esfera real. Se compreendermos *mahîr* como um termo antigo para "escriba", então temos uma observação simples: "Viste um escriba em sua obra? Perante reis será posto; não servirá aos obscuros.

Essa imagem remete a relevos antigos bem conhecidos que apresentam o motivo do escriba diante do rei (como, por exemplo, na Figura 2.2). De fato, não havia razão, no Israel antigo, para um escriba trabalhar para o povo comum. Apenas em tempos posteriores a escrita passou a ser requisitada por pessoas fora da elite, momento em que esse provérbio começou a fazer menos sentido.

Analisando mais a fundo, esse exemplo torna-se ainda mais interessante. Este versículo faz parte de uma seção de Provérbios que apresenta um paralelo direto com um texto escolar egípcio conhe-

Figura 2.2 Rei arameu Bar-Rakib com seu escriba (no Museu de Pérgamo).
Fonte: Acervo do autor.

cido como *A Instrução de Amenemope*. Trata-se de uma coleção de provérbios egípcios datada do final do Novo Império, composta por trinta capítulos de ensinamentos atribuídos ao escriba Amenemope, direcionados a seu "filho" como instruções de piedade pessoal diante de provações e dificuldades. Os estudiosos há muito reconhecem que Provérbios 22.17-23.11 possui paralelos estreitos com *A Instrução de Amenemope*. Por exemplo, a egiptóloga Miriam Lichtheim afirma: "Dificilmente se pode duvidar de que o autor de Provérbios conhecia a obra egípcia e dela se inspirou, pois além das semelhanças de pensamento e expressão – especialmente marcantes nos capítulos 22 e 23 –, o versículo de 22.20: 'Porventura não te escrevi trinta máximas, sobre conselhos e conhecimento?' adquire seu pleno significado a partir do conhecimento do autor com os trinta capítulos de Amenemope."[14]

Outro estudioso da Bíblia, Gary Rendsburg, sugeriu que os versículos introdutórios bíblicos (Pv 22.19-20) na verdade fazem referência direta à *Instrução de Amenemope*, ainda que essa referência tenha sido obscurecida por gerações de copistas. Ele reconstrói o texto original da seguinte forma:

> Para que tua confiança esteja em YHWH,
> Dou-te a conhecer Amenemope;
> Eis que te escrevi os Trinta,
> Em conselho e sabedoria.[15]

Mas é preciso perguntar: como os escribas hebreus antigos poderiam ter conhecido esse texto? Quando observamos atentamente os paralelos, não está claro o quanto eles de fato conheciam a obra. Embora alguns paralelos sejam marcantes, muitos são bastante gerais. Às vezes, é necessário um certo esforço interpretativo para enxergar a semelhança. Além disso, a ordem dos provérbios difere entre *Amenemope* e Provérbios 22.17-23.11. Talvez isso possa ser explicado se considerarmos que o texto era conhecido de memória – e devemos lembrar que o original fora memorizado na língua egípcia. Era comum que escribas memorizassem textos escolares, os quais depois podiam ser adaptados e retrabalhados quando traduzidos para o hebraico pelos escribas *mahir* que permaneceram em Canaã. Esses escribas não dispunham de cópias escritas do texto, mas o haviam estudado e memorizado quando jovens, em sua formação para a administração egípcia. Essas memórias contribuíram para a elaboração de um novo currículo escribal, agora utilizando um sistema de escrita alfabética e a língua local – o hebraico.

Não é de surpreender que alguns elementos tenham se perdido ou se embaralhado no processo de transmissão e tradução. Mas é notável que algo tenha sido preservado, especialmente considerando que uma nova comunidade de escribas alfabéticos se formava em Israel. O paralelo entre Provérbios 22.29 e *Amenemope* 30.15-17 é um bom exemplo disso. Em primeiro lugar, *Amenemope* 30 é o último capítulo do texto egípcio, ao passo que Provérbios 22.29 aparece no meio de sua contraparte bíblica.[16]

Amenemope 30.16-17 afirma:

> O escriba que é um *mahir* em seu ofício,
> Ele é considerado digno de ser um cortesão.[17]

Se entendermos *mahir* em Provérbios 22.29 como relacionado a "escriba", então poderíamos traduzir:

> Viste o *mahir* em sua obra? Estará diante de reis, e não de plebeus.

O último exemplo de *mahir* na Bíblia encontra-se no texto pós-exílico de Esdras 7.6, onde Esdras é chamado de "um escriba hábil [*sôfer mahîr*]". Essa expressão retoma diretamente o Salmo 45 e a aplica a Esdras. Mas esse texto provavelmente foi escrito no período persa, quase um milênio depois do texto egípcio *A Arte do Escriba*. Os escribas bíblicos do período persa conheciam o Salmo 45, mas certamente não tinham familiaridade com *A Arte do Escriba*.

A história do termo *mahir* é bastante esclarecedora. Era um termo comum nos textos escolares egípcios do Novo Império e designava escribas administrativos militares que atuavam em Canaã. O termo técnico foi preservado nos primeiros textos hebraicos, incluindo uma parte do livro de Provérbios que apresenta paralelos com um texto sapiencial egípcio. No entanto, o termo caiu em desuso no hebraico. Os primeiros textos bíblicos conheciam esse termo vinculado a uma antiga comunidade de escribas. Mas seu significado acabou por se perder ou se transformar com o tempo. De fato, pode-se até suspeitar que esse significado foi esquecido ou alterado justamente porque a comunidade dos *mahir* possuía um passado comprometedor – isto é, sua ligação com os antigos dominadores egípcios.

Enquanto os egípcios dispunham de muitos tipos diferentes de comunidades de escribas e de um número significativo de escribas, as cidades cananeias não tinham o mesmo perfil. A julgar pelas cartas de Amarna, cidades cananeias como Jerusalém, Jope ou Megido provavelmente contavam apenas com um punhado de escribas – talvez apenas um ou dois em cada cidade. Sua comunidade de escribas formava-se a partir de outros escribas que trabalhavam em cidades cananeias vizinhas e compartilhavam entre si uma linguagem escribal peculiar, com seus próprios idiomas, convenções e formas idiomáticas. Em contraste, Tebas, no auge do Novo Império egípcio, abrigava uma ampla variedade de profissões que exigiam formação escribal. Diferentes ocupações que requeriam treinamento em escrita estavam vinculadas ao palácio, ao templo, aos programas de construção, ao exército, e assim por diante. Esses diferentes contextos refletem, sem dúvida, as distintas circunstâncias sociais, políticas e econômicas entre as pequenas cidades-estado cananeias e o Egito no auge de sua expansão imperial. Da mesma forma, devemos esperar que o papel da escrita tenha se desenvolvido e se transformado à medida que as circunstâncias sociais, políticas e econômicas de Judá e Israel evoluíram ao longo dos séculos.

As comunidades de escribas eram responsáveis pela criação dos arquivos dos palácios e dos templos. Temos excelentes exemplos comparativos disso na Mesopotâmia e no Egito. Por exemplo, a "Casa do Livro" (*pr md̠3.t*), no Egito, armazenava textos rituais e históricos. Faraós como Tutemés III e Ramsés II demonstraram interesse pela história de dinastias anteriores e pelos rituais e cerimônias tradicionais.[18] Outra instituição de tipo bibliotecário no Egito era a "Casa da Vida" (*pr ʿnḫ*), vinculada a palácios e templos, relacionada à formação de escribas – o que incluía também uma biblioteca de textos.[19]

Na Mesopotâmia, Assurbanípal tornou-se célebre por reunir uma biblioteca em Nínive, e o próprio rei se retratava como um estudioso. Isso nos remete à recordação bíblica de que "os homens de Ezequias transcreveram os provérbios de Salomão" (Pv 25.1). Conjuntos de *bullae* (impressões de selos em argila) escavados em Jerusalém confirmam que arquivos eram reunidos em diversos locais da cidade, remontando pelo menos ao século IX a.C.[20] Tudo isso está em plena consonância com os paralelos do antigo Oriente Próximo, de modo que temos bons motivos para acreditar que o complexo palaciano de Jerusalém incluía anais, registros e outros textos literários. Além disso, é provável que o Templo de Jerusalém tenha começado a se investir de literatura sacerdotal e de registros já no século VIII a.C. (ver Capítulo 9).

O Egito antigo é um exemplo instrutivo da diferença entre alfabetização e a profissão de escriba. Por exemplo, Allon e Navrátilová observam que, "ainda que a alfabetização e a condição de escriba às vezes coincidam, sua sociologia é marcadamente distinta."[21] Há diversos exemplos de figuras egípcias (inclusive faraós) que eram aparentemente alfabetizadas, mas não escribas. Em outras palavras, alcançar a alfabetização não significava, necessariamente, fazer parte de uma comunidade de escribas. O relato em *A Arte do Escriba* também destaca a variedade de competências que o *mahir*-escriba precisava adquirir – incluindo geografia, logística, matemática e diplomacia. Por exemplo, Hori propõe um problema sobre matemática e logística de construção: "Uma rampa deve ser construída com 730 côvados... Os tijolos necessários foram solicitados pelo capataz da mão de obra. Os escribas estão todos reunidos, mas não há um só que saiba." Hori desafia o jovem escriba: "Responde-nos: quantos tijolos são necessários?" (14.2-17.2). Hori também faz perguntas sobre geografia: "Vem, põe-me na estrada ao norte até Aco", ou "Para onde marcha o *mahir* em direção a Hazor?" (21.2-22.1). Essa profissão não se limitava a aprender a ler e escrever. Um *mahir*-escriba precisava adquirir uma ampla gama de habilidades para atuar na administração colonial egípcia.

À medida que o poder do Egito declinava no século XII a.C., também diminuíam o prestígio e o papel dos *mahir*-escribas. O destino dos burocratas egípcios em Canaã é narrado de forma pungente em um conto literário egípcio conhecido como *O Relato de Wenamun*.[22] Wenamun era um oficial egípcio que atuava na administração colonial. Sua história se passa no quinto ano de reinado de um faraó, provavelmente Ramsés XI (r. 1107-1078 a.C.). Trata-se de uma ficção histórica, mas que, ainda assim, transmite de forma vívida a sensação de colapso da hegemonia egípcia em Canaã ao final do Novo Império.

O relato narra as desventuras do enviado Wenamun enquanto ele navega pela costa do Mediterrâneo oriental, onde é roubado e maltratado. Em certo momento, Wenamun apela ao mestre do porto da cidade de Biblos por ajuda, mas este lhe responde:

> Não sou teu servo, nem sou servo daquele que te enviou! (2.10).

Oh, como os poderosos caíram! Nesse episódio, vemos que o Egito já não exerce domínio sobre a costa cananeia. Wenamun, como enviado egípcio, praticamente não recebe respeito algum.

Só podemos imaginar o que isso significava para os muitos burocratas egípcios – incluindo os *mahir*-escribas – que haviam trabalhado em Canaã. À medida que o próprio Egito mergulhava no caos, no início do seu Terceiro Período Intermediário (isto é, o século XI a.C.), os burocratas que foram deixados para trás encontraram trabalho entre os reinos nascente de Israel, Judá e Fenícia.[23] Esses burocratas tiveram um papel importante na formação das novas comunidades de escribas desses reinos.

Decifrar a influência egípcia na comunidade de escribas hebreus

Há alguns indícios reveladores da influência burocrática egípcia sobre as novas comunidades de escribas alfabéticos em formação em Canaã. Aqui, retorno à história que abriu este capítulo – minha filha me ajudando a decifrar uma inscrição mista, alfabética-egípcia. Enquanto eu examinava um óstraco datado de cerca de 1200 a.C., pensei que talvez estivesse diante de algum tipo de texto híbrido (ver Figura 2.3).[24]

A inscrição encontrava-se em um fragmento de cerâmica quebrado, originalmente parte de um grande vaso de armazenamento (com capacidade de cerca de 25 litros). A inscrição foi feita antes da queima do vaso. Isso significa que foi intencionalmente planejada. Não se trata, portanto, de um grafite feito de forma aleatória – embora tenha sido publicado como "não decifrado". Talvez eu precisasse olhar para aquela inscrição com outros olhos.

As duas primeiras linhas, embora fragmentadas, são fáceis de ler:

1) [?]*pkl* "[...]Pical,"
2) [?]*spr* "[...]escriba"

Trata-se, provavelmente, de um nome pessoal seguido de um título, que pode ser traduzido como: "Pical, [o] escriba." Alternativamente,

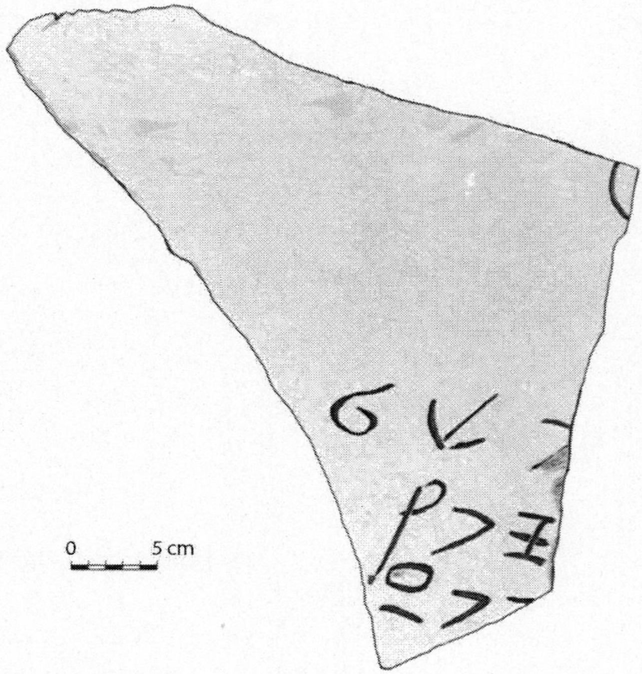

Figura 2.3 Inscrição em jarro de Laquis.

Fonte: elaborada pelo autor.

a segunda linha pode ser lida como um verbo: "Pical registrou." Essas duas primeiras linhas estão escritas em uma forma clara de escrita alfabética primitiva, que poderíamos chamar de "proto-hebraico" ou "cananeu antigo".

A terceira linha, no entanto, representava um problema. O círculo oblongo com uma linha por baixo não corresponde a nenhuma letra do antigo alfabeto cananeu ou hebraico e, por isso, foi publicada como "não decifrada". Mas pensei: isso tem de ser algum tipo de rótulo. Então mostrei à minha filha e perguntei se a terceira linha poderia estar escrita em hieróglifos. Ela sugeriu que o último sinal lembrava vagamente o hieróglifo para *ḥḳꜣ.t* (), o sinal egípcio usado para uma medida de trigo. Com certeza foi um ótimo investimento naquele segundo curso dela em Berkeley!

Lancei-me à investigação, consultando colegas e especialistas. A terceira linha estava inteiramente escrita com sinais hieráticos – ou seja, em escrita cursiva hieroglífica – usados para contabilidade. E consegui chegar a uma decifração convincente:

> [ ]5 *ḥeḳat* de trigo.

O sinal hieroglífico foi simplificado para uma forma oval na escrita hierática e, às vezes, escrito com uma linha por baixo para indicar o plural. O símbolo ao lado podia ser lido como o número 5 em hierático. Um *ḥeḳat* era uma unidade egípcia de medida para trigo – exatamente 5 litros. Assim, a terceira linha indicava a capacidade real do jarro: 5 × 5 *ḥeḳat* = 25 litros de trigo. Esse era o tamanho padrão para o tipo de jarro de armazenamento em que a inscrição foi feita. Mais do que isso, agora tínhamos evidência do uso de símbolos contábeis egípcios em uma inscrição alfabética primitiva. As duas culturas escribais se encontram aqui, nessa inscrição do século XII a.C.

Os símbolos contábeis egípcios se tornaram uma parte regular das comunidades de escribas hebreus a partir da Idade do Ferro (ou seja, do século XII a.C.). Existem muitas inscrições hebraicas que usam os símbolos contábeis hieráticos egípcios, mas essas inscrições datam principalmente dos séculos VIII e VII a.C. Os melhores exemplos desses símbolos contábeis egípcios aparecem em inscrições hebraicas datadas de 800 a.C., mas há um exemplo fragmentado de Tel Arad que pode datar de até o século X a.C. Um exemplo notável desse empréstimo é um exercício escolar escavado em Kadesh Barnea, no deserto judaico do sul (Figura 2.4). Um jovem escriba estava fazendo dever de casa, praticando a escrita dos números hieráticos em uma lista. É "Contabilidade 101" para escribas.

Os símbolos foram emprestados do Egito pelos escribas alfabéticos já no século XII a.C. Por analogia, nós emprestamos "números arábicos", e todas as línguas europeias os utilizam. Os primeiros hebreus tomaram emprestados "números egípcios". Sabíamos que esses números foram emprestados do Egito, mas exatamente quando isso aconteceu foi assunto de algum debate.

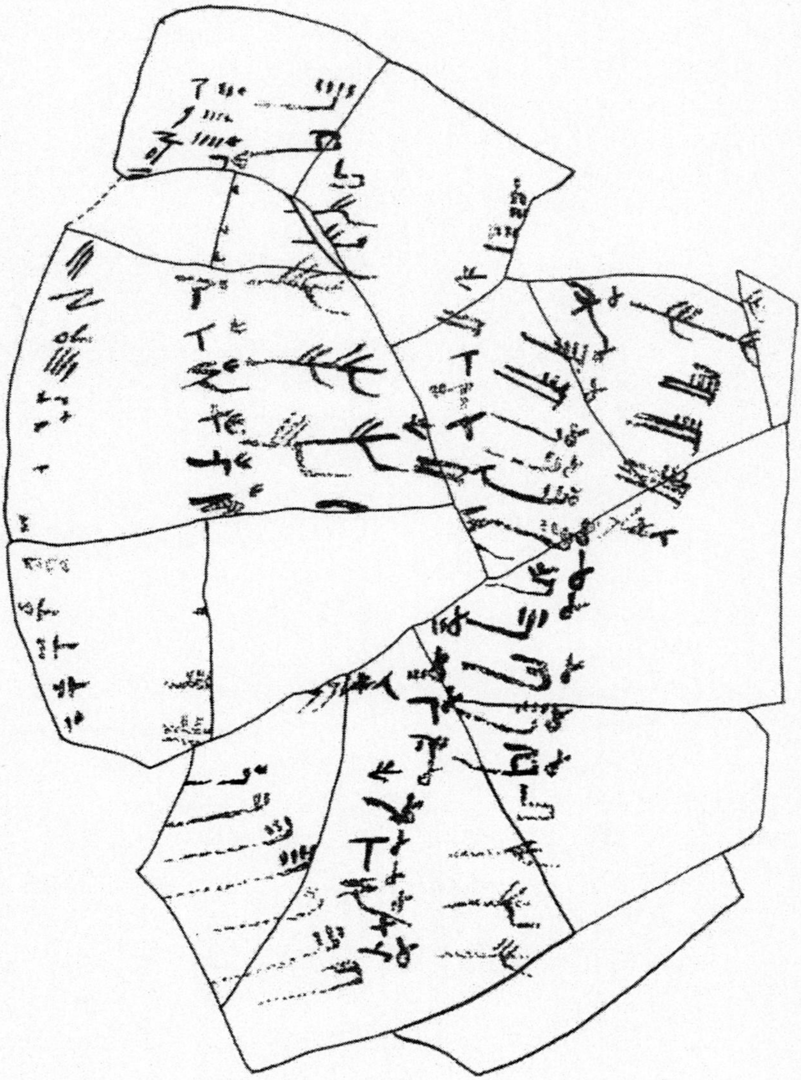

Figura 2.4 Lista escolar de números hieráticos.
Fonte: Stefan Wimmer, *Palästinisches Hieratisch*, p. 109.

Agora temos a prova decisiva na inscrição do jarro de Laquis. Ela representa um legado da comunidade de escribas egípcia que atuava em Canaã nos anos finais de sua hegemonia na região.

O empréstimo das comunidades de escribas egípcias ia além dos números e símbolos hieráticos. Começava com a própria tecnologia da escrita – isto é, o uso de tinta e papiro (em contraste com o estilete e o barro da escrita cuneiforme). Essas eram tecnologias egípcias. Foram inventadas pelos egípcios e adotadas pelos primeiros escribas alfabéticos.[26]

Não surpreende que uma série de palavras egípcias relacionadas ao ofício de escriba tenha sido incorporada ao hebraico. Entre elas estão termos básicos ligados à profissão, como "tinta" (*d̲eyô*), "papiro" (*gōmeʾ*), "estojo de escriba" (*qeset̲*), "selo" (*ḥôt̲ām*) e "anel de sinete" (*ṭab̲aʿat̲*). Além disso, termos contábeis ligados à medição também provêm do egípcio: "efa" (uma medida para grãos), "hin" (uma medida para líquidos) e "zeret" (uma medida equivalente a um palmo). Vale observar que há relativamente poucos empréstimos egípcios no hebraico, e a maioria deles está associada à atividade dos escribas.

Podemos nos perguntar por que os escribas hebreus não utilizaram simplesmente os hieróglifos egípcios em suas comunidades de escribas. Um pequeno número de inscrições hieráticas egípcias foi escavado em diferentes locais da antiga Canaã, de modo que essa era, ao menos em teoria, uma possibilidade. No entanto, o uso de hieróglifos não era uma opção viável para os primeiros escribas hebreus. Nenhum texto escolar egípcio foi encontrado fora do Egito propriamente dito, ainda que alguns egípcios tenham permanecido em Canaã ao final do Novo Império.

Mas os hieróglifos e o hierático eram sistemas de escrita exclusivamente egípcios, feitos para a língua egípcia. Seria algo pouco prático para os escribas de Judá – difícil de aprender e de aplicar. E, afinal, eram egípcios. Fazia sentido, portanto, rejeitar os hieróglifos em favor do alfabeto – um sistema de escrita que os escribas hebreus poderiam apropriar-se e tornar seu.

Outro sistema de escrita que os primeiros escribas hebreus poderiam ter utilizado era o cuneiforme. Por exemplo, no reino de Ugarit, durante o século XIV a.C., floresceu um sistema de escrita cuneiforme alfabético.[27] Há até alguns poucos exemplos desse sistema de escrita em sítios localizados em Israel e Judá, como Hazor e Bete-Semes.

O acadiano e a escrita cuneiforme constituíam a *lingua franca* do antigo Oriente Próximo durante o segundo milênio a.C., sendo usados desde o Irã até a Anatólia e o Egito. Ainda assim, tratava-se de uma língua e de um sistema de escrita estrangeiros. A tinta era uma tecnologia mais versátil do que o cuneiforme, e o alfabeto era mais facilmente adaptável às línguas locais.

O alfabeto, que parece ter sido inventado no Egito no início do segundo milênio, foi adaptado pelos fenícios no século XII a.C. e depois difundido por todo o Levante, nos reinos emergentes ao longo da costa libanesa (como Tiro e Sidon), na Síria e na Anatólia (Damasco, Sam'al), bem como em Israel e Judá.[28] Todas as comunidades de escribas do Levante rejeitaram a escrita cuneiforme como tecnologia, em favor da tinta e do alfabeto.

A comunidade de escribas mahir

Houve algum legado do domínio egípcio além da tecnologia? Sim – os burocratas egípcios que permaneceram em Canaã também foram um legado do período anterior. Como vimos em *A Arte do Escriba*, os egípcios adotaram o termo semítico ocidental *mahir* como título para um tipo específico de escriba que atuava nas terras de Retenu (como chamavam Canaã), e o termo *mahir* aparece também na Bíblia Hebraica. Isso sugere certa continuidade da burocracia de escribas egípcia no Israel antigo. Eu chamaria esse legado de comunidade de escribas *mahir*.

Essa comunidade de escribas tinha como patronos os novos governantes de Canaã (algo que será explorado no próximo capítulo). Atuavam na burocracia real, na diplomacia e no âmbito militar. E não apenas herdaram a tecnologia dos egípcios; sua formação como escribas também incorporou e adaptou o currículo educacional e a literatura conhecidos de Amarna e, de forma mais ampla, do período do Novo Império.

Tenho enfatizado especialmente as cartas de Amarna, mas também foram encontrados em Amarna currículos escolares voltados ao aprendizado do cuneiforme. Além disso, há textos escolares cuneiformes escavados em Canaã que preservam o currículo elementar usado na formação de escribas em leitura e escrita cuneiforme. Por exemplo, listas de vocabulário cuneiforme foram encontradas tanto em Amarna quanto em cidades cananeias, confirmando o treinamento de escribas cuneiformes em Canaã.

Uma dessas listas de vocabulário encontradas em Amarna é bilíngue – em egípcio e acádio. Outra, escavada em Afeca (residência de um governador egípcio a cerca de 16 km a leste de Jope), é trilíngue – em sumério, acádio e semítico ocidental. Esse texto escolar é um precursor da inscrição escolar hebraica conhecida como o "Calendário de Gezer".[29]

Havia também currículos avançados. Por exemplo, um fragmento da famosa *Epopeia de Gilgamesh*, escrita em cuneiforme, foi escavado em Megido. Trata-se, provavelmente, de um texto memorizado pelos escribas como parte de sua formação avançada. Há ainda um fragmento de texto legal escavado na cidade cananeia de Hazor, datado da Idade do Bronze Médio, que podemos chamar de "Código de Leis de Hazor". Esse fragmento parece ser uma versão local cananeia relacionada ao famoso Código de Hamurabi, bem como a outros códigos legais mesopotâmicos.[30]

Textos bíblicos como o Código da Aliança (isto é, Êxodo 21-23) também demonstram certa dependência da tradição jurídica do antigo Oriente Próximo, ainda que de forma indireta. Em outras palavras, há ecos do Código de Hamurabi nos códigos legais bíblicos, mas é difícil identificar empréstimos diretos.[31] Ainda assim, esse currículo cuneiforme influenciou a educação dos escribas hebreus – embora tenha sido aprendido sob o domínio do império egípcio no final do segundo milênio a.C.

Vestígios literários egípcios na literatura bíblica

Por fim, há o exemplo marcante da influência literária egípcia já discutida acima: *A Instrução de Amenemope*, que foi utilizada e adaptada no Livro de Provérbios. Os provérbios e a literatura sapiencial são partes típicas de currículos escolares, e o Egito antigo é particularmente conhecido por esse tipo de literatura.

O Livro de Provérbios, na Bíblia, é uma obra incomum, na medida em que jamais faz alusão às narrativas bíblicas de Gênesis, Êxodo, aos códigos legais mosaicos ou à Promessa feita a Davi.[32] Por que isso acontece? Alguns sugerem que existia um grupo de "sábios" desvinculado dessas outras tradições bíblicas. Mas essa hipótese parece pouco provável. Os sábios não constituíam um grupo social definido no antigo Israel. Pelo contrário, um sábio podia ser qualquer pessoa dotada de sabedoria – fosse rei ou camponês, profeta ou sacerdote.

Podemos tomar como referência aqui o livro sapiencial helenístico *A Sabedoria de Sirácida*. Sirácida reflete frequentemente sobre histórias dos patriarcas, do Êxodo e sobre prescrições legais bíblicas. Assim, é difícil sustentar a ideia de que algum grupo desconhecido de sábios teria composto o Livro de Provérbios ignorando toda a literatura bíblica e seus temas centrais.

Mais plausivelmente, é possível que essa outra literatura bíblica ainda não existisse ou não fosse relevante no momento da composição de Provérbios. Ela pode não ter existido se o livro foi desenvolvido pela comunidade de escribas hebreus em seu período inicial. E pode não ter sido relevante se Provérbios fizesse parte da educação elementar – ou seja, anterior a temas mais avançados do currículo de escribas.

O Livro de Provérbios parece ser uma obra antiga tanto em termos de desenvolvimento quanto em sua posição dentro do currículo dos escribas. Há indícios disso tanto internos quanto externos ao texto. Por exemplo, Provérbios 25:1 afirma: "Estes também são provérbios de Salomão, os quais os homens de Ezequias, rei de Judá, transcreveram." Essa frase sugere algumas coisas. Em primeiro lugar, grande parte desse material parece ter sido transmitido oralmente por muitas gerações. Segundo o próprio texto, foi apenas nos dias de Ezequias – isto é, cerca de 250 anos após o famoso sábio real – que esses provérbios foram reunidos e colocados por escrito.

Isso não é surpreendente. Grande parte da educação antiga consistia na memorização de ditos tradicionais, provérbios e histórias, e a criação de bibliotecas de textos e literatura não era necessariamente um valor universal. De fato, uma das primeiras bibliotecas famosas do antigo Oriente Próximo está associada ao rei assírio Assurbanipal e provavelmente foi fundada por volta da época de Ezequias. A biblioteca de Assurbanipal também coletava a tradição literária cuneiforme anterior.

Mais ou menos na mesma época, no Egito, o faraó Shabaka – contemporâneo de Ezequias – também reuniu literatura clássica mais antiga, criando sua própria biblioteca.[33] Assim, é plausível que o Livro de Provérbios fosse um texto clássico, reunido e editado por uma comunidade de escribas posterior.

O próprio Livro de Provérbios é voltado para a educação dos jovens. De fato, o livro começa com um propósito declarado: "para aprender a sabedoria e a instrução, para entender as palavras de discernimento [...] para ensinar ao aprendiz [hebraico, *na'ar*] o conhecimento e a prudência" (1:2-4). Traduzo *na'ar* aqui como "aprendiz", mas os jovens também são um tema frequente. Por exemplo, o mestre sábio prossegue: "Ouve, meu filho, a instrução de teu pai e não rejeites o ensino de tua mãe" (1:8). Tais afirmações universalizam o Livro de Provérbios como educação inicial, mas certamente não como educação exclusivamente de escribas. É provável que haja elementos do currículo de escribas nas várias coleções de provérbios presentes no livro, mas ele é editado e estruturado de modo a atrair, de forma geral, todos os que queiram aprender sabedoria, instrução e o temor de Deus (1:7).

Os exemplos neste capítulo estabelecem que a nascente comunidade de escribas hebreus não inventou sua tradição e literatura do zero. Ela também bebeu profundamente de tradições anteriores. O exemplo mais evidente disso pode ser encontrado no empréstimo de palavras e símbolos egípcios relacionados à profissão administrativa. E há também vestígios de um currículo escolar egípcio encontrados na literatura bíblica. Os egípcios também usavam a escrita cuneiforme e a língua acádica, que era a *lingua franca* do Oriente Próximo no tempo do domínio colonial egípcio. Como resultado, o legado dos currículos de escribas cuneiformes também está presente nos registros epigráficos e na literatura bíblica. Os egípcios de fato tomaram emprestado um termo semítico ocidental local para designar um administrador escriba – *mahir* – e essa palavra foi preservada em alguns textos bíblicos, sendo explicada por seu equivalente hebraico, "escriba" (*sôfer*). Esse antigo termo tornou-se uma designação conveniente para os primeiros escribas hebreus – a comunidade de escribas *mahir*.

Notas

1 Ver Shlomo Izreel, *Canaano-Akkadian* (Munich: Lincom Europa, 1998).

2 O eminente assiriólogo William Moran utiliza o termo "pidgin" em sua introdução às *Amarna Letters* (Baltimore: Johns Hopkins University Press, 1992). "Pidgin" é uma descrição linguística imprecisa, mas não tenho uma alternativa simples; ver Agustinus Gianto, "Amarna Akkadian as a Contact Language," em *Languages and Cultures in Contact: At the Crossroads of Civilizations in the Syro-Mesopotamian Realm*, ed. K. Van Lerberghe e G. Voet (Leuven: Peeters, 1999), 123-32.

3 Ver Anson F. Rainey, *Canaanite in the Amarna Tablets: A Linguistic Analysis of the Mixed Dialect Used by Scribes from Canaan*, 4 vols. (Boston e Leiden: Brill, 1996), e Rainey, *The Amarna Correspondence, Volume 1*, ed. William Schniedewind (Boston e Leiden: Brill, 2015).

4 *EA* 289, linhas 48-51. Para uma tradução conveniente em inglês, ver William Moran, *Amarna Letters*.

5 Ver Allon e Navrátilová, *Ancient Egyptian Scribes*, 2.

6 Allon e Navrátilová, *Ancient Egyptian Scribes*, 128.

7 Ver *CAD*, "tupšarru," ad loc.

8 Ver Pearce, "The Scribes and Scholars of Ancient Mesopotamia," em *Civilizations of the Ancient Near East*, volume 4 (1995), colunas 2265-78; L. Pearce, "Sepiru and LÚ.A.BA: Scribes of the Late First Millennium B.C.E.," em *Cultures in Contact*, ed. K. van Lerberghe e G. Voet (Leuven: Peeters, 1999), 355-68; Mikko Luuko, "The Administrative Roles of the 'Chief Scribe' and the 'Palace Scribe' in the Neo-Assyrian Period," *State Archives of Assyria Bulletin* 16 (2007): 227-56; Grant Frame e Caroline Waerzeggers, "The Prebend of Temple Scribe in First Millennium Babylonia," *Zeitschrift für Assyriologie und Vorderasiatische Archäologie* 101 (2011): 127-51.

9 Pearce, Sasson e Baines, "The Scribes and Scholars of Ancient Mesopotamia," 2265-78. Recentemente, essa palavra acadiana, *ṭupšarru*, também foi encontrada em uma inscrição hebraica, onde se refere a um supervisor babilônico atuando na Judá no século VI a.C. (comunicação oral, Andre Lemaire e Michael Langlois; ver *JH* 23, no prelo).

10 Para uma tradução conveniente em inglês com uma breve introdução ao texto, ver James Allen, "The Craft of the Scribe (Papyrus Anastasi I)," em *Context of Scripture*, vol. 3, ed. William W. Hallo e K. Lawson Younger (Leiden: Brill, 2003), 3.2.

11 De Allen, "The Craft of the Scribe," 28.6-8.

12 Ver Schniedewind, *Finger of the Scribe*, 130-33.

13 Ver David Crystal, "The Language of Shakespeare," em *Shakespeare: An Oxford Guide*, ed. Stanley W. Wells e Lena Cowen Orlin (Oxford: Oxford University Press, 2003), 67-78.

14 Para uma tradução conveniente, ver Miriam Lichtheim, "Instruction of Amenemope," em *Context of Scripture*, vol. 1, n. 47. A edição crítica é Vincent Pierre-Michel Laisney, *L'Enseignement d'Amenemope* (Roma: Pontifical Biblical Institute, 2007).

15 Gary Rendsburg, "Literary and Linguistic Matters in the Book of Proverbs," em *Perspectives on Israelite Wisdom: Proceedings of the Oxford Old Testament Seminar* (London: Bloomsbury T & T Clark, 2016), 128-29.

16 Sigo os paralelos apresentados por Lichtheim; ver "Instruction of Amenemope," em *Context of Scripture*, 1.47. Michael Fox oferece alguns paralelos diferentes; ver "From Amenemope to Proverbs: Editorial Art in Proverbs 22,17-23,11," *ZAW* 126 (2014): 76-91. As diferenças nos paralelos por si só destacam o problema de se tratar esse caso como um empréstimo textual direto.

17 Ver Lichtheim, "Instruction of Amenemope," em *Context of Scripture*, 1.47, p. 122.

18 Allon e Navrátilová, *Ancient Egyptian Scribes*, 116; Richard Parkinson e Stephen Quirke, *Papyrus* (Austin: University of Texas Press, 1995), 58-61.

19 Ver Christopher Eyre, *The Use of Documents in Pharaonic Egypt* (Oxford: Oxford University Press, 2013), 309-15.

20 Sobre arquivos do século IX, ver o conjunto de mais de 170 bulas publicado em Ronny Reich, Eli Shukron e Omri Lernau, "Recent Discoveries in the City of David, Jerusalem," *IEJ* 57 (2007): 156-58.

21 Allon e Navrátilová, *Ancient Egyptian Scribes*, 148.

22 Para uma introdução e tradução convenientes, ver Miriam Lichtheim, "The Report of Wenamun (P. Moscow 120)," em *Context of Scripture*, 1.41. Há algum debate sobre a datação do papiro e de sua narrativa; ver, por exemplo, Arno Egberts, "Hard Times: The Chronology of 'The Report of Wenamun' Revised," *Zeitschrift für Ägyptischen Sprache und Altertumskunde* 125 (1998): 93-108; Bernd Schipper, *Die Erzählung des Wenamun: Ein Literaturwerk im Spannungsfeld von Politik, Geschichte und Religion* (Göttingen: Vandenhoeck & Ruprecht, 2005).

23 Ver Aaron Burke, "Left Behind: New Kingdom Specialists at the End of Egyptian Empire and the Emergence of Israelite Scribalism," em *Hoffmeier FS* (Winona Lake, IN: Eisenbrauns, 2020), 50-66.

24 William Schniedewind, "The Alphabetic 'Scribe' of the Lachish Jar Inscription

and the Hieratic Tradition in the Early Iron Age," *BASOR* 383 (2020): 137-40. Foi originalmente publicada como "indecifrada" por Benjamin Sass et al., "The Lachish Jar Sherd: An Early Alphabetic Inscription Discovered in 2014," *BASOR* 374 (2015): 233-45. Nadav Na'aman (comunicação pessoal) sugeriu a leitura de *spr* ("escriba") como um nome geográfico em vez de um título, argumentando que títulos não eram usados em inscrições rotuladas posteriores em hebraico; no entanto, títulos eram rotineiramente usados em inscrições rotuladas egípcias do Novo Reino.

25 Ver Schniedewind, *Finger of the Scribe*, 34-35. Para um tratamento exaustivo, ver Stefan Wimmer, *Palästinisches Hieratisch: Die Zahl-und Sonderzeichen in der althebräischen Scrift* (Weisbaden: Harrassowitz, 2008). Sobre Arad, ver n. 76 em Yohanan Aharoni, *Arad Inscriptions* (Jerusalém: Israel Exploration Society, 1981), 98-99. Não concordo com alguns arqueólogos que redatam o estrato XI de Arad ao século IX (por exemplo, Herzog). Penso que tanto a arqueologia do estrato XI quanto a paleografia da inscrição de Arad n. 76 apontam para o final do século X e início do século IX.

26 William Schniedewind, *A Social History of Hebrew* (New Haven, CT: Yale University Press, 2013), 58-60. Para um catálogo e análise de empréstimos egípcios relacionados a escribas, ver Philip Zhakevich, *Scribal Tools in Ancient Israel: A Study of Biblical Hebrew Terms for Writing Materials and Implements* (Winona Lake, IN: Eisenbrauns, 2020).

27 Há algum debate sobre exatamente quando a escrita cuneiforme ugarítica foi inventada. Alguns defendem que remonta ao século XV; outros estudiosos agora a situam no século XIII, mas considero essa datação tardia demais para explicar os desenvolvimentos internos do cuneiforme ugarítico.

28 Para uma visão geral, ver Aaron Koller, "The Diffusion of the Alphabet in the Second Millennium BCE: On the Movement of Scribal Idea from Egypt to the Levant, Mesopotamia, and Yemen," *Journal of Ancient Egyptian Interconnections* 20 (2018): 1-14.

29 William Schniedewind, "The Gezer Calendar as an Adaptation of the Mesopotamian Lexical Tradition (Ura 1)," *Semitica* 61 (2019): 15-22.

30 Ver minha discussão em *Finger of the Scribe*, 151-58.

31 Esse é um tema de debate entre estudiosos. Compare, por exemplo, David Wright, *Inventing God's Law: How the Covenant Code of the Bible Used and Revised the Laws of Hammurabi* (New York: Oxford University Press, 2009), com Bruce Wells, "The Covenant Code and Near Eastern Legal Traditions: A Response to David P. Wright," *MAARAV* 13 (2006): 85-118, e "The Purpose of the Covenant and Deuteronomic Codes and the Insights of Eckard Otto," *Journal for Ancient Near Eastern and Biblical Law* 25 (2019): 207-10. Prefiro o modelo sugerido por Sara Milstein, que propõe a origem da lei bíblica em textos jurídico-pedagógicos; ver *Making a Case: The Practical Roots of Biblical Law* (New York: Oxford University Press, 2021).

32 Ver a visão geral de David Carr, *The Formation of the Hebrew Bible* (New York: Oxford University Press, 2011), 404-31.

33 Ver Antonio Loprieno, *La pensée et l'écriture: pour une analyse sémiotique de la culture égyptienne* (Paris: Cybele, 2001), 124-28.

3. A Serviço do Estado

Estávamos no meio do nada, em meio aos campos agrícolas ao longo da costa sul de Israel, e o carro não pegava. A bateria havia arriado. Chamar ajuda, certo? Infelizmente, o sinal de celular não era bom. Então Jimmy subiu novamente até o topo de Tell el-Hesi para conseguir sinal. Ligou para o *kibutz* onde estava hospedado e tentou descrever onde estávamos.

Os professores Jimmy Hardin e Jeff Blakely haviam me levado para visitar os sítios de Tell Summeily e Tell el-Hesi, onde haviam realizado escavações. Esses sítios estão situados entre os campos agrícolas ondulados da planície costeira ao sul de Tel Aviv. Eu estava particularmente interessado em visitar as escavações de Hardin em Tell Summeily, onde ele havia descoberto uma série de impressões de selos administrativos datadas do século x a.C. Um bônus da nossa viagem foi a visita ao sítio próximo de Tell el-Hesi, o qual foi escavado pela primeira vez por Sir Flinders Petrie (um pioneiro do método arqueológico científico) em 1890.

Foi ali que tivemos a pane. De pé, no alto do imponente monte da Idade do Ferro em Tell el-Hesi, conseguimos ver a caminhonete do *kibutz* ao longe. Um salto rápido, e estávamos de volta ao caminho.

Eu queria especialmente visitar Tell Summeily porque acredito que as descobertas de Hardin ali são subestimadas. Entre suas descobertas estão numerosas impressões de selos em estratos arqueológicos que datam de até o século x a.C. (ver Figura 3.1). Os selos são todos anepigráficos – isto é, apresentam imagens, mas não têm inscrições. Nesse

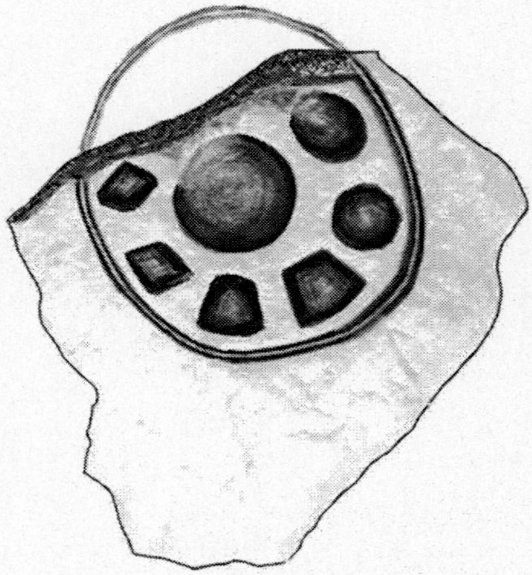

Figura 3.1 Selo anepigráfico de Tell Summeily.
Fonte: elaborada pelo autor.

sentido, eles apontam para um período inicial no desenvolvimento da escrita administrativa em Israel e Judá, uma época em que a escrita ainda não era amplamente utilizada nas profissões.

Ao mesmo tempo, eles ilustram o desenvolvimento dos primeiros sistemas administrativos entre os reinos incipientes do sul do Levante. Esses sistemas administrativos incluíam o selamento de documentos escritos. Apontam para os primórdios dos sistemas e comunidades de escribas administrativos na Idade do Ferro inicial. Esses sistemas de administração foram cruciais para o desenvolvimento de um sistema hebraico inicial de escrita alfabética. Seriam ainda mais úteis se tivessem feito uso de escrita nos selos, mas a escrita só começou a ser utilizada em selos hebraicos a partir do século VIII a.C.

As descobertas em Tell Summeily confirmam o que escrevi em um livro alguns anos atrás. Em *How the Bible Became a Book* (2004), descrevi a disseminação da escrita no antigo Israel e argumentei que a produção da literatura bíblica surgiu especialmente a partir do palácio e da administração inicial em Israel. É claro que havia outros contextos para comunidades de escribas (como descreverei nos próximos capítulos), mas os primeiros patronos foram o rei e o Estado.

Suponho que não se possa esperar que os estudiosos estejam sempre de acordo, mas pode ser um tanto desanimador quando discordam de você. Alguns anos após a publicação de *How the Bible Became a Book*, outro estudioso publicou uma crítica, argumentando que o principal contexto da cultura de escribas era o templo.[1] Para sustentar essa tese, o autor situou a "formação da Bíblia Hebraica" nos períodos persa e helenístico (isto é, no século IV a.C.), entre escribas do templo. Essa não é uma posição incomum entre os estudiosos, mas considero difícil sustentá-la com base em evidências extrabíblicas. Sem dúvida, a comunidade de escribas nos períodos persa e helenístico era dominada pelo Templo de Jerusalém, mas a formação da Bíblia Hebraica foi um processo muito mais longo, envolvendo diferentes comunidades de escribas de períodos anteriores também.

O livro desse estudioso ilustrava a comunidade de escribas do templo com paralelos notáveis provenientes da literatura neoassíria, mas essa literatura provém de uma biblioteca real cuneiforme datada do século VII a.C., que já não existia no século IV a.C. A meu ver, esses paralelos externos enfraqueciam o argumento! Achei que era uma tese equivocada na época – e ainda acho.

Como argumento neste livro, não devemos reduzir a literatura bíblica a um único lugar, tempo ou comunidade de escribas. Ainda assim, a redação da Bíblia começou com uma comunidade de escribas a serviço do rei e do Estado. Os primeiros escribas hebreus trabalhavam em nome dos Estados de Judá e de Israel. Como vimos em *A Arte do Escriba*, no capítulo anterior, a comunidade de escribas *mahir* aprendeu os métodos da burocracia egípcia para poder atuar em Canaã. Eles eram parte do legado do imperialismo egípcio durante o Novo Império. O Egito enviava seus burocratas – pessoas como Wenamon – para trabalhar por todo o Mediterrâneo oriental no final do segundo milênio.

Os egípcios estabeleceram fortalezas e centros administrativos em locais como Jope, Afeca e Bete-Seã. Muitas das pessoas que trabalhavam nessas cidades e fortalezas permaneceram em Canaã. Alguns burocratas saíam de Canaã para serem treinados no Egito e depois voltavam. Por exemplo, ficamos sabendo desse tipo de formação por uma carta enviada de Canaã ao faraó: "Quando eu era jovem, ele me levou para a terra do Egito e servi ao rei, meu senhor, e fui colocado à porta do rei, meu senhor" (Carta de Amarna 296:25-29). Esse burocrata declarava lealdade ao faraó em seu serviço à fortaleza egípcia de Jope. Provavelmente era membro da comunidade de escribas *mahir*. Mas tais burocratas dificilmente poderiam ter retornado ao Egito quando a situação local se deteriorou no século XII a.C. Eles ficaram para trás – e acabaram encontrando trabalho a serviço dos reinos emergentes de Israel e Judá.

Que evidências temos em inscrições e textos bíblicos a respeito desses escribas? Gosto de começar pelas inscrições, porque as evidências bíblicas são ambíguas. Os estudiosos da Bíblia têm debatido a historicidade dos relatos sobre os primeiros reis israelitas: Saul, Davi e Salomão. Muito desse debate parece depender do temperamento do estudioso. Você é naturalmente cético? Ou prefere extrair o máximo da (por vezes problemática) evidência que temos? Vejo-me adotando aqui uma posição intermediária.

Primeiramente, é preciso reconhecer que a maioria dos textos bíblicos com os quais trabalhamos parece ter sido composta ou reunida no final do século VIII a.C. ou mais tarde. Isso significa que a maior parte dos textos está separada por pelo menos um ou dois séculos dos eventos que descrevem. Ao mesmo tempo, há indícios de que os escribas bíblicos utilizaram algumas fontes arquivísticas antigas ao compor e reunir a literatura bíblica.

Um exemplo que considero particularmente útil para pensar o trabalho das comunidades de escribas é uma passagem que sugere que "os provérbios de Salomão foram copiados pelos homens de Ezequias" (Provérbios 25:1). Esse parece ser um bom modelo para compreender o processo. Há três etapas. Primeiro, estão as tradições orais e escritas antigas – "os provérbios de Salomão". Nesse caso, seja o que forem os provérbios de Salomão, eles ainda não estavam formalizados. Ao mesmo tempo, sabemos que os provérbios são um dos tipos mais comuns de currículo escolar na formação de escribas. Temos muitos exemplos em cuneiforme, frequentemente redigidos como pequenos textos individuais. Escribas os escreviam; estudantes os memorizavam.

Mas raramente encontramos, no registro epigráfico, coleções extensas de provérbios, ou livros propriamente ditos.

Provérbios nos diz que eles precisavam ser "copiados", "reunidos" e "transmitidos". O que isso significa? Há muito debate sobre o significado exato do termo hebraico aqui (*he 'tîqû*), mas ele tem algo a ver com a transmissão ou o repasse de uma tradição.[2] Como sabemos que os provérbios eram um tipo típico de currículo nas escolas de escribas, talvez fosse apenas necessário reuni-los e editá-los.

Na segunda etapa da transmissão, os "homens de Ezequias", isto é, os escribas reais, preservam a coleção. Aqui, a transmissão passa de uma suposta tradição antiga para uma comunidade de escribas que cria e preserva a literatura. Embora provérbios individuais ou outros textos possam ter figuras (escribas ou oradores) associadas a eles, o processo de transmissão destaca o papel da comunidade de escribas, e não do indivíduo. Foram eles que coletaram, copiaram e talvez editaram esses provérbios em uma compilação que vai de Provérbios 25:1 a 29:27.

Agora, alguns estudiosos são céticos quanto a essa afirmação sobre os homens de Ezequias.[3] Pessoalmente, não consigo entender por quê. Não há nenhum viés evidente nessa declaração. Suponho que alguém possa sugerir que os homens de Ezequias apenas atribuíram esses provérbios a Salomão para lhes conferir mais legitimidade. Talvez. Mesmo que as origens salomônicas possam ser questionadas, os provérbios ainda eram parte de uma coleção antiga. E não há razão para duvidar da coleta realizada pelos escribas de Ezequias. Por que deveríamos considerar essa afirmação direta como uma tentativa ardilosa de enganar o leitor?

Note-se que a declaração se aplica apenas a Pv 25-29, e não ao Livro de Provérbios como um todo. Além disso, ao incluir tal declaração, ela de fato distancia essa coleção de provérbios do próprio Salomão.

Isso nos leva a uma terceira etapa do processo dos escribas. Essa pequena coleção dos "homens de Ezequias" é posteriormente editada dentro do Livro de Provérbios como um todo. De fato, a referência a Salomão torna-se redundante, já que o livro começa com: "Provérbios de Salomão, filho de Davi, rei de Israel, para aprender a sabedoria e a instrução..." (1:1-2). Essa introdução geral do livro pode ser comparada com outras tentativas pseudepigráficas de atribuir autoria à literatura bíblica, especialmente a partir do período helenístico. Essa introdução, na verdade, entra em tensão com Pv 25:1, que atribui apenas parte do livro às atividades editoriais da comunidade de escribas de Ezequias.

Consideradas em conjunto, a introdução do livro e a referência aos homens de Ezequias testemunham a *longue durée* das comunidades de escribas no trabalho de coletar, editar e preservar tradições bíblicas. É claro que também podemos questionar se a introdução geral do livro pretendia referir-se ao livro inteiro ou apenas aos nove primeiros capítulos. Por exemplo, o capítulo 10 possui sua própria introdução, e há diversas outras pequenas coleções de provérbios dentro do livro.[4] A tradução grega rearranja algumas dessas coleções, o que sugere que o livro foi concebido como diferentes coleções de ditos proverbiais durante muito tempo.

O Livro de Provérbios, enquanto obra canônica atribuída a Salomão, parece ser uma ideia posterior, sem dúvida influenciada pelo primeiro versículo da coleção. Em suma, podemos identificar três etapas no processo da comunidade de escribas: (1) uma fonte antiga de provérbios atribuídos a Salomão; (2) uma coleção feita por uma comunidade de escribas ezequiana; e (3) a inserção dessa coleção no Livro de Provérbios como um todo.

Algumas das melhores evidências bíblicas para uma comunidade de escribas antiga são listas arquivísticas. Temos muitas dessas listas na Bíblia, e também as encontramos em inscrições hebraicas antigas. Mas listas são um pouco entediantes, por isso a maioria dos estudiosos não as estuda. Somos afortunados por a estudiosa israelense Anat Mendel-Geberovich ter reunido todas as inscrições hebraicas com listas em sua tese de doutorado na Universidade Hebraica.[5] Vou me basear em seu trabalho e acrescentar a ele uma análise de listas bíblicas, algumas das quais incluem os nomes de escribas e de suas comunidades.

Por exemplo, há três listas bíblicas de oficiais administrativos antigos que incluem comunidades de escribas – duas referentes ao rei Davi e uma ao rei Salomão. As listas referentes a Davi incluem 2 Sm 8:15-17 (com um paralelo em 1 Cr 18:14-17) e 2 Sm 20:20-23. A lista de

Salomão está em 1 Rs 4:1-6. Os estudiosos geralmente entendem essas listas como derivadas de registros arquivísticos, embora por vezes debatam a data e as origens desses registros.[6] Esse debate pode ser resolvido com apenas um exemplo.

As listas administrativas de 1 Rs 4 serão nosso objeto de estudo. Na primeira metade do capítulo, parece que temos duas listas arquivísticas antigas:

> 1 O rei Salomão reinava sobre todo o Israel.
> 2 E estes eram os seus altos oficiais: Azarias, filho de Zadoque, era sacerdote;
> 3 Elioref e Aías, filhos de Sisa, eram escribas; Josafá, filho de Ailude, era cronista;
> 4 Benaia, filho de Joiada, comandava o exército; Zadoque e Abiatar eram sacerdotes;
> 5 Azarias, filho de Natã, estava sobre os oficiais; Zabude, filho de Natã, era sacerdote e amigo do rei;
> 6 Aquisar era responsável pelo palácio; e Adonirão, filho de Abda, era encarregado do trabalho forçado.
> 7 Salomão tinha doze oficiais sobre todo o Israel, encarregados de prover mantimento para o rei e para sua casa; cada um era responsável por prover alimentos durante um mês do ano.
> 8 Estes eram os seus nomes: Ben-Hur, na região montanhosa de Efraim;
> 9 Ben-Dequer, em Macaz, Saalbim, Bete-Semes e Elom-Bete-Hanã;
> 10 Ben-Hesede, em Arubote (a ele pertenciam Socó e toda a terra de Héfer);
> 11 Ben-Abinadabe, em toda Nafate-Dor (tinha por mulher Tafate, filha de Salomão);
> 12 Baana, filho de Ailude, em Taanaque, Meguido e toda Bete-Seã, que está ao lado de Zaretã, abaixo de Jezreel, desde Bete-Seã até Abel-Meolá, até além de Jocmeão;
> 13 Ben-Geber, em Ramote-Gileade (tinham-lhe sido atribuídas as aldeias de Jair, filho de Manassés, que estão em Gileade;

> também tinha a região de Argobe, que está em Basã: sessenta grandes cidades com muros e trancas de bronze);
> 14 Ainadabe, filho de Ido, em Maanaim;
> 15 Aimaás, em Naftali (tomou por mulher Basemate, filha de Salomão);
> 16 Baana, filho de Husai, em Aser e Bealote;
> 17 Josafá, filho de Parua, em Issacar;
> 18 Simei, filho de Elá, em Benjamim;
> 19 Geber, filho de Uri, na terra de Gileade, na terra de Seom, rei dos amorreus, e de Ogue, rei de Basã. Havia uma única guarnição naquela terra.

É difícil imaginar que isso tenha sido simplesmente inventado por uma comunidade de escribas posterior. O capítulo começa com uma lista dos oficiais de Salomão nos versículos 1-6, e depois continua com uma lista dos distritos administrativos de Salomão. Já mencionei a primeira parte no capítulo anterior, quando discuti os "filhos de Sisa". O versículo 7 parece funcionar como o cabeçalho de uma segunda lista: "Salomão tinha doze oficiais sobre todo o Israel." Claro, o número doze é significativo na literatura bíblica; podemos imediatamente lembrar das doze tribos de Israel. Poderíamos esperar que a administração fosse organizada segundo as doze tribos, mas não é. Ela não corresponde de modo algum às doze tribos de Israel. Como veremos, isso é justamente um dos aspectos que atestam a autenticidade da lista arquivística antiga.

A lista dos distritos administrativos de Salomão possui algumas características incomuns. Além de parecer ignorar as doze tribos, a lista também parece omitir vários nomes próprios. Enquanto muitos oficiais são mencionados com um nome claro junto a um patronímico (por exemplo, Baana, filho de Ailude), várias outras figuras são mencionadas apenas como *Ben* – literalmente, "filho de" (por exemplo, Ben-Hur, isto é, "filho de Hur"). Essa incongruência é curiosa e requer explicação. Podemos supor que a lista original dissesse algo como "_____, filho de fulano". Um estudioso bíblico, Baruch Halpern, percebeu isso e sugeriu que a margem esquerda da lista original pode ter sido parcialmente destruída ou apagada.[7]

À primeira vista, isso parece plausível, embora especulativo. Afinal, trata-se supostamente de uma lista muito antiga proveniente de um arquivo real. Ele sugeriu que escribas posteriores apenas preservaram o que restava. A lista danificada teria lido algo assim, com o texto entre colchetes refletindo nomes que foram destruídos ou apagados:

Os Doze Oficiais de Salomão
Nome, filho de Hur, na região montanhosa de Efraim
Nome, filho de Dequer, em Macaz, Saalbim, Bete-Semes...
Nome, filho de Hesede, em Arubote
Nome, filho de Abinadabe, na costa de Dor
Baana, filho de Ailude, em Taanaque e Meguido...
Nome, filho de Geber, em Ramote-Gileade
Ainadabe, filho de Ido, em Maanaim
[Nome de, filho de] Aimaás, em Naftali
Baana, filho de Husai, em Aser e Bealote
Josafá, filho de Parua, em Issacar
Simei, filho de Elá, em Benjamim
Geber, filho de Uri, na terra de Gileade
Ainadabe, filho de Ido, em Maanaim
Aimaás, marido de Basemate, filha de Salomão, em Naftali
Baana, filho de Husai, em Aser e Bealote
Josafá, filho de Parua, em Issacar
Simei, filho de Elá, em Benjamim
Geber, filho de Uri, em Gileade

Na reconstrução de Halpern, os nomes próprios originais nas linhas 1-4, 6 e 8 teriam sido apagados. Muito engenhoso – mas não tão rápido assim. Listas administrativas com a fórmula "filho de [nome pessoal]" eram bastante comuns em tabuinhas econômicas ugaríticas, assim como em inscrições hebraicas, o que torna a sugestão de Halpern desnecessária.[8]

Um único exemplo de Ugarit já basta para ilustrar o uso da expressão "filho de fulano" em listas antigas. Uma tabuinha[9] que trata de pessoas, profissões e vilarejos dentro de uma determinada região apresenta o seguinte:

1 'Emalbu
2 Mahar'u
3 Urtenu
4 Filho de 'Amyenu
5 Filho de Thanwana
6 Filho de Nakalbu
7 Filho de Barzanu
8 Filho de Gargashu
9 Filho de Ilyanu
10 Filho de Barsanu
11 Filho de Ilmanu, filho de Yar[...]
12 30 [...]
13 30 cidadãos [...]
14 1 cidadão que [...]
15 50 oficiais militares
16 Da [cidade de] Margab
17 10 aprendizes [...]
18 [ ] servo [...]
19 [nome de lugar] quatro [...]
20 Me'qabu, três
21 Qartu, três
22 Zeranu, dois
23 Thalhanu, um
24 Thamrayu, dois
25 Yakne'mu, um

A lista tem três seções divididas por duas linhas. A primeira seção lista a organização de tributos e da administração segundo famílias – daí o uso de "Filho de..." – em oposição a indivíduos. A segunda seção da tabuinha de Ugarit (ligeiramente danificada, conforme indicado por "[...]") apresenta a organização dos oficiais dentro da região. A terceira seção fornece os nomes das cidades dentro dessa região.

Vale destacar que a palavra para "filho" (*bn*) é, na verdade, a mesma em ugarítico e hebraico. Mas mais importante ainda é que o uso da expressão "Filho de..." estabelece um paralelo com a lista salomônica e aponta para sua origem arquivística antiga, organizada segundo estruturas tribais familiares. Assim, a lista bíblica não está danificada ou apagada; ela apenas reflete antigas listas administrativas e estruturas sociais arcaicas.

Há também várias inscrições hebraicas que ilustram o uso de "filho de fulano" em listas arquivísticas. Por exemplo, o grande conjunto de inscrições escavado em Tell Arad – uma antiga fortaleza militar judaíta – alterna entre indivíduos e famílias (filho de...). Foram descobertos mais de cem óstracos, alguns datando até o século x a.C., embora a maioria pertença à última fase da fortaleza, no início do século vi a.C.

O exemplo mais antigo de uma lista administrativa de Arad, o *ostracon* 76, alterna entre indivíduos e famílias. O óstraco está desbotado, quebrado e é de leitura difícil (ver Figura 3.2), mas é o mais antigo que possuímos, então vale a pena utilizá-lo como ilustração. Foi escavado no estrato arqueológico xi, datado por Yohanan Aharoni ao século x a.C. Arad 76 contém sete linhas de texto fragmentário[10] que eu reconstruiria da seguinte forma:

Filho de Ba[kbuk, whe]at *ḥeḳat* 3
Filho de *Ḥa*[m,] *ḥeḳat* 2
Filho de Men[achem,] *ḥeḳat* 1
Zed[ek]
Qaṭ[an?]
Zer[*aḥ*,] *ḥeḳat* 2
R[ ]

As estruturas familiares representadas pela fórmula "filho de" em tais listas correspondem ao que encontramos nos distritos administrativos de Salomão. Assim, as características únicas da lista dos distritos administrativos de Salomão refletem rubricas arquivísticas antigas.

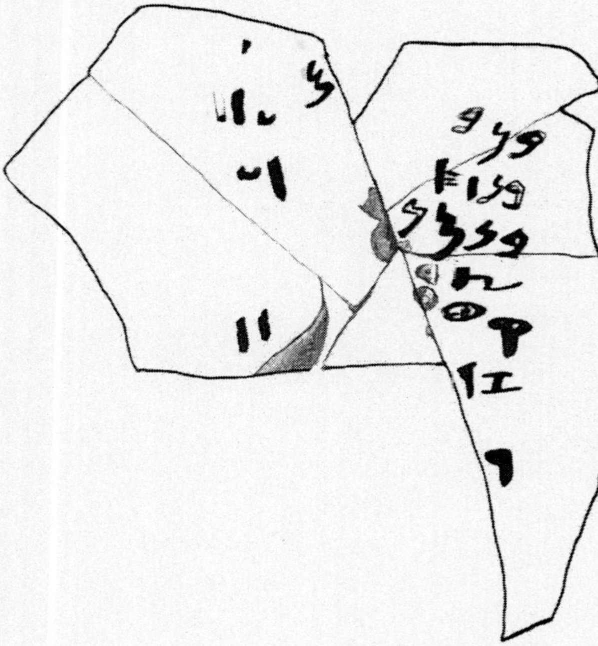

Figura 3.2 Inscrição administrativa mais antiga, em hebraico, de Arad (nº 76).
Fonte: elaborada pelo autor.

É importante notar que há alguns vestígios das posteriores doze tribos nessa lista administrativa – Benjamim, Issacar, Naftali e Aser são mencionados –, mas o restante das doze tribos não aparece. Por quê? Muito provavelmente porque se trata de uma lista arquivística antiga, feita antes que os escribas posteriores criassem o retrato bem-organizado das doze tribos. 1 Reis 4 preserva uma lista antiga intacta, embora os escribas bíblicos posteriores tenham usado os doze distritos de Salomão como modelo estilizado para as tradicionais doze tribos. Tais listas bíblicas nos falam sobre o trabalho da nossa comunidade inicial de escribas. Eles faziam contabilidade. Elaboravam listas como parte da administração estatal.

Há outras listas de oficiais que trabalharam para o rei Davi e para o rei Salomão. Em primeiro lugar, há duas listas dos oficiais de Davi em 2 Samuel 8 e 20, que são um tanto semelhantes a 1 Rs 4:1-6. E há ainda outra versão paralela dos oficiais de Davi em 1 Cr 23.

A lista de 2 Sm 8 é precedida por uma introdução redacional no versículo 15, que diz: "Davi reinava sobre todo o Israel, e administrava justiça e equidade a todo o seu povo." A lista, então, segue nos versículos 16-18:

> Joabe, filho de Zeruia, comandante do exército;
> Josafá, filho de Ailude, cronista;
> Zadoque, filho de Aitube, e Abiatar, filho de Aimeleque, sacerdotes;
> Seraías, escriba;
> Benaia, filho de Joiada, chefe dos quereteus e peleteus;
> Os filhos de Davi eram sacerdotes.

Vale destacar que o original hebraico dessa lista, em contraste com a maioria das traduções em inglês, não contém verbos até a última linha. A ausência de verbos é compatível com a estrutura de listas. Na versão hebraica, o único verbo aparece na declaração final e surpreendente de que "os filhos de Davi eram sacerdotes". Essa afirmação tem causado interminável perplexidade entre os comentaristas. Afinal, os filhos de Davi não eram arãoitas, nem sequer levitas. Então, como se tornaram sacerdotes?

Dado que essa afirmação contém um verbo, parece seguro dizer que ela não fazia parte da lista original. Trata-se de um acréscimo. E esse acréscimo parece ter a intenção de marginalizar os sacerdotes arãoitas enquanto eleva o papel de Davi e de seus filhos no templo. É praticamente certo que escribas sacerdotais posteriores não teriam adicionado tal nota! Quem teria feito isso? Eu apontaria os "homens de Ezequias" como os responsáveis. Eles parecem estar elevando a dinastia real – seu patrono – às custas do templo.

Curiosamente, Davi possui uma segunda lista de oficiais administrativos em 2 Samuel 20:23-26. Há algumas semelhanças, mas também diferenças notáveis. Eu destaquei em itálico as diferenças mais marcantes:

> Joabe, sobre todo o exército de Israel;
> Benaia, filho de Joiada, comandante dos quereteus e dos peleteus;
> Adorão, encarregado do trabalho forçado;
> Josafá, filho de Ailude, cronista;
> Seva, escriba;
> Zadoque e Abiatar, sacerdotes;
> E, além disso, Ira, o jairita, era sacerdote de Davi.

Duas adições contribuem para o contexto narrativo no Livro de Samuel. Em primeiro lugar, Davi possui seu próprio sacerdote, que é acrescentado aqui. O texto hebraico utiliza, de fato, uma expressão – *wegam* (e também) – que se marca como uma nota editorial de escriba. A menção aos filhos de Davi desaparece, mas a menção ao sacerdote de Davi não fazia parte formal da lista, por isso a destaquei em itálico na minha tradução do texto hebraico. Fica claro que uma comunidade posterior de escribas demonstrava preocupação com quem detinha o sacerdócio, e com a associação estreita entre o sacerdócio e Davi e sua casa.

A segunda adição é a menção de um chefe do trabalho forçado. Isso antecipa o relato sobre o trabalho de corveia utilizado por Salomão para construir Jerusalém e diversas outras cidades (ver 1 Rs 9:15). O termo hebraico para esse tipo de trabalho forçado, *mas*, é um empréstimo do acádio conhecido nas Cartas de Amarna. Esse empréstimo aparece raramente na Bíblia Hebraica e confere certa credibilidade à antiguidade dessa prática e à sua relação com o modelo utilizado sob o domínio colonial egípcio. De fato, esse tipo de trabalho forçado foi utilizado pelos egípcios na construção de pirâmides e templos, e também durante seu domínio colonial sobre Canaã.

A figura encarregada do trabalho forçado na lista, porém, apresenta alguns problemas. No Texto Massorético de 2 Sm 20:24, ele é chamado "Adorão". Na antiga tradução grega, seu nome é "Adonirão". Isso remete à referência que conclui a lista dos oficiais de Salomão em 1 Reis 4: "Adonirão, filho de Abda, encarregado do trabalho forçado" (v. 6). Seriam Adorão e Adonirão a mesma pessoa? Parece improvável –

embora não impossível – que alguém ocupasse esse cargo por tanto tempo. As traduções gregas confundem as duas figuras. Essa fusão destaca um problema da transmissão escribal. As comunidades de escribas posteriores precisaram dar sentido ao texto enquanto liam e copiavam essas listas ao longo de séculos. Nomes e identidades eram um problema particular.

A confusão de nomes também pode ser observada nos dois escribas diferentes nas listas de Davi: Seraías e Seva. O hebraico é suficientemente semelhante para sugerir que se tratava da mesma pessoa na lista original. Vale também observar que uma tradução grega traz um nome alternativo (Σουσα, 2 Rs 20:25), que remete ao título egípcio original para escriba, *sesh* (mencionado no capítulo 2). Escribas, copistas e tradutores bíblicos tiveram dificuldade para compreender o título egípcio *sesh*, o que gerou confusão na transmissão dos textos bíblicos. Escribas posteriores tentaram transformar *sesh* em um nome hebraico simples. Por exemplo, em 2 Sm 8:17, o Texto Massorético traz Seraías, o que o torna um bom nome hebraico, mas isso provavelmente é obra de um copista tardio, pois uma tradução grega antiga registra *Sasa* (σασα), que corresponde ao egípcio *sesh*. O Texto Massorético de 2 Sm 20:25 traz o nome Seva, mas esse não é um bom nome hebraico. Consequentemente, a tradição massorética leu *Sisa*, e a versão grega translitera como *Sousa* (σούσα), ambos apontando para o egípcio *sesh*. 1 Rs 4:3 traz *Sisa*, mas o texto paralelo em 1 Cr 18:16 apresenta *Shavsha*. Que confusão! E tudo remonta ao antigo empréstimo egípcio *sesh*, que significa "escriba". Às vezes, coisas se perdem na transmissão e na tradução, especialmente quando a lista original incluía um antigo empréstimo egípcio como *sesh*.

Essas listas incluem os sacerdotes sob o guarda-chuva da administração real. Eles não estavam separados. Isso recorda outro escriba famoso conhecido na literatura ugarítica – um certo Ilimilku.[11] Ao final de várias tabuinhas diferentes, ele assina seu nome. Na tabuinha final da *Epopeia de Baal*, ele aparentemente se gaba de seus muitos títulos: "O Escriba, Ilimilku, o Shubbanita, discípulo de Attenu (o Adivinho, Chefe dos Sacerdotes, Chefe dos Pastores), Vizir de Niqmaddu (Rei de Ugarit, Senhor de Yargubu e Governante de Tharrumanu)."[12] Ilimilku parece afirmar que estudou sob um mestre escriba chamado Attenu e que servia ao rei de Ugarit. A assinatura em outra tabuinha da *Epopeia de Baal* mostra um foco mais restrito de seu patronato: "O Escriba Ilimilku, Vizir de Niqmaddu, Rei de Ugarit."[13] Cargos como "Chefe dos Sacerdotes" também caíam sob o patronato do rei. Escribas eram, antes de tudo, funcionários da coroa, embora a escrita fosse certamente uma habilidade empregada em diversas profissões, inclusive aquelas relacionadas ao templo e ao culto. Por exemplo, muitos contextos mágicos e rituais faziam uso da escrita. Amuletos usavam o poder da escrita. Maldições utilizavam a escrita. E, claro, o templo podia necessitar de contabilidade, especialmente à medida que suas operações cresciam em tamanho e número de funcionários, como ocorreu com o Templo de Jerusalém no século VIII. Mas enquanto o poder do rei e da burocracia real predominavam, os escribas permaneciam sob a sombra do Estado.

As edições e fontes da obra histórica real podem ser observadas nos avisos arquivísticos que estruturam os Livros de Samuel e, especialmente, o de Reis. Cada um dos reis de Israel e de Judá possui avisos de ascensão ao trono e de morte e sepultamento que seguem um padrão rígido.[14] Por exemplo, o relato sobre o rei Ezequias começa assim: "No terceiro ano de Oseias, filho de Elá, rei de Israel, Ezequias, filho de Acaz, rei de Judá, começou a reinar. Tinha vinte e cinco anos quando começou a reinar, e reinou vinte e nove anos em Jerusalém. O nome de sua mãe era Abi, filha de Zacarias" (2 Rs 18.1-2). E seu reinado se encerra com o seguinte aviso: "O restante dos atos de Ezequias, todo o seu poder, e como fez o reservatório e o aqueduto e trouxe água para a cidade, não estão escritos no Livro dos Anais dos Reis de Judá? Ezequias adormeceu com seus antepassados, e seu filho Manassés reinou em seu lugar" (2 Rs 20.20-21).

Tais fórmulas fixas começam com o rei Roboão, que governou no final do século X a.C., e continuam até os últimos reis de Judá. Trata-se claramente de registros arquivísticos, e as datas correspondem a registros externos, como os encontrados nos anais neoassírios. Quem estava encarregado de compilar tais registros? Devem ter sido os escribas da corte real.

Vale notar que não temos avisos de ascensão ao trono como esses para o rei Davi ou para o rei Salomão. Davi também não possui aviso de morte e sepultamento. Em vez disso, encontramos um longo relato sobre sua velhice debilitada, uma tentativa de golpe e a entronização de Salomão como seu sucessor, em 1 Rs 1-2. Salomão não possui uma fórmula típica de ascensão, mas o primeiro aviso de morte e sepultamento começa com ele: "Quanto aos demais atos de Salomão..., não estão escritos no Livro dos Anais de Salomão? O tempo que Salomão reinou em Jerusalém sobre todo o Israel foi de quarenta anos. E Salomão adormeceu com seus antepassados e foi sepultado na cidade de Davi, seu pai; e Roboão, seu filho, reinou em seu lugar" (1 Rs 11.41-43). A duração do reinado de Salomão normalmente faria parte de uma fórmula de ascensão, mas como ele não possui uma, essa informação foi inserida aqui. Isso aponta para uma transição nos arquivos de escribas entre os primeiros reis e o reinado de Roboão, no final do século X a.C.

Também é significativo que Saul, Davi e Salomão supostamente tenham reinado por quarenta anos – um número redondo e, portanto, suspeito! Quarenta é o número que representa uma geração. A vida de Moisés, por exemplo, é dividida em três períodos de quarenta anos: quarenta anos no Egito, quarenta anos no exílio no deserto e quarenta anos liderando Israel fora do Egito e peregrinando no deserto. A Estela de Mesa, uma inscrição moabita do século IX a.C., também utiliza quarenta anos como período simbólico durante o qual o deus Quemos estava irado com sua terra. Portanto, quarenta é um número literário e tipológico, não um número de registro arquivístico.

Devemos supor que, durante os reinados de Davi e Salomão, os escribas reais começaram a desenvolver certos padrões arquivísticos, embora ainda estivessem em estágio inicial. Ainda assim, os escribas da corte já estavam em atividade, e as fórmulas de ascensão ao trono, bem como os avisos de morte e sepultamento, começam a se desenvolver nesse contexto.

Na época do rei Roboão (r. 931-913 a.C.), os escribas reais já registravam datas e reinados com precisão nos arquivos. Por exemplo, lemos em 1 Rs 14.25: "No quinto ano do rei Roboão [c. 925 a.C.], subiu contra

Jerusalém Sisaque, rei do Egito." Isso corresponde a uma inscrição no relevo do Portal Bubastita, no templo de Karnak, em Tebas. Há discussões entre os estudiosos sobre se os escribas bíblicos dataram e representaram corretamente o reinado de Sheshonk I e sua campanha contra Israel.[15]

As diferenças no nome – Sisaque *vs.* Sheshonk – são facilmente explicadas pelos diferentes sistemas de escrita (hebraico *vs.* hieróglifos). À parte de pequenas questões na transmissão escribal, os registros escritos dos reis e da duração de seus reinados, de Roboão até o fim do reino de Judá, parecem geralmente precisos. Isso é, em primeiro lugar, fruto do trabalho dos escribas da corte real. Naturalmente, esse material foi mediado pela interpretação e edição de comunidades de escribas muito posteriores.

As listas referentes a Davi e Salomão foram registradas por escribas reais e depositadas nos arquivos no século x a.C. Mas só por volta do século VIII os escribas da corte em Jerusalém aparentemente as compilaram em uma narrativa analística mais extensa. Essa narrativa teria vida longa. Primeiro, foi compilada pelos homens de Ezequias (ver capítulo 5). Um século depois, essa narrativa estava desatualizada. Os escribas do reinado de Josias compilaram e atualizaram os relatos ezequianos com os arquivos reais naquilo que se convencionou chamar de "História Deuteronomista" – uma obra histórica que vai do livro de Deuteronômio até 2 Rs (ver Capítulo 7).

Mas a história continua. E a narrativa se torna desatualizada após a destruição do templo pelos babilônios e o exílio do povo. A versão mais antiga da História Deuteronomista, composta no final do século VII a.C., já não contava o desfecho da história. Assim, uma comunidade de escribas reais exilados atualizou a obra no século VI a.C. Eles produziram uma nova edição que incluía a destruição, o exílio e encerrava explicitamente explicando o destino da monarquia (ver Capítulo 10).

Por fim, a comunidade sacerdotal de escribas que sobreviveu ao exílio e retornou a Jerusalém reescreveu a história de Israel em uma "nova" versão, conhecida como o Livro das Crônicas. É claro que tomaram amplamente emprestado da obra histórica anterior, mas centraram sua nova versão em Jerusalém e no templo (ver Capítulo

12).[16] Tudo isso reflete a *longue durée* das comunidades de escribas, que começou com os primeiros escribas reais, autores de registros arquivísticos e listas.

O que mais os primeiros escribas reais estavam escrevendo? Há várias liturgias reais associadas à entronização e à instalação do rei. Os estudiosos identificam esses textos por sua linguagem, que chamamos de hebraico bíblico arcaico.[17] Sabemos, pelos currículos escolares em cuneiforme, que a liturgia era uma categoria de texto copiada e memorizada pelos escribas durante sua formação.[18] Os exemplos bíblicos disso podem incluir Gênesis 49, Êxodo 15, Números 23-24, Deuteronômio 32-33, Juízes 5, 2 Sm 22 e os Salmos 18 e 68.

Às vezes, os escribas usavam esses textos litúrgicos em histórias e narrativas. Um bom exemplo é o Salmo 18, que foi incorporado em 2 Sm 22 – temos, portanto, o texto tanto como hino independente quanto como parte de uma narrativa histórica. Em alguns casos, como em Êxodo 14 e Juízes 4, há uma narrativa que introduz a liturgia correspondente em Êxodo 15 e Juízes 5. Outras liturgias, como Deuteronômio 32 e Habacuque 3, funcionam essencialmente como apêndices em seus respectivos livros.

Esses textos celebram, de modo geral, a entronização divina e seu correlato: o rei como agente humano de Deus. Assim, por exemplo, o Salmo 18.50 conclui: "Grandes vitórias dá ao seu rei, e usa de misericórdia com o seu ungido, com Davi e sua descendência para sempre." Êxodo 15 relata o triunfo de Deus sobre os egípcios e termina com sua entronização no templo divino: "Levaste-os e os plantaste no monte da tua herança, no lugar que fizeste para tua habitação, ó Senhor, no santuário que as tuas mãos, ó Senhor, estabeleceram. O Senhor reinará para todo o sempre" (v. 17).

A procissão e a entronização divinas são descritas em Salmos 68.24 (heb. v. 25): "Veem-se as tuas procissões, ó Deus, as procissões do meu Deus, meu Rei, no santuário." Às vezes isso é explícito, como neste exemplo; outras vezes, é preciso deduzir. Mas todos esses textos são salmos que podem ser associados à liturgia real e às procissões solenes.

O "Canto do Arco" em 2 Sm 1.18-27 oferece algumas pistas sobre o aprendizado da liturgia dentro das comunidades de escribas. Embora esse poema não seja considerado linguisticamente tão arcaico quanto outros, ele possui um prefácio revelador nos vv. 17-18: "Davi entoou este lamento sobre Saul e seu filho Jônatas, e ordenou que se ensinasse aos filhos de Israel 'O Arco' – eis que está escrito no Livro do Jashar."[19] Isso remete ao prefácio de outro cântico antigo, em Dt 32, no qual Deus ordena a Moisés: "Agora escreve para ti este cântico e ensina-o aos filhos de Israel. Põe-no na boca deles, para que este cântico me sirva de testemunha contra os filhos de Israel" (Dt 31.19).

Esse prefácio deixa ainda mais clara a dimensão da transmissão: o texto é escrito com fins pedagógicos. Colocá-lo "na boca" é uma metáfora para memorização. A expressão pode nos lembrar da Torá Oral, que é transmitida pela memória e literalmente chamada em hebraico de "a Torá que está na boca" (*tôrah she-be 'al peh*). Da mesma forma, esses cânticos eram inicialmente conhecidos de cor. Assim como a Torá Oral, o *Livro do Jashar* acaba por ser transcrito.

O que é o *Livro do Jashar*? O termo hebraico *yashar* (normalmente transliterado como *jashar* nas traduções inglesas) está relacionado às palavras hebraicas "cantar" ou "cântico" (*shar* e *shîr*). *Yashar* deriva da forma verbal hebraica que introduz cânticos como o de Êx 15: "Então cantou [hebraico, *yashir*] Moisés." Assim, o *Livro do Jashar* seria uma coletânea de hinos ou liturgias. O lamento que inicia o *Canto do Arco* – "Como caíram os valentes" (2 Sm 1.25, 27) – remete ao colapso da chefia israelita primitiva liderada por Saul e seu filho Jônatas. Também faz referência à cidade de Gate (v. 20), destruída pelos arameus por volta de 840 a.C. e jamais reconstruída.[20] Isso aponta para um hino relativamente antigo, que foi registrado numa coletânea litúrgica.

A palavra hebraica *yashar* também significa "reto" ou "justo", o que confere ao livro um interessante duplo sentido – os cânticos dos justos. De fato, esse é exatamente o tipo de trocadilho que os escribas adoram: os "justos" tornam-se uma autodescrição dos detentores do rolo – ou seja, os próprios escribas.

As coleções litúrgicas faziam parte do currículo avançado de escribas. Temos evidências comparativas para esse tipo de material tanto em currículos escribais cuneiformes quanto em algumas inscrições alfabéticas fragmentárias.[21] A evidência hebraica alfabética vem de alguns sítios escavados nos arredores do antigo Israel – um em Kuntillet 'Ajrud (no deserto sul) e outro em Deir 'Alla (em Transjordânia). Em ambos os locais há evidências de rubricas próprias da prática de escribas aprendizes.[22]

Como esses textos eram voltados à memorização, não os encontramos em cópias escolares hebraicas escritas em pergaminho, papiro ou *ostraca*, mas sim em grandes exibições murais em reboco. Por exemplo, uma inscrição poética mencionando Balaão (o profeta bíblico conhecido pelos poemas arcaicos em Nm 22-23) foi localizada em uma ampla sala, apropriada para um escriba mestre e seus aprendizes (ver Figura 3.3).

Vários dos exemplos apresentados refletem comunidades de escribas do norte, do Reino de Israel. Isso levanta a questão de saber se comunidades reais de escribas se desenvolveram separadamente no sul e no norte – em Jerusalém e em Samaria. Isso não seria, de forma alguma, surpreendente. Faz sentido que Jerusalém e Samaria tenham desenvolvido suas próprias comunidades de escribas, já que os dois reinos estavam divididos.

Essa hipótese é confirmada por um exemplo clássico de liturgia arcaica do norte, em Jz 5, que começa: "Ouvi, ó reis; dai ouvidos, ó príncipes; ao Senhor cantarei, salmodiarei ao Senhor, o Deus de Israel" (v. 3). O poema se dirige a uma audiência da corte real.[23] Além disso, destaca heroínas como Débora e Jael, que ajudaram a libertar Israel e a estabelecer o reino do norte, o que indica sua composição por escribas da corte do norte. Há evidências da presença de tais escribas durante a Idade do Ferro inicial nas escavações em Samaria, e o próximo capítulo investigará essas comunidades de escribas da corte do reino do norte.

Em suma, a escrita durante a monarquia inicial (do século X ao VIII a.C.) era, ao mesmo tempo, robusta e restrita ao governo e seus agentes. O setor militar era um componente particularmente importante da comunidade de escribas do governo nesse período. Essa comunidade compilava textos como anais reais, fazia a contabilidade do palácio e atuava no serviço diplomático (por exemplo, redigindo cartas).

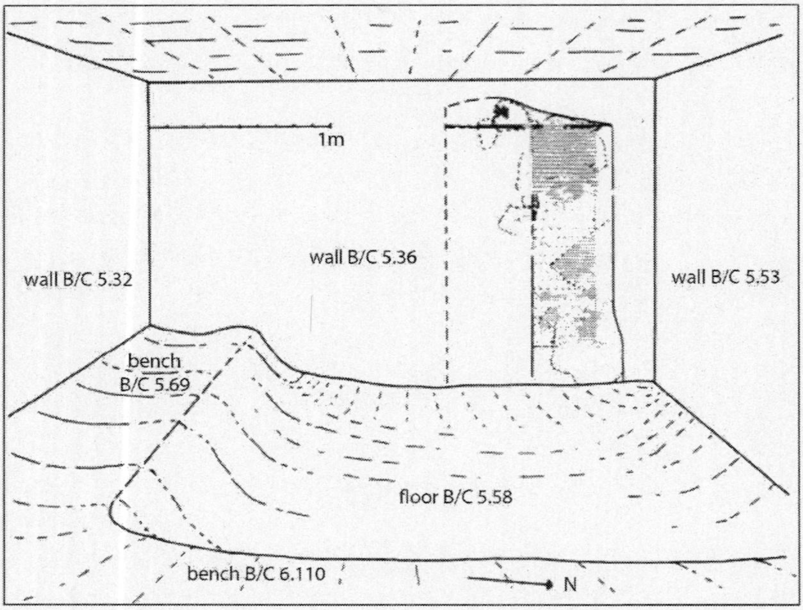

Figura 3.3 Reconstrução de uma "sala de aula" em Deir 'Alla com texto litúrgico escrito a tinta sobre uma parede rebocada.
Fonte: adaptada de Gerrit van der Kooij.

Também teria desenvolvido currículos educacionais que incluíam textos literários, ditos proverbiais e liturgias do templo.

Esses textos serviriam de base para a posterior coleta e formação da literatura bíblica enquanto um cânon religioso. No entanto, a literatura bíblica não começou como um corpus religioso. Ela teve origem na vida mundana de uma monarquia emergente e em suas operações militares, administrativas e diplomáticas.

Notas

1 Van der Toorn, *Scribal Culture and the Making of the Hebrew Bible*; ver minha resenha em *Journal of Hebrew Scriptures* 10 (2010), DOI:10.5508/jhs.2010.v10.r29.

2 Para a expressão hebraica, ver *Hebrew and Aramaic Lexicon of the Old Testament, ad loc.* Ver também Rendsburg, "Literary and Linguistic Matters in the Book of Proverbs," 112-13.

3 Ver, por exemplo, Michael Carasik, "Who Were the 'Men of Hezekiah' (Proverbs xxv 1)?" *VT* 44 (1994): 289-300.

4 Entre esses estão: "As Palavras dos Sábios" (Pv 22:17-24:22), "As Palavras de Agur" (Pv 30:1-14), "Ditos Numéricos" (Pv 30:15-33), "As Palavras de Lemuel" (Pv 31:1-9) e "O Poema da Mulher Virtuosa" (Pv 31:10-31).

5 Anat Mendel, "Epigraphic Lists in Israel and Its Neighbors in the First Temple Period," tese de doutorado, Hebrew University (2015) (em hebraico).

6 Um argumento para este texto como oriundo de uma fonte arquivística pode ser visto na obra clássica de Martin Noth, *The Deuteronomistic History*, traduzida do alemão (Sheffield: JSOT Press, 1981), 90, 93. Um bom exemplo de crítica ao valor histórico dessas listas pode ser encontrado em Paul Ash, "Solomon's? District? List," *JSOT* 67 (1995): 67-86. Donald Redford argumentou que Salomão organizou seus distritos fiscais seguindo um padrão administrativo egípcio, "Studies in Relations Between Palestine and Egypt During the First Millennium B.C.: I. The Taxation System of Solomon," em *Studies on the Ancient Palestinian World*, ed. J. W. Wevers e D. B. Redford (Toronto: University of Toronto Press, 1972), 141-56.

7 Halpern, *David's Secret Demons: Messiah, Murderer, Traitor, King* (Grand Rapids, MI: Eerdmans, 2001), 414. Ver minha longa discussão em "Solomon from Archival Sources to Collective Memory," em *Congress Volume Aberdeen 2019; Supplements to Vetus Testamentum*, 192 (Leiden: Brill, 2022), 338-57. Ver também o argumento de Donald Redford de que Salomão organizou seus distritos fiscais seguindo um padrão administrativo egípcio, "Studies in Relations Between Palestine and Egypt During the First Millennium B.C.: I. The Taxation System of Solomon," em *Studies on the Ancient Palestinian World*, ed. J. W. Wevers e D. B. Redford (Toronto: University of Toronto Press, 1972), 141-156.

8 Por exemplo, *KTU* 4.103, 4.106, 4.77 (RS 11.858, 12.001, 11.744); ver McGeough, *Ugaritic Economic Tablets*, 40-49.

9 Este é o RS 94.2184 + 94.2354, de Pierre Bordreuil, Dennis Pardee e Robert Hawley, *Une bibliothèque au sud de la ville: Textes 1994-2002 en cunéiforme alphabétique de la Maison d'Ourtenou, Ras Shamra-Ougarit* 18 (Paris: Maison de l'Orient et de la Méditerranée, 2012), 39-42.

10 Para o óstraco 76, sigo em grande parte as leituras originais em Aharoni, *Arad Inscriptions*, 98-99. Nadav Na'aman publicou algumas novas leituras para seis inscrições de Arad (incluindo a n. 76), supostamente com base em nova tecnologia de imagem digital. Ele compartilhou comigo as imagens digitais que

utilizei para meu desenho, mas não consegui confirmar muitas de suas novas leituras; ver Nadav Na'aman, "New Light on Six Inscriptions from Arad," *TA* 48 (2021): 213-35. Suas novas leituras não alteram substancialmente a interpretação do texto.

11 Nicolas Wyatt, "The Evidence of the Colophons in the Assessment of Ilimilku's Scribal and Authorial Role," *UF* 46 (2015): 399-446.

12 *KTU* 1.6 vi, 54-58.

13 *KTU* 1.4 viii.

14 Ver Baruch Halpern e David Vanderhooft, "The Editions of Kings in the 7th-6th Centuries B.C.E.," *Hebrew Union College Annual* 62 (1991): 179-244.

15 Ver, por exemplo, Ronald Wallenfels, "Review: Shishak and Shoshenq: A Disambiguation," *JAOS* 139 (2019): 487-500. A datação da campanha de Sisaque no século X é agora sustentada por um escaravelho de Sheshonk I escavado no Wadi Feinan; ver Thomas Levy, Stefan Münger e Mohammad Najjar, "A Newly Discovered Scarab of Sheshonq I," *Antiquity* 88 (2014): 341.

16 Muitos estudiosos têm proposto transmissões semelhantes das tradições. Ver, por exemplo, Wolfgang Oswald, "Possible Historical Settings of the Saul-David Narrative," em *Saul, Benjamin, and the Emergence of Monarchy in Israel: Biblical and Archaeological Perspectives*, ed. Joachim Krause, Omer Sergi e Kristin Weingart (Atlanta: SBL, 2020), 93-109.

17 Para uma visão geral, ver Alice Mandell, "Archaic Biblical Hebrew," em *Encyclopedia of Hebrew Language and Linguistics*, ed. Geoffrey Khan (Leiden: Brill, 2013), http://dx.doi.org/10.1163/2212-4241_ehll_EHLL_COM_00000743. Há algum debate sobre esse registro, mas pesquisas recentes parecem ter resolvido a questão. Ver Na'ama Pat-El e Aren Wilson-Wright, "Features of Archaic Biblical Hebrew and the Linguistic Dating Debate," *Hebrew Studies* 52 (2013): 387-410; Tania Notarius, "Lexical Isoglosses of Archaic Hebrew: פְּלִילִים (Dt 32:31) e כֵּן (Jz 5:15) como estudos de caso," *Hebrew Studies* 58 (2017): 81-97.

18 Ver minha discussão em *Finger of the Scribe*, 141-64.

19 O título "Cântico do Arco" (קֶשֶׁת) não aparece no texto grego antigo (*Old Greek*), o que pode indicar que se trata de um título atribuído à lamentação por tradição posterior. Uma segunda referência ao *Livro de Jashar* aparece no Texto Massorético de Josué 10:12, mas também está ausente no *Old Greek*, sugerindo que a referência foi posteriormente adicionada. Uma terceira menção ao *Livro de Jashar* aparece apenas no *Old Greek* (e não no TM) de 2 Reis 8:53a. Podemos assumir que a referência original ao *Livro de Jashar* estava apenas em 2 Samuel 1:18. Ver Kristen de Troyer, "'Is This Not Written in the Book of Jashar?' (Jos 10:13c): References to Extra-Biblical Books in the Bible," em *The Land of Israel in Bible, History, and Theology: Studies in Honour of Ed Noort*, ed. J.T.A. G van Ruiten e C. de Vos, *VTS* 124 (Leiden: Brill, 2009), 45-50; Edward Greenstein, "What Was the Book of Yashar?" *MAARAV* 21 (2014): 25-35.

20 Ver a visão geral de Aren Maier e Carl Ehrlich, "Excavating Philistine Gath," *BAR* 27, n. 6 (2001): 22-31.

21 Eleanor Robson, "The Tablet House: A Scribal School in Old Babylonian Nippur," *Revue d'assyriologie et d'archéologie orientale* 93 (2001): 390-66.

22 Ver Schniedewind, *Finger of the Scribe*, 141-64.

23 Ernst Axel Knauf sugere Saul, Eshbaal (filho de Saul) ou Jeroboão I (o primeiro rei do reino dividido do norte) como possíveis patronos do poema. Ver "Deborah's Language: Judges Ch. 5 in Its Hebrew and Semitic Context," em *Studia semitica et semitiohamitica*, ed. Bogdan Burtea, Josef Tropper e Helen Younansardaroud (Münster: Ugarit-Verlag, 2005), 167-80. Knauf também apresenta um argumento linguístico por um contexto real específico do século X em Gileade, mas é difícil localizar precisamente o dialeto como sendo de Gileade (logo além do Jordão), em oposição a Tirza (uma capital inicial do reino do norte) ou Samaria. Não há realmente evidência suficiente para tamanha precisão.

4. Refugiados do Escritório de Escribas de Samaria

Há certa decepção ao descobrir que alguém publicou uma ideia antes de você. Por outro lado, há certa satisfação em saber que se teve uma boa ideia. Por outro (ainda) lado, não há prêmio para quem chega em segundo lugar com uma ideia. Vivi isso na pele enquanto investigava um sítio-chave para as tradições escribais samaritanas antigas – a cidade de Betel. Betel ocupa lugar de destaque na literatura bíblica. Mas por quê? Por que, como e quando uma pequena cidade situada logo além da fronteira de Judá e a poucos quilômetros ao norte de Jerusalém – ou seja, já no reino do Norte, Israel – tornou-se tão importante na literatura bíblica a ponto de ser preservada pelos escribas de Jerusalém?

Minha própria fascinação com a antiga cidade de Betel começou no início dos meus vinte e poucos anos, quando eu cursava Geografia Histórica no Jerusalem University College. Fiz um seminário chamado "Pesquisas do Século XIX na Terra Santa", que envolvia o estudo dos relatos dos primeiros exploradores e longas caminhadas pela Cisjordânia com meu professor e colegas de classe. Betel foi um de nossos casos de estudo para a identificação de cidades antigas com base em nomes de lugar árabes, geografia, arqueologia e literatura bíblica – as quatro disciplinas tradicionais da geografia histórica. Nesse caso, o explorador americano do século XIX Edward Robinson apontou que uma aldeia árabe chamada Beitin se encaixava perfeitamente com a geografia das muitas histórias bíblicas em Gênesis, bem como com os relatos antigos de Jerônimo e Eusébio. O sítio acabou se tornando alvo das primeiras escavações arqueológicas conduzidas por William Foxwell Albright e, posteriormente, James Kelso, o que gerou ainda mais debate sobre a história antiga da cidade.[1]

Betel é mais do que apenas um caso de estudo para a geografia histórica; foi também um lugar de destaque nas narrativas bíblicas. Tem papel nas histórias da conquista (por exemplo, Js 7). Foi o local de um centro cultual real israelita que Jeroboão estabeleceu quando o reino do Norte se separou de Judá (c. 930 a.C.; cf. 1 Rs 12). Foi o cenário do famoso confronto entre Amós e os sacerdotes que serviam no santuário real do norte localizado ali (Am 7). Betel também é explicitamente mencionada em relatos que vão desde a promessa feita a Abraão até várias passagens do livro do Gênesis (por exemplo, Gn 12.8; 13.3; 28.19; 31.13; 35.1). Era, portanto, um lugar importante na tradição bíblica.

Por que, então, Betel ganha tamanha proeminência na narrativa bíblica? Alguns estudiosos sugeriram que essas histórias surgiram durante o exílio ou mesmo no período pós-exílico. Argumentaram que Betel deve ter se tornado um lugar proeminente após a queda de Jerusalém, o que explicaria seu destaque na tradição bíblica.[2]

Eu não tinha tanta certeza. Depois de estudar seus artigos, percebi que eles se baseavam no antigo modelo arqueológico de Albright, que acreditava terem ocorrido duas destruições babilônicas no início do século VI – uma em 597 e outra em 586 a.C. Eles correlacionavam a destruição de Betel com essa primeira invasão babilônica de 597, seguindo Kelso, que acreditava que a cidade fora destruída já na primeira campanha. Mas Kelso errou na cronologia. Escavações posteriores em outros sítios arqueológicos, especialmente na cidade de Laquis, demonstraram que não há evidência de destruição em 597 a.C. no registro arqueológico. Laquis sofreu uma destruição semelhante à de Betel, mas essa destruição, comprovadamente, está ligada às campanhas assírias do final do século VIII a.C.[3]

Isso significava que o relatório de escavação publicado por Kelso precisava ser atualizado. Na época, pareceu uma boa oportunidade para um artigo, então telefonei para um amigo arqueólogo, o Professor Ron Tappy, que lecionava no Pittsburgh Theological Seminary. Kelso também havia ensinado em Pittsburgh, e todo o material das escavações em Beitin estava armazenado lá. Pensei em visitar o museu, examinar os artefatos com Ron e redigir um artigo sobre Betel.

Mas, ao telefonar, Ron achou curioso que houvesse, de repente, tanto interesse nas escavações de Beitin. Contou-me que Israel Finkelstein, um renomado arqueólogo israelense, acabara de visitar o local para examinar o material escavado. Então, enviei um e-mail para Israel. De fato, ele me respondeu dizendo que logo publicaria um artigo intitulado "Reevaluating Bethel", justamente sobre esse tema.[4] Eu havia sido passado para trás!

Betel, de fato, ocupa um lugar de destaque nas narrativas bíblicas. Localizada a cerca de dezesseis quilômetros ao norte de Jerusalém, é o lugar onde Abraão se hospedou a caminho do Egito e também quando retornou (Gn 12.8; 13.3). Mais tarde, na narrativa patriarcal, é em Betel que Jacó luta com o Anjo do Senhor (Gn 28). Betel também está entre as primeiras cidades conquistadas pelos israelitas (Js 7-8). A Arca da Aliança foi inicialmente colocada em Siló, cidade situada cerca de oito quilômetros ao norte de Betel (1 Sm 4.3). Quando Jeroboão se rebela e estabelece um novo reino no norte, ele constrói um altar em Betel (1 Rs 12-13), e é lá que o "profeta" Amós confronta os sacerdotes no santuário real. Betel também aparece nas histórias proféticas de Elias e Eliseu (por exemplo, 2Rs 2), e é mencionada nas reformas de Josias, que ocorreram um século após a destruição da cidade (2 Rs 23.4, 17). Assim, há uma concentração de relatos bíblicos importantes situados em Betel, mesmo que a cidade tenha sido destruída pelos assírios no século VIII a.C. A pergunta é: por quê? Os estudiosos deduzem que deve ter havido ali uma comunidade de escribas.

E não se trata apenas de Betel, mas de uma presença significativa de literatura israelita – isto é, do Reino do Norte – na Bíblia do Reino de Judá. Naturalmente, outros estudiosos também notaram isso.[5] Por exemplo, o professor Daniel Fleming, da New York University, destaca *The Legacy of Israel in Judah's Bible*, como intitula sua obra. Em um livro mais antigo, *The Israelian Heritage of Judaism*, H. L. Ginsberg sugeriu que o livro de Deuteronômio era literatura "israelita", e traçou seu impacto sobre o judaísmo pós-exílico. Mais recentemente, Israel Finkelstein buscou recuperar o que chamou de *The Forgotten King-*

dom – ou seja, o Reino do Norte, Israel – partindo de uma perspectiva arqueológica e histórica. Ele argumenta que Israel era o reino maior, mais populoso e mais rico, e que mantinha conexões econômicas e políticas com todo o antigo Oriente Próximo. E, no entanto, foi esquecido em favor de seu "irmão" mais pobre e menor: Judá. Por quê?

Porque foram os escribas judeus posteriores que coletaram, copiaram e editaram a Bíblia. Fizeram isso ao longo de um extenso período, a partir do século VIII a.C., e garantiram que Israel não fosse esquecido.[6]

Portanto, Israel não foi exatamente esquecido. A Bíblia está repleta de suas histórias. As narrativas patriarcais contam as origens das tribos do norte de Israel, e muitas delas se passam em locais setentrionais como Betel e Siquém. A história de José, que relata como os israelitas chegaram ao Egito, serve de introdução à narrativa da saída de Israel do Egito. O livro de Juízes, em sua maior parte, nos apresenta os primeiros relatos das tribos do norte na terra. Muitos salmos são ambientados em regiões do norte, como o monte Hermom e o Carmelo, e refletem claramente uma origem israelita. Dois livros proféticos – Oseias e Amós – estão situados no norte. E Jonas também é um profeta do norte, embora sua história se concentre na Assíria. O profeta Samuel é nortista, filho de Elcana, da tribo de Efraim. O livro de Reis preserva muitas narrativas sobre os profetas do norte, Elias e Eliseu, além de registrar os reinados e eventos dos reis israelitas. Esses detalhes sobre a duração dos reinados dos reis do norte devem ter vindo de arquivos reais trazidos de Samaria para Judá. Em resumo, havia uma grande quantidade de histórias israelitas que foram preservadas por escribas em Jerusalém. Tudo isso passa a integrar a história sagrada de Judá e Jerusalém. Isso exige alguma explicação.

Israel não foi tanto esquecido quanto apropriado. Um relato que resume bem essa apropriação da riqueza literária de Israel por Judá é a bênção de Melquisedeque a Abraão em Gn 14. O personagem principal da história é Melquisedeque, cujo nome significa "rei justo". Ele era rei e sacerdote de Salém – uma alusão nada sutil a Jerusalém. Após o patriarca Abraão derrotar alguns reis estrangeiros em batalha, vai até Salém, encontra Melquisedeque e lhe dá o dízimo. Melquisedeque, por sua vez, abençoa Abraão. É uma história incomum, e Melquisedeque é uma figura enigmática que nunca mais aparece na narrativa bíblica.[7]

Mas não é difícil perceber que Melquisedeque, o antigo rei e sacerdote de (Jeru)Salém, é honrado acima de Abraão, o patriarca das tribos majoritariamente do norte. De fato, essa relação literária entre o pai de Israel e o predecessor de Davi antecipa a transferência de riquezas de Israel para Judá – não apenas riquezas materiais, mas também riquezas literárias.

Os escribas de Jerusalém incorporaram a literatura israelita à sua Bíblia e a tornaram sua. De fato, foram tão eficazes nisso que é fácil esquecer que "Israel" originalmente se referia às tribos e ao reino do norte. Como, então, Israel – ou mais especificamente, o território ao norte de Jerusalém e de Judá – passa a ocupar um papel tão proeminente na literatura bíblica editada e publicada em Jerusalém? Afinal, Davi e seus descendentes eram a dinastia escolhida. E foi em Jerusalém que Deus escolheu construir seu templo e colocar ali o seu nome. Quando as tribos do norte de Israel foram levadas ao exílio no século VIII a.C., foram consideradas "perdidas" e "esquecidas".[8] Mas nem todos foram exilados. Algumas pessoas – inclusive escribas – desceram ao sul como refugiados, para Jerusalém e Judá.

Este capítulo acompanha a comunidade de escribas que contribuiu com a herança israelita da literatura bíblica. Outros estudos já investigaram as evidências arqueológicas da presença de refugiados israelitas ou identificaram textos bíblicos que possivelmente tenham se originado no norte, mas essas são evidências circunstanciais. Aqui, o objetivo é procurar pelos próprios escribas. Quero dar rosto às teorias arqueológicas e literárias sobre os refugiados e suas produções. Podemos encontrar as impressões digitais desses escribas israelitas que fugiram para Jerusalém e Judá no registro epigráfico?

Os óstracos de Samaria

Começo examinando a comunidade de escribas do reino do Norte. O maior conjunto de inscrições provenientes do norte é conhecido como os *Óstracos de Samaria* – um lote de recibos econômicos escavados nas proximidades do palácio.[9] Eles oferecem evidência direta da existência de uma comunidade de escribas em Samaria, atuando no palácio durante o século VIII a.C. Essa coleção, com cerca de cem inscrições, registra a transferência de pequenas quantidades de bens de luxo provenientes dos clãs circunvizinhos, ligados à tribo de Manassés, para a capital, Samaria.

A história da descoberta desses óstracos merece ser contada. Eles foram encontrados na chamada "Casa dos Óstracos", um edifício adjacente ao palácio real, mas não foram escavados em um arquivo administrativo formal. Foram encontrados em entulhos arqueológicos e contextos secundários datados do final do século VIII a.C. O que aconteceu? Como chegaram ali? Os óstracos – fragmentos de cerâmica quebrada – funcionavam como papel de rascunho. Deve ter existido um escritório de escribas junto ao palácio, com alguns escribas registrando a entrada de bens durante o reinado de Jeroboão II (r. 782-753 a.C.). Os recibos eram provavelmente anotados em óstracos, depois transcritos em um livro-caixa de papiro, e os fragmentos cerâmicos descartados. Um grande terremoto, por volta de 760 a.C., danificou seriamente o palácio e o escritório de escribas. O complexo palaciano foi então reconstruído, e esses *óstracos de Samaria* – essencialmente lixo antigo – foram reutilizados como material de enchimento na reconstrução. É como encontrar um diário antigo dentro da parede de sua casa durante uma reforma.

Os *Óstracos de Samaria* são recibos de transações econômicas. Cada recibo começa com uma data histórica, como "No nono ano", "No décimo ano" ou "No décimo quinto ano". O fato de termos diferentes datas – essencialmente duas coleções distintas – indica que esses textos não compunham um arquivo sistemático, mas eram recibos descartados, reaproveitados como entulho. Esses registros apontam para uma comunidade de escribas junto ao palácio real que desenvolveu práticas próprias, distintas de seus futuros equivalentes em Judá.

Embora esses textos econômicos contenham material linguístico limitado, ainda assim revelam grafias e vocabulário característicos de uma tradição escribística real do norte. Por exemplo, as palavras hebraicas comuns *št* (ano) e *yn* (vinho) aparecem assim grafadas, em contraste com as formas *šnh* e *yyn* que encontramos no hebraico judeu ou bíblico padrão. Também se observa uma forma nortista de abreviação do nome divino Yahweh nos nomes próprios, com sufixo *-yw*, como em *Gaddiyaw*, ao invés da forma judaíta e bíblica *Gaddiyahu* (*-yhw*). Essas distinções se estendem ao vocabulário. As palavras para produtos de prestígio como "vinho velho" (*yn yšn*) e "azeite refinado" (*šmn rḥṣ*) são variantes dialetais do norte, diferentes das expressões judaítas presentes na Bíblia, como *šemārîm* e *šemen kātît*.[10]

Essas diferenças de grafia e vocabulário distinguem a comunidade de escribas samaritana daquela de Jerusalém do mesmo modo que palavras como *centre* (vs. *center*), *standardise* (vs. *standardize*), *flat* (vs. *apartment*) e *lift* (vs. *elevator*) distinguem o inglês britânico do inglês americano. Trata-se de algo aprendido e transmitido dentro da comunidade de prática dos escribas de Samaria. No entanto, quando nos deslocamos, nosso vocabulário e nossas convenções tendem a se adaptar. Por exemplo, se eu estivesse procurando um apartamento em Londres, seria melhor perguntar por *flats*. E se eu estivesse procurando um elevador, deveria perguntar onde fica o *lift*. Quando escrevi um artigo para a *Cambridge Ancient History*, minha ortografia americana foi adaptada para a grafia britânica. É útil adaptar-se linguisticamente ao contexto – e o mesmo certamente se aplicava aos escribas da Antiguidade.

O que mais podemos aprender ao ler esses recibos? Bem, eles não são recibos quaisquer. Os produtos registrados são destinados à elite – por exemplo, não apenas azeite, mas azeite refinado; não apenas vinho, mas vinho velho. São bens de luxo, e os impostos costumavam incidir justamente sobre esses produtos. Além disso, as quantidades registradas são bastante pequenas. Considere apenas dois recibos (ver Figura 4.1):

> Nº 3: No décimo ano, de Semida, uma ânfora de vinho velho, para Ba'ala.
>
> Nº 18: No décimo ano, de Hatzerot, para Gaddiyaw, uma ânfora de azeite refinado.

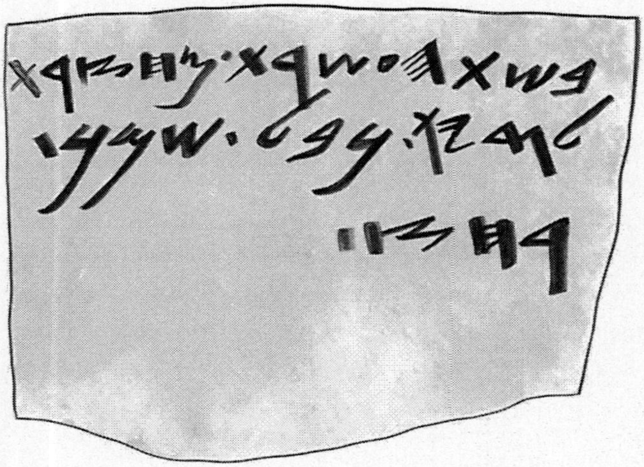

Figura 4.1 Desenho do óstraco de Samaria nº 18.
Fonte: elaborada pelo autor.

A palavra hebraica traduzida como "ânfora" é *nēbel*. Não se trata de uma grande vasilha de armazenamento, mas de algo mais próximo de uma garrafa de vinho. Ainda que fosse uma garrafa grande, não seria significativa o suficiente para fins tributários. Trata-se, portanto, da transferência de itens de luxo a indivíduos que trabalhavam no palácio, vindos de clãs ou famílias locais. O professor Roger Nam, da Emory University, especialista em economias antigas, explica que essas quantidades e tipos de produtos podem ser associados a "banquetes políticos da elite" ligados à acrópole real de Samaria.[11] Seria como levar uma garrafa de champanhe Dom Pérignon a uma festa: um produto caro, mas de volume modesto.

Esses bens de luxo, de fato, se encaixam bem no que sabemos sobre Samaria tanto a partir dos registros literários quanto arqueológicos. A arqueóloga Dame Kathleen Kenyon descreveu a cerâmica proveniente da acrópole como "a mais refinada e decorada da época israelita".[12] Além da chamada "cerâmica de Samaria", os arqueólogos descobriram marfim finamente entalhado que decorava os móveis do palácio.[13] Essas descobertas arqueológicas coincidem com as descrições bíblicas do palácio de Samaria como "Casa de Marfim" (1 Rs

22.39; Am 3.15). De fato, críticos como Amós – hesito em chamá-lo de "profeta", já que ele próprio rejeita esse título (Am 7.14) – condenavam o luxo e o excesso associados ao palácio de Samaria: "Ai dos que dormem em camas de marfim e se estendem sobre seus leitos!" (Am 6.4). Tudo isso reforça a ideia de que o escritório de escribas de Samaria registrava o recebimento de vinhos e azeites refinados para celebrações palacianas elaboradas.

O alcance da comunidade de escribas samaritana se estendia até o deserto do Sinai. Como foi apontado no capítulo 1, a fortaleza desértica de Kuntillet ʿAjrud abrigava uma incipiente comunidade de escribas, sob o comando de um oficial que treinava jovens soldados na leitura e na escrita. Essa fortaleza era patrocinada por Samaria e pelo palácio real. Muitas das inscrições de Kuntillet ʿAjrud provavelmente datam da época de Jeroboão II e podem ser contemporâneas aos *óstracos de Samaria*. Alguns exercícios de escrita – como uma lista de vocabulário e uma carta-modelo – mencionam explicitamente a cidade de Samaria. O exemplo mais famoso é o de uma carta de prática que inclui a fórmula de bênção: "Eu te abençoo por Yahweh de Samaria e sua/sua Asherá."

Os nomes pessoais mencionados nas inscrições de Kuntillet ʿAjrud usam o sufixo *-yaw*, uma marca identitária israelita dos ocupantes da fortaleza: *Amaryaw*, *Shemaʿyaw*, *Obadyaw*, *Halyaw*, *Shekanyaw*, *Shemaryaw*, *Eliyaw* e *Uzziyaw*. Nenhum nome judaíta aparece nas inscrições. A fortaleza também apresenta uma série de desenhos em cerâmica e em paredes de reboco fragmentado, incluindo a imagem de um rei entronizado (Figura 4.2), cenas de caça real e imagens protetoras.[14] Essas representações reforçam ainda mais a noção de que a fortaleza e seus ocupantes estavam sob patrocínio real.

Refugiados israelitas em Jerusalém e Judá

Então, o que torna a comunidade de escribas de Samaria tão significativa para a literatura bíblica? Alguns se tornaram refugiados de guerra, fugiram para Jerusalém e trabalharam para a burocracia

Figura 4.2 "Rei em um Trono" em Kuntillet 'Ajrud.
Fonte: Tallay Ornan, originalmente publicado em *Tel Aviv*.

do estado lá. Eles trouxeram seus registros, histórias e liturgia para Jerusalém. E lemos seus textos nas páginas de nossas Bíblias hoje.

Primeiro, vamos olhar o contexto histórico das histórias desses refugiados. Em uma série de campanhas militares, os reis neo-assírios devastaram o reino do norte. Primeiro, Tiglate-Pileser III (r. 745-727 a.C.), conhecido como Pul na Bíblia (2 Rs 15:9), fez campanha contra Israel entre 734 e 732 a.C., destruindo cidades israelitas na região da Galileia e ao longo da costa norte. Seu filho, Salmanezer V (r. 727-722 a.C.), e seu neto, Sargão II (r. 722-705 a.C.), sitiaram e então capturaram Samaria em 721 a.C. Muitos israelitas foram exilados. A Assíria criou uma política brutal, mas eficaz, de deportação para os estados vassalos rebeldes. Pessoas que foram despojadas de suas terras tinham menos probabilidade de se rebelar. Como resultado, muitos fugiram dos assírios. Alguns foram para o Egito; outros provavelmente se mudaram para a planície costeira do sul; e alguns da comunidade de escribas samariana fugiram para Jerusalém e Judá.

Exemplos arqueológicos impressionantes ilustram uma onda de refugiados israelitas que vieram para Jerusalém após as campanhas assírias. Primeiro de tudo, houve um aumento dramático na população de Jerusalém no final do século VIII. Décadas atrás, o arqueólogo israelense Magen Broshi reconheceu que o crescimento dramático da população de Jerusalém durante o final do século VIII tinha que estar relacionado às campanhas militares assírias e aos refugiados israelitas. Isso não é surpreendente. Mesmo em nossos tempos, vemos como a guerra e a violência fazem as pessoas fugirem em busca de paz e uma vida melhor. Exemplos recentes notáveis incluem refugiados ucranianos fugindo da guerra, refugiados sírios fugindo da guerra civil ou refugiados centro-americanos fugindo da violência. Não era diferente na Judá antiga. A população de Jerusalém pode ter dobrado durante o final do século VIII. A Colina Ocidental da antiga Jerusalém (o moderno "Quartel Judaico") era sem muros até o final do século VIII a.C., mas de repente foi preenchida com refugiados. Alguns desses refugiados acampavam fora da cidade murada de Jerusalém. Quando os refugiados precisavam de proteção devido à ameaça iminente dos exércitos assírios, Ezequias "destruiu as casas para fortificar o muro" (Is 22:10).

As descrições bíblicas encontram apoio nas escavações arqueológicas. Após a Guerra dos Seis Dias em 1967, o arqueólogo israelense Benjamin Mazar escavou a Colina Ocidental. Ele descobriu um muro massivo de vinte e dois pés de largura, que chamou de "Muro Largo", que foi construído para incorporar a Colina Ocidental à cidade murada de Jerusalém. E essas escavações ilustram as palavras de Isaías – casas antigas e mal construídas foram destruídas para dar lugar a uma grande parede de fortificação. As fundações do muro largo foram construídas sobre as casas (Figura 4.3; note as casas sob

Figura 4.3 Escavações da "Muralha Larga".

Fonte: Escavações Arqueológicas no Bairro Judaico da Cidade Antiga de Jerusalém.

o muro no canto inferior esquerdo). Essas casas eram originalmente parte de um assentamento sem muros fora de Jerusalém. Ezequias destruiu as casas para cercar o assentamento de refugiados dentro da cidade. Talvez isso deva ser considerado um dos primeiros exemplos de "domínio eminente"!

Os refugiados deixaram sua marca na arte, arquitetura e burocracia de Jerusalém. De onde exatamente esses refugiados vieram? Alguns provavelmente vieram de bem ali na fronteira com Judá, do santuário real em Betel mencionado em 1 Rs 12 e Am 7. Outros provavelmente vieram da proximidade da capital em Samaria. Isso incluiria escribas que trabalhavam na capital.

Uma das ilustrações mais notáveis da influência samaritana sobre a burocracia em Jerusalém foi o surgimento dos jarros de armazenamento reais e das impressões de selos reais utilizados nesses jarros. Esses jarros começam a aparecer em Judá no final do século VIII a.C. – ou seja, na esteira das campanhas neoassírias contra Samaria. A forma desses jarros de armazenamento judaítas foi inspirada nos jarros de armazenamento israelitas do tipo "hipopótamo" (*hippo jars*). Os jarros refletem um sistema de distribuição avançado, desenvolvido no final do século VIII. De fato, alguns arqueólogos sugeriram – corretamente, a meu ver – que a burocracia judaíta foi informada por modelos israelitas.[17]

Essa hipótese é sustentada não apenas pela forma dos jarros, mas também pelos selos impressos nas alças. Os jarros trazem um carimbo real (com escaravelho alado de duas ou quatro asas) e uma inscrição em duas linhas que diz: "Pertencente ao rei" (hebraico: *lmlk*) e o nome de uma cidade administrativa judaíta – Hebrom, Socó, Zife e "Mmšt". O enigmático "Mmšt" provavelmente se refere a um lugar hoje conhecido como Ramat Rahel (cujo nome antigo ainda é desconhecido), um centro administrativo real situado cerca de três quilômetros ao sul de Jerusalém, construído no final do século VIII.[18]

O que chama a atenção é que o selo com o escaravelho de quatro asas já era utilizado anteriormente em Samaria! Na década de 1930, o arqueólogo britânico John Crowfoot escavou nove impressões de selos na área ao redor do palácio em Samaria, datadas do século VIII a.C. Outro selo foi posteriormente encontrado e publicado pelo arqueólogo canadense A. D. Tushingham, elevando o total para dez exemplares. Parece mais do que mera coincidência que esse mesmo motivo venha a aparecer em Judá logo após a queda de Samaria frente aos assírios em 721 a.C. (ver Figura 4.4 para comparação das imagens).[19]

O paralelismo entre os selos de Samaria e os selos reais judaítas já havia sido notado anteriormente. Há muitos anos, Tushingham observou essa semelhança e sugeriu uma origem israelita para essa insígnia real de Judá, mas sua proposta foi descartada.[20] Várias ob-

Figura 4.4 (a) Impressão samaritana com quatro asas e (b) impressão judaíta LMLK com quatro asas.
Fonte: elaborada pelo autor.

jeções foram levantadas. A primeira delas é que existem apenas dez exemplares conhecidos. Essa é uma crítica válida – o escaravelho de quatro asas não era um símbolo icônico da realeza israelita, como viria a se tornar na realeza judaíta. No entanto, dez exemplares ainda são significativos. É evidente que esse símbolo era conhecido e utilizado no palácio de Samaria. A meu ver, o fato de não ser um símbolo marcante de identidade real em Israel o tornava mais fácil de ser adotado e reinterpretado em Jerusalém.

A segunda objeção é que essa iconografia também é conhecida em exemplares fenícios e do norte da Síria – ou seja, não era exclusiva de Samaria.[21] Embora o símbolo fosse de fato conhecido em outros lugares, Samaria era a vizinha imediata de Judá, e refugiados vinham de lá. Por que postular uma influência de regiões distantes do antigo Oriente Próximo quando há um vetor de transmissão próximo e direto a partir de Samaria? Mesmo que o escaravelho alado não fosse amplamente utilizado na chancelaria palaciana de Samaria, seu surgimento em Judá no final do século VIII a.C. dificilmente pode ser explicado como mera coincidência. Descartá-lo como algo fortuito ou circunstancial é um ceticismo exagerado.

Esse empréstimo se encaixa perfeitamente no quadro mais amplo da chegada de refugiados – incluindo uma comunidade de escribas – de Samaria a Jerusalém e Judá no final do século VIII a.C. Como veremos adiante, trata-se de um elemento dentro de um conjunto de dados coerente, que evidencia a influência de uma comunidade de escribas samaritana atuando em Jerusalém.

Escribas samaritanos na corte do rei Ezequias

Diversas inscrições apontam para a ampla difusão de refugiados israelitas. Alguns desses refugiados podem ser identificados por seus nomes pessoais.[22] As características dos nomes pessoais israelitas estão bem estabelecidas a partir dos óstracos de Samaria. As práticas onomásticas são culturais e distintivas. Como já foi apontado, os nomes israelitas empregam um elemento teofórico típico do norte (isto é, uma abreviação do nome de Deus). O prefixo *yw-* e o sufixo *-yw* (traduzidos em inglês frequentemente como *Yaw-*, *Yo-*, *Jo-* e *-yaw*) eram utilizados em vez da forma mais longa usada nos nomes judaítas, *yhw-* e *-yhw* (geralmente vertidos como *Jeho-* e *-yahu/-iah*).[23]

Por exemplo, um papiro do século VII proveniente de Wadi Murabba'at, no deserto da Judeia, menciona o nome pessoal israelita *Yaw'ezer*. Mas um nome não precisa necessariamente conter prefixo ou sufixo israelita para ser identificado como do norte. Um exemplo é o nome *Oseias* (*Hosea*), que parece distintivamente israelita. É, inclusive, o nome de um conhecido profeta bíblico. Esse nome também aparece no papiro de Wadi Murabba'at. Trata-se de um nome israelita, e combina perfeitamente com o nome *Yaw'ezer* encontrado no mesmo documento. Juntos, eles sugerem que Wadi Murabba'at recebeu refugiados oriundos do norte. Isso não é surpreendente, considerando que o deserto da Judeia experimentou um aumento dramático de população – isto é, de refugiados – após as campanhas neoassírias. Esses nomes pessoais indicam que muitos desses novos habitantes eram refugiados israelitas.[24]

Também foram encontradas impressões de selos escavadas em Jerusalém e em Judá que utilizam os prefixos e sufixos teofóricos tí-

Figura 4.5 Impressão de selo de "Eliakim, Aprendiz de Yawkin" (wsss nº 663).
Fonte: elaborada pelo autor.

picos do norte. Uma impressão de selo particularmente interessante traz a inscrição: "Pertencente a Eliaquim, aprendiz de Yawkin" (*l ʾlyqm nʿr ywkn*, wsss nº 663; ver Figura 4.5). Além do exemplar escavado em Jerusalém, outros nove exemplares do mesmo selo foram encontrados em Bet-Semes, Ramat Rahel e Tell Beit Mirsim.

Com relação ao título "aprendiz de", mencionei essas impressões de selos no capítulo 1, ao discutir a estrutura social das corporações de escribas. Neste capítulo, no entanto, estamos interessados nos indivíduos em si. Eles usam nomes pessoais tipicamente israelitas. Yawkin e seu administrador Eliaquim devem ter sido membros particularmente bem conectados da burocracia judaíta, considerando a quantidade e a distribuição geográfica das impressões do selo em diferentes localidades.

O selo de Yawbaná, filho de Menahem: um caso de negociação da identidade refugiada

Um exemplo ainda mais impressionante de identidade israelita nos nomes pessoais provém das impressões de selo de um certo Menahem, filho de Yawbaná. Contei pelo menos dezessete impressões de selo distintas associadas a essa pessoa, utilizando três selos diferentes. A maioria delas provém de escavações e inclui exemplares encontrados em Laquis, Bet-Semes, Adulão, Socó, Ramat Rahel, Gibeão e Jerusalém.[25] Esse sujeito realmente circulava! Também temos exemplos de seu selo impresso em jarros de armazenamento com o brasão real (pertencente ao rei). Na verdade, não conhecemos nenhum outro personagem mencionado em tantas impressões de selo e com uma distribuição geográfica tão variada.

A maioria dessas impressões provém de um selo no qual o nome do pai aparece como *Yawbaná* (*ywbnh*), que significa "Yahweh edificou", utilizando o prefixo israelita *yw-* para o nome divino. O verbo provavelmente alude à edificação de uma família por meio do nascimento de um filho, como vemos no trocadilho literário da conhecida promessa de Deus a Davi. Davi queria "construir" um templo para Deus, mas Deus inverte a situação e promete construir uma dinastia para sua casa (ver 2 Sm 7).

Além da grafia israelita padrão, há também algumas impressões provenientes de um segundo selo com uma versão abreviada do nome do pai: *ybnh*, que pode ser entendida como uma simples contração pronunciada como "Yobaná". Mais importante, essa grafia revisada oculta o prefixo israelita *yw-*, e seu significado torna-se um tanto ambíguo. Pode significar "Y[ahweh] edificou" ou talvez deva ser lido como *Yibaná*, "Ele edificará". Suspeito que tanto *ywbnh* quanto *ybnh* poderiam ser pronunciados como "Yobaná", ainda com a ideia de Yahweh edificando uma família. As diferentes grafias nos prefixos funcionavam, sobretudo, como marcadores de identidade e reflexos das práticas das comunidades de escribas. A diferença não estava na pronúncia, mas na identidade.

O terceiro selo de Menahem ilustra de forma particularmente reveladora como a grafia está intimamente ligada à identidade. Há duas impressões provenientes de um terceiro selo que alterou a grafia do nome do pai de Menahem. Após o selo ter sido gravado, ele foi modificado com a inclusão de duas letras adicionais, aparentemente com o objetivo de conferir ao pai de Menahem um nome apropriado ao padrão judaíta (ver Figura 4.6).

Figura 4.6 Impressão de selo de Menahem, filho de Yehobanah ($^{w}Y_{h}bnh$).
Fonte: elaborada pelo autor.

É importante observar o que, de fato, foi feito no selo. Na segunda linha, o gravador inseriu a letra *he* entre as letras *yod* e *bet*. E antes do *yod*, foi acrescentada a letra *waw*. As letras precisaram ser espremidas, e o *waw* chegou a apagar parcialmente a linha dupla que separa as inscrições. Muito interessante.

Por que modificar um selo que originalmente trazia o nome "Yobaná" (*ybnh*)? As letras adicionais – na ordem correta – formariam um nome judaíta padrão: *Yehobaná* (*yhwbnh*). No entanto, não era possível inserir as letras na ordem correta no espaço disponível. Assim, elas foram espremidas onde couberam. Tal como está gravado, a forma $^{w}y_{h}bnh$ é sem sentido do ponto de vista fonético, mas compreensível no contexto. As letras acrescentadas visavam criar um nome judaíta tradicional, caso pudessem ser organizadas corretamente. O gravador do selo fez o que pôde para modificar o nome e conferir-lhe uma grafia judaíta. Temos agora três grafias diferentes para o nome do pai de Menahem:

1. *ywbnh* – Yawbaná
2. *ybnh* – Yobaná
3. $^{w}y_{h}bnh$ – Yehobaná

Ao inserir essas letras adicionais na terceira forma do nome do pai, Menahem está redefinindo sua identidade.

O próprio nome do proprietário do selo, Menahem, não possui elemento teofórico identificável, mas é um nome tipicamente israelita. De fato, *Menahem* era o nome de um dos últimos reis de Samaria (r. 746-737 a.C.; ver 2 Rs 15.13-22). Talvez seu pai o tenha nomeado assim em homenagem a um dos últimos reis – um patrono da sua comunidade de escribas samaritana? O rei já havia desaparecido há muito, mas sua memória teria sido preservada no nome do filho. É possível até que fosse um nome de família, o que poderia explicar a posição de destaque desse refugiado dentro da administração judaíta. Ele teria sangue real.

Em todo caso, o único marcador explícito de identidade para Menahem era o nome do pai. Nos três selos, Menahem revisa o nome do pai de *Yawbaná* para *Yobaná* e, por fim, numa tentativa aparente de *Yehobaná*. Por meio da alteração ortográfica do nome do pai em seus selos pessoais, ele reconfigura sua identidade! A pergunta interessante – e talvez sem resposta – é: por que Menahem sentiu a necessidade de revisar sua identidade? Refugiados israelitas estavam sendo discriminados? Isso parece provável, mas só podemos especular.

O nome *Menahem* é bem conhecido no reino do Norte. Para começar, encontramos esse nome nos óstracos de Samaria (nº 112), o que constitui uma evidência extrabíblica que o vincula ao clã de Manassés nas imediações de Samaria.[26] Também encontramos esse nome em narrativas bíblicas. Por exemplo, ele aparece nos anais da monarquia do Norte em 2 Reis 15. Primeiro, lemos o relato do breve reinado de Salum:

> 13 Salum, filho de Jabes, começou a reinar no trigésimo nono ano do rei Uzias de Judá; reinou um mês em Samaria.
> 14 Então Menaém, filho de Gadi, subiu de Tirza, chegou a Samaria, matou Salum, filho de Jabes, e o matou; e reinou em seu lugar.

Em seguida, temos o relato do reinado do rei Menahem:

> 17 No trigésimo nono ano do rei Azarias de Judá, Menaém, filho de Gadi, começou a reinar sobre Israel; reinou dez anos em Samaria. [...]
> 19 O rei Pul da Assíria veio contra a terra; Menaém deu a Pul mil talentos de prata, para que o ajudasse a firmar o reino em sua mão.
> 20 Menaém arrecadou o dinheiro em Israel, isto é, de todos os ricos, cinquenta siclos de prata de cada um, para dar ao rei da Assíria. Então o rei da Assíria voltou; ele não permaneceu na terra.
> 21 Ora, o restante dos atos de Menaém, e tudo quanto fez, não estão escritos no Livro dos Anais dos Reis de Israel?
> 22 Menaém dormiu com seus antepassados, e seu filho Pecaías reinou em seu lugar.

Esses relatos seguem uma fórmula rígida: "No ano tal, fulano começou a reinar". Mas depois surgem os detalhes. Diz-se que reinou por um mês, dois anos ou dez anos. Há também os sincronismos com os reis de Judá. Os relatos das campanhas assírias coincidem com os registros cuneiformes, embora por vezes os editores confundam os dados. Por exemplo, sabemos por textos assírios que "Pul" (v. 19) é uma abreviação do nome do rei Tiglate-Pileser III, que é mencionado mais adiante (v. 29). Os escribas reais de Judá, que trabalharam posteriormente, aparentemente não perceberam que se tratava do mesmo governante assírio – estavam apenas copiando registros de arquivo. Isso mostra que dispunham de registros oriundos da corte real de Samaria. Ao mesmo tempo, não significa que compreendiam plenamente o que estavam lendo. Mas ainda assim é possível reconstruir o panorama, e os detalhes das campanhas assírias coincidem com o que sabemos dos anais reais israelitas preservados no Livro dos Reis.

Essas evidências também sugerem que nem toda a literatura do Norte provém da tradição oral. Alguns escribas podem ter trazido fisicamente registros do palácio de Samaria para Jerusalém. Pelas impressões de selos, sabemos inclusive o nome de alguns desses indivíduos – Yawkin, Yawbaná e Menahem. Talvez Menahem fosse um imigrante de segunda geração. Seu pai pode ter escolhido o nome de um dos últimos reis de Israel por orgulho de sua herança do Norte – ou talvez por alguma conexão com a linhagem real. A questão interessante – e talvez impossível de responder – é por que Menahem sentiu necessidade de renegociar sua identidade? Talvez ele tenha sofrido discriminação por ser samaritano. Sabemos, por exemplo, que as reformas religiosas de Josias, no final do século VII a.C., apresentam elementos claramente anti-israelitas (ver 2 Rs 22-23).

A marca de Samaria na Bíblia de Judá

Os livros de Samuel e Reis revelam diferenças profundas entre os reinos de Israel e Judá. Como aponta Daniel Fleming, "a identidade de Judá está ligada desde o início à realeza", ao passo que, em contraste, "somente em Israel surgiu a necessidade de explicar a existência desse povo antes e à parte da monarquia".[27] Naturalmente, isso é o resultado esperado do trabalho dos escribas reais na corte de Jerusalém. Por um lado, esses escribas glorificam os filhos de Davi como os reis legítimos. Para os escribas reais de Jerusalém, a incorporação da literatura israelita precisava estar desvinculada da corte real de Samaria. Por outro lado, as narrativas de Gênesis continuam contando a origem das tribos do norte de Israel, e Judá aparece em segundo plano – mesmo que essas histórias tenham sido posteriormente copiadas e preservadas em Jerusalém.

Esse processo editorial é bem ilustrado no episódio de Judá e Tamar em Gênesis 38. Embora essa narrativa esteja inserida na novela de José (Gn 37-50), que trata das tribos do norte, Efraim e Manassés, trata-se claramente de uma inserção. De fato, essa intrusão é sinalizada pelo recurso da repetição enquadradora usada pelos escribas: o capítulo 37 termina com a frase "Os midianitas venderam José no Egito, a Potifar" (v. 36), e o capítulo 39 retoma com "José foi levado ao Egito, e Potifar, oficial de Faraó, comprou-o dos ismaelitas" (v. 1). Os escribas de Jerusalém estão nos mostrando, por meio desse artifício editorial, que estão inserindo Judá em uma história que originalmente dizia respeito às tribos do norte.

As narrativas dos dois reinos no Livro de Reis são marcadamente distintas. Judá sempre teve um centro único para o rei e para o templo, enquanto Israel teve várias capitais (Tirza, Siquém, Samaria) e diversos centros cultuais (por exemplo, Betel, Dã, Monte Carmelo). Judá teve uma única dinastia – a dos filhos de Davi –, ao passo que Israel teve uma sucessão de dinastias diferentes (Jeroboão, Onri, Jeú etc.). Judá não possuía grandes divisões tribais, enquanto Israel era uma coalizão de diversas tribos. Mas ambos adoravam Yahweh como divindade nacional, mesmo que a forma israelita desse culto tenha sido amplamente criticada pelos escribas de Jerusalém em períodos posteriores.

As comunidades de escribas de Jerusalém preservaram a literatura israelita mesmo nos casos em que Judá desempenhava um papel marginal. Isso começa nas histórias patriarcais e na narrativa do Êxodo do Egito. O Livro de Números inclui Judá em seu censo como uma entre muitas tribos, mas Rúben é privilegiado como primogênito, e Levi ganha destaque por seu papel no tabernáculo. Da mesma forma, Judá exerce um papel secundário nas histórias tribais do Livro dos Juízes. O caso mais notável é o poema arcaico conhecido como "Cântico de Débora" (Jz 5), no qual Judá sequer é mencionado.

O Livro dos Juízes como um todo foi incorporado à biblioteca de Jerusalém por meio de um processo que Sara Milstein chamou de "revisão por introdução".[28] O livro recebeu um novo prefácio, começando com um relato da conquista de Jerusalém e de Judá (vv. 1-21). Mas os dezoito capítulos seguintes ignoram Judá completamente e relatam os escandalosos episódios de dez tribos do norte. O livro então se encerra (caps. 19-21) com uma alegoria política horrível, construída a partir da reutilização da história de Sodoma e Gomorra para justificar Judá – e a cidade natal de Davi (Belém) – em oposição a Benjamim e à cidade natal de Saul (Gibeá).[29] Essa alegoria política sugere uma comunidade de escribas em diálogo com uma comunidade rival, bem como um debate político vivo sobre a legitimidade da realeza.

Mas por quanto tempo tal debate sobre a realeza legítima poderia ter sobrevivido após a destruição de Samaria? É improvável que esse embate continuasse por muito tempo depois desses eventos. Após uma ou duas gerações, ele se tornaria irrelevante. O reino do Norte tornar-se-ia assunto do passado. Portanto, a pergunta é: que literatura os escribas samaritanos trouxeram consigo a Jerusalém? Certamente, alguns documentos escritos, como registros palacianos e arquivos administrativos dos reis do Norte, devem ter sido levados para Jerusalém. Esses documentos continham nomes de reis, duração de reinados, projetos de construção, campanhas militares e afins. Tais detalhes certamente não foram preservados apenas pela memória dos escribas. Isso não se trata de literatura oral.

Outros textos físicos são mais difíceis de confirmar. Por exemplo, as histórias patriarcais foram levadas a Jerusalém oralmente ou já existiam em pergaminhos escritos? A maior parte dessas histórias provavelmente fazia parte do currículo de escribas, sendo memorizada; nesse sentido, nem tudo precisava ser transportado em forma escrita. Alguns estudiosos acreditam que o núcleo legal do Deuteronômio teve origem no Norte (ver capítulo 7), mas ele é apresentado como um discurso que foi registrado por escrito quando Israel chegou a Siquém, aos pés dos montes Gerizim e Ebal (ver Dt 27-29, especialmente 27.2-4). As partes legais de Deuteronômio refletem estudo textual e edição;[30] isso certamente foi feito posteriormente pelos escribas de Jerusalém.

Há também os relatos de dois profetas do Norte, Oseias e Amós, que foram incluídos entre os livros proféticos junto aos profetas judaítas. Esses livros foram claramente editados em Judá (ver Os 3.1-5; Am 9.11), mas talvez já existissem como textos antes de chegarem à corte de Jerusalém. Existem ainda as histórias proféticas de Elias e Eliseu, que foram incorporadas ao Livro dos Reis.

O relato do profeta Balaão, em Números 22-24, é instrutivo para avaliar a questão da literatura oral versus textos escritos. A narrativa de Balaão certamente apresenta traços típicos da literatura oral. Em primeiro lugar, são poemas. Em segundo, há elementos cômicos, como a jumenta falante de Balaão (Nm 22.2-35), que funcionam bem na tradição oral. Mas a natureza dupla desse tipo de literatura – tanto oral quanto escrita – foi evidenciada nas escavações da antiga Sucote (ou Tell Deir 'Alla), mencionadas no capítulo anterior. As inscrições murais ali encontradas mencionam o profeta Balaão e estavam dispostas em uma sala que parece ter sido uma escola. Embora o texto em gesso na parede fosse destinado à memorização, também era exibido como um documento escrito.

Podemos comparar esse caso com a famosa *Epopeia de Gilgamesh*, que provavelmente era memorizado, mas também existia em cópias escolares. O fato de algo pertencer à tradição oral não significa que não houvesse cópias físicas. Por outro lado, a literatura oral era memorizada como parte da formação dos escribas.[31] Dessa forma, muitas obras israelitas não precisavam ter sido trazidas fisicamente para Jerusalém. Bastava que os refugiados de escribas que haviam memorizado esses textos fossem integrados à burocracia judaíta. Eles teriam então a oportunidade de inserir tal literatura no currículo dos escribas de Judá – e, com o tempo, no cânon da literatura bíblica.

O que identifica um texto bíblico como sendo do Norte? Alguns estudiosos baseiam-se no conteúdo (por exemplo, as narrativas patriarcais, o Livro dos Juízes). Outros apontam para um dialeto setentrional (como em Juízes 5 ou nas narrativas de Elias e Eliseu). No entanto, mesmo os textos que possivelmente existiam em Samaria e em outros centros de escribas do Norte antes de serem levados para Jerusalém passaram por edições e revisões. Os escribas revisaram tanto o conteúdo quanto a linguagem à medida que copiavam e editavam os textos. O dialeto do Norte foi provavelmente em grande parte apagado – exceto quando os escribas decidiram preservá-lo.

A linguagem, afinal, pode funcionar como um recurso estilístico – um exemplo clássico disso é o Livro de Jó, ambientado na terra estrangeira de Uz, cuja linguagem contém traços aramaicos e da Arábia Meridional, que combinam com seus personagens estrangeiros.[32] Por analogia, pode-se pensar nos dialetos dos personagens de *The Adventures of Huckleberry Finn*, usados por Mark Twain como recurso estilístico. Isso nos leva de volta a textos como a história reescrita e atualizada do *Livro das Crônicas*. Crônicas elimina, tanto quanto possível, a história do reino do Norte. Para Crônicas, a história de "Israel" é, essencialmente, a história de Judá.[33]

E Crônicas usa o termo "Israel" para se referir a Judá. O reino do Norte era irrelevante. Ou pior – era um anátema. Assim, a literatura ambientada no Norte e que trata de personagens históricos do Norte, com grande probabilidade, teve origem no próprio Norte. Às vezes, há traços do dialeto setentrional preservados na literatura. Eles podem ser detectados em narrativas como as histórias de Elias e Eliseu, mas tornam-se especialmente evidentes em textos poéticos como Juízes 5 e em diversos salmos.[34] No entanto, no fim das contas, toda essa literatura foi preservada em Jerusalém e em Judá.

Notas

1 Ver James Kelso e James Swauger, *The Excavation of Bethel (1934-1960)* (Chicago: American Schools of Oriental Research, 1960). Ver, por exemplo, Anson Rainey, "Looking for Bethel: An Exercise in Historical Geography," em *Confronting the Past: Archaeological and Historical Essays on Ancient Israel in Honor of William G. Dever*, ed. Seymour Gitin, J. Edward Wright e J. P. Dessel (Winona Lake, IN: Eisenbrauns, 2006), 269-73.

2 Ver Joseph Blenkinsopp, "Bethel in the Neo-Babylonian Period," em *Judah and the Judeans in the Neo-Babylonian Period*, ed. Oded Lipschits e Joseph Blenkinsopp (Winona Lake, IN: Eisenbrauns, 2003), 93-107; e Ernst Axel Knauf, "Bethel: The Israelite Impact on Judean Language and Literature," em *Judah and Judeans in the Persian Period*, ed. Oded Lipschits e Manfred Oeming (Winona Lake, IN: Eisenbrauns, 2006), 291-349.

3 Por exemplo, David Ussishkin, "The Destruction of Lachish by Sennacherib and the Dating of the Royal Judean Storage Jars," *TA* 4 (1977): 28-60.

4 Ver Israel Finkelstein e Lily Singer-Avitz, "Reevaluating Bethel," *Zeitschrift des Deutschen Palästina-Vereins* 125 (2009): 33-48; ver também Oded Lipschits, "Bethel Revisited," em *Rethinking Israel: Studies in the History and Archaeology of Ancient Israel in Honor of Israel Finkelstein*, ed. Oded Lipschits, Yuval Gadot e Matthew Adams (Winona Lake, IN: Eisenbrauns, 2017), 233-46. Inchol Yang segue a interpretação de Lipschits em "The Continuity of the Cult at Bethel after Exile," *Religions* 13, n. 7 (2022), https://doi.org/10.3390/rel13070640.

5 Ver Daniel Fleming, *The Legacy of Israel in Judah's Bible: History, Politics, and the Reinscribing of Tradition* (Cambridge: Cambridge University Press, 2012); Ginsberg, *The Israelian Heritage of Judaism* (New York: JPS, 1982); e Finkelstein,

The Forgotten Kingdom: The Archaeology and History of Northern Israel (Atlanta: Society of Biblical Literature, 2013).

6 Sou especialmente grato a Mahri Leonard-Fleckman por enfatizar o longo processo de assimilação da literatura de Israel entre as comunidades de escribas judaítas. Ver Leonard-Fleckman, "When Did Israel's Literature Enter Judah? A Case Study in Biblical Historiography," comunicação apresentada na seção *Stones, Tablets, and Scrolls* no encontro da Society of Biblical Literature, Denver, Colorado, novembro de 2022.

7 Ver Robert Cargill, *Melchizedek, King of Sodom: How Scribes Invented the Biblical Priest-King* (New York: Oxford University Press, 2019).

8 Ver Karen Radner, "The 'Lost Tribes of Israel' in the Context of the Resettlement Programme of the Assyrian Empire," em *The Last Days of the Kingdom of Israel*, ed. Shuichi Hasegawa, Christoph Levin e Karen Radner (Berlin: de Gruyter, 2019), 101-24; e Ran Zadok, "Israelite and Judaeans in the Neo-Assyrian Documentation (732-602 B.C.E.): An Overview of the Sources and a Socio-Historical Assessment," *BASOR* 374 (2015): 159-89.

9 Sobre o contexto arqueológico, ver Ron Tappy, *The Archaeology of the Ostraca House at Israelite Samaria: Epigraphic Discoveries in Complicated Contexts* (Boston: American Schools of Oriental Research, 2016).

10 Ver o resumo e análise em Roger Nam, "Power Relations in the Samaria Ostraca," *PEQ* 144 (2012): 156-58; e Lawrence Stager, "The Finest Olive Oil in Samaria," *JSS* 28 (1983): 241-45. Para esses termos na Bíblia, ver Isaías 25:6; 1 Reis 5:25; Êxodo 27:20.

11 Nam, "Power Relations," 161.

12 Nam, "Power Relations" cita J. Crowfoot, G. Crowfoot e Kathleen Kenyon, *Samaria-Sebaste III: The Objects from Samaria* (London: Palestine Exploration Fund, 1957), 155.

13 Ver Eleanor Beach, "The Samaria Ivories, Marzeaḥ, and Biblical Texts," *BA* 55 (1992): 130-39; Tappy, *Archaeology of the Ostraca House*, 5-8.

14 Ver Tallay Ornan, "Sketches and Final Works of Art: The Drawings and Wall Painting of Kuntillet ʿAjrud Revisited," *Tel Aviv* 43 (2016): 3-26. Há algum debate sobre a finalidade dessa fortaleza, com alguns estudiosos acreditando tratar-se de um local religioso. Mas, como Ornan aponta, toda essa linguagem e imagética religiosa era típica da arte palaciana.

15 Veja o artigo clássico de Magen Broshi, "The Expansion of Jerusalem in the Reigns of Hezekiah and Manasseh," *IEJ* 24 (1974): 21-26. Desenvolvi algumas implicações disso para a literatura bíblica em meu livro *Society and the Promise to David: The Reception History of 2 Samuel 7:1-17* (New York: Oxford University Press, 1999), 64-90. Apesar de algumas objeções a essa análise, ela continua sendo a explicação mais simples e elegante para todas as evidências; veja, mais recentemente, Israel Finkelstein, "Migration of Israelites into Judah after 720 BCE: An Answer and an Update," *ZAW* 127 (2015): 188-206.

16 Para uma estimativa mais conservadora de duplicação da população, veja Aaron Burke, "An Anthropological Model for the Investigation of the Archaeology of Refugees in Iron Age Judah and Its Environs," em *Interpreting Exile: Interdisciplinary Studies of Displacement and Deportation in Biblical and Modern Contexts*, ed. B. E. Kelle, F. R. Ames e J. L. Wright, *Ancient Israel and Its Literature*

10 (Atlanta: Society of Biblical Literature, 2011), 41-56. Comunidades antigas normalmente cresciam cerca de 0,6 por cento ao ano. Qualquer crescimento substancial fora desse padrão é resultado de mudanças exógenas. Mesmo uma duplicação em poucas décadas representa um crescimento astronômico. Estimativas anteriores de crescimento para Jerusalém não levaram em conta adequadamente o aumento populacional ocorrido nos dois séculos anteriores.

17 Veja Assaf Kleiman, "A North Israelite Royal Administrative System and Its Impact on Late-Monarchic Judah," *HeBAI* 6 (2017): 354-71.

18 Veja Oded Lipschits, Omer Sergi e Ido Koch, "Judahite Stamped and Incised Jar Handles: A Tool for the Study of the History of Late Monarchic Judah," *TA* 38 (2011): 5-41; e Andrew Vaughn, "lmlk and Official Seal Impressions," em *Tel Beth-Shemesh, a Border Community in Judah: Renewed Excavations 1990-2000: The Iron Age*, ed. Shlomo Bunimovitz e Zvi Lederman (Winona Lake, IN: Eisenbrauns, 2016), 480-501. As recentes escavações de salvamento em Arnona devem ser relacionadas a Ramat Rahel; veja Neria Sapir et al., "History, Economy, and Administration in Late Iron Age Judah in Light of the Excavations at Mordot Arnona, Jerusalem," *TA* 49 (2022): 32-53.

19 Veja Crowfoot, Crowfoot e Kenyon, *Samaria-Sebaste III*, 88, prancha XV:29.

20 A. D. Tushingham, "A Royal Israelite Seal (?) and the Royal Jar Handle Stamps (Part One)," *BASOR* 200 (1970): 71-78, e "A Royal Israelite Seal (?) and the Royal Jar Handle Stamps (Part Two)," *BASOR* 201 (1971): 23-35.

21 Veja, por exemplo, Maria Giulia Amadasi Guzzo, "Tell Afis in the Iron Age: The Aramaic Inscriptions," *Near Eastern Archaeology* 77 (2014): 55-56, especialmente a figura 3.

22 Sou profundamente grato à pesquisa de meu ex-orientando de doutorado, Moise Isaac, por minha compreensão das práticas de nomeação. Veja Isaac, "'You Will Be Named after Your Ancestors': Replicating Israelite Tribal Names in Judean Hebrew Inscriptions as Indexes of Refugee Identity Alignment and Community Cohesion," tese de doutorado, UCLA, 2016, e sua monografia *Performing Refugee Identity in Judah: Language Ideologies of Israelite Tribal Names in the Wake of Assyrian Invasions* (Routledge, no prelo).

23 Esses prefixos e sufixos são grafados de forma inconsistente nas traduções, tanto na Bíblia quanto em publicações acadêmicas. Mas, em hebraico, os prefixos e sufixos são grafados de maneira consistente e indicam identidade judaíta e israelita.

24 Veja Avraham Faust, *The Neo-Assyrian Empire in the Southwest: Imperial Domination and Its Consequences* (Oxford: Oxford University Press, 2021), 97-99.

25 Veja Avigad, *West Semitic Stamp Seals*, n.os 676, 677 e 678. Veja também Isaac, "'You Will Be Named After Your Ancestors,'" 306, e *Performing Refugee Identity in Judah*. Discuto essas impressões de selos em um artigo, "Northern Refugees in Jerusalem: The Case of Menaḥem, Son of Yawbana," em *Linguistic and Philological Studies of the Hebrew Bible and Its Manuscripts*, ed. Vincent Beiler e Aaron Rubin (Leiden: Brill, 2023), 262-69.

26 Veja a discussão em Isaac, "'You Will Be Named After Your Ancestors.'"

27 Fleming, *Legacy of Israel*, 28.

28 Veja Sara Milstein, *Tracking the Master Scribe: Revision through Introduction in Biblical and Mesopotamian Literature* (New York: Oxford University Press, 2016).

29 Veja Marc Brettler, "The Book of Judges: Literature as Politics," *JBL* 108 (1989): 395-418; Y. Amit, "Literature in the Service of Politics: Studies in Judges 19-21," em *Politics and Theopolitics in the Bible and Postexilic Literature*, ed. H. G. Reventlow et al. (Sheffield: JSOT Press, 1994), 28-40; Sara Milstein, "Saul the Levite and His Concubine: The 'Allusive' Quality of Judges 19," *VT* 66 (2016): 95-116.

30 Veja Bernard Levinson, *Deuteronomy and the Hermeneutics of Legal Innovation* (Oxford: Oxford University Press, 1997).

31 Veja meu capítulo "Advanced Education" em *Finger of the Scribe*, 141-64.

32 Veja Gary Rendsburg, "Linguistic Variation and the 'Foreign' Factor in the Hebrew Bible," em *Language and Culture in the Near East*, *Israel Oriental Studies* XV, ed. Shlomo Izre'el e Rina Drory (Leiden: Brill, 1995), 177-90.

33 Veja a análise de Hugh Williamson, *Israel in the Book of Chronicles* (Cambridge: Cambridge University Press, 1977).

34 Gary Rendsburg, *Linguistic Evidence for the Northern Origin of Selected Psalms* (Atlanta: Scholars Press, 1990). Veja também Gary Rendsburg, "A Comprehensive Guide to Israelian Hebrew: Grammar and Lexicon," *Orient* 38 (2003): 5-35.

PARTE DOIS

OS COMEÇOS DA BÍBLIA

O começo é a parte mais importante do trabalho.

— PLATÃO, *A REPÚBLICA*

5. Novas Comunidades de Escribas

Depois que concluí meu doutorado na Brandeis University, em 1992, fui para Jerusalém por dois anos como pesquisador de pós-doutorado no Albright Institute of Archaeological Research. Minha própria chegada a Jerusalém coincidiu com uma enorme onda de imigrantes russos que chegavam a Israel. Em 1991, vieram 150.000; em 1992, 65.000; em 1993, 66.000; e, em 1994, mais 68.000. A sociedade israelense, naturalmente, enfrentou dificuldades para lidar com o fluxo desses refugiados vindos do norte. Lembro-me vividamente de ter conhecido um imigrante russo que fora violinista de concerto. Ele estava trabalhando como varredor de rua. Ao ouvir sua história, percebi como devia ser difícil absorver tantos imigrantes como os que eu encontrava nas ruas de Jerusalém. Mesmo que meu amigo violinista/varredor estivesse radiante por viver em Jerusalém, vi como ele e outros refugiados eram forçados a aceitar empregos para os quais estavam claramente superqualificados.

De fato, esse encontro pessoal me ajudou a entender que coisas semelhantes devem ter acontecido em Jerusalém no final do século VIII a.C. Refugiados normalmente não chegam de forma gradual. Eles vêm em ondas, precipitadas por eventos específicos. Para Jerusalém e Judá, esses eventos começaram com as campanhas assírias contra a Galileia (732 a.C.) e a conquista de Samaria (721 a.C.). Posteriormente, campanhas assírias devastaram a planície costeira da Filístia (711 a.C.) e as Sefelá, as colinas ao oeste de Jerusalém (701 a.C.). Esses acontecimentos mudariam a natureza das comunidades de escribas em Judá.

O florescimento da escrita hebraica

A discussão precisa começar com uma constatação incontestável. Deixando a Bíblia de lado, as evidências externas de escrita em hebraico estão concentradas entre o final do século VIII e o início do século VI a.C. É verdade que há um punhado de inscrições "hebraicas" datadas do século XI até meados do século VIII a.C. A maioria delas é bastante breve, e às vezes é difícil distinguir entre uma inscrição "hebraica", "fenícia" ou "cananeia".[1] A língua escrita e os sistemas de escrita são bastante uniformes, embora estudiosos possam apontar algumas distinções. O ponto, porém, é que não há muitas evidências epigráficas de uma escrita hebraica nos períodos mais antigos. Há o suficiente para demonstrar que existia uma comunidade de escribas hebreus, mas a escrita não era difundida por todos os segmentos da sociedade.[2]

As evidências tornam-se ainda mais escassas após a destruição babilônica de Jerusalém, em 586 a.C., até o período helenístico. Pode-se contar o número de inscrições hebraicas datadas do período persa (539-333 a.C.) com os dedos das duas mãos – e nem é preciso usar todos eles! Em nítido contraste, existem literalmente milhares de inscrições hebraicas de vários tipos que datam do final da Idade do Ferro (aproximadamente 725-586 a.C.).

Já expliquei a limitação da escrita na Idade do Ferro inicial pelo caráter restrito da comunidade de escribas. Da mesma forma, em capítulos posteriores explicarei a escassez de inscrições hebraicas no período pós-exílico (até chegarmos ao período dos asmoneus) pelo fato de que a escrita hebraica passou a ser amplamente restrita ao templo e usada principalmente para fins religiosos. Em contraste, as inscrições hebraicas do final da Idade do Ferro demonstram que a escrita rompe com comunidades de escribas pequenas ou restritas. É esse florescimento da escrita que descrevo neste capítulo, e suas implicações – novas comunidades de escribas – serão tratadas nos capítulos seguintes.

Quando chegamos ao final do século VIII a.C., a escrita hebraica está em toda parte. Já não está confinada ao palácio ou às elites. Mas qual foi o catalisador para a disseminação da escrita e o surgimento de novas comunidades de escribas? Devemos começar pelo Império Assírio. A sombra da Assíria projetava-se longa e crescente ao longo do século VIII. Do meio para o fim do século, o Império Assírio subjugou reinos menores no Mediterrâneo oriental. Devastou cidades como Damasco (dos arameus), Sidon e Tiro (dos fenícios), Samaria (dos israelitas), Asdode (dos filisteus) e Jerusalém (dos judeus). Em 732 a.C., Tiglate-Pileser III invadiu a Galileia. Em 721 a.C., Samaria caiu. E, por volta de 716 a.C., Sargão II havia alcançado Gaza, na fronteira com o Egito. A partir de um relevo mural que mostra Hananu de Gaza curvando-se diante do rei assírio, podemos imaginar o alvo final da marcha implacável da Assíria – as riquezas do Egito. Mas é provável que os assírios tenham começado a fazer campanhas nas Sefelá judaítas já no reinado de Sargão;[3] nos dias do rei Senaqueribe, os assírios chegariam às portas de Jerusalém. Mas Jerusalém sobreviveu e, com ela, a literatura bíblica.

Então, como isso impacta a literatura bíblica? A ascensão do Império Assírio foi acompanhada do monstro de três cabeças da globalização, industrialização e urbanização. Esses três fatores estimularam o uso e a expansão da escrita. Ao mesmo tempo, as campanhas militares assírias levaram refugiados israelitas a se refugiarem em Jerusalém e Judá. Esses refugiados trouxeram consigo conhecimentos avançados de burocracia e engenharia, além da habilidade da escrita. Foram incorporados pelos reis de Judá à burocracia real, mas também se espalharam mais amplamente pela sociedade.

O curioso caso da inscrição do túnel de Siloé – mão de obra refugiada

A inscrição do Túnel de Siloé é realmente curiosa. Abordei esse caso em um artigo que coautorizei alguns anos atrás. Estava sentado no saguão de um hotel durante uma enorme conferência acadêmica – dez mil pessoas. Quatro dias, centenas de comunicações. Um verdadeiro caos. Eu fazia uma pausa quando Gary Rendsburg, um estudioso que eu conhecia, parou para conversar. Concordávamos em alguns pontos

Figura 5.1 Desenho da inscrição do túnel de Siloé.
Fonte: elaborada pelo autor.

ao longo dos anos, discordávamos em outros – tudo com bastante cordialidade. Por algum motivo, começamos a falar sobre a inscrição do Túnel de Siloé (Figura 5.1). Ambos estávamos trabalhando em uma nova abordagem para compreender essa inscrição. Descobrimos que os dois acreditávamos que ela havia sido gravada por refugiados do norte em Jerusalém. Havíamos chegado a essa conclusão por caminhos um pouco diferentes, e decidimos colaborar em um artigo que foi publicado no *Israel Exploration Journal*.[4] Sempre fico satisfeito em obter uma confirmação independente para uma ideia – especialmente quando penso que ela é um tanto incomum. A inscrição do Túnel de Siloé é um texto de refugiados!

Então, o que torna a inscrição do Túnel de Siloé tão curiosa? E o que nos levou à conclusão de que ela deve ser um texto de refugiados? A inscrição data do final do século VIII a.C. e foi descoberta gravada em uma parede próxima à saída de um túnel. Esse túnel foi escavado sob a Cidade de Davi e através dela, conduzindo água da Fonte de Giom, no Vale do Cedrom, até o tanque de Siloé, na parte sudeste da Colina Ocidental da antiga Jerusalém. Já atravessei seu caminho sinuoso algumas vezes, com água até os joelhos. Minha excursão mais memorável foi com minha jovem família. Minha esposa, Jeanne, carregava nossa filha de seis meses em uma tipoia. Eu levava nossa filha de três anos nos ombros. Ela empunhava uma lanterna para iluminar nosso caminho pelos quinhentos metros do túnel serpenteante. A água desce da fonte com uma inclinação de apenas 0,06% até o tanque – ou seja, cerca de trinta centímetros de declive ao longo de mais de meio quilômetro – um feito de engenharia notável. Em certo ponto, o túnel tem apenas um metro e meio de altura, e minha filha deslizou dos meus ombros para montar nas minhas costas. Ela ainda se lembra da aventura no túnel.

Não notamos o local da inscrição – mas ninguém poderia tê-la visto. A inscrição foi removida há mais de um século e hoje está em um museu em Istambul. Mesmo assim, nem o local de onde ela foi extraída pode ser visto. Embora o túnel tenha sido identificado pelo explorador Edward Robinson em 1838, a inscrição só foi descoberta em 1880, quando um adolescente chamado Jacob Spafford estava explorando o túnel.[5] A inscrição estava localizada a cerca de seis metros da saída do túnel, de modo que ninguém sabia que ela estava ali na Antiguidade – e ninguém poderia tê-la lido! Mas Jacob, um adolescente curioso típico, avançava lentamente pelo túnel no escuro quando sentiu com as mãos que a parede era lisa e plana em uma seção com marcas de cinzel que pareciam escrita. Foi assim que a inscrição secreta foi descoberta.

A localização remota da inscrição pode explicar uma característica estranha – a inscrição não menciona seu patrono real. Apesar de o túnel ter sido claramente um projeto de engenharia financiado pela coroa, não há menção ao rei. Isso é muito incomum. Temos muitas inscrições dedicatórias do antigo Oriente Próximo, e uma característica proeminente de tais inscrições é sempre o patrono. Você paga por um edifício, um templo ou uma moderna sala de concertos – e coloca seu nome nela. Mas aqui, as únicas pessoas mencionadas são os trabalhadores empunhando picaretas, e a inscrição dedicatória está escondida. Os próprios trabalhadores, aparentemente conscientes de seu feito extraordinário, relatam sua versão na inscrição:

> Eis o relato do túnel, enquanto [os escavadores empunhavam] a picareta, cada homem em direção ao seu companheiro, e

> quando ainda restavam cerca de um metro e meio para ser [escavado], ouviu-se uma voz, um homem [cla]mando ao seu companheiro, pois havia uma fissura na rocha da direita [para a esqu]erda. No dia da perfuração do túnel, os escavadores golpearam, cada homem ao encontro de seu companheiro, picareta contra [pica]reta, e a água fluiu da fonte até o tanque por quinhentos e cinquenta metros. Quarenta e cinco metros era a altura da rocha acima da cabeça dos escavadores.

Quem eram esses trabalhadores que monumentalizaram secretamente a sua obra? Eles permanecem anônimos, mas uma pista sobre sua identidade pode ser extraída da execução da própria inscrição. Mesmo para olhos não treinados, a escrita é elegante, com traços fluentes (ver Figura 5.1). É belíssima. E a parede do túnel foi cuidadosamente alisada e nivelada em preparação para a inscrição. Dada a sua localização na escuridão, a cuidadosa preparação e a execução primorosa dessa inscrição feita por trabalhadores é realmente notável. Chamamos isso de grafito apenas por ser uma inscrição não oficial, mas não se trata de um rabisco apressado ou desleixado como se poderia esperar de operários – embora tenhamos grafitos desleixados inscritos por trabalhadores em lugares como os túmulos de Khirbet Beit Lei e Khirbet el-Qom. Esta inscrição foi cuidadosamente planejada e habilmente executada. Esses operários fizeram uma declaração por meio da qualidade e da execução de sua inscrição dedicatória – e a esconderam em um recanto escuro do Túnel de Siloé.

Mas ainda não respondi à pergunta sobre quem eram esses trabalhadores. Especialistas em linguística podem reconhecer algumas peculiaridades da inscrição, que são detalhadas no artigo que coassinei com o professor Rendsburg. Embora se trate de uma inscrição bem elaborada, não está redigida no hebraico típico de Jerusalém. Isso é um pouco contraintuitivo. A parede bem preparada, bem como a caligrafia fluida e elegante, sugerem um especialista – mas a linguagem em si não é o hebraico padrão jerusalêmico conhecido de outras inscrições judaítas. As peculiaridades dialetais apontam, ao contrário, para um dialeto hebraico do norte. Consigo ver até algumas semelhanças entre a escrita cursiva da inscrição e os Óstracos de Samaria (norte), discutidos no capítulo anterior.[6] Esses trabalhadores tinham habilidades de escribas oriundas do norte. Mas não eram burocratas trabalhando na corte real de Judá. Provavelmente não havia empregos suficientes para eles na burocracia judaíta. Ao que tudo indica, encontraram trabalho em uma obra pública – e nela gravaram seu legado.

Então, qual era o propósito desse túnel? É importante compreender aqui que o Morro Ocidental de Jerusalém estava povoado por muitos refugiados vindos do norte. O objetivo do Túnel de Siloé deve ter sido trazer uma fonte de água potável mais próxima à população refugiada em expansão que vivia no Morro Ocidental de Jerusalém. Mais do que isso, o projeto de engenharia aproveitou essa força de trabalho ampliada – e sua expertise. Vale notar que escavações no reino do norte descobriram projetos hidráulicos elaborados em Megido e Hazor, anteriores ao Túnel de Siloé. É possível que alguns desses trabalhadores tenham atuado em obras semelhantes no norte.

Industrialização e a difusão da escrita

As consequências das campanhas assírias não se limitaram à chegada de refugiados e imigrantes. O Império Assírio forçou Judá a pagar tributo para sustentar sua militarização e infraestrutura imperial. Por exemplo, o rei Senaqueribe menciona uma longa lista de tributos que Ezequias lhe entregou – parte dos quais provavelmente nem estava ao alcance de Jerusalém. Os anais de Senaqueribe listam: "90 kg de ouro, 2400 kg de prata, antimônio, cornalina, marfim, peles de elefante, madeira de ébano, madeira de buxo, vestimentas multicoloridas, roupas de linho, lã vermelha e azul, vasos de cobre, ferro, bronze e estanho, carros, escudos, lanças, armaduras, adagas, arcos e flechas".[7] De onde Ezequias tiraria peles de elefante ou madeira de ébano? Ainda que haja um aspecto retórico nessa lista de Senaqueribe, o Livro dos Reis também reconhece que Ezequias pagou um tributo considerável. Para ajudar a sustentar o império, os assírios incentivaram seus estados-clientes a desenvolverem indústrias. Com base no registro arqueológico, aquilo que Judá de fato podia produzir em abundância era azeite e vinho, que, junto ao trigo, eram fundamentais para abastecer os exércitos assírios. Fornecer produtos aos assírios significava construir uma infraestrutura industrial, e isso incentivou o uso e a disseminação da escrita para fins comerciais e administrativos.

Exemplos interessantes de escrita vêm das indústrias do vinho e do azeite. Por exemplo, escavações em Gibeá (a poucos quilômetros ao norte de Jerusalém) revelaram instalações de processamento e produção industrial de vinho[8]. No total, os arqueólogos encontraram estruturas capazes de armazenar cerca de 95 mil litros de vinho! Junto às instalações de esmagamento, prensagem e armazenamento, foram achados numerosos jarros de vinho de cerca de 40 litros, com inscrições nas alças. Um exemplo (já ilustrado na figura 1.1)[9] representa bem a coleção: *gbʿn . gdr . ʿzryhw* – "Gibeá, a vinha de Azarias." Esse exemplo ilustra dois aspectos importantes das inscrições vinícolas de Gibeá. Primeiro, foram gravadas em argila ainda não cozida, o que significa que a escrita teve que ser cuidadosamente planejada. A escrita fazia parte do processo de produção. Apesar disso, as inscrições são bastante rústicas. A caligrafia não é refinada como a da inscrição do Túnel de Siloé. Ou seja, trata-se de um uso cotidiano da escrita para fins econômicos. A escrita agora fazia parte integrante do comércio no final da monarquia judaíta.

Escavações em vários sítios também indicam a existência de uma produção industrial de azeite, que era fundamental para a economia assíria. O exemplo mais impressionante é a antiga cidade de Ecrom, onde foram encontradas 115 prensas de azeite que poderiam ter produzido até mil toneladas de azeite. Evidências semelhantes de produção industrial foram descobertas nas escavações das cidades judaítas de Timna e Bete-Semes. Assim, não causa surpresa que inscrições provenientes de Jerusalém mencionem quantidades de "azeite" (*shemen*, em hebraico).[10] O azeite era uma mercadoria de troca que podia ser negociada, isto é, aparentemente servia à mesma função que o dinheiro. Também era utilizado para uma variedade de fins cotidianos, como combustível para lamparinas e para cozinhar.

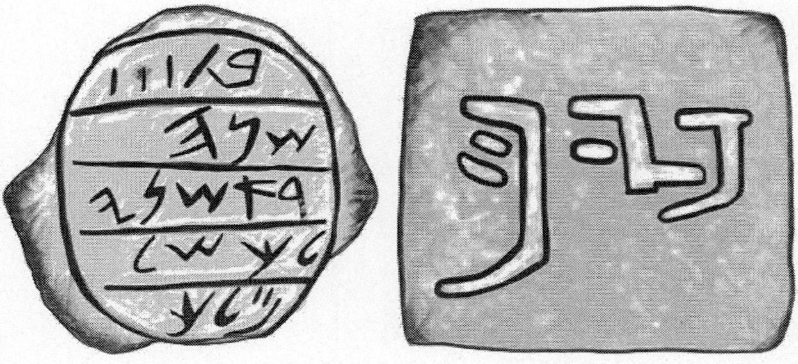

Figura 5.2 (a) Selo econômico e (b) inscrição em peso *pîm*.
Fonte: elaborada pelo autor.

O uso da escrita no comércio cotidiano talvez seja mais bem ilustrado por dois tipos comuns de objetos – pesos e selos econômicos (ver Figura 5.2). O objeto à esquerda da figura é um selo inscrito da seguinte forma: "No 13º ano / primeira [colheita] de / Laquis. Para / o Rei".[11] A caligrafia é bastante rústica, e a inscrição oferece apenas uma anotação administrativa básica. É difícil interpretá-la plenamente. Trata-se de algo semelhante a encontrar um recibo antigo, e aponta para o uso prático da leitura e escrita no comércio. Do mesmo modo, dezenas de pesos utilizados para medir mercadorias nos mercados de Jerusalém e em todo o reino trazem inscrições. Nada de especial – às vezes apenas um caractere ou dois indicando o peso. Isso é ilustrado no segundo exemplo (Figura 5.2, à direita), onde se encontra a palavra hebraica *pîm*, escrita de maneira bastante rudimentar. Um *pîm* correspondia a dois terços de um *shekel* (cerca de 7,5 gramas).[12] Esse uso da escrita sobre pesos era uma novidade do final da monarquia.

O uso cotidiano da escrita indica que o treinamento de escriba passou a fazer parte do aprendizado de mercadores e de pessoas envolvidas em ofícios. Seus currículos não precisavam ser muito avançados, mas a simples inclusão da alfabetização no processo de formação de mercadores e artesãos modificou o papel da escrita na sociedade. Surgiram novos tipos de comunidades de escribas, e a alfabetização tornou-se mais comum. Para que a literatura bíblica florescesse fora dos círculos letrados da elite, era necessário que a escrita se disseminasse pela sociedade. E, para que os textos tivessem um apelo mais amplo – e até mesmo autoridade –, precisavam tornar-se parte integrante da vida social.

A elevação da alfabetização como um valor social

Uma pergunta que frequentemente me fazem é: qual a porcentagem de israelitas antigos que eram alfabetizados? Vejo números sendo lançados na literatura acadêmica – 1%, 5%, 10%, 50% – mas não há como responder a essa pergunta de forma definitiva. Para começar, tudo depende do que entendemos por alfabetização. Uma pessoa é alfabetizada se consegue ler uma lista ou um rótulo? É alfabetizada se consegue assinar o nome, ou precisa ser capaz de ler um jornal? Ou talvez seja necessário que consiga apreciar um romance de Mark Twain? Certamente, pouquíssimos poderiam escrever como Twain ou criar a poesia dos Salmos. A questão é que podem existir medidas bastante diferentes de alfabetização, e não temos maneiras muito precisas de medir isso na Antiguidade.

Uma outra forma de abordar a questão da alfabetização é perguntar: que valor cultural as pessoas atribuíam à alfabetização e à escrita? A alfabetização era uma expectativa para muitas pessoas? Havia um estigma em ser analfabeto? A escrita era altamente valorizada por amplos segmentos da sociedade? Temos algumas pistas para responder a essas perguntas a partir de nossos registros arqueológicos e epigráficos. As percepções sobre a alfabetização foram impactadas pela difusão das habilidades de escrita para novas comunidades. Linguistas apontaram que, em sociedades não letradas, não há estigma em ser analfabeto. A alfabetização não é uma expectativa social. Em sociedades letradas, ela se torna uma expectativa. Quando a alfabetização se torna uma expectativa social, a escrita passa a exercer um papel muito diferente na sociedade. Podemos ter uma pista para responder a essa questão na "Carta de um Soldado Alfabetizado".

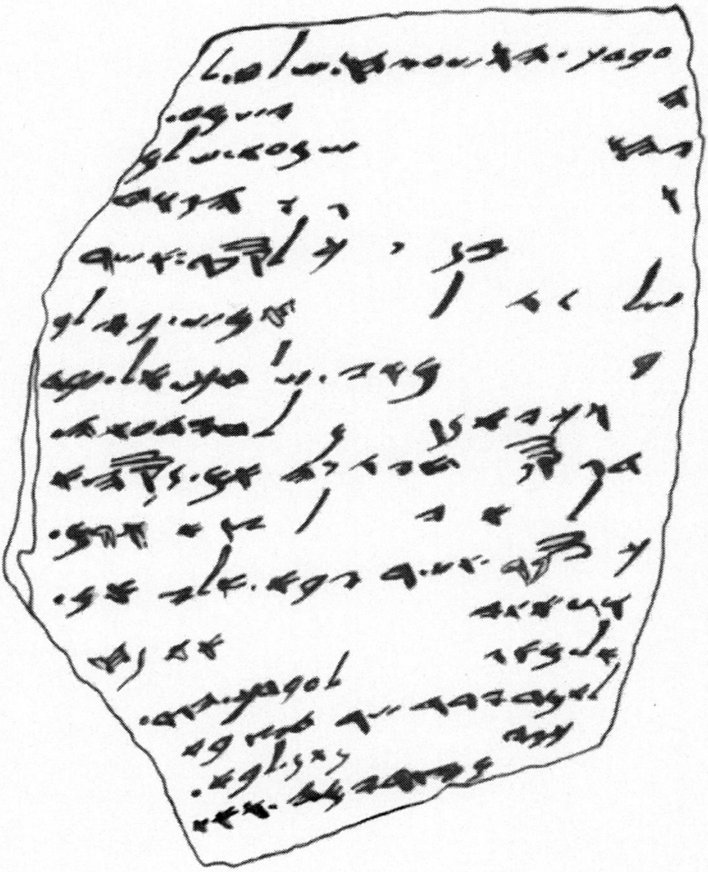

Figura 5.3 "Uma carta de um soldado letrado" (Láquis nº 3, anverso).
Fonte: Abigail Zammit.

A primeira parte da carta (linhas 1-13) traz uma introdução formal, e então o corpo da carta levanta a questão da alfabetização do oficial subalterno:

> Teu servo, Hoshayahu, envia para informar ao meu senhor Yaush: "Que Yahweh faça com que meu senhor ouça uma notícia de paz e um bom relatório. E agora, por favor, escuta o teu servo a respeito da carta que meu senhor enviou ao teu

> servo ontem. Pois o teu servo tem estado angustiado desde que enviaste (a carta) ao teu servo. Isso porque meu senhor disse: 'Tu não sabes ler – chama um escriba!' Eu juro por Deus que nunca ninguém precisou ler uma carta para mim! E também, qualquer carta que veio a mim, eu soube lê-la, e posso repeti-la em todos os detalhes!"

O oficial subalterno aqui está abatido pela insinuação de que não saberia ler uma carta e que precisaria de um escriba profissional. Embora a alfabetização já fosse uma habilidade associada ao ambiente militar desde as cartas de Amarna ou em Kuntillet ʿAjrud, aqui temos algo diferente: um oficial militar júnior sente-se ofendido pela sugestão de que não sabe ler e escrever. Isso aponta para o papel crescente que as habilidades de alfabetização e as comunidades de escribas teriam durante o final da monarquia judaíta.

A primeira palavra, não a última palavra, na literatura bíblica

Pelas razões que apresentei neste capítulo, o final do século VIII a.C. foi um ponto de partida para a literatura bíblica. Mas deixe-me ser claro: isso não significa que não havia literatura hebraica antes do século VIII. É claro que havia. Existiam escribas palacianos, que aprendiam currículos, mantinham registros e escreviam correspondências. Mas as condições culturais para escrever, editar e coletar literatura bíblica se reuniram em diversas comunidades distintas durante o final do século VIII. Neste capítulo, expliquei por que a escrita se espalhou. Também ilustrei o uso da escrita nas atividades cotidianas – mas esse tipo de escrita não deu origem à literatura bíblica. Era uma escrita mundana. Exigia apenas formação básica em escrita, que passou a fazer parte de diversas profissões – comerciantes, engenheiros, artesãos e pedreiros.

Escrever literatura bíblica exigia letramento avançado. Ainda assim, quando um oficial militar subalterno se ofende porque alguém sugere que ele possa precisar de um escriba profissional, então a alfabetização já se tornou um valor cultural. Isso aponta para a difusão da escrita em diferentes esferas da sociedade, o que foi o ponto de inflexão para que os textos se tornassem autoritativos para todas as pessoas. Agora, só precisamos procurar os escribas que de fato escreveram a literatura bíblica.

Nos próximos capítulos, explorarei as implicações da disseminação da escrita para o desenvolvimento de diferentes escribas e comunidades de escribas: profetas, anciãos tribais, mulheres e sacerdotes. E exploraremos a literatura bíblica produzida em cada uma dessas comunidades de escribas.

Notas

1 Veja minha discussão em *Social History of Hebrew*, 51-74.

2 Veja a visão geral de Matthieu Richelle, "Elusive Scrolls: Could Any Hebrew Literature Have Been Written Prior to the Eighth Century BCE?," *VT* 66 (2016): 556-94. Richelle responde "sim" à sua própria pergunta e critica meu livro anterior, *How the Bible Became a Book*. No entanto, na realidade, não discordamos. Meu ponto não é sobre se alguma literatura poderia ter sido escrita, mas sobre se a literatura floresceu e, para este livro atual, sobre quão diversas eram as comunidades de escribas.

3 Por exemplo, Tel 'Eton foi provavelmente destruída por Sargão II; veja H. Katz e A. Faust, "Three Iron Age Ceramic Assemblages from the Tel 'Eton Cemetery," *'Atiqot* 103 (2021): 122.

4 Veja Gary Rendsburg e William Schniedewind, "The Siloam Tunnel Inscription: Historical and Linguistic Perspectives," *IEJ* 60 (2010): 188-203.

5 Veja o relato da descoberta feito por sua irmã, Bertha Spafford, *Our Jerusalem: An American Family in the Holy City, 1881-1949* (New York: Doubleday, 1951), 90-91.

6 Isso já havia sido sugerido por Ivan Kaufman em sua dissertação sobre os óstracos de Samaria e também retomado por F. Briquel-Chatonnet, "Étude comparé de l'évolution des alphabets Judéen, Israélite et Phénicien," *LOAPL* 4 (1993): 1-30. Veja também Rendsburg e Schniedewind, "Siloam Tunnel Inscription," 188-203.

7 Para uma tradução acessível do tributo de Senaqueribe vindo de Jerusalém, veja Mordechai Cogan, "Sennacherib's Siege of Jerusalem (2.119b)," em *Context of Scripture*, 2:302-3.

8 Veja o capítulo de Pritchard, "The Makers of Wine," em *Gibeon: Where the Sun Stood Still*.

9 Veja a publicação em Dobbs-Allsop et al., *Hebrew Inscriptions: Texts from the Biblical Period of the Monarchy with Concordance* (New Haven: Yale University Press, 2005), Gibeon 1.

10 Veja Avraham Faust, "The Interests of the Assyrian Empire in the West: Olive Oil Production as a Test Case," *JESHO* 54 (2011): 62-86; Aren Maeir, Eric Welch e Maria Eniukhina, "A Note on Olive Oil Production in Iron Age Philistia: Pressing the Consensus," *Palestine Exploration Quarterly* (2020): 1-16. Para "óleo" nas inscrições de Jerusalém, veja Dobbs-Allsop et al., *Hebrew Inscriptions*, inscrições de Jerusalém n.os 3 e 5.

11 Avigad, *West Semitic Stamp Seals*, n.º 422.

12 Gabriel Barkay, "A Group of Iron Age Scale Weights," *IEJ* 28 (1978): 209-17, pranchas 33-34; de forma mais geral, veja Raz Kletter, *Economic Keystones: The Weight System of the Kingdom of Judah* (Sheffield: JSOT Press, 1998). Como Kletter aponta, as inscrições nos pesos apresentam "uma tendência à escrita descuidada" (p. 64).

6. A Comunidade de Escribas Proféticos

Simplesmente não consigo levar Amós a sério. Amós afirma: "Não sou profeta, nem filho de profeta" (Am 7:14). Sério mesmo? Isso parece uma declaração bastante insincera, considerando que seu livro está incluído no cânone bíblico dos "Profetas". O que ele quis dizer com essa ressalva? Uma coisa que podemos aprender com isso é que havia algo na concepção que Amós tinha do título "profeta" com o qual ele não queria ser associado. E o Livro de Amós respeita a objeção de Amós, na medida em que nunca o chama de *nab̲î'*, ou seja, a palavra hebraica bíblica para "profeta". Amós também rejeita a institucionalização dos profetas ao recusar o título "filho de profeta". Ao rejeitar esse nome e a descrição de filho de profeta, Amós ao mesmo tempo reconhece e recusa o aprendizado profético. Ele não concebe o profeta como uma figura solitária chamada por Deus para falar em nome de Deus; antes, ele vê o profetismo como uma posição institucional que pode ser aprendida por meio de um processo de formação. As objeções de Amós farão mais sentido neste capítulo, à medida que examinamos o título "profeta" na literatura bíblica e nas inscrições hebraicas antigas.

A rejeição de Amós aos títulos proféticos está relacionada ao contexto de suas declarações. A narrativa se passa no santuário real de Betel, no reino do Norte, onde Amós critica a liderança local. O sacerdote Amazias diz a Amós que vá embora para Judá, e ordena que ele não "profetize em Betel, pois é santuário do rei e templo do reino" (Am 7:13). A cidade de Betel foi uma das localidades onde o primeiro rei do reino do Norte, Jeroboão I (931-910 a.C.), estabeleceu um templo rival ao de Jerusalém (ver 1 Rs 12.25-33). Uma história no Livro dos Reis menciona inclusive "os filhos dos profetas que estavam em Betel" (2 Rs 2.3). Amós parece querer se distanciar deles e de seu patrono real. Ele os associa ao poder político e religioso patrocinado pelo Estado, e se vê como independente – algo que ele não associa ao título "profeta". Amós trata os títulos "profeta" e "filho de profeta" como pertencentes a uma instituição ligada ao poder oficial. Ele quer distância disso.

Como discuti no Capítulo 1, o termo hebraico *ben*, ou "filho", pode ser usado para descrever relações familiares criadas por meio do aprendizado. A relação não precisa ser de consanguinidade, mas pode refletir um vínculo fictício construído pelo aprendizado. Amós parece ter em mente exatamente esse tipo de comunidade ao rejeitar o rótulo "filho de profeta". Há algumas evidências desse título no registro epigráfico, mas foi preciso um pouco de investigação para compreendê-las plenamente.

"Filho de profeta" nas impressões de selos de Laquis

Minha história de detetive começa na década de 1960, com as escavações de Yohanan Aharoni em Laquis, onde ele descobriu duas impressões de selo provenientes de um único selo.[1] As impressões estão mal preservadas. Utilizando a tecnologia avançada de imagem por iluminação refletida, aplicada pelo Museu de Israel, consegui interpretar e redesenhar o selo original com base nas duas impressões combinadas (Figura 6.1). Em sua publicação original dessas impressões, Aharoni sugeriu a seguinte leitura:

> *lyrmyhw* – "Pertencente a Jeremias,
> *bn ṣpnyhw* – filho de Sofonias,
> *bn nbỵ*[ʾ] – filho de um prof[eta]"

A reconstrução de Aharoni é plausível, embora não seja a forma como essas impressões têm sido lidas nas publicações mais recentes.[2]

Figura 6.1 Impressão de selo "Filho do Profeta" de Laquis.
Fonte: elaborada pelo autor.

Aharoni observou inicialmente que ler a última linha apenas como *nby* "seria surpreendente como nome pessoal" e, por isso, ofereceu sua reconstrução, observando: "No final da linha há espaço para mais uma letra e [...] podemos conjecturar que 'נביא' [profeta] era o que se pretendia, como designação da profissão do homem."[3] Mesmo com a imagem por iluminação refletida, a última letra da linha 3 está ausente, mas vale lembrar que a palavra "profeta" também poderia ser simplesmente escrita como *nby*, como acontecia em aramaico.[4] Em outras palavras, a interpretação de Aharoni se sustenta mesmo sem a letra final ausente.

Ao avaliar o título como uma profissão, Aharoni aponta para Ne 3:31, onde Malquias é descrito como "filho do ourives". Ele argumenta – corretamente, a meu ver – que, nesse exemplo, "filho de" deve se referir a uma guilda de ourives. Malquias teria sido aprendiz de um ourives. Tanto em Neemias quanto nas impressões de selo de Laquis, "filho de" seria então uma referência a um sistema de aprendizagem. O título "Filho de um Profeta" apontaria igualmente para uma comunidade de prática vinculada à administração estatal de Judá.

Essa leitura como título ganha ainda mais força com seu contexto arqueológico. As duas impressões de selo foram encontradas em um jarro com outras dezessete bulas. Outros itens no mesmo locus arqueológico incluíam pesos de siclo inscritos e um óstraco com uma lista administrativa (Laquis n. 22).[5] Outra impressão de selo encontrada nesse mesmo grupo pertencia a um oficial real: "Sebenias, [filho/servo] do rei." Isso se harmoniza bem com exemplos bíblicos como Am 7:14, onde Amós rejeita ser um profeta institucional ou "filho de profeta", bem como com as narrativas de Elias e Eliseu, nas quais uma comunidade profética chamada "os filhos dos profetas" (ver abaixo) está envolvida com política e administração.

Por fim, a leitura como título é reforçada pelo uso de uma terceira linha no selo. Tipicamente, selos apresentam duas linhas – a primeira com o nome do proprietário e a segunda com o nome do pai. Ocasionalmente, há selos com três linhas, sendo que frequentemente a terceira linha traz um título, como parece ser o caso aqui. Até aqui, tudo indica que essa interpretação é consistente.

É aqui que a história de detetive fica interessante. Yohanan Aharoni publicou as impressões dos selos de Laquis em 1968. Apenas dois anos depois de sua publicação original, um novo selo com a inscrição *lšʿp // bn nby* (Pertencente a Shiʿap, filho de *nby*) apareceu à venda no mercado de antiguidades.[6] Seu aparecimento imediato no mercado é excessivamente conveniente e pontual – um típico caso de falsificação. Falsários também leem publicações! É também sintomático que se trate de um selo e não de uma impressão de selo: selos são mais fáceis de falsificar e mais valiosos para venda do que suas impressões. Mas o fato de esse selo ter vindo do mercado de antiguidades não impediu os estudiosos de usá-lo para reinterpretar as impressões de selo de Laquis. Em um artigo publicado pouco depois da aquisição desse objeto, Nahman Avigad rejeitou a leitura de Aharoni – "filho de profeta" – com base nesse novo selo.[7] Mesmo assim, Avigad reconheceu que o nome pessoal *Nobai* (hebraico *nby*) não se encaixava na onomástica hebraica conhecida, e por isso propôs ler *nby* como um gentílico – isto é, como uma referência à cidade natal do dono do selo: "o nobeu". Contudo, como o próprio Avigad viria a reconhecer mais tarde, nomes de cidades nunca são usados para identificar pessoas em selos pessoais.

Quando outro selo (provavelmente também falsificado) foi adquirido no mercado de antiguidades com a mesma sequência *nby*,

Avigad admitiu que a leitura como nome de localidade não funcionava e sugeriu interpretá-la como um nome pessoal: "pertencente a Mahseyahu // (filho de) Nobai" – preferindo um nome pessoal incomum, *Nobai*, ao invés de retornar à leitura original proposta por Aharoni.[8] No entanto, tanto Aharoni quanto Avigad já haviam considerado essa leitura em suas publicações originais e a haviam descartado rapidamente. *Nobai* continuaria sendo um nome atípico e sem significado claro em hebraico. A interpretação original de Aharoni continua sendo a mais convincente – e, mais importante, é a que melhor se encaixa no contexto arqueológico. Os selos adicionais vindos do mercado de antiguidades apenas embaralharam a interpretação. O título "Filho de Profeta" também ajudará a esclarecer alguns textos bíblicos até então obscuros sobre profetas e uma comunidade de escribas proféticos.

As duas impressões de selo de Laquis com o título "Filho do Profeta" não são o fim da presença de profetas em Laquis. Outra inscrição proveniente de Laquis menciona um profeta. Já discutimos a primeira metade dessa inscrição – a chamada "Carta do Soldado Alfabetizado" – no capítulo anterior (ver Figura 5.3). Agora queremos focar nas últimas linhas, escritas no verso do óstraco,[9] que mencionam um profeta anônimo (ver Figura 6.2):

> Hodawyahu, filho de Ahiyahu, e seus homens, ele os enviou daqui. E a carta de Tobiyahu, Servo do Rei, que veio a Shallum, filho de Yada, da parte do profeta dizendo: 'Cuidado', teu servo a enviou ao meu senhor.

Um profeta anônimo emite um aviso enigmático ao final desta carta. Cuidado com o quê? Não sabemos. E quem é esse profeta? Também não sabemos. De fato, o anonimato do profeta é um dos aspectos mais notáveis dessa carta, dado que todas as outras figuras mencionadas nela têm nomes – Hoshaʿyahu (remetente), Ya'ush (destinatário), Konyahu, filho de Elnatan (Comandante do Exército), Hodawyahu, filho de Ahiyahu, Tobiyahu (Servo do Rei) e Shallum, filho de Yada. Todos os outros têm um nome. Muitos também têm títulos e/ou patronímicos. Mas o profeta permanece anônimo. Às vezes, estudiosos

Figura 6.2 Óstraco de Laquis n.º 3, verso.
Fonte: Abigail Zammit.

especulam sobre sua identidade, sem sucesso. Talvez uma pergunta melhor seja: por que ele foi deixado anônimo, especialmente já que esse anonimato contrasta tão fortemente com todos os demais na carta.

Podemos extrair algumas pistas significativas da carta. Para começar, o profeta sem nome pode ser situado em um contexto arqueológico e literário específico. Trata-se de uma carta oficial encontrada em um local de negócios administrativos – a porta da cidade. Ela menciona pessoas envolvidas com assuntos oficiais do governo, incluindo o "Comandante do Exército" e um "Servo do Rei". Esse profeta estava incluído dentro da administração. Junto com as duas impressões de selo de Laquis com o título "Filho do Profeta", podemos imaginar uma comunidade profética em Laquis com formação de escribas.[10] Laquis era a segunda maior cidade de Judá (depois de Jerusalém) e um centro de administração e atividade oficial do governo, e fornece algumas evidências arqueológicas para uma comunidade profética de escribas.

Origem setentrional para "profeta" (nabîʾ) e a comunidade profética

Os títulos "Profeta" e "Filho de Profeta" no relato de Amós sugerem que o "profeta" não era uma vocação *ad hoc*, mas sim um título oficial. Isso contrasta com o conceito de profeta que se desenvolve no período pós-exílico, quando o profeta passa a ser entendido como uma figura solitária chamada por Deus (veja, por exemplo, Jr 1:1-5, discutido no Capítulo 10). Nesse sentido, o título pode ser comparado a outros (como "Administrador Real", "Servo do Rei" ou "Comandante da Fortaleza"), que encontramos tanto em inscrições quanto na literatura bíblica. Mas "Profeta" não era um título nativo do hebraico judeano, como aprendemos em 1 Sm 9.9: "o que hoje se chama profeta, anteriormente se chamava vidente." Esse comentário contrasta "profeta" com a palavra hebraica mais antiga "vidente" (*roʾeh*), que ele substitui. Mas de onde vem o título "Profeta"? A julgar pelo uso repetido nas histórias de Elias e Eliseu, bem como no livro de Amós, parece que o título se originou no reino do norte.[11] O comentário em Samuel, portanto, reflete a história dos profetas como instituição social conforme entendida por uma comunidade de escribas posterior.

O título "Profeta" não é usado para os primeiros profetas como Oseias, Amós e Miqueias. Pelo contrário, é um título usado especialmente nos livros bíblicos conhecidos como História Deuteronomista; por exemplo, o título aparece cinquenta e cinco vezes nos livros de Samuel e Reis. Isso é uma pista significativa. Como veremos no Capítulo 10, onde o sacerdote Jeremias é reintitulado e reconfigurado como profeta na edição massorética do Livro de Jeremias, a nota editorial de 1 Sm 9.9 provavelmente foi adicionada no final do século VI a.C., na edição final do Livro de Samuel, quando o título "Profeta" estava sendo redefinido e reaplicado. Mas nos dias de Amós, o título "Profeta" referia-se a alguém que trabalhava dentro e com o governo.

O papel do "profeta" dentro do governo é ilustrado em outra narrativa situada na corte de Samaria sobre certo profeta chamado Micaías, filho de Imlá (1 Rs 22). Nessa história, o rei de Judá, Josafá, quer consultar um "profeta de Yahweh", mas seu colega israelita, o rei Acabe, reclama que o profeta Micaías não apoia o rei quando é consultado (v. 8). A narrativa, assim, estabelece a tensão entre uma expectativa – a saber, que os profetas são patronados na folha de pagamento do rei – e o profeta dissidente Micaías – isto é, um profeta que responde a Yahweh e não ao rei. Acabe, no entanto, também é capaz de convocar seu próprio grupo de "todos os profetas" (v. 10), que seguem o protocolo de patronagem real apoiando o rei Acabe. A história se vale da tradição do *nabî'* na corte real como meio de criticar e redefinir o verdadeiro profeta. Pode-se supor que um dos propósitos da narrativa é redefinir o título e o papel do *nabî'*. A necessidade de revisá-lo está ligada às origens da figura do *nabî'*, que foi tomada de estruturas sociais do norte e depois integrada à administração e à sociedade judaíta após a destruição de Samaria.

Do mesmo modo, os "filhos dos profetas" apontam especificamente para uma instituição social do norte. A expressão "filhos dos profetas" (hebraico, *benê ha-nabî'im*) aparece exclusivamente nas histórias de Elias e Eliseu, sendo mencionada dez vezes em seis narrativas diferentes (1 Rs 20.35; 2Rs 2.3, 5, 7, 15; 4.1, 38; 5.22; 6.1; 9.1). A expressão é repetida com tanta frequência, de maneira tão consistente e única, que deve apontar para uma instituição social – e eu sugeriria que os filhos dos profetas constituíam uma "comunidade de prática" desenvolvida a partir de aprendizados proféticos.[12] Um termo relacionado e também único é encontrado numa história sobre o rei Saul, que encontra uma "tropa de profetas" (1 Sm 10.5, 10; hebraico, *ḥebel*). Novamente, trata-se de uma história situada em território do norte, e que testemunha a ideia de uma comunidade profética, em oposição à voz profética solitária. Diante desses exemplos, torna-se mais fácil entender por que Amós rejeita o título "Filho de Profeta". Ele tem consciência da estreita ligação entre o título "Profeta" e a instituição social conhecida como "filhos dos profetas" no reino do norte.

De fato, a relação entre Elias e Eliseu é um excelente exemplo de aprendizado profético. Elias recebe a instrução de "ungir a Eliseu, filho de Safate, de Abel-Meolá, como profeta em teu lugar" (1 Rs 19.16). Quando o ministério profético de Elias chega ao fim, Eliseu o sucede. Elias era o mestre, e Eliseu era seu aprendiz. O propósito da sucessão profética, conforme descrita no texto, é político e militarista, como prossegue o relato: "quem escapar da espada de Hazael, Jeú o matará; e quem escapar da espada de Jeú, Eliseu o matará" (v. 17).

O exemplo mais revelador de aprendizado profético é a unção de Jeú como rei por um aprendiz de Eliseu, que citei anteriormente. A história completa, em 2 Rs 9, começa com Elias enviando um dos filhos dos profetas ao general israelita Jeú, filho de Ninsi, num golpe militar. Em seguida, a narrativa se refere a essa figura como o aprendiz (*naʿar*) do profeta quando ele sobe a Ramote-Gileade para ungir Jeú (v. 4). A terminologia é reveladora. Além disso, a história situa a comunidade profética bem próxima das maquinações políticas das dinastias reais do norte, o que retoma nossos outros exemplos. Essa comunidade aparentemente transitava entre o favor e o desfavor de diferentes reis e dinastias. A partir dessas histórias, podemos postular que uma comunidade profética de prática estava intimamente associada às estruturas sociais do reino do norte.

Os "filhos dos profetas" e a casa de Eliseu

O papel de Eliseu nas maquinações políticas da dinastia de Ninsi foi ainda mais esclarecido pelas descobertas arqueológicas em Tel Rehv, uma importante cidade israelita situada a leste de Jezreel, no Vale do Jordão.[13] No acrópole do sítio, os arqueólogos Amihai Mazar e Nava Panitz-Cohen encontraram várias inscrições associadas a um edifício incomum de grande porte e às casas adjacentes do mesmo quarteirão (ver Figura 6.3). Eles chamaram o grande edifício localizado ao sul do quarteirão de "Casa de Eliseu" porque escavaram uma placa

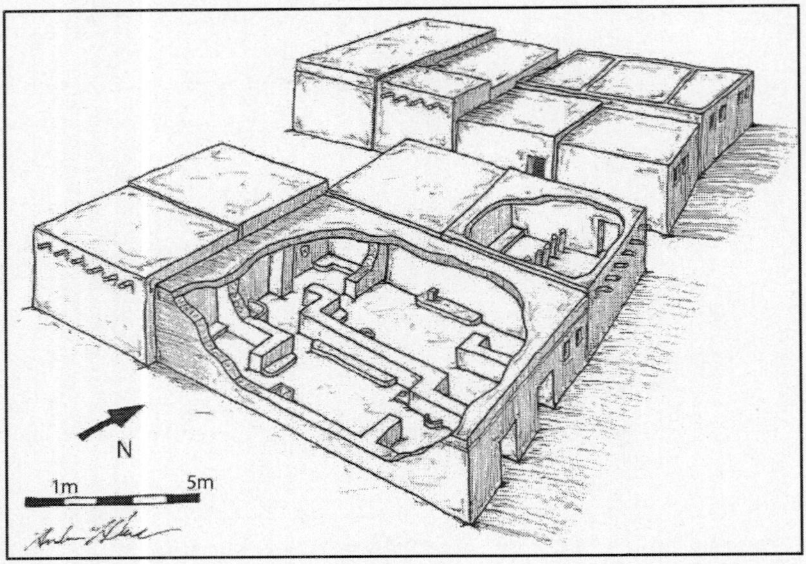

Figura 6.3 "A Casa de Eliseu e o Quarteirão dos Filhos dos Profetas"
Fonte: Andrew Herbek.

arredondada com o nome "Eliseu" numa sala dos fundos. A construção é arquitetonicamente incomum, com um fluxo circular. Em todos os cômodos foram encontrados diversos objetos cultuais, mas o formato indica que não se tratava de um templo. Era simplesmente uma casa grande e única, ou talvez algum tipo de edifício público. Os artefatos especiais incluíam altares de barro, uma estatueta de calcário, um cálice ritual de cerâmica e um incensário decorado com pétalas. Esses objetos, somados à placa com inscrição, indicam um local de encontro especial. Mazar e Panitz-Cohen sugerem que "Eliseu se hospedava em [...] um local onde recebia peregrinos, e rituais e festas eram realizados em sua honra".[14] Esse edifício se ajusta perfeitamente às descrições bíblicas de Eliseu, o profeta.

Ao norte da casa de Eliseu encontra-se um quarteirão residencial que os arqueólogos especularam poder estar relacionado aos "filhos dos profetas". Os edifícios adjacentes continham panelas de barro, vasos de armazenamento e utensílios de refeição e serviço. Na casa imediatamente ao norte da casa de Eliseu, também foi encontrada uma inscrição num jarro de armazenamento com o nome "Elzedec, [filho de] Shachli". Um quarteirão residencial como esse se harmoniza com a descrição dos filhos dos profetas nas histórias bíblicas. Por exemplo, os "filhos dos profetas" reclamam que seu alojamento está pequeno demais (2 Rs 6.1). Em outra narrativa, Eliseu pede a seu aprendiz que prepare um ensopado para o grupo (2 Rs 4.38). Teria Elzedec sido um dos "filhos dos profetas"? É difícil dizer com certeza. Mazar e Panitz-Cohen observam que um quarteirão residencial semelhante foi escavado em Deir ʿAlla, logo do outro lado do rio Jordão, em relação a Tel Rehov, onde os arqueólogos encontraram inscrições em paredes de gesso que mencionam o profeta Balaão, filho de Beor. As inscrições em Deir ʿAlla indicam que havia educação de escribas acontecendo naquela área residencial. Mazar e Panitz-Cohen sugerem que "as quatro casas pequenas ladeando a rua entre os dois edifícios centrais abrigavam pessoas que exerciam funções diferentes no complexo".[15] Dadas as diversas linhas de evidência arqueológica e epigráfica, creio que podemos chamar esse quarteirão de Tel Rehov de "bairro dos filhos dos profetas".

A descoberta que deu ao "casa de Elisha" seu nome foi uma inscrição que tinha pelo menos duas linhas que liam, l[...] *ʾlyšʿ* "pertencente a [...] Elisha" (veja a Figura 6.4). A segunda linha está quase completa, e a restauração do nome de Elisha é quase certa. Mas a primeira linha é apenas um pequeno pedaço com a letra hebraica *lamed*, que provavelmente é uma preposição que pode ser traduzida como "pertencente a." Eu fico tentado a reconstruir a primeira linha como algo como "pertencente a [a casa] / de Elisha." Ou talvez tenha se referido à "família de Elisha" ou até mesmo "os aprendizes de Elisha." Só podemos especular. O que parece claro é que esta é a figura do profeta Elisha, conhecida do Livro dos Reis. A estratigrafia arqueológica, bem como a datação por radiocarbono, coloca a inscrição no século IX a.C. Isso se alinha cronologicamente com o Elisha bíblico. Mas por que Elisha estaria em Tel Rehov? A cidade natal de Elisha na literatura bíblica era Abel-meholah (1 Rs 19:16), que geralmente é identificada com Abu-Sus, cerca de oito quilômetros ao sudeste de Tel Rehov. Essa é, de fato, uma pergunta difícil de responder, mas o contexto arqueológico maior da inscrição sugere uma identificação com a figura bíblica.

A descoberta que deu nome à casa de Eliseu foi uma inscrição com pelo menos duas linhas, das quais a segunda diz: *l[...] ʾlyšʿ* – "pertencente a [...] Eliseu" (ver Figura 6.4). A segunda linha está quase completa, e a restauração do nome *Eliseu* é praticamente certa. Mas a primeira linha preserva apenas uma pequena parte com a letra hebraica *lamed*, que provavelmente é uma preposição e pode ser traduzida como "pertencente a". Sinto-me tentado a reconstruir a primeira linha como algo como "pertencente à [casa] / de Eliseu". Ou talvez se refira à "família de Eliseu" ou até mesmo aos "aprendizes de Eliseu". Só podemos especular. O que parece claro é que se trata do profeta Eliseu conhecido do Livro dos Reis. A estratigrafia arqueológica, bem como a datação por radiocarbono, situam a inscrição no século IX a.C. Isso corresponde cronologicamente ao Eliseu bíblico. Mas por que Eliseu estaria em Tel Rehov? O local de origem de Eliseu na literatura bíblica era Abel-Meolá (1 Rs 19.16), geralmente identificado com Abu-Sus, cerca de oito quilômetros a sudeste de Tel Rehov. Essa é, de fato, uma questão difícil de responder, mas o contexto arqueológico mais amplo da inscrição sugere uma identificação com a figura bíblica.

Uma inspeção mais minuciosa da inscrição de Eliseu revela ainda mais. O fragmento de cerâmica em si é bastante incomum. Não é um caco irregular e quebrado como outros óstracos. Escrita em fragmentos cerâmicos geralmente é efêmera – isto é, feita para ser descartada. Este caso é diferente. As bordas são arredondadas, sugerindo que o objeto foi especialmente preparado para exibição. Não há nenhum exemplo semelhante entre todas as inscrições hebraicas em cerâmica que já foram publicadas. Nesse sentido, nem deveríamos chamá-lo de *óstraco*, que é o termo usado para inscrições em cacos de cerâmica quebrados. O formato arredondado indica que foi feito para exibição. E há mais. O fragmento possui um engobe (revestimento) de cor creme que faz as letras vermelhas se destacarem. Tinta vermelha, por sua vez, é extremamente rara em inscrições do antigo Israel.[16] As letras são excepcionalmente grandes – cerca do dobro do tamanho das que vemos em outros óstracos (por exemplo, Lachish 3; ver Figura 6.2).

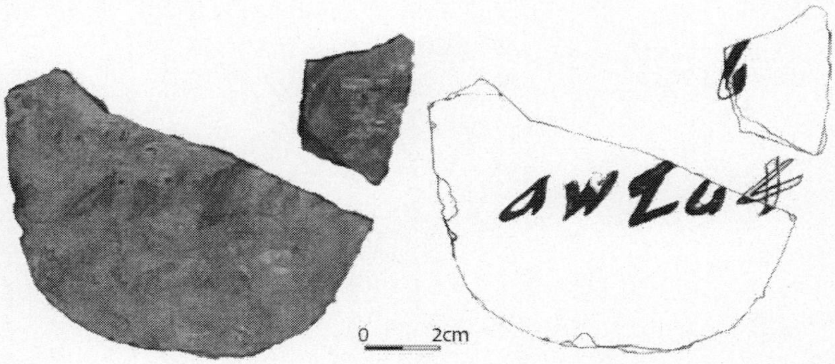

Figura 6.4 Placa com o nome "Eliseu".
Fonte: Amihai Mazar.

Tudo aponta para uma preparação pensada para exibição, e é por isso que pedi ao artista que desenhasse a inscrição na parede do fundo do edifício, perto de onde foi escavada, e talvez onde originalmente tenha sido exibida.

Mas quem era o Eliseu mencionado na inscrição? Eliseu era, na verdade, um nome comum em Israel. Como podemos ter certeza de que se referia ao Eliseu bíblico? O contexto arqueológico e outras inscrições encontradas nas proximidades apontam nessa direção. A "casa de Eliseu" era arqueologicamente incomum, e as escavações em quadrantes adjacentes revelaram outros artefatos e inscrições que remetem a Eliseu. Por exemplo, o edifício vizinho (ao noroeste) funcionava como um apiário comercial para a produção de mel e cera de abelha.[17] A importância do mel e da cera de abelha para consumo e comércio é bem atestada em inscrições do antigo Oriente Próximo. Mel e cera de abelha são mencionadas na narrativa egípcia *História de Sinué*, em referência à sua estadia em Canaã. A cera de abelha era dotada de poderes mágicos no Egito e também era utilizada na produção de medicamentos. Talvez o mais importante seja o fato de a cera de abelha ser essencial para a técnica da cera perdida na fundição de metais, sendo assim vital para a antiga indústria metalúrgica. Mazar estima que o apiário em Tel Rehov produzia cerca de 500 kg de mel e entre 50 e 70 kg de cera de abelha por ano.[18]

O próprio apiário revelou uma forte conexão com Eliseu. Durante as escavações, foi descoberta uma inscrição com a leitura *lnmš* – "pertencente a Nimsi".[19] Isso muito provavelmente se refere ao general israelita e futuro rei Jeú, neto de Nimsi. A posse do apiário pela família indica um potencial econômico enorme. Outra inscrição referindo-se à dinastia de Nimsi, *lšqy nmš* – "pertencente a Shaqai, (filho de) Nimsi", foi descoberta no edifício mais ao norte daquele setor (ver Figura 6.3).[20] Em Tel Amal, a poucos quilômetros de Tel Rehov, foi encontrada outra inscrição contemporânea do século IX a.C. referindo-se à dinastia de Nimsi. A evidência arqueológica sugere que a família de Nimsi era tanto rica quanto influente, e a localização de duas inscrições referentes à dinastia Nimsi próximas à "casa de Eliseu" indica uma relação estreita entre Eliseu e a família de Nimsi.

As inscrições da família Nimsi remetem à conexão entre Eliseu e a dinastia de Nimsi nas narrativas bíblicas. Há diversos relatos que situam Elias e Eliseu como responsáveis pela ascensão de Jeú, filho de Nimsi, ao trono. Inicialmente, o profeta Elias é instruído a ungir Jeú como rei (1 Rs 19.16). Mas Elias morre, e Eliseu é ungido como seu sucessor. Como lemos em 2Rs 9, o profeta Eliseu eventualmente designa seu próprio aprendiz profético para encontrar Jeú, neto de Nimsi, em Ramote-Gileade e ungi-lo rei de Israel. Eliseu e seu grupo profético tornam-se, assim, os responsáveis pela ascensão de Jeú, mas também subvertem a dinastia anterior – a dinastia de Onri. Nesse sentido, estavam plenamente inseridos nas disputas políticas dinásticas. Quando a dinastia de Onri rejeita o papel do grupo de Elias e Eliseu como conselheiros reais (cf. 1 Rs 18), volta-se ao general Jeú, neto de Nimsi.

A hierarquia organizacional, diversas inscrições encontradas no bairro dos profetas em Rehov e a conexão dos filhos dos profetas com a dinastia de Nimsi sugerem que o treinamento de escribas se tornou uma das habilidades da comunidade profética. De fato, a placa encontrada na Casa de Eliseu aponta para a prática de ensino da escrita. O mais significativo é o uso de tinta vermelha, que era tipicamente empregada como rubrica didática, com o mestre escrevendo em vermelho e os aprendizes em preto. Assim, quando mais tarde encontramos as narrativas de Elias e Eliseu inseridas no Livro dos Reis, podemos especular que essas histórias foram primeiramente reunidas e registradas pelos filhos dos profetas. A julgar pelas impressões de selo em Laquis, os filhos dos profetas sobreviveram como grupo social dentro da burocracia judaíta. E a comunidade profética de escribas preservou suas histórias – os relatos de Elias e Eliseu – mesmo após as campanhas neoassírias destruírem Samaria e exilarem muitos de seus habitantes. Refugiados dessa comunidade profética de escribas do norte provavelmente fugiram para o sul, escapando dos assírios, e possivelmente introduziram o termo "profeta" como um título que passou a ser utilizado na administração de Judá.

Mudando o significado do título "profeta"

O significado de "profeta" mudou consideravelmente depois que o termo foi introduzido em Judá. Isso pode ser ilustrado pela distribuição do termo hebraico para "profeta" (*nāḇîʾ*) na Bíblia Hebraica. A palavra hebraica para "profeta" aparece 287 vezes na Bíblia Hebraica, mas os livros dos chamados "profetas escritores" do século VIII (isto é, Isaías, Oseias, Amós e Miqueias) raramente a utilizam como título para uma pessoa. De fato, ela nunca é aplicada a Oseias, Amós ou Miqueias. No Livro de Isaías, o título é atribuído especialmente a Isaías em passagens tomadas da História Deuteronomista – isto é, do Livro dos Reis (cf. Is 37:2; 38:1; 39:3 com 2 Rs 19:2; 20:1, 14). Essa distribuição bíblica de *nāḇîʾ* remete a um comentário anterior da História Deuteronomista, segundo o qual "o profeta antigamente se chamava vidente" (1 Sm 9:9). Isso parece fazer parte da reinterpretação posterior do ofício profético por parte dos escribas. A compreensão sobre quem e o que é um "profeta" mudou significativamente desde os dias em que os refugiados do norte chegaram a Jerusalém, no século VIII, até a época em que os judeus retornaram a Jerusalém após o exílio babilônico, no século VI – ou seja, quando a edição final da História Deuteronomista foi editada.

O Livro de Jeremias ilustrará essa mudança no significado do termo "profeta", como será discutido no Capítulo 10. Por ora, basta observar que Jeremias é apresentado como "um dos sacerdotes de Anatote" (Jr 1:1), e seus adversários incluíam os "profetas". Jeremias é retratado como um *outsider*, enquanto os profetas faziam parte do aparato estatal que ele critica. Por exemplo, em Jr 26:7-8 lemos que os sacerdotes e os profetas prenderam Jeremias e o levaram ao cárcere (ver também Jr 18:18; 20:2). Em outro trecho, Jeremias reclama que "os profetas profetizavam por Baal" (Jr 2:8) – trata-se de profetas atuando a serviço da burocracia estatal que Jeremias combatia. Jeremias critica esses profetas que trabalhavam para o governo (Jr 14:14-15; 23:15-40). De fato, em várias passagens do livro, listas de autoridades incluem reis, oficiais do governo, sacerdotes e profetas juntos (cf. Jr 2:26; 4:9; 5:31; 6:13; 8:1, 10; 13:13; 23:11; 26:11). Em outras palavras, os profetas faziam parte do Estado. Nesse sentido, Jeremias não pertencia a uma comunidade profética de prática. A confusão surge porque uma comunidade escribal posterior redefine o termo "profeta" e transforma a identidade de Jeremias, de sacerdote em profeta (mais sobre isso no Capítulo 10). Esse novo título é posteriormente implementado pelas comunidades de escribas ao moldarem a literatura bíblica.

A impressão do selo de Isaías, o profeta

Uma figura central para a instituição do profetismo foi Isaías, que viveu em Jerusalém durante o final do século VIII e início do século VII a.C. O profeta Isaías tornou-se uma figura de enorme importância. Ele se tornou o "Profeta" por excelência. Tinha seus próprios discípulos, e o livro que leva seu nome se tornou tão relevante que suscitou estudos, edições e acréscimos significativos ao longo de várias gerações. Os estudiosos geralmente falam de "três Isaías" (Is 1-39, 40-55 e 56-66) para descrever o Livro de Isaías, mas a realidade é bem mais complexa que isso.[21] Por exemplo, Is 36-39 paraleliza em grande parte 2 Rs 18-20 e constitui uma seção separada do livro. Os capítulos 24-27 formam um trecho específico dentro do livro, muitas vezes chamado de "Apocalipse isaianista". De fato, o Livro de Isaías foi constantemente atualizado e ampliado porque Isaías de Jerusalém, que viveu no final do século VIII a.C., se tornou o profeta de sua geração, e sua vida e palavras deram origem a gerações de reflexão e complementação.

Um vislumbre do Isaías histórico de Jerusalém veio à tona com a descoberta de uma impressão de selo escavada por Eilat Mazar na região do Ofel, em Jerusalém, datada por seu contexto arqueológico do final do século VIII a.C. (ver Figura 6.5).[22] Mazar leu a impressão do selo da seguinte forma: "Pertencente a Isaías, [o] Prof[eta]". Mas essa interpretação tem sido debatida, e tanto a impressão do selo quanto seu contexto arqueológico mais amplo merecem uma investigação mais detalhada aqui. Para começar, a impressão está quebrada, de modo que naturalmente houve discussões entre os estudiosos sobre se ela pertencia ou não ao famoso Isaías de Jerusalém, contemporâneo do rei Ezequias de Judá.[23] Caso de fato tenha pertencido ao Isaías bíblico, alguns questionam por que ele teria um selo próprio – selos e documentos selados pertenciam principalmente à esfera da burocracia estatal. Além disso, por que essa impressão de selo foi encontrada em pleno setor administrativo de Jerusalém? Como veremos, esses são indícios importantes sobre a natureza do ofício profético na Idade do Ferro. É provável que a impressão tenha sido feita com o selo do famoso profeta de Jerusalém, e tanto sua localização quanto sua interpretação têm implicações profundas para a compreensão do desenvolvimento de uma comunidade de escribas proféticos.

Pode-se dizer que foi um golpe do destino (ou coincidência) o fato de a impressão do selo de Isaías ter sido encontrada a cerca de três metros de distância de uma impressão de selo com a inscrição "Ezequias, filho de Acaz, rei de Judá". Mas essa feliz coincidência reflete o contexto arqueológico geral do Ofel – a área entre o Monte do Templo e a Cidade de Davi –, que abrigava edifícios administrativos, bem como o palácio real.[24] A impressão do selo de Isaías foi uma entre trinta e quatro impressões de selos pessoais descobertas por Mazar em suas escavações no Ofel. A coleção é bastante interessante. Além

Figura 6.5 Impressão de selo de "Isaías, (o) Profeta."
Fonte: elaborada pelo autor.

das impressões de Isaías e de Ezequias, ela inclui as impressões com a imagem do deus Bes (discutidas no Capítulo 1). Há também uma outra impressão de selo fragmentária que contém parte de um escaravelho com duas asas (isto é, o emblema real), de modo que eu sugeriria que seu proprietário era outro membro da casa real.[25] Também foram encontradas oito outras impressões de selos reais nessa área,[26] além de uma inscrição fragmentária em um jarro de armazenamento, que eu leria como *lśr h ʾw[ṣrm]*, "pertencente ao tesoureiro real", possivelmente referindo-se a um tesouro real localizado nessa área de Jerusalém (cf. Jr 38.11).[27] Nenhuma dessas descobertas deveria causar surpresa, pois o Ofel era uma zona administrativa que abrigava o palácio real e outros edifícios administrativos (cf. 1 Rs 7.1-12). Em suma, o contexto arqueológico e geográfico da impressão do selo de Isaías reflete as atividades administrativas reais da antiga Jerusalém.

Infelizmente, a impressão do selo de Isaías está quebrada e exige certa reconstrução.[28] A impressão contém três linhas, que Mazar leu da seguinte maneira:

1. IMAGEM. Corça pastando

2 *lyš'yh[w]* – "Pertencente a Isaías
3 *nby[']* – "Prof[eta]"

A primeira linha é reconstruída como a imagem de uma corça pastando – uma iconografia que, na verdade, aparece também em outro sinete dessa mesma coleção (B17). Não se conhece nenhum significado particular associado a essa imagem.

A segunda linha está com a última letra (*waw*) faltando, mas é praticamente certo que a leitura correta seja o nome "Isaías" (ou *Yesha'yahu*, em hebraico). Mazar afirma que Isaías era um nome muito comum com base em inscrições, mas essa afirmação é enganosa.[29] Na verdade, o nome Isaías só é comum em artefatos adquiridos no mercado de antiguidades. Isso não é surpreendente: é uma escolha excelente para um falsificador que deseja lucrar com um artefato "bíblico". No entanto, esse nome é praticamente inexistente no registro epigráfico proveniente de escavações arqueológicas. Podemos tomar como exemplo o levantamento de todos os sinetes escavados na Cidade de Davi por Yigal Shiloh.[30] Há oitenta e cinco nomes em quarenta e cinco sinetes publicados. Vários nomes aparecem três ou quatro vezes, mas "Isaías" não aparece nenhuma. Isso demonstra que o nome, de fato, não era comum.

Buscando ampliar o argumento, um estudioso sugeriu incluir todos os nomes formados a partir da mesma raiz *yš'* (salvar), como Oseias e Josué, mas isso também é enganoso.[31] Não há dúvida de que a raiz *yš'* é conhecida e amplamente usada nas línguas hebraica e semíticas do noroeste. Por exemplo, o nome do rei moabita Mesa (*Mesha'*) também deriva dessa raiz. No entanto, nomes são formados de maneiras específicas, e cada nome é único. Por exemplo, os nomes hebraicos Oseias (*Hoshea'*) e Hoshia' formam nomes a partir da raiz *yš'* na conjugação *Hif'il*, a qual aparece com frequência nas súplicas bíblicas, como em "Salva, Senhor!". Mas não são o mesmo nome. Oseias, Josué, Mesa e Isaías são nomes diferentes tanto em hebraico quanto em português, mesmo que compartilhem a mesma raiz.

Em suma, Isaías não era um nome comum no antigo Israel. Ele nunca havia aparecido em nenhum contexto arqueológico escavado até as escavações de Mazar.

O filho do profeta Isaías

O fato de que o nome "Isaías" era desconhecido em inscrições escavadas até a descoberta feita por Mazar torna ainda mais notável que o nome apareça em outra impressão de selo exatamente no mesmo conjunto arqueológico. Outra impressão de selo traz a inscrição *l ʿdyhw yšʿyhw*, ou seja, "Pertencente a ʿIddoyahu, [filho de] Isaías" (ver Figura 6.6).[32] Quem era esse ʿIddoyahu? Eu sugeriria que se trata nada menos do que do "filho" do Isaías mencionado na outra impressão de selo desse mesmo conjunto.

Na verdade, há outro grupo de selos nesse mesmo grupo escavado por Mazar – os filhos de Bes (discutidos no Capítulo 1) – que demonstram os grupos familiares de escribas, os quais devem ter sido bastante comuns.

O nome do proprietário do selo – ʿIddoyahu (*ʿdyhw*) – é bastante revelador. Ele está relacionado ao nome Ido (hebraico bíblico: *ʿdw* ou *ʿdwʾ*), bem conhecido na Bíblia como o nome de vários profetas bíblicos (2 Cr 15:1-8; 2Cr 12:15; 13:22; 28:9; Zc 1:1, 7).[33] A raiz desse nome é *ʿdd*, e uma inscrição em aramaico antigo utiliza uma palavra relacionada, registrando que mensageiros proféticos (*ʿddn*) falaram a Zakkur sobre como a divindade o havia feito rei e o livrado de seus inimigos (KAI 202A, 11-15).[34] O nome ʿIddoyahu, portanto, possui profundas conexões com a profissão profética. Isso tornaria a relação entre a impressão de selo de Isaías e a impressão de selo de ʿIddoyahu ainda mais interessante. Dado o fato de que o nome Isaías não havia aparecido anteriormente em nenhuma inscrição escavada, a explicação mais plausível é que o selo de ʿIddoyahu pertencia ao filho do mesmo Isaías conhecido a partir da outra impressão de selo. Nessa interpretação, o profeta Isaías teria um filho – ou talvez um aprendiz – com um nome relacionado à atividade profética.

Figura 6.6 Impressão de selo de "ʿIddoyahu, filho de Isaías".
Fonte: elaborada pelo autor.

A impressão de selo do "filho" de Isaías nos remete à narrativa de Isaías 7, onde o profeta leva seu filho para encontrar o rei Acaz e lhe dar um conselho. Outro relato, em Isaías 8, mostra o profeta exortando seus discípulos (v. 16) – a quem ele chama de "os filhos que o Senhor me deu" (v. 18) – a preservar os seus ensinamentos. Essas histórias refletem o caráter familiar da comunidade profética de escribas. E nos lembram de que foi por meio dessa comunidade que os textos foram reunidos, preservados e transmitidos.

O título "Profeta"

A terceira linha da impressão do selo de Isaías é onde as coisas se tornam mais complicadas. A impressão está parcialmente danificada, mas há espaço suficiente para inserir mais uma letra (veja o desenho na Figura 6.5). A arqueóloga Eilat Mazar propôs uma reconstrução evidente – a letra *aleph*, que se ajustaria ao espaço e formaria o título bíblico *nby[ʾ]*, isto é, "Prof[eta]". No entanto, essa reconstrução encontrou alguma resistência.[35] Considerando a importância dessa impressão de selo e sua possível identificação com Isaías, o profeta de Jerusalém do século VIII a.C., há algumas questões técnicas que precisam ser esclarecidas.

Em primeiro lugar, o selo que originou essa impressão foi elegantemente gravado. Foi esculpido por um profissional altamente habilidoso. Isso significa que o espaçamento e a execução devem ser entendidos como cuidadosamente planejados e intencionais. Além disso, sugere que seu proprietário possuía recursos e prestígio. Essa observação é importante para a reconstrução da linha final. Mazar argumenta que há espaço para uma letra adicional e sugere a adição da letra *aleph*, o que nos daria a forma tradicional em hebraico bíblico da palavra "profeta". Mas há debate sobre se realmente há espaço no final da terceira linha para essa letra.[36] Como ilustra meu desenho, penso que essa leitura é possível, mas não a considero necessária.[37]

Por exemplo, a palavra "profeta" também aparece como *nby* (sem o *aleph*) em manuscritos hebraicos entre os Rolos do Mar Morto, e o termo é sempre grafado sem o *aleph* em aramaico. Como é bastante provável que o termo tenha sido primeiramente incorporado ao hebraico possivelmente por meio do aramaico, não é necessário reconstruir um *aleph* para interpretar essa linha como o título "profeta".

Alguns sugeriram que a última linha deve ser lida como um nome pessoal – "[filho de] Nobai". Isso é problemático por várias razões. Primeiro, essa leitura exigiria que a palavra hebraica para "filho de" (*ben*) fosse omitida da linha final, mesmo havendo amplo espaço para ela no desenho do selo. A palavra *ben* quase nunca é omitida quando há espaço disponível em selos.[38] Na verdade, volto ao conjunto de controle de impressões de selo da Cidade de Davi. Não há um único exemplo em que a palavra *ben* seja omitida de um selo quando o nome final possui apenas três ou quatro letras. É verdade que às vezes *ben* pode ser omitido para economizar espaço em selos com execução apertada, mas havia espaço de sobra nesse selo. Isso indica que *ben* foi omitido porque não pertencia ali. E não pertencia porque Isaías não era filho de um profeta. Ele não era um aprendiz; ele era o profeta.

O problema da leitura da linha final me faz lembrar de uma experiência pessoal com objetos do mercado de antiguidades. Em um livro anterior, citei alguns óstracos provenientes desse mercado para ilustrar a difusão da alfabetização. Eram exemplos belos e bem preservados de escrita hebraica. Especialistas de renome haviam publicado esses óstracos em revistas acadêmicas importantes.[39] As inscrições não eram essenciais ao meu argumento, mas funcionavam como ilustrações atrativas. Infelizmente, pesquisas posteriores revelaram que eram falsificações muito bem-feitas. Aprendi a lição. Engane-me uma vez, vergonha para você. Engane-me duas vezes, vergonha para mim. Durante minha investigação da impressão de selo "Isaías, o Profeta", encontrei outro triste caso de falsificação, que mostra como esses artefatos podem levar estudiosos ao erro. Selos falsificados têm impacto direto sobre a leitura da terceira linha da impressão do selo de Isaías como sendo o suposto nome pessoal "Nobai", em vez do título "Profeta". Já discuti essas leituras anteriormente no contexto das impressões de selo de Laquis, onde mostrei como a leitura "Nobai" surgiu a partir da publicação de artefatos falsificados, e como "Profeta" é uma tradução evidente e sensata.

A leitura "Pertencente a Isaías, Profeta" abre uma nova janela para a história do título "Profeta" e para o desenvolvimento de uma comunidade profética de prática. O título remonta ao reino do norte, que possuía a comunidade dos "filhos dos profetas". Esse grupo incluía mestres (como Eliseu) e aprendizes. Estavam ligados a famílias poderosas, como a dinastia de Nimsi. Ao que tudo indica, possuíam residências formais e atuavam como responsáveis pela ascensão de reis. O título "Profeta" – e, mais especificamente, uma guilda profética – chegou ao sul, a Jerusalém, com os refugiados do norte. O título começou a ser usado na administração real judaíta no final do século VIII a.C., mas era um termo novo, como nos informa a nota de escriba deuteronomista: "o profeta anteriormente era chamado de vidente".

As impressões de selo de Laquis com o título "Filho do Profeta", assim como a menção a uma comunidade de discípulos ou aprendizes sob a liderança do profeta Isaías, fornecem evidências tanto epigráficas quanto bíblicas de que os profetas formavam uma comunidade de prática. A posse de selos oficiais por parte dos profetas, bem como o uso de fórmulas de escribas, como a fórmula de mensageiro presente nos textos proféticos, indicam formação de escribas dentro dessa comunidade profética.[40] Embora os livros proféticos pareçam ter sido coletados por discípulos ou aprendizes da comunidade, o surgimento e a própria existência de tais livros parecem ter se dado no final do século VIII a.C., quando os "filhos dos profetas" emergiram como uma nova comunidade de prática de escribas.

Talvez seja melhor começar com algumas evidências de formação de escribas entre os profetas. A introdução típica da fala profética, "assim diz o Senhor", é, na verdade, uma forma adaptada da escrita de cartas. Temos diversos exemplos de cartas-modelo ou exercícios de escrita utilizados como prática de formação de escribas em Kuntillet ʿAjrud.[41] Um excelente exemplo aparece numa jarra, logo ao lado de exercícios de caligrafia para praticar a correta escrita das letras do alfabeto – ou, para ser mais preciso, das aleph-beth-gimel. O exercício de carta diz o seguinte:

> [Assim di]z Amaryaw: "Dizei ao meu senhor: 'Vai bem com v[ocê]?' Eu te abençoo por YHWH de Temã e por sua Asherah. Que ele te abençoe [e te] guarde, e que esteja com meu se[nhor . . .]"

Esse é apenas o prefácio da carta – a parte que aprendizes de escribas costumavam praticar. As formas de discurso profético são adaptadas do modelo epistolar, isto é, de cartas trocadas entre pessoas, frequentemente entre reis. Através dessas fórmulas da escrita de cartas, o discurso profético se torna uma mensagem de Deus. Na Antiguidade, cartas eram entregues por um mensageiro que, ao chegar ao seu destino, realizava uma leitura em voz alta do conteúdo em nome do remetente. A performance era oral, mas começava com o aprendizado e a prática de uma habilidade escribal: a redação de cartas. Em outras palavras, a própria base da fala profética tem origem em uma competência adquirida por meio de formação entre os "filhos dos profetas".

Os profetas das narrativas bíblicas antigas não estão associados à escrita.[42] Por exemplo, nos Livros de Samuel, o profeta Samuel não é apresentado como autor. E o profeta Natã também não é descrito como escriba. Eles não escrevem, embora Samuel acabe tendo um livro bíblico com seu nome. Suas narrativas não os apresentam escrevendo nada. Mas, de repente, na metade ou final do século VIII a.C., surgem figuras proféticas cujas vidas e oráculos passam a ser reunidos em livros com seus nomes. Esses primeiros "profetas escritores" representam uma nova comunidade de escribas que surgiu com a expansão do uso da escrita no século VIII a.C.

É claro que existiram profetas muito antes dessa época. De fato, antropólogos argumentariam que a profecia e os profetas, em várias formas, fazem parte da experiência humana universal.[43] Ou seja, há sempre profetas e práticas proféticas em todas as comunidades humanas, em todos os tempos.

Então, o que há de novo no século VIII? O uso do título "profeta" na impressão do selo de Isaías sugere que o termo já era utilizado no século VIII para assessores da corte, como Isaías de Jerusalém. Mas o significado desse título mudou com o tempo, como aprendemos em 1 Sm 9:9. Posteriormente, comunidades de escribas passaram a aplicar o título de forma ampla a diversas figuras – como Moisés, Aarão, Abraão, Samuel. Nas narrativas de Elias e Eliseu, vemos uma comunidade organizada – "os filhos dos profetas" – e aprendizes proféticos. Mais tarde, os escribas reimaginaram o "profeta" como uma figura solitária, chamada por Deus (por exemplo, Jr 1:5). O "profeta" deixou de ser o conselheiro da corte para se tornar o porta-voz solitário do divino.

As introduções aos livros dos profetas escritores refletem uma fase de transição na profecia. Isso se observa na forma como os textos proféticos são enquadrados. Por exemplo, o Livro de Isaías começa com uma expressão clássica dos profetas escritores: "Visão de Isaías, filho de Amoz, que ele viu a respeito de Judá e Jerusalém nos dias de Uzias, Jotão, Acaz e Ezequias, reis de Judá" (Is 1:1). Essa frase introduz um texto, mas não faz referência explícita à escrita, nem mesmo sugere que o próprio profeta seja o autor. O profeta ainda é um "visionário". No entanto, essas visões agora são registradas por escrito – e isso marca uma ruptura fundamental com figuras proféticas anteriores conhecidas nas narrativas bíblicas.

Os livros de Oseias e Miqueias apresentam introduções ligeiramente diferentes, que indicam uma ligação mais próxima com a escrita. Oseias começa assim: "Palavra do Senhor que veio a Oseias, filho de Beeri, nos dias de Uzias, Jotão, Acaz e Ezequias, reis de Judá, e nos dias de Jeroboão, filho de Joás, rei de Israel" (Os 1:1). Essa fórmula – "palavra do Senhor que veio a fulano" – aponta para um gênero aprendido na educação de escribas: a escrita de cartas.[44]

O Livro de Miqueias começa da mesma forma: "Palavra do Senhor que veio a Miqueias, o morastita, nos dias de Jotão, Acaz e Ezequias, reis de Judá", e continua evocando as introduções visionárias de Isaías e Amós ao acrescentar: "que ele viu a respeito de Samaria e Jerusalém" (Mq 1:1). Nesse sentido, a introdução de Miqueias abraça plenamente a transição do profeta visionário para o profeta escritor, que adapta uma forma literária – o gênero epistolar – para registrar sua profecia.

A educação de escribas, especialmente derivada da escrita de cartas, foi a base literária dos profetas escritores. Os estudiosos há muito reconhecem que os livros proféticos tomam emprestada a fórmula do mensageiro como forma de retratar o profeta como porta-voz das palavras de Deus. Por isso encontramos com frequência a fórmula: "Assim diz/disse o Senhor" para introduzir os discursos divinos nos livros proféticos. Essa fórmula foi emprestada da escrita de cartas e da correspondência diplomática. Essencialmente, um escriba levava uma carta de um remetente a um destinatário e depois a lia em voz alta em nome do remetente.

Essa fórmula se torna o paradigma da fala profética entre os profetas escritores: "Assim diz o Senhor" é uma expressão que deriva do gênero escribal das cartas e da correspondência diplomática. Parece oral, mas os escribas a aprenderam a partir do estudo das fórmulas empregadas na redação e envio de cartas. Temos até três bons exemplos desse tipo de exercício escribal entre as inscrições hebraicas encontradas em Kuntillet ʿAjrud.[45] Há paralelos excelentes desse tipo de exercício escribal em Ugarit e em outras regiões do antigo Oriente Próximo.

O Livro de Isaías aponta para a existência de uma comunidade profética encarregada de reunir alguns de seus oráculos. Isaías exorta seus "discípulos" (*limmûdîm*) a selar seus oráculos: "Guarda o testemunho, sela a instrução entre os meus discípulos" (Is 8:16). A terminologia técnica usada aqui – "selar" o testemunho de Isaías – tem uma bela conexão com o selo de Isaías. A descrição emprega vocabulário técnico extraído da prática dos escribas. Os "discípulos" formam uma comunidade de aprendizes proféticos. Esses alunos do profeta constituíam sua própria comunidade de prática, e essa prática os capacitava com o conhecimento necessário para reunir e selar documentos. Se eles eram capazes de recolher e preservar os oráculos escritos de Isaías, podemos assumir que também eram treinados para ler e escrever. E se eram letrados, seu mestre – o profeta Isaías – também devia ser. Isso não significa que um profeta fosse meramente um escriba, mas sim que o treinamento escribal fazia parte de sua comunidade de prática. Como tenho enfatizado, o treinamento como escriba era parte integrante de muitas profissões. O que se afirma aqui é que ele também fazia parte da profissão profética nos dias de Isaías e de seus aprendizes.

E essa exortação profética para selar um documento encontra agora um reflexo arqueológico impressionante no selo com a inscrição "Isaías, o profeta".

A comunidade profética de escribas, tal como conhecida nos dias de Eliseu ou de Isaías, não sobreviveu. Ela foi transformada. Outrora uma instituição social inserida dentro da monarquia, foi destruída pelos babilônios juntamente com Jerusalém e com o fim da monarquia judaíta. Nesse processo, a figura do profeta foi redesenhada por comunidades escribais posteriores. Assim como figuras como Eliseu, Amós e Isaías ilustram os estreitos vínculos iniciais entre o título de profeta e a burocracia estatal, figuras posteriores como Jeremias (que será discutido no Capítulo 10) ilustram a transformação desse título em uma voz singular e solitária, sem guilda ou comunidade.

As figuras de Isaías e Jeremias delimitam os extremos dessa transformação do título "profeta" e do destino da comunidade profética de escribas. Isaías exemplifica o profeta antigo. Por sorte, agora possuímos um selo que marca suas conexões institucionais. E é inteiramente apropriado que o selo de Isaías tenha sido encontrado não muito longe do selo de Ezequias, o rei. Esses selos estão adequadamente inseridos em seu contexto arqueológico: o distrito administrativo real de Jerusalém. Nada poderia ser mais apropriado!

Jeremias, em contraste, exemplificará a transformação posterior da figura do "profeta" em uma figura solitária – alguém representado como uma voz clamando no deserto (cf. Is 40:3) – e a completa desaparição da comunidade dos "filhos dos profetas".

Notas

1 Para as impressões de selo de Laquis, veja Yohanan Aharoni, "Trial Excavations in the 'Solar Shrine' at Lachish. Preliminary Report," *IEJ* 18 (1968): 167, n.os 6-7; e Aharoni, *Lachish V* (Tel Aviv: Gateway, 1975), 19-22, n.os 6-7. Aḥituv discute esse nome à luz dos selos de procedência desconhecida, mas também conclui que "nby permanece sem explicação." Veja Shmuel Aḥituv, "Review: West Semitic Seals. Eighth-Sixth Centuries B.C.E.," *IEJ* 53 (2003): 252. Esses selos são reexaminados em Anat Mendel-Geberovich, Eran Arie e Michael Maggen, "The Lachish Inscriptions from Yohanan Aharoni's Excavations Reread," em *From Sha'ar Hagolan to Shaaraim: Essays in Honor of Prof. Yosef Garfinkel*, ed. Saar Ganor, Igor Kreimerman, Katharina Streit e Madeleine Mumcuoglu (Jerusalém: Israel Exploration Society, 2016), 111*-133* (em hebraico). Discuto essas impressões de selo com mais detalhes em meu artigo, "The Isaiah Bulla, Jeremiah the Priest/Prophet, and Reinterpreting the Prophet (*nby/'*) in the Persian Scribal Community," em *Jewish Culture and Creativity: Essays in Honor of Michael Fishbane on the Occasion of His Eightieth Birthday*, ed. Eitan Fishbane e Elisha Fishbane (Academic Studies Press, 2023).

2 Para o catálogo, veja Avigad, *West Semitic Stamp Seals*, n.os 227, 379, 693; assim como, mais recentemente, Mendel-Geberovich, Arie e Maggen, "Lachish Inscriptions," 111*-133* (em hebraico). Há também um selo adicional do mercado de antiguidades com a leitura *nby*, publicado por Robert Deutsch, *Biblical Period Epigraphy: The Josef Chaim Kaufman Collection*, vol. 2 (Jerusalém: Graphit Press, 2011), 17-18 (n.º 434).

3 Yohanan Aharoni, "Trial Excavation in the 'Solar Shrine' at Lachish. Preliminary Report," *IEJ* 18 (1968): 167; Aharoni, *Lachish V*, 21-22 (n.os 6-7).

4 Veja minha discussão ampliada em "The Isaiah Bulla."

5 O óstraco, os pesos e os selos estão publicados em Aharoni, *Lachish V*. Para uma edição atualizada do óstraco 22 de Laquis, com excelentes fotos e desenhos, veja Abigail Zammit, "The Lachish Letters: A Reappraisal of the Ostraca Discovered I 1935 and 1938 at Tell ed-Duweir, Volume 2," tese de doutorado, Universidade de Oxford, 2016, 49-50.

6 Avigad, *West Semitic Stamp Seals*, n.º 379; veja também o n.º 227.

7 Nahman Avigad, "New Names on Hebrew Seals," *EI* 12 (1975): 71. Como apontaram A. Vaughn e C. Dobler, a omissão da palavra *bn* torna o selo n.º 227 especialmente suspeito como falsificação; veja "A Provenance Study of Hebrew Seals and Seal Impressions: A Statistical Analysis," em *I Will Speak the Riddle of Ancient Times--Archaeological and Historical Studies in Honor of Amihai Mazar on the Occasion of His Sixtieth Birthday*, ed. Aren Maeir e Pierre de Miroschedji (Winona Lake, IL: Eisenbrauns, 2006), 757-71. Uma análise minuciosa de selos hebraicos com procedência conhecida indica que *bn* ("filho de") é normalmente incluído (72%) e omitido apenas quando não há espaço. Selos sem procedência conhecida omitem *bn* com frequência estatisticamente maior, o que sugere falsificações nesse *corpus*.

8 Na publicação posterior de Avigad, *West Semitic Stamp Seals*, n.º 379, Alan Millard tentou explicar o nome com uma etimologia relacionada a *nwb* ("dar frutos"). Veja Millard, "Corpus of West Semitic Stamp Seals: A Review Article," *IEJ* 51 (2001): 11. Há um aparente exemplo do nome Nobai em uma lista genealógica em Neemias 10, mas o texto hebraico está corrompido (com o *Qere/Ketiv* sugerindo tanto *nwby* quanto *nyby*). Variações nos manuscritos hebraicos indicam que escribas posteriores não reconheceram *nwby* como um nome pessoal.

9 Torczyner reconstruiu o termo "profeta" em Laquis 16, mas a inscrição é fragmentária demais e incerta para que se confie nessa leitura; veja Abigail Zammit, "The Lachish Letters: A Reappraisal of the Ostraca Discovered I 1935 and 1938 at Tell ed-Duweir, Volume 1," tese de doutorado, Universidade de Oxford, 2016, 272-73. Da mesma forma, Andree Lemaire reconstruiu um "profeta" nas inscrições de Kuntillet ʿAjrud, mas essas também são fragmentárias demais para serem úteis; veja Lemaire, "Remarques sur les inscriptions phéniciennes de Kuntillet ʿAjrud," *Semitica* 55 (2013): 86-87.

10 Isso contrasta com o conceito de profeta que se desenvolve no período pós-exílico. O profeta passa a ser uma figura solitária, chamada por Deus, e não mais parte de uma comunidade profética (por exemplo, Jr 1:1-5).

11 Veja Terry Fenton, "Deuteronomic Advocacy of the *nābiʾ*: 1 Samuel IX 9 and Questions of Israelite Prophecy," *VT* 47 (1997): 38-39.

12 Cogan e Tadmor interpretam corretamente a expressão hebraica como indicando "um membro de uma guilda", e sugerem que isso reflete "irmandades vagamente organizadas que viviam juntas nas cidades do norte de Israel"; *II Kings* (Garden City: Doubleday, 1988), 31. Mas Robert Wilson defende a existência de "uma estrutura mais rígida... capaz de ação social coordenada e uma estrutura hierárquica." Veja Wilson, *Prophecy and Society in Ancient Israel*, 141.

13 Para uma discussão completa, veja Amihai Mazar e Nava Panitz-Cohen, *Tel Rehov: A Bronze and Iron Age City in the Beth-Shean Valley*, 5 vols. (Jerusalém: Israel Exploration Society, 2020).

14 Nava Panitz-Cohen e Amihai Mazar, "The Exceptional Ninth-Century BCE Northwestern Quarter at Tel Rehov," *NEA* 85 (2022): 143.

15 Veja Panitz-Cohen e Mazar, "The Exceptional Ninth-Century BCE Northwestern Quarter at Tel Rehov," 144.

16 Os únicos outros exemplos de tinta vermelha em inscrições cerâmicas são de Rosh Zayit e Kuntillet ʿAjrud.

17 F. Hatjina, G. Mavrofridis e R. Jones, eds., *Beekeeping in the Mediterranean-From Antiquity to the Present* (Nea Moudania, 2018), 44.

18 Amihai Mazar, "The Iron Age Apiary at Tel Rehov, Israel," em F. Hatjina, G. Mavrofridis, R. Jones, eds., *Beekeeping in the Mediterranean*, 44.

19 Mazar e Panitz-Cohen, *Rehov*, inscrição n.º 5. Também pode ser lida como o nome pessoal *Nemesh*, e então a dinastia seria a dos *Nimshidas* (*nmšy*), grafado com o gentílico.

20 Mazar e Panitz-Cohen, *Rehov*, inscrição n.º 6. Isso também pode ser traduzido como "pertencente ao copeiro dos Nimshidas." Veja Mazar e Panitz-Cohen para uma análise completa das possibilidades.

21 Há mais bibliografia sobre Isaías do que seria possível citar aqui. Para o leitor interessado, sugiro H.G.M. Williamson, *The Book Called Isaiah: Deutero-Isaiah's Role in the Composition and Redaction* (Oxford: Oxford University Press, 2005); e Uwe Becker, "The Book of Isaiah: Its Composition History," em *The Oxford Handbook of Isaiah*, ed. Lena-Sofia Tiemeyer (Oxford: Oxford University Press, 2020), 37-56. Acho particularmente útil a descrição de Nathan Mastnjak sobre Isaías como antologia; veja "The Book of Isaiah and the Anthological Genre," *Hebrew Studies* 61 (2020): 49-72, bem como Davage, *How Isaiah Became an Author*.

22 A publicação acadêmica oficial é Mazar, *The Ophel Excavations to the South of the Temple Mount*, 247-80. Uma discussão mais acessível pode ser encontrada no artigo de divulgação de Mazar, "Is This the Prophet Isaiah's Signature?" *Biblical Archaeology Review* 44, n.os 2-3 (2018): 64-73, 92.

23 Veja Christopher Rollston, "The Yešaʿyah[û] ('Isaiah') Bulla and the Putative Connection with the Biblical Prophet: A Case Study in Proposography and the Necessity of Methodological Caution," em *Biblical and Ancient Near Eastern Studies in Honor of P. Kyle McCarter Jr.*, ed. Christopher Rollston, Susanna Garfein e Neil Walls (Atlanta: SBL Press, 2022), 409-26.

24 Veja, por exemplo, textos como Jeremias 38. Veja Mazar e Mazar, *Excavations in the South of the Temple Mount, the Ophel of Biblical Jerusalem* e Mazar, *Ophel Excavations*. Rollston não discute o contexto do selo de Isaías, mas parece pensar que a técnica de peneiramento úmido dos loci arqueológicos significa que a *bulla* não foi descoberta em uma escavação controlada. Veja "The Yešaʿyah[û] ('Isaiah') Bulla," 209. Ele também não menciona a publicação oficial das *bullae*.

25 Mazar não oferece uma reconstrução para a impressão de selo n.º B21 (*Ophel Excavations*), mas a insígnia real é clara. A linha 2 traz o fim de um nome teofórico. Eu leio como [l-PN]/{escaravelho alado}/[*ʿbd* (ou *bn*) *ḥzqy*]*hw*/[*mlk yhd*]*h* "pertencente a PN, servo/filho de Ezequias, rei de Judá." Dado o nome pessoal na primeira linha, prefiro "filho de" - e só podemos supor a qual príncipe real isso pode ter pertencido. Manassés é meu melhor palpite.

26 Mazar, *Ophel Excavations*, 182.

27 Os escavadores originais pensaram que se tratava da área de uma padaria real e sugeriram reconstruir a inscrição como *lśr hʾw[pym]* "pertencente ao ministro da padaria." Não vejo evidência arqueológica significativa (como fornos) para apoiar essa interpretação, e os próprios autores também reconhecem a possibilidade de reconstrução como "pertencente ao ministro do tesouro"; veja Mazar e Mazar, *Excavations in the South of the Temple Mount*, 20-48.

28 Mazar, *Ophel Excavations*, 266-68 (n.º B12).

29 Veja Mazar, *Ophel Excavations*, 264. O nome Isaías torna-se relativamente popular em listas genealógicas bíblicas pós-exílicas (veja Ed 8:7, 19; Ne 11:7; 1 Cr 3:21; 25:3, 15; 26:25), o que não é surpreendente. Isso provavelmente reflete a proeminência do profeta histórico Isaías e do Livro de Isaías na tradição pós-exílica posterior. Falsificadores também apreciam o nome Isaías, que aparece pelo menos treze vezes em objetos oriundos do mercado de antiguidades. Benjamin Mazar também escavou uma inscrição fragmentária, *lyš‘<y>hw*, "pertencente a Isa<i>ias," que também teria sido contemporânea do Isaías bíblico, mas falta uma letra, o que é difícil de explicar como um simples erro; veja Dobbs-Allsop et al., *Hebrew Inscriptions*, 223-24; Yonatan Nadelman, "Hebrew Inscriptions, Seal Impressions, and Markings of the Iron Age II," em Mazar e Mazar, *Excavations in the South of the Temple Mount*, 138.

30 Conforme publicado em Yair Shoham, "Hebrew Bullae," em *Excavations at the City of David, 1978-1985 Directed by Yigal Shiloh, Volume VI: Inscriptions*, ed. Donald Ariel (Jerusalém: Institute of Archaeology, 2000), 51.

31 Rollston, "The Yeša‘yah[û] ('Isaiah') Bulla," 414-17. Veja minha crítica extensa a Rollston em "The Isaiah Bulla."

32 Mazar, *Ophel Excavations*, 263-64 (n.º B9). Mazar traduz o nome como ‘Adiyahu, o que é uma variante possível. É difícil ter certeza sobre a pronúncia antiga, mas escolho a variante que torna a etimologia do nome e suas conexões mais evidentes. Veja minha discussão mais extensa em "The Isaiah Bulla."

33 Também é cognato com outro nome profético, Odede (*‘dd*; 2 Cr 15). O nome Ido também ilustra a variação ortográfica com e sem um *aleph* final (veja Zc 1:1, 7; 1 Cr 6:6; 2 Cr 12:15; 13:22; 2 Cr 9:29; 1 Rs 4:14; Ed 5:1; 6:14; Ne 12:4, 16). O nome ‘Adiyahu aparece uma vez na Bíblia Hebraica (2 Cr 23:1), e a versão siríaca ali o translitera como Ido. O nome ‘Adiyahu ou ‘Iddoyahu também aparece em Arad 58:1. A LXX escreve o nome Ido como Αδδω, refletindo tanto a duplicação do *dalet* (do radical *‘dd*) quanto a intercambialidade de *a* e *i* na transcrição do nome.

34 Stefan Wimmer interpreta *ḥzyn* e *‘ddn* aqui como termos paralelos para "profetas" e aponta o uso do egípcio *ḥḏ* (= hebraico *ḥzh*) em um óstraco hierático levantino de Ascalom como título administrativo local para "profeta"; veja Wimmer, "A New Hieratic Ostracon from Ashkelon," *TA* 35 (2008): 66-68. Ele também aponta o uso do termo *‘ḏy* no *Conto de Wenamon* como um oficial administrativo na corte de Biblos por meio de quem o deus fala (*COS* I, 1.141).

35 O mais notável é Rollston, "The Yeša‘yah[û] ('Isaiah') Bulla."

36 Sou grato a Anat Mendel-Geberovich por ter discutido esse problema comigo.

37 Para uma discussão mais extensa, veja meu artigo "The Isaiah Bulla."

38 Veja a discussão detalhada em Schniedewind, "The Isaiah Bulla."

39 Refiro-me aos óstracos de Moussaieff publicados em Pierre Bordreuil, Felice Israel e Dennis Pardee, "King's Command and Widow's Plea: Two New Hebrew Ostraca from the Biblical Period," *NEA* 61 (1998), que citei em *How the Bible Became a Book*. Por essa razão, não podemos usar impressões de selo como a *bulla* "Pertencente a Isaías, Servo do Rei", da coleção de antiguidades de Kaufman; veja Robert Deutsch, *Biblical Period Bullae: The Josef Chaim Kaufman Collection* (Tel Aviv: Archaeological Center Publications, 2003), 51-53.

40 Sobre a fórmula do mensageiro profético como uma rubrica de escriba adaptada, veja Schniedewind, *Finger of the Scribe*.

41 Veja a discussão sobre os exercícios de escrita em Kuntillet ʿAjrud em Schniedewind, *Finger of the Scribe*, 23-48.

42 Veja Schniedewind, "Prophets in the Early Monarchy," em *Enemies and Friends of the State: Ancient Prophecy in Context*, ed. Christopher Rollston (Winona Lake, IN: Eisenbrauns, 2018), 207-17.

43 Veja, por exemplo, T. Overholt, *Channels of Prophecy: The Social Dynamics of Prophetic Activity* (Eugene, OR: Wipf and Stock, 2003).

44 Veja Schniedewind, *Finger of the Scribe*, 95-119.

45 Veja Schniedewind, *Finger of the Scribe*, 95-109.

7. Escribas entre o Povo da Terra

Um dos grupos mais misteriosos da Bíblia Hebraica é o *'Am Ha'aretz*, ou "o Povo da Terra". Tenho acompanhado esse grupo ao longo de quase toda a minha carreira, e creio que finalmente consegui decifrá-lo. Escrevi sobre eles em um livro há duas décadas, mas ainda não havia resolvido o enigma por completo naquela época. O problema começa com a própria expressão hebraica – *'am ha-'aretz*, que é composta por duas palavras hebraicas comuns: *'am* (povo) e *'eretz* (terra). Aí já está parte da dificuldade. Essas palavras podem ser usadas juntas sem qualquer sentido técnico especial, como "povo da terra". Mas, por vezes, parece referir-se a um grupo específico. Quem são eles?

Os estudiosos ofereceram múltiplas sugestões: camponeses, aristocracia fundiária, gente comum etc.[1] Não surpreende que diferentes comunidades de escribas tenham usado essas palavras comuns em diferentes épocas com diferentes nuances. Se juntarmos todas as ocorrências bíblicas, temos um amálgama confuso que tem sido objeto de debate interminável. No entanto, uma comunidade de escribas utilizou esse termo de maneira autorreferencial no Livro dos Reis, e darei atenção especial a essa comunidade aqui, tratando esse grupo como o *'Am Ha'aretz* – ou seja, como um termo técnico que se refere aos anciãos rurais.

De onde vieram eles? Vale a pena examinar a expressão hebraica *'am ha-'aretz* com um pouco mais de profundidade. A palavra hebraica *'am* significava originalmente "clã" e também pode ser traduzida como "tio". Ela remonta às antigas estruturas de parentesco de Israel.

O antigo Israel era uma cultura tribal. Estava organizado em torno de grupos familiares e relações de parentesco. A tradução de *ʿam* como "povo" reflete um desenvolvimento secundário no significado dessa palavra – especialmente no período final da monarquia, quando Judá e Jerusalém se tornaram mais urbanizadas e as antigas estruturas rurais de parentesco começaram a se desintegrar.[2] Mas as aldeias e vilarejos do interior preservaram esse significado antigo, bem como as velhas estruturas de clã. Para esses grupos, *ʿam ha-ʾaretz* não se tornou o genérico "povo da terra".

O segundo termo hebraico, *ʾereṣ* ("terra"), também contribui para o pano de fundo rural e tribal da expressão. Ele associa o antigo Israel à "terra", isto é, às pessoas que viviam e trabalhavam no campo, em contraste com os que habitavam a cidade. A etimologia de *ʿam ha-ʾaretz* sugere que devemos observar com mais cuidado o mundo histórico, social e político que deu origem ao *Am Ha'aretz*.

O mundo do 'Am Ha'aretz

O *'Am Ha'aretz* surgiu em Jerusalém como resultado da contínua investida do império assírio, que deslocou muitas populações. Até agora, concentrei-me nos refugiados vindos de Israel, mas o *'Am Ha'aretz* estava ligado a um segundo e distinto grupo de refugiados. Os refugiados israelitas foram resultado das campanhas assírias nas décadas de 730 e 720 no norte. Mas as campanhas assírias nas décadas de 710 e 700 concentraram-se nas Sefelá (baixadas) e no litoral diretamente a oeste de Jerusalém, e essas incursões geraram um grupo completamente diferente de refugiados, que se associaria ao *'Am Ha'aretz*. Eram aldeões provenientes das colinas e planícies a oeste de Jerusalém. Esses refugiados se estabeleceram na Colina Ocidental de Jerusalém, mas também em subúrbios extramuros, logo fora das muralhas da cidade, ao norte e ao oeste (ver Figura 7.1).[3]

Judá havia sido, na Idade do Ferro inicial, uma chefatura relativamente isolada e rural. Os estudiosos costumam falar sobre a ascensão do Reino Israelita ou da Monarquia Unificada, mas mesmo que

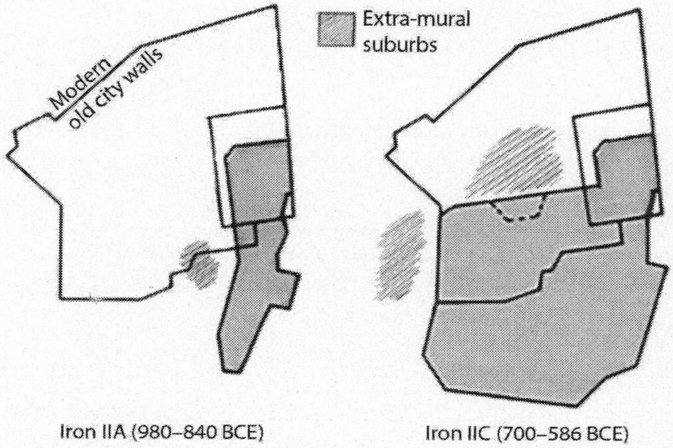

Figura 7.1 Crescimento e a urbanização de Jerusalém.
Fonte: elaborada pelo autor.

aceitemos uma breve unificação inicial dos clãs e tribos de Israel, o reino ainda era estruturado em torno de tribos e clãs. Os estudiosos têm debatido a existência da Monarquia Unificada sob Davi e Salomão com base nos registros arqueológicos,[4] mas, em minha opinião, os arqueólogos esperam demais das tribos e clãs unidos do antigo Israel. Há sinais inconfundíveis da fusão entre as tribos – por exemplo, a lealdade comum a Yahweh como divindade principal. Mas as estruturas tribais existentes não desapareceram da noite para o dia. Isso é evidente mesmo na descrição bíblica da divisão do reino de Salomão: "Vendo todo o Israel que o rei não lhes dava ouvidos, respondeu o povo ao rei: 'Que parte temos nós com Davi? Não temos herança no filho de Jessé! Às suas tendas, ó Israel! Cuida agora da tua casa, ó Davi!'" (1 Rs 12:16).

O antigo Israel era composto por reinos patrimoniais nos quais o poder e a influência ainda estavam localizados nos grupos tribais e nos anciãos dos clãs. No entanto, a ascensão do império assírio transformou profundamente a estrutura social da sociedade judaíta no final da monarquia.[5]

As transformações podem ser compreendidas a partir da demografia de Jerusalém. A população da cidade provavelmente dobrou no final do século VIII a.C. Isso se deveu a dois fluxos de refugiados. A segunda onda de refugiados veio após as campanhas assírias do rei Sargão e, sobretudo, de Senaqueribe. As incursões assírias na região das Sefelá judaítas começaram já em 712 a.C., quando Sargão conquistou as cidades de Asdode e Gate.[6] A guerra incentivou a fuga para os centros urbanos. Mas muitos refugiados provavelmente não escolheram sair voluntariamente de suas aldeias e casas.

Eventualmente, Senaqueribe concentrou suas campanhas militares nas Sefelá judaítas em 701 a.C. A destruição de Laquis – a segunda maior cidade de Judá – é famosa por estar representada nas paredes de seu palácio, mas a destruição nas Sefelá foi generalizada. Senaqueribe vangloria-se: "Quanto a Ezequias, o judeu, cerquei quarenta e seis de suas cidades fortificadas e muradas, e inúmeras pequenas cidades ao redor... Expulsei 200.150 pessoas, jovens e velhos, homens e mulheres, cavalos, mulas, jumentos, camelos, bois e ovelhas, sem conta, e os considerei como despojo."[7] Escavações e levantamentos arqueológicos confirmam os elementos essenciais dessa jactância de Senaqueribe: as Sefelá judaítas, a oeste de Jerusalém, foram devastadas.[8] Muitas cidades e vilarejos foram destruídos e jamais reconstruídos. Grandes centros urbanos como Laquis foram destruídos e posteriormente reconstruídos. Como resultado, a demografia se deslocou dos pequenos povoados para centros urbanos maiores. As pessoas deixaram as cidades e vilas das Sefelá judaítas e especialmente fugiram para Jerusalém e seus arredores.

No início do século VII, Jerusalém estava abarrotada. Os assentamentos extrapolavam as muralhas recém-expandidas da cidade para o norte e para o oeste (ver Figura 7.1). Mais distante, novas propriedades agrícolas surgiam nas imediações de Jerusalém, funcionando como subúrbios do crescente centro urbano.[9] Esse processo de assentamento foi acompanhado por uma crescente burocracia governamental. Por exemplo, escavações de resgate realizadas recentemente no bairro de Arnona, na moderna Jerusalém, apenas três quilômetros ao sul da cidade antiga, descobriram um importante centro administrativo datado dos dias do rei Ezequias e de seu filho Manassés. Perto dali, ao sul do complexo de Arnona, havia outro centro administrativo em

Ramat Rahel.[10] Centenas de impressões de selos reais e administrativos foram escavadas nesses sítios, sugerindo seu papel crucial na organização da urbanização de Jerusalém e de Judá.

A segunda onda de refugiados que adentrou Jerusalém e seus arredores provinha das cidades e vilarejos situados nas colinas ocidentais de Jerusalém. A cidade e seus subúrbios estavam agora tomados por duas diferentes comunidades de refugiados – a primeira, vinda do norte; a segunda, vinda do oeste.

A segunda onda de refugiados estava relacionada ao *'Am Ha'aretz*. Eles também aparecem no registro epigráfico, particularmente em impressões de selos. Existem duas categorias de impressões de selos – aquelas relacionadas às atividades da economia estatal e aquelas não relacionadas à economia estatal. Como podemos diferenciá-las?

Algumas inscrições pertencem, de forma evidente, à administração governamental, como as impressões reais *lmlk* ("pertencente ao rei"). Uma categoria relacionada de inscrições "privadas" aparece pré-impressa em alças de jarros – ou seja, ainda fazem parte da economia oficial. Os nomes pessoais nessas alças aparecem repetidas vezes em jarros escavados em diferentes sítios. E essas impressões "privadas" de alças de jarros são encontradas até nos mesmos jarros que contêm selos reais *lmlk*.

Mas há também outra classe de impressões de selo que começa a surgir no final do século VIII – impressões de selos "pessoais" que não estão afixadas em jarros. Nenhuma das impressões "pessoais" traz os mesmos nomes que as impressões "privadas" nas alças dos jarros. Em outras palavras, tratam-se de duas comunidades de escribas diferentes. Os escribas mencionados nas impressões "privadas" de alças de jarros faziam parte do aparato governamental – pertenciam à comunidade de escribas administrativos. Mas quem são as pessoas mencionadas nas impressões "pessoais" de selos?

Elas participam do comércio e provavelmente pagam impostos, mas não fazem parte da administração estatal. Eu as identifico como pertencentes à comunidade de escribas do *'Am Ha'aretz*. O *'Am Ha'aretz* fugiu para Jerusalém e seus arredores como refugiados que escaparam das invasões assírias. Eventualmente, esses refugiados se tornariam parte do crescimento urbano e suburbano de Jerusalém no final da monarquia.

A comunidade de escribas do 'Am Ha'aretz e sua literatura

O *'Am Ha'aretz* desenvolveu sua própria comunidade de escribas. O melhor exemplo pode ser visto na atualização josiana do *Livro dos Reis*, mas eles também deixaram sua marca em outras literaturas do final da monarquia, como o "Código da Santidade" (*Levítico* 17-26) e a atualização do *Livro do Deuteronômio*.[11] Esses dois textos concentram-se no destino do campo, em oposição à cidade de Jerusalém. O *Código da Santidade*, por exemplo, está preocupado com as pessoas nos "assentamentos" (hebraico *môshav*), ou seja, vilarejos sem muralhas. Ele também menciona repetidamente povos deslocados usando a palavra hebraica *gēr*, frequentemente traduzida como "estrangeiro residente", embora o termo se refira, na verdade, a refugiados. Em certo momento, o *Código da Santidade* até fala do *'Am Ha'aretz* (Lv 20:2, 4), mas eles não são um tópico recorrente.

Deuteronômio também demonstra preocupação com pessoas deslocadas "às tuas portas", além de pedir misericórdia e bondade com "a viúva, o órfão e o refugiado [*gēr*]". Estes são os sobreviventes da guerra, das campanhas militares assírias. Um interesse por refugiados, viúvas e órfãos reflete os resultados das campanhas assírias durante o fim da monarquia judaíta. Nenhuma dessas obras está particularmente interessada em apoiar o poder do rei, a corte real e a administração, tampouco discute as atividades no Templo de Jerusalém.

Além desses livros, o *Livro de Miqueias* apresenta seu personagem principal como alguém oriundo da vila de Moresete, nas colinas da Judeia. Embora a tradição posterior o inclua entre os Profetas, ele nunca é formalmente intitulado *nabî'* no livro bíblico, e critica os profetas, que ele inclui como parte da elite urbana e burocrática de Jerusalém (Mq 3:5-12). *Jeremias* 26:18 recorda Miqueias como um profeta de desgraça, provavelmente remetendo às invasões assírias que devastaram as colinas da Judeia, onde Miqueias vivia.[12] Miqueias dirige críticas a Jerusalém e às elites urbanas de Judá (1:5-9, 13), sendo particularmente crítico quanto à influência dos "sobreviventes de Israel" em Judá (2:12; 3:1-10). Isso reflete a tensão natural entre dois grupos de refugiados muito diferentes – os oriundos do norte de Israel e os das colinas da Judeia. O *Livro de Miqueias* reflete os interesses do campo e da comunidade de escribas do *'Am Ha'aretz*.

Um texto fundamental da comunidade de escribas *'Am Ha'aretz* foi uma nova edição do *Livro dos Reis*. Uma versão anterior do *Livro dos Reis* havia sido compilada na corte do rei Ezequias (mencionado no Capítulo 3), mas há um consenso acadêmico antigo de que houve uma "edição" josiana do *Livro dos Reis*. Eu argumentaria que se tratou, na verdade, apenas de uma atualização de um trabalho anterior feito por escribas da corte, especialmente nos dias de Ezequias. Como veremos, o *'Am Ha'aretz* havia se tornado parte da administração josiana, e a expressão hebraica genérica foi adotada como uma autodescrição desse grupo, de modo que se tornou agora um termo técnico para identificá-lo.

Como sabemos que essa comunidade de escribas, que estou chamando de *'Am Ha'aretz*, ajudou a editar o *Livro dos Reis*? Porque eles aparecem no livro de forma limitada, em dois momentos da história dos reis de Judá – momentos que são cruciais para a edição do *Livro dos Reis*. Primeiro, eles desempenham um papel central na derrubada da rainha Atalia e na instalação de Joás como novo rei. Segundo, figuram com destaque na entronização de Josias. Essas duas histórias também têm conexões literárias próximas, e são narrativas decisivas na estrutura do *Livro dos Reis*.

A história do rei Joás em 2 Reis 11 começa com a ascensão de Atalia como rainha. O reinado da rainha começa com sua tentativa de destruir o restante da linhagem real, mas a princesa real Jeoseba esconde seu irmãozinho Joás (vv. 1-3). É provável que o pequeno príncipe tenha sido levado para fora de Jerusalém e escondido no campo. Após seis anos, o sacerdote Joiada trama o golpe. Joiada começa recrutando um grupo de mercenários, os caritas (vv. 4, 19), que são desconhecidos em outros lugares da literatura bíblica. Os escribas provavelmente estavam pensando nos carianos, bem conhecidos como mercenários do Egeu tanto no Egito quanto na Babilônia na Antiguidade. Por exemplo, o faraó egípcio Psamético I (664-610 a.C.) menciona o uso de mercenários carianos.[13] E a cultura material egeia aparece com destaque nas escavações arqueológicas no sítio costeiro judaíta de Mesad Hashavyahu durante o final da monarquia, e estudiosos acreditam que mercenários gregos possam ter estado presentes ali. Isso se encaixa no contexto de uma edição josiana do *Livro dos Reis*. Tais grupos de mercenários seriam conhecidos pelos escribas que atuavam ao longo das planícies costeiras, como a comunidade de escribas *'Am Ha'aretz*. Na história bíblica, Joiada precisava de um grupo não vinculado ao governo nem ao exército oficial para executar seu golpe, e os caritas preenchiam esse perfil. É improvável que os caritas estivessem presentes no século IX a.C., nos dias de Atalia e Joás, mas eles estavam presentes no final do século VII, quando os escribas *'Am Ha'aretz* estavam atualizando o *Livro dos Reis*.

A história continua após Joiada garantir o apoio necessário para o golpe. Eles levam o menino de sete anos, Joás, ao templo e o ungem rei segundo o costume tradicional (vv. 9-12). Quando Atalia ouve a comoção, vai ao templo investigar. Ela vê o novo rei "em pé junto à coluna, conforme o costume" – um detalhe curioso, mas importante – e o restante do grupo fazendo aclamações. Ela grita: "Traição!", mas a levam e a executam (vv. 13-16). Nesse momento, o sacerdote Joiada faz um pacto com o povo, restaurando o herdeiro davídico. O papel do *'Am Ha'aretz* torna-se proeminente na conclusão da história, e vale citar o relato aqui (vv. 17-20):

> Joiada fez um pacto entre o Senhor e o rei e o povo, para que fossem o povo do Senhor; e também entre o rei e o povo. Então todo o *'Am Ha'aretz* foi à casa de Baal e a derrubou; despedaçaram os seus altares e as suas imagens, e mataram Matã, sacerdote de Baal, diante dos altares. O sacerdote colocou guardas sobre a casa do Senhor. Tomou os capitães, os caritas, os guardas e todo o *'Am Ha'aretz*; então conduziram o rei da casa do Senhor, passando pelo portão da guarda até o palácio do rei. Ele sentou-se no trono dos reis. Assim, todo o

> *'Am Ha'aretz* se alegrou, e a cidade ficou tranquila. E mataram Atalia à espada na casa do rei.

O *'Am Ha'aretz* protege primeiramente a religião tradicional javista, destruindo o culto a Baal. Em seguida, instalam um herdeiro davídico leal à sua visão de mundo. Ajuda o fato de que o novo rei tem apenas sete anos. O último versículo traz um contraste marcante: "todo o *'Am Ha'aretz* se alegrou, e a cidade ficou tranquila." Esse contraste parece intencional. Recorda tensões sociais típicas entre áreas urbanas e rurais. O *'Am Ha'aretz* representa o campo, mas também exerce poder político nesta narrativa. Eles não são apenas as massas desorganizadas ou um grupo de camponeses pobres. O *'Am Ha'aretz* é parte da força por trás do trono aqui.

A história do golpe de Joás aponta, na narrativa, para a segunda aparição do *'Am Ha'aretz* no Livro dos Reis – a ascensão do jovem príncipe Josias ao trono. O *'Am Ha'aretz* reaparece na história do assassinato do rei Amom (2 Rs 21:23-24). O pai de Josias, Amom, havia reinado apenas dois anos quando "os servos de Amom conspiraram contra ele e mataram o rei em sua própria casa. Então o *'Am Ha'aretz* matou todos os que haviam conspirado contra o rei Amom, e o *'Am Ha'aretz* fez seu filho Josias reinar em seu lugar." A história se repete. Um jovem príncipe é novamente colocado no trono pelo *'Am Ha'aretz*. O paralelo é marcante. Nesta história, Josias tem apenas oito anos quando o *'Am Ha'aretz* o unge como rei. Podemos presumir que se trata de um governo por procuração, dado o jovem rei. O *'Am Ha'aretz* deve, mais uma vez, ser o poder por trás do trono.

As conexões matrilineares de Josias são importantes para esta história e para os escribas bíblicos de modo geral. Por exemplo, o Livro dos Reis faz questão de registrar o nome de quase todas as rainhas-mães na história de Judá. Assim, as esposas e mães dos reis contam uma parte importante da história.[14] Neste caso, a mãe de Josias vem de uma vila rural da Judeia chamada Bozcate (2 Rs 22:1). A cidade é mencionada nas listas tribais em Josué, onde é colocada entre as cidades maiores de Laquis e Eglom (Js 15:39). Como ela não é mencionada novamente na literatura bíblica, podemos presumir que

Bozcate era uma cidade pequena. Bozcate era uma vila tão pequena na Sefelá judeia que ainda não temos certeza de onde ficava exatamente.[15] Josias, por sua vez, toma como esposa uma mulher de outra cidade pequena na mesma região da Sefelá, uma certa Hamutal da cidade de Libna (2 Rs 23:31). E mais tarde na história o *'Am Ha'aretz* escolhe especificamente o filho dela, Jeoacaz, e o coloca no trono quando Josias morre repentinamente numa batalha em Megido. No entanto, os egípcios, insatisfeitos com a escolha do *'Am Ha'aretz*, o depõem e colocam Jeoaquim no trono, cuja mãe era de Rumá, na Galileia (2 Rs 23:36). A escolha aqui destaca novamente a tensão entre dois grupos de imigrantes – um do norte e outro da Sefelá da Judeia. Essas mulheres são uma janela para as mudanças na liderança política, no caso final retornando ao norte e aos dias do rei Amom, cuja mãe também era da Galileia (2 Rs 21:19). Nessas conexões matrilineares, as tensões entre diferentes grupos sociais e políticos se manifestam, e o pano de fundo social do *'Am Ha'aretz* torna-se mais claro. O Livro dos Reis faz questão de ressaltar as origens rurais de Josias. Sua família também não está afiliada à Galileia ou ao antigo reino do norte – presumivelmente mais progressistas e mais propensos à assimilação de práticas religiosas. Josias não é um rapaz da cidade, e sua família está ligada à política rural conservadora do *'Am Ha'aretz*.

A entronização de Josias levou, eventualmente, a reformas religiosas. Assim como na história de Joás, um sacerdote desempenha um papel central. Neste caso, é o sumo sacerdote Hilquias quem encontra um livro (22:8), o qual passa ao escriba Safã, que o lê para Josias. Isso precipita uma série de reformas religiosas. Embora o *'Am Ha'aretz* não seja explicitamente mencionado nas reformas (como ocorre na história de Joás), eles eram, ainda assim, o poder por trás do trono, e há indícios literários de sua participação. Por exemplo, as reformas começam com a descrição de Josias "de pé junto à coluna" (23:3) – um detalhe marcante que só aparece, além deste episódio, na história do golpe de Joás. As histórias de Joás e Josias também empregam mulheres de forma proeminente. A princesa Jeoseba esconde o jovem príncipe Joás, e a profetisa Hulda é consultada por Josias para suas reformas religiosas. Isso sugere que o *'Am Ha'aretz* pode ter tido um papel na promoção da participação das mulheres nas profissões ligadas à escrita. Em suma, os relatos de Joás e Josias estão ligados de diversas formas, grandes e pequenas. A conexão entre as duas histórias foi, sem dúvida, intencional por parte da comunidade de escribas.

A comunidade de escribas do *'Am Ha'aretz* estabeleceu conexões em Jerusalém porque muitos foram forçados a se reassentar ali após a destruição assíria de suas casas. Mas mantiveram seus vínculos com a liderança rural mesmo enquanto conquistavam acesso à corte real, ao ajudar a estabelecer o jovem Josias como rei. Josias era um dos seus – um príncipe com laços familiares com o interior da Judeia –, e o *'Am Ha'aretz* permaneceu ligado à liderança tradicional entre os clãs e famílias das aldeias, especialmente na Sefelá judeia. Assim, não surpreende que, ao descreverem as reformas de Josias, os escribas do *'Am Ha'aretz* incluam a liderança tribal tradicional: "O rei mandou reunir junto de si todos os anciãos de Judá e de Jerusalém" (23:1). Os anciãos tornam-se, de repente, um grupo importante na história de Josias. Isso contrasta com a liderança sob o rei Ezequias, que se concentra na administração real: "O rei enviou Eliaquim, o mordomo do palácio, Sebna, o escriba, e os sacerdotes mais velhos ao profeta Isaías, filho de Amós" (2 Rs 19:2). Os escribas do *'Am Ha'aretz* adentram a corte real e escrevem sobre si mesmos e sua comunidade ao atualizarem o relato dos reis de Judá.

O *'Am Ha'aretz* também reaparece na conclusão do reinado de Josias. Josias faz uma tentativa imprudente de impedir a marcha do faraó Neco rumo ao norte para encontrar o rei babilônico Nabucodonosor, e é morto em batalha. Após a morte de Josias, "o *'Am Ha'aretz* tomou Joacaz, filho de Josias, ungiu-o e o fez rei em lugar de seu pai" (2 Rs 23:30). Os planos políticos do *'Am Ha'aretz*, porém, não dão certo aqui. O faraó Neco retorna da batalha e substitui Joacaz por seu próprio rei vassalo, Jeoaquim. E o *'Am Ha'aretz* tem que pagar por suas maquinações políticas: "Jeoaquim entregou a prata e o ouro ao faraó, mas impôs tributos à terra para satisfazer a exigência do faraó. Ele cobrou a prata e o ouro do *'Am Ha'aretz*, de cada um conforme a sua avaliação, para entregá-los ao faraó Neco" (v. 35). Em suma, o *'Am Ha'aretz* aqui não é apenas um grupo de camponeses rurais. Eles são evidentemente uma elite proprietária de terras, com meios financeiros e interesses e agendas políticas, e sua história foi incorporada à atualização josiaica do Livro dos Reis.

Quando o Livro dos Reis foi revisado e atualizado novamente por uma comunidade de escribas ainda posterior (provavelmente no final do século VI a.C.), o *'Am Ha'aretz* já não era mais um grupo social ou político definido. O *'Am Ha'aretz* havia sido desmantelado e despossuído pela destruição babilônica de Judá e Jerusalém. Assim, para os escribas posteriores, o *'Am Ha'aretz* passa a ser entendido, literalmente, apenas como "o povo da terra" no sentido mais genérico. De fato, o termo passa a significar o oposto de uma elite rural proprietária e influente. É entendido como os mais pobres da terra. Vemos isso em um capítulo que foi anexado ao final do livro dos Reis. O capítulo 25 afirma que não havia alimento para "o povo da terra" (v. 3). Aqui, a expressão hebraica *'am ha-'areṣ* é usada para se referir às massas empobrecidas. Em tempos de exílio e pós-exílio, o *'Am Ha'aretz* e sua comunidade de escribas já não existiam. Eles haviam sido eliminados pelas invasões babilônicas. Tudo o que restou foi o legado em suas obras literárias.

Uma obra literária frequentemente associada às reformas josiânicas é o livro do Deuteronômio. No entanto, uma associação demasiadamente estreita é equivocada, como Lauren Monroe aponta em seu livro *Josiah's Reform and the Dynamics of Defilement*.[6] Monroe demonstra que o relato literário da Reforma de Josias não está tão estreitamente conectado ao Deuteronômio como alguns estudiosos haviam sugerido. Em vez disso, as reformas estão focadas em questões de pureza e impureza que estão mais relacionadas à literatura do chamado "Código de Santidade". Isso, na verdade, faz sentido, uma vez que o "rolo" foi encontrado por um sacerdote, Hilquias. Nesse sentido, deveríamos mesmo esperar que as reformas de Josias tivessem uma influência sacerdotal (ver Capítulo 9).

Sempre houve algo que me incomodou na associação entre o Deuteronômio e as Reformas de Josias. Em primeiro lugar, o Livro do Deuteronômio não se apresenta como um "rolo", mas é dramaticamente apresentado como um discurso oral de Moisés. O livro começa com: "Estas são as palavras que Moisés falou" (Dt 1:1). Mais do que isso, o

Deuteronômio gira em torno da figura de Moisés como legislador. O livro começa e termina com Moisés. Ele se inicia com Moisés proferindo um discurso de despedida, quando Israel está prestes a atravessar o Jordão em direção à Terra Prometida. O discurso de Moisés conclui-se no capítulo 27, e o livro como um todo termina com a narrativa da morte de Moisés. O livro do Deuteronômio é inteiramente centrado em Moisés – mas o rolo encontrado por Hilquias não tem qualquer associação com Moisés. Isso parece uma omissão enorme – isto é, caso os escribas que contaram a história tivessem a intenção de que entendêssemos aquele rolo como sendo o Deuteronômio em sua forma final.

Na verdade, os escribas sacerdotais posteriores, que compilaram o Livro das Crônicas (provavelmente no século IV a.C.), entenderam que essa omissão precisava ser corrigida. Assim, no relato escrito durante o período persa, eles fazem a conexão de forma clara: "O sacerdote Hilquias encontrou o rolo da Torá do Senhor dada por intermédio de Moisés" (2 Cr 34:14). Mas essa nota não aparece no Livro dos Reis. Reis nunca atribui o rolo encontrado a Moisés. Ele é chamado de "rolo da Torá" e "rolo da Aliança", mas nunca se sugere que Moisés tenha qualquer relação com ele. A figura central na descoberta do rolo é apenas o sacerdote Hilquias, seguido pelo escriba Safã, que recebe o rolo e o lê. Só isso já deveria nos levar a buscar influências sacerdotais nas Reformas de Josias – e foi exatamente isso que Monroe demonstrou em sua análise. Mais especificamente, a Reforma de Josias aborda questões de impureza conforme articuladas no "Código de Santidade", uma seção do Livro de Levítico (cap. 17—26).

Outro equívoco comum sobre as Reformas de Josias é a ideia de que elas estavam voltadas para a centralização do culto em Jerusalém. Essa ideia talvez seja parte do legado de se ler as Reformas de Josias pela lente do Deuteronômio, em particular Deuteronômio 12 (a chamada "Lei da Centralização"). No entanto, a centralização não está no centro das Reformas de Josias. A centralização provavelmente foi um aspecto de uma reforma anterior, realizada sob o rei Ezequias, mencionada em apenas um versículo bíblico: "[ele] removeu os altos" (2 Rs 18:4). Escavações arqueológicas sustentam essa compreensão da Reforma de Ezequias.[17] Vários templos e santuários judaítas fora de Jerusalém deixam de existir abruptamente no registro arqueológico no final do século VIII a.C. O final do século VIII foi um período de centralização de Jerusalém – demográfica, política e religiosamente. Provavelmente houve uma continuidade desse movimento centralizador no século VII, mas não foi ali que ele começou.

A Reforma de Josias estava mais preocupada com uma ideologia religiosa de pureza. Por exemplo, há uma tensão interessante entre os sacerdotes do interior, cujos santuários foram profanados, e a hierarquia sacerdotal de Jerusalém. Mas no final, os sacerdotes de diversas cidades receberam um lugar no culto religioso: "Contudo, os sacerdotes dos altos não subiram ao altar do Senhor em Jerusalém, mas comeram pães sem fermento entre seus irmãos" (2 Rs 23:9). A comunidade de escribas do *'Am Ha'aretz* estava aliada aos sacerdotes e levitas rurais. Formou-se uma aliança entre a comunidade sacerdotal rural, os levitas e os anciãos em apoio ao jovem rei Josias. Essa comunidade de escribas atualizou o Livro dos Reis, bem como o Livro do Deuteronômio, e coletou as tradições sacerdotais conhecidas como "Código de Santidade".

Uma inscrição da comunidade de escribas do 'Am Ha'aretz

Há evidência no registro epigráfico para a comunidade de escribas do *'Am Ha'aretz*? Talvez. Já apontei que existem muitas impressões de selos pessoais de indivíduos que parecem ter atuado fora da administração governamental. Algumas dessas provavelmente representam a comunidade de escribas do *'Am Ha'aretz*. Um exemplo mais sólido dessa comunidade pode ter sido escavado numa pequena fortaleza agrícola conhecida como Mesad Hashavyahu, ou "Forte Hashavyahu", onde arqueólogos encontraram um óstraco judicial incomum. A fortaleza está distante de qualquer centro urbano; situa-se cerca de 25 km ao sul de Jafa (a moderna Tel-Aviv) e aproximadamente 1,7 km ao sul do pequeno porto de Yavne-Yam, próximo ao litoral do Mediterrâneo (Figura 7.2). O nome antigo da fortaleza é desconhecido, e o nome moderno deriva de um ostracon fragmentário encontrado no local que diz: [ ]לחשביהו בן יא – "pertencente a *Ḥashavyahu*, filho de Ya'a [ ]".[18]

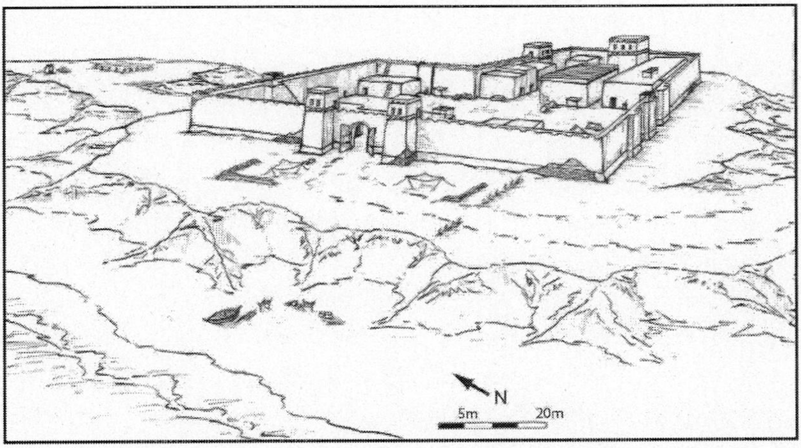

Figura 7.2 Representação artística do Forte Hashavyahu.
Fonte: Andrew Herbek.

O epigrafista Joseph Naveh, que publicou pela primeira vez as inscrições do forte, já havia notado que esse nome era "comum entre os levitas".[19] Há pelo menos nove figuras sacerdotais ou levíticas na literatura bíblica com esse nome (ver Ed 8:19, 24; Ne 3:17; 10:12; 11:15, 22; 12:21; 1 Cr 6:30; 9:14; 25:3; 26:30; 27:17; 2 Cr 35:9).[20] Esse nome, juntamente com a localização remota, começa a sugerir que o sítio e seu famoso óstraco podem estar relacionados à comunidade de escribas do *'Am Ha'aretz*.

O óstraco menciona outro lugar, Hatzar 'Asam, que literalmente se traduz como "um assentamento (não murado) de armazenamento". A primeira palavra, *Ḥatzar*, conhecida em várias línguas e literaturas cognatas como o ugarítico e o acadiano, refere-se a uma propriedade agrícola ou a uma aldeia não murada. A palavra *'Asam* é conhecida principalmente como um substantivo com o sentido de "armazenamento" ou "celeiros", embora a forma verbal possa estar associada ao ato de "ajuntar" ou "recolher". Parece provável que a Fortaleza de Hashavyahu protegesse uma série de propriedades agrícolas e pequenos assentamentos nos arredores. Uma configuração semelhante é descrita em Josué 15:45-47, com sítios fortificados acompanhados de aldeias e propriedades menores (*ḥatzerîm*).

O principal óstraco encontrado no sítio parece ser um documento judicial. Trata-se da queixa de um ceifeiro contra seu superior, Hoshaia, filho de Shobai. Hoshaia parece ser um administrador agrícola vinculado ao governo, e o trabalhador dirige sua queixa ao "Comandante", presumivelmente uma forma abreviada do título bem conhecido "Comandante da Fortaleza".[21] Essa interpretação faz sentido considerando o local onde o óstraco foi encontrado: a sala da guarda da fortaleza, onde normalmente ocorriam atividades administrativas oficiais.

A reclamação parte de um trabalhador agrícola, mas não está claro se ele próprio escreveu o texto. Provavelmente não. É mais plausível que ele tenha recorrido a um oficial local da fortaleza como escriba. O texto pode ser traduzido da seguinte forma:

> Que meu senhor, o Comandante, ouça a petição de seu servo. Teu servo estava ceifando. Teu servo estava em *Ḥaṣer ʾAsam*, e teu servo ceifou e terminou. Ora, ele havia armazenado o cereal alguns dias antes do sábado. Quando teu servo terminou a colheita e armazenou o cereal, alguns dias atrás, então Hoshaia, filho de Shobai, veio e tomou a veste de teu servo! Quando terminei minha colheita – neste exato dia – ele tomou a veste de teu servo! E todos os meus companheiros testemunharão por mim, aqueles que estavam ceifando comigo debaixo do calor do sol. Meus companheiros testemunharão por mim. Em verdade, sou inocente de qualqu[er culpa. Que ele venha e devolva] minha veste. Certamente o poder pertence ao oficial para devolv[er a veste de teu] ser[vo. Que tenhas] pieda[de] dele [e devolvas a veste de teu se]rvo, e não permaneças em silêncio [...]

A inscrição em si é um tanto paradoxal. Por um lado, a escrita é elegante, claramente de uma mão bastante experiente (ver Figura 7.3). Por outro lado, o conteúdo da queixa é escrito de maneira desajeitada e repetitiva. Não é um grande exemplo de literatura. Temos, portanto, um texto mal escrito com uma caligrafia muito bem feita! Joseph Naveh, que publicou o óstraco, sugeriu que o texto foi escrito

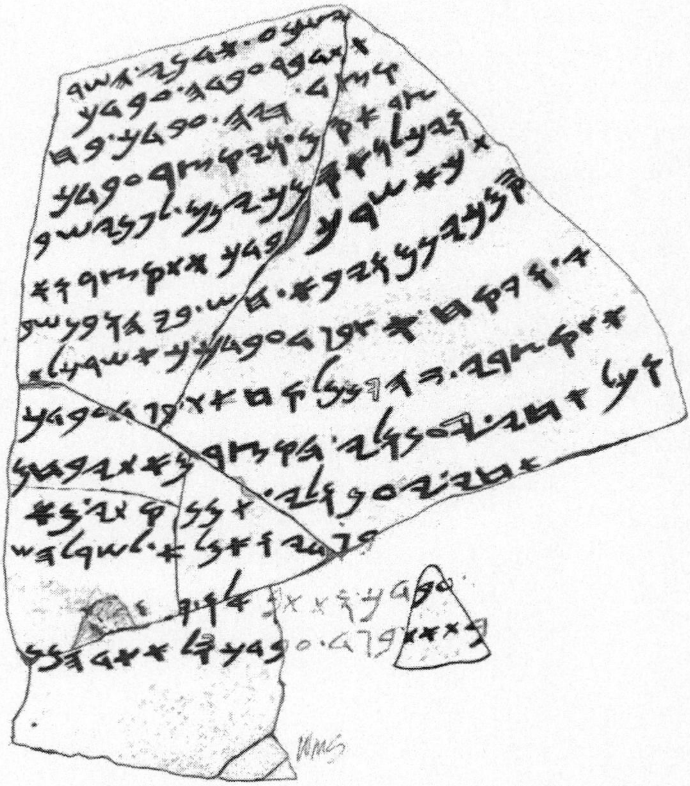

Figura 7.3 Inscrição de Mesad Hashavyahu.

Fonte: elaborada pelo autor.

por um escriba experiente a partir do ditado do trabalhador. Assim, ele conseguiu explicar tanto a caligrafia elegante quanto o estilo desajeitado e repetitivo.

Mas isso não explica algumas características incomuns na escrita. Por exemplo, a letra hebraica *ʾaleph* é escrita normalmente dezesseis vezes (𐤀), mas aparece invertida cinco vezes (nas linhas 1, 2, 6, 8 [2x]). Isso precisa ter sido intencional, mas é difícil explicar isso levando em conta a mão refinada do escriba – a menos que tenha sido uma prática de escrita de uma comunidade diferente. Há exemplos desse fenômeno em alguns selos, geralmente explicados como erros.[22] Se tivesse ocorrido apenas uma vez, poderíamos entender como engano, mas cinco vezes indica intencionalidade. Isso aponta para uma comunidade distinta de prática escribal.

Outro exemplo é o *dalet* com cabeça aberta, que normalmente teria um topo triangular fechado e, portanto, não se ajusta à prática geral de escribas nem a outras inscrições administrativas, como os óstracos de Arad. Se fossem apenas uma ou duas idiossincrasias, poderíamos ignorar, mas há outras particularidades na caligrafia que Naveh apontou, e algumas que eu mesmo identifiquei.[23] Como explicá-las? Sabemos que diferentes comunidades de escribas desenvolveram estilos próprios. Acredito que este seja um estilo ligado a uma comunidade de escribas distinta – a do *'Am Ha'aretz*.

Os estudiosos geralmente baseiam sua tipologia paleográfica em textos administrativos governamentais – porque é isso que mais se preservou. Mas aqui temos algo bastante diferente, tanto no conteúdo quanto no local onde foi encontrado. Isso sugere que cada comunidade de prática de escribas desenvolvia seu próprio estilo. Como a leitura e a escrita eram aprendidas por meio de um sistema de aprendizagem/aprendizagem-aprendiz/aprendizado por tutoria dentro de profissões distintas, cada comunidade de prática podia desenvolver características próprias. Isso incluiria variações sutis de vocabulário, ortografia e caligrafia. Por um lado, a língua e cultura vernáculas compartilhadas exerciam uma influência unificadora; por outro lado, as diferentes profissões produziam suas próprias comunidades de prática, moldadas pelo modelo de aprendizado por meio da convivência e prática profissional.

Estudiosos observaram como o clamor pelo retorno da veste do trabalhador ecoa questões de justiça para com os trabalhadores na literatura bíblica (ver Êx 22:25-27; Lv 25:53; Dt 24:10-13; Am 2:8; Pv 20:16; 27:13). Um aspecto marcante do apelo é a aparente referência ao sábado: "ele armazenou (o cereal) alguns dias atrás, antes do sábado (*lpnyšbt*)." A palavra hebraica *šbt*, que traduzi como "sábado", poderia também ser apenas um verbo no infinitivo, ou seja, "antes de parar". A objeção à tradução como "sábado" parece se concentrar mais num debate sobre a história do sábado como instituição religiosa, e não vejo motivo para pensar que o sábado tenha sido inventado no período pós-exílico. Na verdade, creio que se trata da evidência extrabíblica mais antiga do sábado, mesmo que não esteja claro que ele já carregasse todas as implicações religiosas desenvolvidas posteriormente.

Com efeito, referências ao sábado no arquivo judaico de Elefantina, no Egito, datado do século V a.C., pressupõem que a instituição já era conhecida muito antes do exílio.[24] O sábado aparece de forma proeminente no Decálogo, bem como na literatura sacerdotal mais antiga (e.g., Êx 20:8-11; 31:13-16), incluindo o Código da Santidade. Este último enfatiza a observância do sábado "em todas as vossas moradas" (Lv 23:3), uma expressão que remete à visão rural do mundo refletida no Código da Santidade.[25] O interesse por justiça para com um trabalhador agrícola rural está em plena consonância com as preocupações desse código. Esse é mais um aspecto da inscrição do Forte Hashavyahu que pode ser relacionado à comunidade de escribas do *'Am Ha'aretz*.

Como grupo social originalmente rural, a comunidade de escribas do *'Am Ha'aretz* é difícil de identificar com precisão no registro epigráfico. Seu papel na vida política de Judá também foi transitório. Eles foram forçados a se reassentar em Jerusalém como refugiados após as invasões assírias do final do século VIII a.C. Com o tempo, conseguiram exercer algum poder político e social em Jerusalém durante o reinado do rei Josias. Mas, quando Josias morreu, o *'Am Ha'aretz* perdeu sua influência. Tentaram retomá-la ao instalar Jeoacaz como rei, mas os egípcios o substituíram por seu vassalo Jeoaquim, que não tinha laços com o *'Am Ha'aretz* nem com o interior de Judá.

O *'Am Ha'aretz* e sua comunidade de escribas então desapareceram da história. Até mesmo seu nome, *'Am Ha'aretz*, foi esquecido. Tornaram-se apenas as massas, os mais pobres "do povo da terra". Mas alguns vestígios de sua herança literária sobreviveram na Bíblia. O exílio babilônico forçou a consolidação e a compilação dos textos bíblicos tradicionais. A literatura do *'Am Ha'aretz* foi editada e reelaborada quando uma biblioteca foi mais tarde reunida, compilada e organizada. O Código da Santidade, por exemplo, tornou-se parte de um livro sacerdotal maior chamado Levítico. Sua edição do Livro dos Reis foi editada e atualizada posteriormente. Um legado literário da comunidade de escribas do *'Am Ha'aretz* persistiu.

Notas

1 John Thames resume a história da pesquisa em seu artigo "A New Discussion of the Meaning of the Phrase *ʿam hā-ʾāreṣ* in the Hebrew Bible," *JBL* 130 (2011): 109-25. Thames descarta toda a pesquisa anterior sobre esse termo por causa da diversidade de interpretações.

2 Esse desenvolvimento está bem exposto no *Hebrew and Aramaic Lexicon of the Old Testament*, *ad loc.*, "עַם" significado A: tio paterno, latim *patruus*; B: parentes (paternos), clã, parentesco; C: povo; todos esses significados dizem respeito à mesma palavra, cujo significado original está preservado no item A.

3 Isso é discutido extensivamente na dissertação de doutorado não publicada de Gabriel Barkay, em hebraico; veja também Barkay, "The Iron II-III," em *The Archaeology of Ancient Israel*, ed. Amnon Ben-Tor (New Haven: Yale University Press, 1992), 371-72.

4 Veja, por exemplo, o debate entre Israel Finkelstein e Amihai Mazar em *The Quest for the Historical Israel: Archaeology and the History of Early Israel* (Atlanta: SBL Press, 2007).

5 Veja o estudo clássico de David Schloen, *The House of the Father as Fact and Symbol: Patrimonialism in Ugarit and the Ancient Near East* (Winona Lake, IN: Eisenbrauns, 2001), 135-86; sobre as mudanças, veja Baruch Halpern, "Jerusalem and the Lineages in the Seventh Century BCE: Kinship and the Rise of Individual Moral Liability," em *Law and Ideology in Monarchic Israel*, ed. Baruch Halpern e Deborah Hobson (Sheffield: JSOT Press, 1991), 11-107.

6 Veja Faust, *Neo-Assyrian Empire in the Southwest*, 35-59.

7 Tradução por Cogan, "Sennacherib's Siege of Jerusalem," em *Context of Scripture*, 2.119B.

8 Veja Israel Finkelstein e Nadav Naʾaman, "The Judahite Shephelah in the Late 8th and Early 7th Centuries BCE," *Tel Aviv* 31 (2004): 60-79; Yehuda Dagan, "Results of the Survey: Settlement Patterns in the Lachish Region," em *The Renewed Archaeological Excavations at Lachish (1973-1994)*, ed. David Ussishkin (Tel Aviv: Sonia and Marco Nadler Institute of Archaeology, 2004), 2672-90.

9 Veja Yigal Moyal e Avraham Faust, "Jerusalem's Hinterland in the Eighth-Seventh Centuries BCE: Towns, Villages, Farmsteads, and Royal Estates," *PEQ* 147 (2015): 283-98; Faust, *Neo-Assyrian Empire in the Southwest*, 92-100.

10 Veja N. Ben-Ari, N. Sapir, Ido Koch e Oded Lipschits, "New 'Private' Stamped Jar Handles from the Mordot Arnona Excavations," *Atiqot*, no prelo; Yaʿakov Billig, Liora Freud e Efrat Bocher, "A Luxurious Royal Estate from the First Temple Period in Armon ha-Natziv, Jerusalem," *TA* 49 (2022): 8-31; N. Sapir, N. Ben-Ari, L. Freud e O. Lipschits, "History, Economy and Administration in Late Iron Age Judah in Light of the Excavations at Mordot Arnona, Jerusalem," *TA* 49 (2022): 32-53.

11 Sobre o Código de Santidade e as reformas de Josias, veja a análise de Lauren Monroe em *Josiah's Reform and the Dynamics of Defilement: Israelite Rites of Violence and the Making of a Biblical Text* (New York: Oxford University Press, 2011), 130-37.

12 Muitos estudiosos limitam a parte original do livro aos capítulos 1-3, que são claramente negativos e críticos, em contraste com os raios de esperança nos capítulos posteriores; para uma visão geral da pesquisa, veja James Nogalski, *The Book of the Twelve* (Macon, GA: Smyth and Helwys, 2011), 511-18.

13 Naomi Unwin, *Caria and Crete in Antiquity* (Cambridge: Cambridge University Press, 2017), 34-35.

14 Veja, por exemplo, Hermann Niemann, "Choosing Brides for the Crown-Prince: Matrimonial Politics in the Davidic Dynasty," *VT* 546 (2006): 225-38.

15 As grandes cidades de Laquis e Eglom foram identificadas em estudos de geografia histórica. Mais recentemente, Eglom foi razoavelmente identificada com o sítio de Tel ʿEton com base em escavações; veja Avraham Faust e Hayah Katz, "A Canaanite Town, a Judahite Center, and a Persian Period Fort," *NEA* 78, n.º 2 (2015): 88-102.

16 Monroe, *Josiah's Reform and the Dynamics of Defilement.*

17 Veja David Moulis, "Hezekiah's Cultic Reforms According to the Archaeological Evidence," em *The Last Century in the History of Judah: The Seventh Century BCE in Archaeological, Historical, and Biblical Perspectives*, ed. Filip Čapek e Oded Lipschits (Atlanta: SBL, 2019), 167-80.

18 A publicação original de Joseph Naveh foi seguida por uma série de estudos acadêmicos. Veja Naveh, "A Hebrew Letter from the Seventh Century," *IEJ* 10 (1960): 129-39; Naveh, "More Hebrew Inscriptions from Meṣad Ḥashavyahu," *IEJ* 12 (1962): 27-32; Naveh, "Some Notes on the Reading of the Meṣad Ḥashavyahu Letter," *IEJ* 14 (1964): 158-59; F. M. Cross, "Epigraphic Notes on Hebrew Documents of the Eighth-Sixth Centuries B.C. 2. The Murabbaʿât Papyrus and the Letter Found Near Yavneh-Yam," *BASOR* 165 (1962): 34-46; S. Talmon, "The New Hebrew Letter from the Seventh Century B.C. in Historical Perspective," *BASOR* 176 (1964): 29-38; e A. Lemaire, "L'ostracon de Meṣad Ḥashavyahu (Yavneh-Yam) replacé dans son contexte," *Semitica* 21 (1971): 57-79. Para um resumo da literatura especializada, veja S. Ahituv, *Echoes from the Past*, 156-63.

19 Naveh, "Hebrew Letter," 136.

20 Normalmente transliterado como *Hashabiah*. Veja Gary S. Shogren, "Hashabiah," *Anchor Bible Dictionary*, ed. D. Freedman et al. (New York: Doubleday, 1992), *ad loc.*

21 Veja meu artigo "Commander of the Fortress? Understanding an Ancient Israelite Military Title," *BAR* 45, n.º 1 (2019): 39-44, 70.

22 Veja Naveh, "Hebrew Letter," 137 (nota 8). Além do exemplo de Naveh, alguns exemplos em Avigad, *West Semitic Stamp Seals*, incluem os n.os 700, 1014 e 1161.

23 Alguns são mencionados em Naveh, "Hebrew Letter," 137 (nota 8). Além das idiossincrasias mencionadas por Naveh, a *kaf* é particularmente única, sendo escrita com três traços separados. A tabela de Naveh ilustra algumas das

idiossincrasias dessa inscrição (p. 138). A comparação com a tabela do estilo de escrita de Arad (publicada bem depois do artigo de Naveh) confirma ainda mais o caráter singular da mão desse escriba. Veja Aharoni, *Arad Inscriptions*, 133-36.

24 Veja Oded Tammuz, "The Sabbath as the Seventh Day of the Week and a Day of Rest: Since When?" *ZAW* 131 (2019): 287-94.

25 Veja Jan Joosten, *People and Land in the Holiness Code: An Exegetical Study of the Ideational Framework of the Law in Leviticus 17-26* (Leiden: Brill, 1996).

8. Mulheres nas Profissões

Minha mãe me ensinou a falar. Mas eu só percebi isso quando estava estudando a antropologia da mudança linguística. Antropólogos linguísticos observam que as crianças aprendem a linguagem principalmente com as mães, e não com os pais. Isso certamente se aplica à minha experiência. Minha mãe criou três meninos, e meu pai trabalhava em dois empregos para sustentar a casa, então ele quase não estava presente. Foi com minha mãe que aprendi a falar e a ler. Minha experiência pessoal ilustra por que os padrões de fala das mulheres são tão decisivos para a mudança linguística. O papel das mulheres na formação educacional é subestimado, mas alguns textos bíblicos e inscrições atestam um papel significativo. As mulheres desempenharam funções importantes na sociedade, mesmo que a edição final da literatura bíblica tenha sido feita por escribas conservadores e sacerdotais que minimizaram as posições das mulheres nas comunidades de escribas.

O Livro de Provérbios, em contraste, permanece como um claro testemunho do reconhecimento da participação feminina na educação, pelo menos em uma comunidade de escribas específica. Há uma certa tensão quanto ao papel das mulheres na estruturação do livro. Para começar, a introdução dá a ele um contexto nitidamente patriarcal e elitista. São os provérbios de Salomão dirigidos a seu filho (Pv 1:1) – ou seja, do venerável rei sábio ao príncipe herdeiro. Traduções modernas suavizam um pouco esse contexto patriarcal ao traduzir a palavra hebraica para "filho" – *ben* – como "criança", mas talvez estejam mesmo buscando uma inclusão maior. Afinal, Provérbios também é marcante pela maneira equilibrada como inclui o ensino feminino, como lemos no versículo 8: "Ouve, meu filho, a instrução do teu pai e não rejeites o ensino da tua mãe." De fato, o paralelismo e equilíbrio entre o ensino do pai e da mãe pode ser visto como uma das contribuições do Livro de Provérbios, especialmente considerando seu contexto cultural patriarcal e sua forma final.

Mais do que isso, a principal metáfora para o ensino em Provérbios será a personificada Senhora Sabedoria. Assim, o aprendizado em Provérbios é apresentado com gênero feminino. A Sabedoria é introduzida já no primeiro capítulo (v. 20) e depois assume papel proeminente como tutora dos jovens na primeira seção do livro.

Um papel para escribas mulheres está embutido na própria estrutura do Livro de Provérbios. Além de começar com a Senhora Sabedoria como tutora, o livro também termina exaltando a *Eshet Chayil*, ou "Mulher Forte" (31:10-31), num exercício escriturístico.[1] Alguns sugeriram erroneamente que esse poema final é apenas um elogio às qualidades de uma boa esposa, mas isso ignora o gênero literário do texto como ensino escribal. A *Eshet Chayil* é um poema acróstico – ou seja, é organizado de forma que cada linha sucessiva começa com a próxima letra do alfabeto hebraico. Esse componente muitas vezes se perde na tradução. Vou tentar demonstrar:

> Acha-se mulher virtuosa? Mais preciosa é do que joias.
> Bem confia nela o coração do marido, e nada lhe faltará.
> Certamente ela lhe faz o bem, e não o mal, todos os dias da sua vida. Sim!...

Essa não é a tradução mais literal, mas captura o aspecto curricular do texto dentro da formação do escriba. A organização acróstica é um recurso da escrita que não se traduz na oralidade. Trata-se de um elemento essencialmente ligado ao aprendizado do escriba, baseado no conhecimento do alfabeto e da sua ordem. Como o poema é um instrumento de aprendizagem escolar, tem utilidade limitada fora do contexto educacional, mas provavelmente havia também um componente oral – ou seja, os escribas iniciantes memorizavam e recitavam tais textos. A memorização e a recitação de textos escritos eram partes importantes da formação de escribas[2]. Mas a base do poema é organizada em torno de uma aluna aprendendo seu ABC. É claro que muitos também observaram que a "Mulher Virtuosa" realiza atividades confiadas às mulheres, incluindo a compra de propriedades e o comércio na praça da cidade – atividades que exigem contratos escritos e, portanto, para as quais a alfabetização seria uma habilidade útil.

Em suma, o livro de Provérbios começa nos apresentando à Senhora Sabedoria, a tutora por excelência, e termina com uma canção escolar que celebra uma mulher valorosa. Nesse sentido, não é difícil perceber como a estrutura e o conteúdo de Provérbios abrem um caminho para o aprendizado de habilidades de escrita por parte das mulheres. É importante lembrar, no entanto, que uma variedade de profissões e atividades fazia uso de habilidades de escrita sem que isso definisse a profissão. Em outras palavras, muitas mulheres podiam ser alfabetizadas sem necessariamente se tornarem "escribas" por profissão. Suas profissões incluíam a alfabetização como uma competência, mas não eram necessariamente definidas por ela.[3]

Escribas mulheres no Antigo Oriente Próximo

A figura de Senhora Sabedoria como mestra no livro dos Provérbios apresenta um interessante paralelo com a forma como a escrita foi generificada na Mesopotâmia. A assirióloga Eleanor Robson, em um artigo sobre a alfabetização com marcadores de gênero na Mesopotâmia, observa que a literatura cuneiforme atribui às deusas, particularmente a Nisaba, o papel central na educação de escribas e na cultura da escrita.[4] Robson aponta que as deusas são retratadas como alfabetizadas com o dobro da frequência dos deuses na literatura cuneiforme. A deusa Nisaba, que assume uma função semelhante à da Senhora Sabedoria em Provérbios, é apresentada como a responsável pela formação de príncipes no Hino Real de Shulgi:

> Quando eu era pequeno, estive na casa das tábuas, onde aprendi a função de escriba a partir das tábuas da Suméria e da Acádia. [...] A formosa Nisaba generosamente me concedeu sabedoria e entendimento. Sou um escriba experiente, que nada deixa escapar.[5]

De modo semelhante, o livro de Provérbios apresenta o ensino dos príncipes reais – os filhos de Salomão – como vindo de uma mestra feminina.[6] Embora a Bíblia Hebraica não apresente deusas que ensinem diretamente os príncipes, a Senhora Sabedoria cumpre um papel análogo. Segundo Provérbios, ela foi criada antes mesmo da terra (8:22-31), o que lhe confere uma autoridade primordial como educadora.

A generificação divina do ofício dos escribas tem implicações para a presença de escribas mulheres em contextos terrenos. Por exemplo, Robson se vale dessa característica da cultura literária cuneiforme – a alfabetização divina feminina – para abrir espaço à hipótese de escribas mulheres na Mesopotâmia. Ela contesta estudiosos que partem da suposição de que escribas e seus aprendizes eram exclusivamente homens. Embora seu foco seja a tradição cuneiforme, o mesmo viés pode ser identificado entre estudiosos da alfabetização hebraica antiga. Um pesquisador, por exemplo, afirma: "ao discutir a alfabetização das mulheres, é preciso lembrar que a profissão de escriba era considerada masculina – com efeito, toda a literatura antiga era masculina."[7] Outro declara que "pela própria natureza das coisas, as mulheres não serviriam como escribas."[8] Mas que "natureza das coisas" é essa, se a própria tradição divina da escrita assume uma forte marca feminina? Não surpreende, portanto, que Robson cite vários exemplos de escribas mulheres, como Inana-amagu, cuja formação escribal era uma atividade familiar que envolvia seu pai e suas irmãs.

Embora a escrita na Mesopotâmia fosse "predominantemente um espaço masculino", uma antologia de autoras mostra que havia uma ampla variedade de escribas mulheres responsáveis por dezenas de textos em todos os períodos e regiões da Mesopotâmia.[9] Esses incluem textos literários que indicam mulheres copiando e colaborando na transmissão de escritos dentro das comunidades de escribas – são textos literários e parte de currículos escolares. Mas há também composições individuais femininas, especialmente cartas, que tinham uma função específica e temporária. Existem ainda textos que foram ditados ou encomendados por mulheres, embora talvez redigidos por escribas homens.

As mulheres frequentemente adquiriam habilidades de escrita por estarem ligadas ao palácio ou em função de suas profissões. Isso teria sido verdade em todo o antigo Oriente Próximo. Um texto cuneiforme neoassírio, por exemplo, menciona seis escribas aramaicas.[10] Como o aramaico era utilizado como língua administrativa no império, essas mulheres devem ter adquirido alfabetização alfabética em razão de seu trabalho na burocracia imperial.

Há também evidências de escribas mulheres no Egito. A mais impressionante vem das Tumbas Tebanas. Betsy Bryan identifica uma série de pinturas funerárias que retratam mulheres falecidas com paletas de escribas sob seus assentos (por exemplo, a Figura 8.1).[11] Isso demonstra não apenas que as mulheres recebiam educação escribal, mas que valorizavam tanto esse conhecimento a ponto de desejarem representá-lo na vida após a morte.

Interpretar as evidências da alfabetização feminina implica lidar com certos preconceitos. Por exemplo, na antiga cidade de Ugarit – uma importante cidade portuária do final do segundo milênio, situada no Mediterrâneo Oriental – há um número significativo de cartas escritas por ou para a rainha ou a rainha-mãe.[12] Outras cartas fazem referência ao papel dessas mulheres nos assuntos palacianos. Um exemplo basta para ilustrar:

> Assim diz Iwaraḏanu a Iwarapazanu: “Meu filho, meu irmão, diga: ‘Que os deuses te guardem, que te conservem bem.’ E quanto à tabuinha com a carta que enviei à rainha Tharriyelli? O que ela disse? E agora, que meu irmão, meu filho, pergunte a Tharriyelli, e que ela mencione meu nome ao rei e a ’Iyatalamu. E agora, que meu irmão, meu filho, pergunte a Tharriyelli, e traga resposta a teu irmão, teu senhor.”[13]

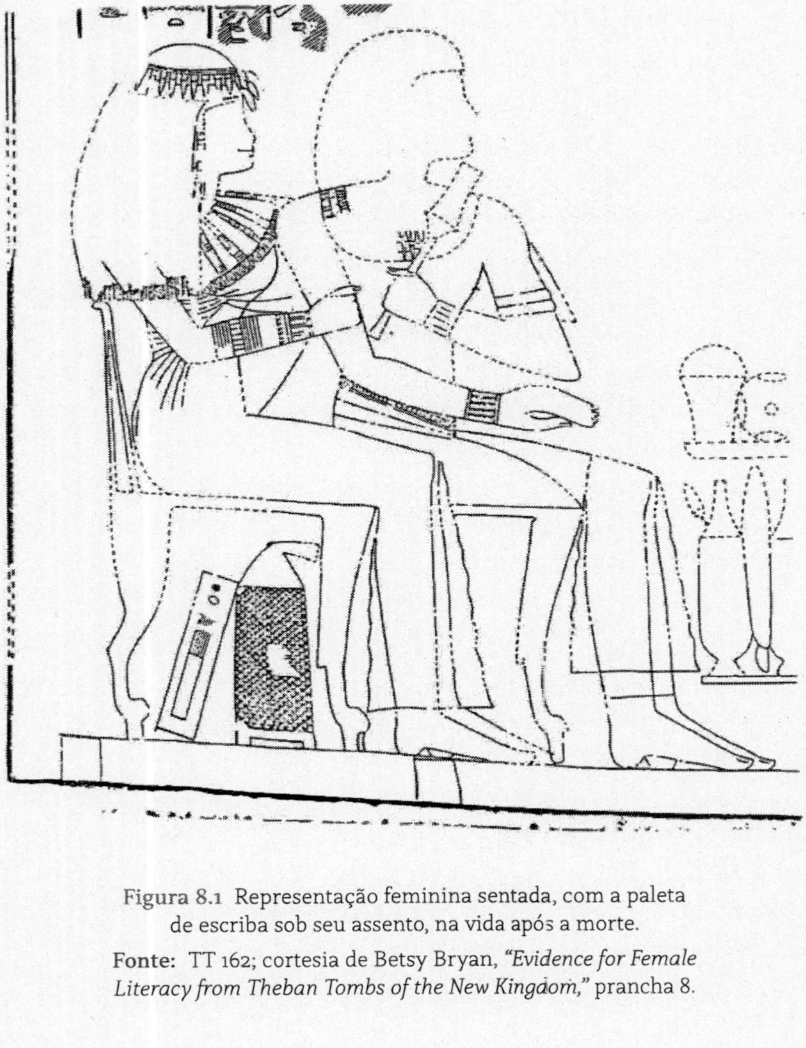

Figura 8.1 Representação feminina sentada, com a paleta de escriba sob seu assento, na vida após a morte.

Fonte: TT 162; cortesia de Betsy Bryan, *"Evidence for Female Literacy from Theban Tombs of the New Kingdom,"* prancha 8.

Isso certamente reflete a capacidade das elites de adquirir letramento. Mas será que isso sugere que a rainha Tharriyelli poderia ter sido letrada? Tharriyelli era uma figura bem conhecida na corte real de Ugarit. Nas cartas ugaríticas, a rainha se envolve tanto com a diplomacia quanto com o comércio. Mesmo quando o rei escreve para a rainha-mãe, demonstra grande deferência: "À rainha, minha mãe, diga: 'Mensagem do rei, teu filho – aos pés de minha mãe eu me prostro...'"[14]. Várias cartas do *corpus* parecem ter sido escritas pela própria rainha. A tendência é rejeitar isso como evidência de letramento feminino, com a observação de que essas cartas foram escritas por escribas homens em nome das várias mulheres reais – e é possível que ela as tenha ditado. Ainda assim, isso sugere alguma aquisição básica de letramento. Além disso, há evidências significativas no antigo Oriente Próximo da educação de jovens da realeza nas habilidades elementares de leitura e escrita. A rainha Tharriyelli é obviamente bem instruída, e seria normal que essa formação incluísse algum ensino de leitura e escrita, mesmo que ela não tivesse como objetivo profissional tornar-se escriba. Sua função como rainha-mãe fazia do letramento uma habilidade importante.

A rainha-mãe também era uma figura particularmente importante no antigo Israel.[15] Ela é mencionada regularmente nas fórmulas régias que introduzem cada um dos reis de Judá. Por exemplo, lemos em 2 Reis 24:18: "Zedequias tinha vinte e um anos quando começou a reinar. Reinou onze anos em Jerusalém. E o nome de sua mãe era Hamutal" (para outros exemplos, ver 1 Rs 11:26; 14:21; 15:2, 13; 22:42; 2 Rs 8:26; 10:13; 12:1; 14:2; 15:2, 33; 18:2; 21:1; 22:1, 36). Não há nada particularmente surpreendente nessas fórmulas, exceto pela consistência com que a rainha-mãe é mencionada. Esses dados devem ter sido registrados nos anais reais utilizados por escribas posteriores. Eles refletem tanto a proeminência quanto a importância do cargo. Em certos relatos bíblicos, essas figuras desempenham papéis cruciais nos eventos. Talvez a rainha-mãe mais conhecida seja Bateseba, mãe de Salomão. Ela desempenhou um papel decisivo em sua ascensão ao trono (1 Rs 1) e depois é apresentada como conselheira na corte de Salomão (1 Rs 2:13-25).

A alfabetização feminina e a educação escribal começaram no topo. Os ricos e poderosos eram os mais propensos a serem educados e a adquirir habilidades de escrita, e isso não era diferente para as mulheres. Assim, segue-se que as habilidades e o treinamento de escribas começariam com mulheres poderosas. Nossos exemplos podem começar na própria Bíblia. Por exemplo, a infame rainha Jezabel forja acusações contra Nabote: Jezabel "escreveu cartas em nome de Acabe e as selou com o selo dele; enviou as cartas aos anciãos e aos nobres que viviam com Nabote na cidade" (1 Rs 21:8). Devemos tomar isso literalmente – ou seja, que Jezabel escreveu as cartas com sua própria mão? É o que o texto afirma literalmente, embora alguns possam sugerir que se trata apenas de uma expressão e que ela provavelmente ditou a carta a um escriba. No entanto, teria sido mais conveniente para ela escrevê-las pessoalmente, pois isso teria melhor disfarçado seu plano. É difícil ter certeza, mas não deveríamos descartar essa possibilidade tão prontamente. Por exemplo, parece haver um selo antigo de Jezabel.[16]

Num período posterior, a rainha Ester "escreveu novamente com plena autoridade, estabelecendo por carta esta festividade do Purim" (Et 9:29). Essas rainhas seguem um caminho bem trilhado de mulheres associadas às casas reais, conhecidas por sua educação, letramento e formação de escribas em todo o antigo Oriente Próximo.

Mulheres nas inscrições hebraicas

Embora a educação para mulheres tenha começado entre as elites, algumas evidências epigráficas sugerem que ela se difundiu gradualmente para as classes mais baixas. Isso pode ser observado nos exemplos de escribas hebraicas conhecidas a partir de inscrições.[17] Presume-se que tais mulheres tenham estudado o currículo padrão. Seu trabalho parece muitas vezes concentrado na supervisão de grandes casas – exatamente como é descrito no poema da "Esposa Virtuosa" em Provérbios 31. Não surpreendentemente, à medida que a alfabetização se expande na sociedade, frequentemente se segue um papel mais amplo para a alfabetização feminina.[18]

Mas quão comuns são as inscrições que mencionam mulheres no antigo Israel? Essa não é uma pergunta fácil de responder. O gênero nem sempre é especificado. Portanto, a menos que haja um identificador de gênero específico como "filha" (hebraico, *bat*) ou "esposa" (hebraico, *'iššâ*), o gênero pode não estar claro. Por outro lado, parece que, quando o gênero era importante, provavelmente era mencionado. Outro problema é que muitas pequenas inscrições – especialmente selos e impressões de selos – provêm do mercado de antiguidades, o que limita seu valor. Ainda assim, há exemplos marcantes de mulheres no registro epigráfico.

Tomemos as escavações conduzidas por Yigal Shiloh na Cidade de Davi, em Jerusalém, como um parâmetro de controle para avaliar o grau de participação feminina em atividades de escribas. Duas das quinze inscrições que Shiloh publicou mencionam especificamente mulheres. A primeira está em um pequeno jarro de armazenamento que pertencia à "filha de Ya'ama'", e a segunda é um óstraco administrativo que lista várias mulheres com o título de "esposa de fulano". O fato de que duas das quinze inscrições fazem referência explícita a mulheres representa uma contribuição significativa, sugerindo que mulheres podiam ser ativas no comércio e na administração – atividades que exigiam escrita e alfabetização. O contexto dessas inscrições também é significativo. A Cidade de Davi era a parte mais antiga da Jerusalém antiga, uma área presumivelmente ocupada por antigas famílias de elite. Embora fosse um bairro de elite, não era o bairro real da cidade durante o final da monarquia. Essas quinze inscrições datam todas do final do período do Ferro II, ou mais especificamente, do final do século VIII ao início do século VI a.C.[19] Nenhuma das inscrições é de natureza administrativa real, mas elas refletem as atividades de famílias de elite da velha Jerusalém. Elas também pertencem a um momento de ápice da escrita no antigo Judá, e é plausível que tenha sido o período em que as mulheres tiveram o papel mais significativo nas comunidades de escribas. Muitas das inscrições dessa escavação são fragmentárias, portanto, às vezes é difícil saber exatamente qual papel as escribas poderiam ter desempenhado em sua produção ou uso.

Vamos observar mais de perto a primeira inscrição, que veio de um pequeno jarro de armazenamento (ver Figura 8.2). Não possuímos o jarro inteiro, apenas fragmentos, mas trata-se de uma forma bem conhecida de jarros pequenos de armazenamento. A inscrição diz: *lbt . y'm' ṭ*, "Pertencente à filha de Ya'ama', [vinho] bom."[20] A última letra

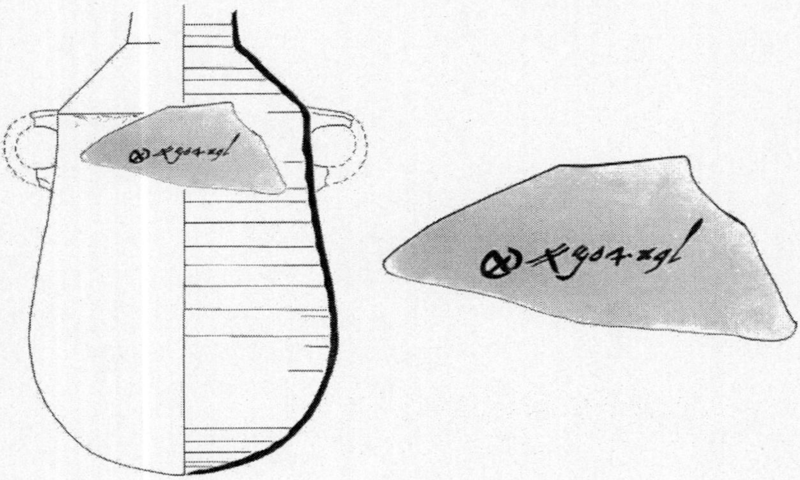

Figura 8.2 Inscrição em pequeno jarro da "Filha de Ya'ama'".
Fonte: elaborada com base em Donald Ariel, *Excavations at the City of David 1978-1985*.

é provavelmente uma abreviação – a letra hebraica *ṭet* – da palavra *ṭov*, "bom", que provavelmente se refere ao conteúdo do jarro, ou seja, "vinho de qualidade". Há algum debate sobre a interpretação da letra final *ṭet* como uma abreviação para vinho, mas parece mais adequado lê-la em relação ao conteúdo do jarro.

A omissão do nome exato da filha de Ya'ama' não é incomum, pois muitas inscrições – especialmente listas administrativas (como Arad 76, discutida anteriormente) – registravam pessoas como "filho de fulano". E, é claro, a designação deste jarro como pertencente à filha de Ya'ama' não exige necessariamente que ela fosse alfabetizada, embora isso seja altamente sugestivo. A designação "Filha de Ya'ama'" provavelmente indica que ela era solteira, pois se fosse casada, esperaríamos que fosse chamada de "esposa de fulano", como vemos na segunda inscrição.

Uma inscrição em um jarro de armazenamento também é importante porque aponta para a participação profissional de mulheres no comércio. Muitos dos exemplos provenientes do mercado de antiguidades são selos pertencentes a mulheres, que alguns sugeriram serem usados apenas como adorno em anéis. Mas a inscrição em um jarro de armazenamento não é meramente decorativa, e isso comprova que podemos rejeitar tais abordagens reducionistas sobre a alfabetização feminina.

A segunda inscrição das escavações de Yigal Shiloh na Cidade de Davi reforça ainda mais o papel das mulheres na economia de Jerusalém. Trata-se de um registro contábil fragmentário que lista uma série de mulheres (Figura 8.3). Diferente do exemplo anterior, que foi originalmente escrito na lateral de um vaso completo, esta inscrição está em um caco de cerâmica, ou seja, um texto contábil efêmero usado para manter registros. A inscrição diz o seguinte:

1 [. . .] – *'št . xx*[. . .] [. . .] efa (de grão) – Esposa de [fulano]
2 [. . .] – *'št . šx*[. . .] [. . .] efa (de grão) – Esposa de [fulano]
3 [. . .] – *'št . xl*[. . .] [. . .] efa (de grão) – Esposa de [fulano]
4 [. . .] *ḥšb*[n . . .] [. . .] efa (de grão), Sald[o de . . .]
5 [. . .]-*nx*[. . .] [. . .] – N[. . .]
6 [. . .]

Claro, o aspecto mais marcante dessa lista é a repetida menção a "Esposa de [fulano]" nas três primeiras linhas. Infelizmente, o texto está fragmentado. A linha 4 não apresenta o traço longo – e eu reconstruiria a palavra hebraica *ḥeshbon*, referindo-se ao "saldo" ou "balanço".[12] Presumivelmente, esta linha apresentaria a soma final para concluir o registro administrativo. A linha 5 pode ter iniciado uma nova lista. Essa lista específica de esposas nos recorda os aspectos econômicos da "Esposa Valorosa" exaltada no exercício de escribas em Provérbios 31.

Neste exemplo, parece que o texto funcionava essencialmente como uma folha de rascunho, e que o registro – caso fosse suficientemente importante – teria sido então transcrito para um documento mais duradouro, provavelmente uma folha de papiro. A ironia, é claro, é que tais folhas de papiro e pergaminhos queimaram com a destruição

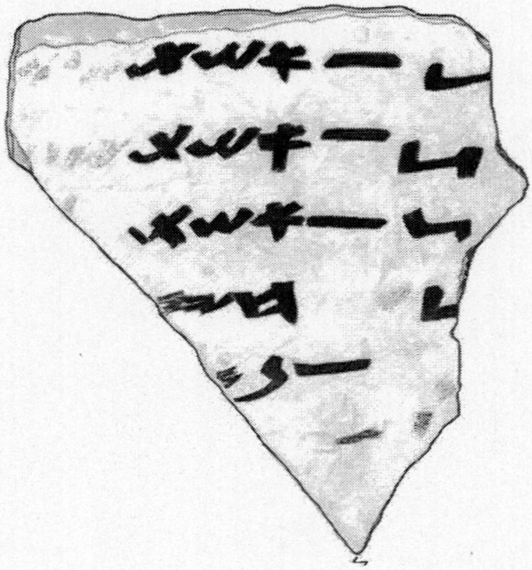

Figura 8.3 Lista administrativa "Esposa de" de Jerusalém.
Fonte: elaborada pelo autor.

de Jerusalém, enquanto os óstracos transitórios de cerâmica sobreviveram ao fogo.

Ambas as inscrições pertencem a atividades econômicas – posse e transferência de bens. Elas nos lembram dos aspectos econômicos exaltados no exercício de escribas em Provérbios 31. Nenhuma das inscrições exige que as mulheres fossem letradas, mas são fortemente sugestivas disso. Se alguém argumentasse que essas inscrições não implicam formação de escribas, eu sugeriria que isso revela certos preconceitos. É razoável afirmar que apenas mulheres da elite tinham oportunidade de adquirir habilidades de escrita – mas não é razoável alegar que "pela natureza das coisas, mulheres não atuariam como escribas". Isso simplesmente não é verdade. Como vimos, há uma dimensão intrinsecamente feminina no acesso à alfabetização e à educação. As mulheres certamente adquiriram habilidades de escrita no antigo Judá. Outras inscrições ainda indicarão que mulheres estavam, de fato, aprendendo essas habilidades.

Uma fonte significativa para a alfabetização feminina vem de selos e impressões de selos. Eu optei por não começar com esses exemplos porque alguns estudiosos argumentam que os selos de mulheres poderiam ter sido usados apenas como joias. Mas não há razão para supor isso especificamente para mulheres – especialmente quando vemos mulheres mencionadas em outros tipos de inscrições. Não, os selos e suas impressões são uma parte importante da evidência sobre a alfabetização feminina. Existem pelo menos uma dúzia de selos e impressões que mencionam mulheres como "filha de fulano" ou "esposa de fulano". Muitos desses, porém, vêm do mercado de antiguidades, mas há também alguns provenientes de escavações. Por exemplo, foi encontrada em Jerusalém uma impressão de selo com a inscrição "Pertencente a Tamar", embora haja certo debate sobre o nome exato. Foi publicada como:

> *ltmr b* – Pertencente a Tamar, fi-
> *t 'zryw* – lha de 'Azaryaw.

Mas outros estudiosos sugeriram ler a inscrição como "Pertencente a Chana, filha de Azarias."[23] Se o nome dela era Tamar ou Chana, isso não é particularmente importante. O nome do pai – Azariyaw ou Azarias – reflete diferentes interpretações da identidade familiar. A forma *Azariyaw* indicaria uma família de refugiados do norte, enquanto *Azarias* é apenas um nome típico judeu. Esse possível nome israelita de família é um lembrete do enorme fluxo de refugiados que chegaram a Jerusalém no final do século VIII a.C.

Uma família israelita de escribas em particular que se estabeleceu em Jerusalém incluía uma escriba mulher. Seu nome foi preservado para a posteridade em um selo escavado em uma tumba na encosta oriental do vale do Hinom, em Jerusalém (ver Figura 8.4). Ela pertencia a uma importante família de escribas – a família de Menahem, filho de Yawbana – discutida no capítulo 4. Há dezenove impressões de selo individuais para o patriarca da família (discutidas no capítulo 4), e aparentemente ele ensinou sua filha a ler e escrever. O selo diz:

Figura 8.4 Selo de “Hamiʾohel, filha de Menahem”.
Fonte: elaborada pelo autor.

lḥmyʿʾhl – Pertencente a Hamiʾohel,

bt mnḥm – filha de Menahem[24]

O selo pertencia à neta de Yawbana, que provavelmente chegou a Jerusalém como refugiada no final do século VIII a.C. (ver capítulo 4). Isso dataria o selo do início ou meados do século VII, o que corresponde à paleografia.

Selos pertencentes a mulheres são relativamente raros, e o nome da filha de Menahem – *Ḥamiʾohel* – é incomum. Por exemplo, o separador usado entre a primeira e a segunda linha no selo é um peixe, o que não é conhecido em nenhum outro selo. A maioria dos selos tem uma simples linha simples ou dupla de divisão. Qual seria o significado desse peixe? Alguns sugeriram que se trata de um símbolo de fertilidade. Eu duvido. Parece que estudiosos gostam de interpretar tudo como sexualidade e fertilidade quando se trata de mulheres no mundo antigo. Aqui, penso que uma interpretação mais mundana é mais apropriada. Peixes eram uma parte importante da dieta dos habitantes de Jerusalém. Em apenas uma escavação na Cidade de Davi, foram encontrados mais de dez mil ossos de peixe, representando uma variedade de espécies, datando do século VIII a.C.[25]

A imagem do peixe no selo de *Ḥami`ohel* não deveria causar surpresa. O uso dessa imagem reflete um momento particular na história de Jerusalém – a saber, um período em que a cidade tinha acesso comercial significativo ao Mar Mediterrâneo. Os habitantes de Jerusalém estavam consumindo peixe regularmente como parte de sua dieta, o que pode parecer inesperado. Ou talvez não devesse ser. O afluxo de refugiados, a partir do final do século VIII a.C., pode explicar isso. Em primeiro lugar, o aumento populacional gerou a necessidade de mais alimentos em Jerusalém.[26] Em segundo lugar, muitos dos primeiros refugiados vieram do reino do norte, que tinha mais acesso e familiaridade com portos mediterrâneos como Acó e Dor. Por fim, esse fenômeno também sugere a expansão das fronteiras econômicas de Judá e o crescimento de uma indústria comercial.

O peixe usado como separador no selo resulta em um objeto individual ornamentado, mas também vincula o comércio pesqueiro a essa impressão específica. Este selo ainda indica dois vetores principais pelos quais mulheres poderiam ter adquirido habilidades de escrita: o treinamento dentro de uma família profissional e a participação no comércio. Talvez o uso do peixe no selo de *Ḥami`ohel* reflita seu papel como comerciante no mercado de peixes de Jerusalém. De fato, para justificar a grande quantidade de ossos de peixe encontrados nas escavações em Jerusalém, deve-se imaginar a existência de um "Mercado de Peixes de Jope" na cidade. Peixes seriam trazidos diariamente do porto mais próximo – Jope – e vendidos em Jerusalém. Talvez *Ḥami`ohel* atuasse nesse comércio. A verdade é que não sabemos ao certo, mas essa hipótese certamente explicaria a imagem incomum do peixe em seu selo.

Recentemente, arqueólogos descobriram uma nova impressão de selo escavada no estacionamento Givati, uma antiga área administrativa de Jerusalém localizada ao sul do Monte do Templo. Esse selo, finamente executado, trazia a inscrição: "Pertencente a ʿElihana, filha de Gaʾel" (*lʿlyhnh bt gʾl*). Embora ʿElihana ou seu pai não sejam conhecidos da literatura bíblica, esse selo foi encontrado nas escavações do estacionamento Givati, onde também se descobriu uma impressão de selo com a inscrição: "Pertencente a Natan-Meleque, servo do rei" (*lntnmlk ʿbd hmlk*). Ao contrário de ʿElihana, Natan-Meleque é mencionado na narrativa das reformas de Josias, sendo um importante burocrata (2 Rs 23:11). De modo geral, essa área de Jerusalém apresenta edifícios proeminentes e de grande porte, sugerindo que era uma extensão da zona administrativa do Ofel, localizada logo ao norte. Podemos supor, portanto, que ʿElihana também desempenhava algum papel na burocracia de Jerusalém.

O poema da *Mulher Virtuosa* sugere que as mulheres, de fato, atuavam no comércio – e que essa atuação envolvia formação em práticas de escrita. Sem dúvida, apenas um número limitado de mulheres deve ter recebido treinamento formal como escribas. Ao mesmo tempo, as habilidades de escrita tornaram-se cada vez mais úteis em uma economia complexa como a que existia em Judá e Jerusalém nas últimas décadas antes da destruição babilônica. Na medida em que as mulheres participavam dessas atividades econômicas, seria natural esperar que algumas também estivessem entre as que foram educadas com habilidades de escrita.

É certo que a urbanização e o crescimento de uma economia mais complexa em Judá no século VIII a.C. levaram à disseminação da escrita por toda a sociedade. Como diz o provérbio: "uma maré que sobe levanta todos os barcos". Neste caso, as atividades econômicas mais sofisticadas abriram espaço para que mais mulheres com habilidades de escrita atuassem em diversas profissões. No registro epigráfico, temos apenas vislumbres dessa realidade.

Um bom paralelo para compreendermos a alfabetização feminina e o treinamento de escrita pode ser encontrado nos textos administrativos de Elefantina, no sul do Egito.[27] Um grande conjunto de papiros e óstracos, datado especialmente do período persa (ca. 539-333 a.C.), revela que as mulheres judias de Elefantina figuram em uma variedade de textos legais e administrativos. Elas possuíam amplos direitos, ocupavam posições de influência e desempenhavam papéis significativos nos assuntos administrativos do cotidiano. Esses papéis sugerem que as mulheres adquiriam e utilizavam habilidades de escrita nas atividades diárias relacionadas ao bem-estar coletivo e à economia.

Essas mulheres podiam possuir propriedades e acumular riquezas. É verdade que, no caso de Elefantina, as habilidades de escrita parecem ter sido predominantemente pragmáticas entre as mulheres, mas ainda assim fornecem uma excelente comparação para pensarmos sobre a alfabetização feminina no antigo Israel. Essas competências estavam primariamente ligadas à vida prática – tanto na economia quanto na administração. E isso, certamente, remete às atividades da "Mulher Virtuosa" descritas no final do livro de Provérbios.

Textos bíblicos

Vários textos bíblicos são atribuídos a mulheres. O mais proeminente entre eles é o "Cântico de Débora", que começa com: "Débora (e Baraque, filho de Abinoão) cantou naquele dia..." (Juízes 5:1). Alguém poderia objetar que esse cântico não é atribuído somente a Débora, mas sim a Débora e Baraque. No entanto, esse exemplo é instrutivo. O verbo hebraico usado aqui está claramente marcado no feminino singular. Assim, Baraque aparece como uma adição tardia ou secundária.

Mais que isso, o cântico é parcialmente redigido na primeira pessoa do singular, com a própria voz de Débora: "Cantarei ao Senhor" – e ainda mais revelador – "Eu, Débora, me levantei como mãe em Israel" (vv. 2, 7). Algumas traduções preferem colocar esse último verso na segunda pessoa: "Tu, ó Débora, te levantaste...". Isso é possível. Contudo, o hebraico está gramaticalmente na primeira pessoa, e seria preciso recorrer à hipótese da preservação de dialetos antigos do norte para justificar essa leitura alternativa. Estaríamos, então, participando da marginalização de Débora ao traduzir o texto de forma que sua voz seja ofuscada? É possível.

Talvez o cântico aponte de forma direta para Débora como sua autora original, mas a tradição sentiu-se compelida a incluir Baraque. Teria sido necessário incluir o nome de Baraque para que o cântico fosse aceito no cânone posterior das Escrituras? Isso parece refletir uma tendência marginalizadora e patriarcal nos processos editoriais e interpretativos da Bíblia Hebraica.

O caso de Débora e Baraque nos remete a um exemplo ainda mais famoso de autoria feminina que pode ter sido suplantada por escribas homens: o chamado "Cântico de Moisés". Êxodo 15 introduz esse cântico triunfal sobre o Mar Vermelho (v. 1):

> Então Moisés (e os filhos de Israel) cantaram este cântico ao Senhor: "Cantai ao Senhor, porque gloriosamente triunfou; o cavalo e o cavaleiro lançou no mar."

Quando Moisés termina o seu cântico, encontramos uma reprise curta dele (Êx 15:21):

> Então Miriã, a profetisa, irmã de Arão, tomou um tamborim na mão, e todas as mulheres saíram após ela com tamborins e danças. E Miriã lhes cantava: 'Cantai ao Senhor, porque gloriosamente triunfou; o cavalo e o cavaleiro lançou no mar.'

É a mesma canção! Palavra por palavra. Mas Miriam canta apenas um versículo. Moisés e companhia recebem o crédito principal e têm toda a canção atribuída a eles. É difícil acreditar que Miriam teria sido mencionada se a canção não tivesse, originalmente, sido associada a ela. Posteriormente, o "Cântico de Miriam" (ou Cântico do Mar) foi absorvido por uma espécie de vórtice mosaico-escribal, em que tudo passou a ser atribuído a Moisés. Isso confere autoridade mosaica à canção, mas ao mesmo tempo marginaliza a autora feminina primitiva. Esse tipo de processo provavelmente não foi incomum na cópia, edição e canonização da Bíblia Hebraica.

O Livro de Provérbios também apresenta vários indícios de autoria e influência femininas. Para começar, há o lugar proeminente da Senhora Sabedoria como tutora, como já mencionado. Também encontramos diversas advertências como: "Ouve, meu filho, a instrução de teu pai, e não rejeites o ensino de tua mãe" (1:8; cf. 6:20; 10:1; 15:20; 23:22). Alguém pode observar que o pai aparece primeiro, mas o paralelismo hebraico não funciona assim. Com frequência, a segunda linha é o ponto culminante da construção paralela. A voz da mãe, portanto, deve ser entendida como tendo, no mínimo, igual importância na educação.

A atribuição mais direta de autoria feminina em Provérbios aparece no início do capítulo 31: "Palavras do rei Lemuel, oráculo que lhe ensinou sua mãe" (v. 1). Trata-se de uma introdução curiosa para essa breve coleção. Quem é esse Lemuel? A tradição judaica posterior o identifica com Salomão, mas não há qualquer explicação plausível para que Salomão fosse chamado de Lemuel. Além disso, ele é descrito como rei de Massá, não de Israel. Assim, é mais razoável concluir que não se trata de Salomão. Massá era um obscuro reino árabe (cf. Gn 25:4), e faz sentido interpretar esses provérbios como parte do impulso antológico da literatura bíblica – neste caso, coletando diversas tradições sapienciais no Livro de Provérbios.[28]

Os provérbios são uma base fundamental do currículo de escribas em todo o antigo Oriente Próximo, portanto é significativo que essa coleção remeta a uma sábia mulher. Outro exemplo de ditos sapienciais estrangeiros adaptados e incorporados ao livro de Provérbios é o texto egípcio *A Instrução de Amenemope*, utilizado em 22:17-24:22.[29] Assim, não é algo único que literatura sapiencial estrangeira seja integrada à Bíblia. Mas e quanto à autora – essa mãe anônima? Ela é a fonte desses provérbios, mas permanece sem nome e é suplantada por seu filho, que é nomeado. Também vale notar que esses versículos, o ensinamento da mãe de Lemuel, funcionam como prefácio ao poema acróstico final sobre a "Esposa Valorosa". Essa justaposição parece intencional. Ambos os textos podem ser atribuídos à tradição feminina de escribas.

A literatura bíblica tardia traça essa tradição feminina de escribas até o venerável rei Salomão. No livro de Esdras há uma lista dos "Servos de Salomão" que parece incluir escribas mulheres. Na tradução da NRSV, lemos: "Os descendentes dos servos de Salomão: Sotai, Hassophereth, Peruda, [...]" (Ed 2:55). O que parece ser um nome hebraico aqui, *Hassophereth*, pode ser lido literalmente como a palavra hebraica para uma escriba mulher (*sōpēret*) com o artigo definido (*ha-*). A confirmação de que se trata de um termo para escribas femininas aparece no texto quase idêntico do livro de Neemias: "Os descendentes dos servos de Salomão: Sotai, Sophereth, Perida, [...]" (Ne 7:57). A variação na grafia se deve apenas à ausência do artigo definido, o que prova que originalmente se tratava apenas do substantivo "escriba mulher" e não de um nome pessoal. Mas é difícil saber exatamente o que está acontecendo nessas listas. As variações sugerem que uma lista arcaica foi incorporada por escribas posteriores em suas obras históricas. A comunidade escribal persa que compilou os livros de Esdras e Neemias claramente achava essa lista antiga importante. Mas parece que não a compreendiam plenamente. Poderíamos ser críticos e sugerir que estavam intencionalmente apagando escribas mulheres do registro. No entanto, não tenho tanta certeza. É possível que fosse difícil decifrar registros antigos de séculos anteriores, e os escribas sacerdotais do período persa provavelmente tinham pouca ou nenhuma experiência com escribas mulheres. Assim, pode ser que simplesmente não conseguissem conceber a existência de uma escriba mulher. Mas o resultado é o mesmo – uma escriba é retirada do registro bíblico.

A tendência de apagar escribas mulheres da literatura bíblica em seu processo de transmissão nos coloca em uma posição difícil. Há, de fato, referências a uma escriba ou a uma comunidade de escribas mulheres, mas é difícil fazer muito com isso além de apontar que parece ter existido uma tradição de escribas femininas que remonta aos dias de Salomão. A opção mais fácil é simplesmente descartar exemplos como *Sophereth*, tratando-os como nomes próprios, mas isso apenas aprofunda a obscuridade em torno das antigas tradições de escribas mulheres – e esse é exatamente o problema que temos enfrentado ao longo de todo este capítulo: a tendência de apagar as escribas e autoras do registro bíblico.

Hulda, a profetisa

Uma figura particularmente importante durante o final da monarquia de Judá é Hulda, a profetisa. Ela desempenha um papel fundamental nas Reformas Religiosas de Josias, conforme descrito em 2

Reis, e tudo começa com a descoberta de um livro – um rolo escondido. E, no entanto, Hulda é uma figura relativamente pouco estudada entre os estudiosos da Bíblia.[30] A história é narrada nos capítulos 22-23, e começa da seguinte forma: "O sumo sacerdote Hilquias disse a Safã, o escriba: 'Achei o rolo da Torá na casa do Senhor'" (2 Rs 22:8).

Safã, então, leva o rolo a Josias, lê em voz alta, e o rei é tomado por remorso por causa dos pecados do povo e fica preocupado com o destino da nação como consequência disso. Ele envia uma delegação a Hulda, uma profetisa. E não é uma delegação qualquer – inclui o sumo sacerdote Hilquias, o escriba Safã, e mais três pessoas: o escriba assistente Aicão, o cortesão Acbor e um oficial chamado Asaías. Por que uma delegação com cinco membros? Hulda devia ser uma pessoa de considerável importância.

Hulda recebe uma identificação incomumente longa. Ela é apresentada como: "Hulda, a profetisa, mulher de Salum, filho de Ticvá, filho de Harás, guarda do vestuário, que morava no bairro do Segundo Distrito de Jerusalém" (2 Rs 22:14). Ela possui um título próprio e está conectada, por meio de seu marido, a três gerações de uma família com vínculos cortesãos – ligada ao cargo de "guarda do vestuário".[31] Não sabemos exatamente o que essa função envolvia. Parece algo semelhante a um valete real, mas é difícil não pensar no guarda-roupa das *Crônicas de Nárnia*. Na Inglaterra medieval, o "Guarda-Roupa do Rei" referia-se à sua casa privada e aos seus conselheiros mais próximos, bem como ao local onde eram guardadas suas roupas, armaduras e tesouros. Essa parece ser uma boa analogia. Em resumo, Hulda era uma conselheira importante e bem relacionada do rei. Isso se encaixa com o título de "Profeta", já discutido no Capítulo 6. Hulda era uma figura bem posicionada dentro da administração de Judá. É marcante que o texto bíblico recorra a uma profetisa, uma mulher conselheira do governo, para orientar o rei. Como enfatiza Francesca Stavrakopoulou, a história de Hulda está revestida dos elementos do Estado, mesmo que ela não estivesse formalmente empregada pelo governo.[32]

Disso decorre que Hulda provavelmente era bem instruída, incluindo a capacidade de ler e escrever.[33] Seu discurso ao rei Josias utiliza todas as fórmulas típicas do aprendizado de escribas. O conteúdo é duplo. Primeiro, ela delineia um programa de reformas religiosas que Josias segue. Em segundo lugar, ela prediz que Josias morrerá "em paz", por ter se arrependido e seguido as normas do rolo recém-descoberto. Ironicamente, estudiosos muitas vezes sugerem a antiguidade e a autenticidade de seu discurso justamente porque a segunda parte de sua profecia não se cumpriu. Na verdade, Josias morreu em batalha contra o faraó Neco, em Megido (2 Rs 23:29).

O discurso de Hulda é frequentemente associado ao Deuteronômio porque as Reformas Josianicas foram amplamente relacionadas às prescrições desse livro. A julgar pelo papel central que Hulda desempenha no impulso dessas reformas, podemos inferir que ela estava bem posicionada dentro daquela comunidade de escribas. Alguns chegaram a especular que Hulda teria sido a autora da primeira edição da História Deuteronomista,[34] mas essa hipótese não recebeu apoio amplo. Ainda assim, ela parece estar associada a uma comunidade de escribas – mas a qual delas?

Com base em sua localização espacial – o bairro da Mishné de Jerusalém – é possível concluir que ela não estava diretamente afiliada ao governo. A Mishné (em hebraico, מִשְׁנֶה), ou "Segundo Distrito" de Jerusalém, localizava-se na Colina Ocidental, oposta à Cidade de Davi e ao Ofel, onde ficavam a antiga aristocracia e a burocracia real. Provavelmente, a Mishné correspondia a uma área hoje conhecida como Estacionamento Givati, que está atualmente sendo escavada pela Universidade de Tel Aviv.[35] Nessas escavações, já foram encontrados diversos edifícios importantes e inscrições, incluindo o selo de ʿElihana e a impressão do selo de Natan-Meleque. Presume-se que o nome Mishné derive de seu status como assentamento secundário, e, portanto, de importância secundária. Ela se situava no lado nordeste da Colina Ocidental, área onde muitos refugiados israelitas (após 721 a.C.) e refugiados da Sefelá de Judá (após 701 a.C.) teriam se estabelecido.

Hulda parece ser bem conectada, mas não tinha assento nos corredores do poder ou entre a aristocracia de Jerusalém. Ela não morava na "cidade velha" – ou seja, na Cidade de Davi. Morava na Mishné – uma expansão importante, mas secundária, de Jerusalém.

Esses diferentes bairros provavelmente nos dizem algo sobre seus respectivos habitantes.

O verdadeiro espírito afim de Hulda é Jeremias, que também era um outsider em Jerusalém. Por exemplo, quando o discurso de Hulda declara que Jerusalém "se tornará uma desolação e maldição" (2 Rs 22:19), ela emprega uma expressão que aparece repetidamente – e exclusivamente – no Livro de Jeremias (ver capítulo 10), mas não em Deuteronômio (cf. Jr 25:18; 42:18; 44:12, 22; 49:13). Em outras palavras, a profecia de Hulda parece ter influenciado diretamente a comunidade de escribas que compilou o Livro de Jeremias. Hulda é uma figura crítica e subestimada na comunidade de escribas da primeira fase do período persa, que moldou a redação final do Livro de Jeremias. A questão aqui não é afirmar que ela tenha sido a autora das obras, mas que foi uma integrante influente da comunidade de escribas – é exatamente esse o papel que ela exerce no Livro dos Reis. Uma delegação ilustre, nomeada pelo rei, é enviada a ela, e ela oferece uma visão para Jerusalém e uma direção para o rei e seu povo.

Resumo

As atitudes do antigo Israel em relação aos papéis de gênero eram, sem dúvida, complexas – como o são em todas as sociedades. Assim como hoje, havia grupos ortodoxos ou fundamentalistas que defendiam papéis bastante restritos para as mulheres fora do âmbito doméstico, ao passo que também havia grupos mais progressistas, que promoviam a inclusão e a igualdade de gênero. Não há razão para pensar que o antigo Israel fosse diferente. Essas atitudes distintas provavelmente se manifestaram de maneira concreta ao longo da história, com seus fluxos e refluxos.

Ao final, observamos uma tendência de minimizar e marginalizar o papel e a voz das mulheres na Bíblia Hebraica. No entanto, essas vozes femininas não foram completamente eliminadas, e mulheres fortes como Miriam, Débora e Hulda permanecem. Um papel significativo e profissional para as mulheres teve início nas esferas mais altas, com a função decisiva desempenhada pela Rainha Mãe na corte real. A educação e a alfabetização, sem dúvida, começaram entre as classes dominantes, mas se espalharam para outras profissões no final da monarquia judaíta. Pode-se supor que escribas do sexo feminino tenham se tornado mais comuns durante esse período tardio, mas isso provavelmente se deve ao fato de que a escrita em geral se tornou mais disseminada. Figuras antigas como Débora e Miriam nos advertem contra a tentação de descartar a presença de escribas femininas em períodos anteriores. Na verdade, escribas mulheres também são atestadas em culturas vizinhas, em diferentes épocas da história.

Um erro grave na busca pela presença feminina na redação da Bíblia é focar de forma estreita demais na autoria individual. Por exemplo, a ideia de que Hulda teria escrito o Deuteronômio é tão problemática quanto atribuir-lhe o livro de Jeremias.[36] As mulheres provavelmente não foram autoras exclusivas de livros bíblicos, mas fizeram parte das comunidades que produziram a literatura bíblica. Preferiria, por exemplo, imaginar Hulda como uma integrante influente da comunidade de escribas que compôs a edição josianica do Livro dos Reis. Sua posição respeitada dentro da comunidade é evidenciada pelo papel que desempenha no relato das reformas de Josias.

Há outras vozes femininas individuais na Bíblia, como no "Cântico de Débora", mas a preservação dessas vozes dependia de sua inserção em comunidades de escribas. Como vimos, havia escribas mulheres, e elas faziam parte de comunidades e profissões. Podemos ouvir suas vozes em certas comunidades de escribas – vozes que foram, contudo, marginalizadas em particular pela comunidade de escribas sacerdotais.

Mulheres podem ser identificadas em diversas profissões e posições no antigo Israel. Figuras como Jezabel e Atalia chegaram ao trono e certamente contaram com apoio de alguns segmentos da sociedade, mesmo que sejam retratadas negativamente na redação final da Bíblia.[37] Débora lidera Israel na batalha, e Jael desempenha um papel decisivo na derrota dos cananeus no Vale de Jezreel. Mulheres são nomeadas como profetisas que aconselharam reis, e o papel da profetisa utiliza especialmente as formas literárias da educação de escribas. Há todas as razões para crer que parte de sua formação incluiu treinamento de escriba, mesmo que "escriba" não tenha sido sua profissão formal.

Tanto as evidências bíblicas quanto as inscrições sugerem que as mulheres também estavam envolvidas em transações econômicas e comerciais, nas quais a leitura e a escrita teriam sido partes importantes de sua formação. Em praticamente todos os segmentos da sociedade onde a escrita e a alfabetização podem ser encontradas, também encontramos indícios da presença feminina. É claro que seu número provavelmente era limitado – mas elas não estavam ausentes.

A exceção está no templo e entre os sacerdotes. Não há sacerdotisas na Bíblia, e há pouca evidência arqueológica para a presença de mulheres sacerdotes em Israel.[38] Os escribas sacerdotais do templo, nos períodos persa, helenístico e romano, foram os editores finais do cânon bíblico. Foram eles os guardiões que suprimiram o papel das escribas mulheres na literatura bíblica – mas não as apagaram por completo. E, quando olhamos com atenção, podemos vislumbrar o papel que essas mulheres profissionais desempenharam nas comunidades de escribas da antiga Judá.

Notas

1 Essas imagens femininas não são necessariamente completamente positivas, como apontam alguns estudiosos. Veja a visão geral da pesquisa em Alice Ogden Bellis, *Helpmates, Harlots, and Heroes* (Louisville: Westminster John Knox Press, 2007), 172-78.

2 Esse ponto é bem desenvolvido em David Carr, *Writing on the Tablet of the Heart: Origins of Scripture and Literature* (Oxford: Oxford University Press, 2008).

3 Esse ponto é feito especificamente sobre a alfabetização feminina no Egito em Betsy Bryan, "Evidence for Female Literacy from Theban Tombs of the New Kingdom," *Bulletin of the Egyptological Seminar* 6 (1985): 24n37.

4 Eleanor Robson, "Gendered Literacy and Numeracy in the Sumerian Literary Corpus," em *Analysing Literary Sumerian Corpus-Based Approaches*, ed. Jarle Ebling e Graham Cunningham (London and Oakville: Equinox, 2007), 215-49.

5 Texto citado em Robson, "Gendered Literacy," 236.

6 Veja Claudia Camp, *Wisdom and the Feminine in the Book of Proverbs* (Sheffield: Almond Press, 1985), 283.

7 Meir Bar-Ilan, *Some Jewish Women in Antiquity* (Atlanta: Scholars Press, 1998), 32.

8 J. Greenfield, "Some Babylonian Women," 79, citado em S. Meier, "Women and Communication in the Ancient Near East," *JAOS* 111 (1991): 541.

9 Charles Halton e Saana Svärd, *Women's Writing of Ancient Mesopotamia: An Anthology of the Earliest Female Authors* (Cambridge: Cambridge University Press, 2017), 228.

10 R. Dougherty, "Writing Upon Parchment and Papyrus Among the Babylonians and the Assyrians," *JAOS* 48 (1928): 129.

11 Veja, por exemplo, Bryan, "Evidence for Female Literacy from Theban Tombs," 17-32.

12 Veja especialmente a obra abrangente de Hennie Marsman, *Women in Ugarit and Israel: Their Social and Religious Position in the Context of the Ancient Near East* (Leiden: Brill, 2003).

13 *KTU* 2.14. Tradução do autor.

14 *KTU* 2.11. Tradução do autor.

15 Veja Susan Ackerman, "The Queen Mother and the Cult in Ancient Israel," *JBL* 112 (1993): 385-401; Ktziah Spanier, "The Queen Mother in the Judaean Royal Court: Maacah and Athaliah," em *Proceedings of the Eleventh World Congress of Jewish Studies* (Jerusalém: World Union of Jewish Studies, 1994), 75-82; Elna Solvang, *A Woman's Place in the House: Royal Women of Judah and Their Involvement in the House of David* (Sheffield: Sheffield Academic Press, 2003); Ginny Brewer-Boydston, "Sarah the *gevirah*: A Comparison of Sarah and the Queen Mothers, of Matriarchs in the Dynastic Succession of Sons and Nations," *Review and Expositor* 115 (2018): 500-512.

16 Veja Nahman Avigad, "The Seal of Jezebel," *IEJ* 14 (1964): 274-76, pl. 56. A peça foi encontrada em uma coleção de antiguidades, por isso não podemos ter certeza de que não seja uma falsificação. E ela não utiliza o título "rainha", embora a iconografia inclua imagens reais, e a paleografia a situe apropriadamente no período em que Jezabel era rainha em Samaria.

17 Evito a maioria dos artefatos sem procedência conhecida, como o papiro de Jerusalém, que considero provavelmente uma falsificação; veja Christopher Rollston, "The Putative Authenticity of the New 'Jerusalem' Papyrus Inscription: Methodological Caution as a Desideratum," em O. Lipschits, Y. Gadot, M. Adams, eds., *Rethinking Israel*, 321-30.

18 Bar-Ilan tenta estimar percentuais de alfabetização feminina, mas as estatísticas são completamente conjecturais. Seu argumento de que a alfabetização feminina acompanhava a alfabetização geral parece óbvio. Mais relevante é o fato de que aumentos na escrita e na alfabetização da população em geral provavelmente significavam aumentos especialmente significativos na alfabetização feminina; veja Bar-Ilan, *Some Jewish Women in Antiquity*, 40-41.

19 Veja Joseph Naveh, "Hebrew and Aramaic Inscriptions," *QEDEM* 41 (2000): 1-8.

20 Naveh, "Hebrew and Aramaic Inscriptions," 4-5. Há certo debate sobre a interpretação de *ṭet* como abreviação de "vinho bom", mas parece mais apropriado lê-la em relação ao conteúdo do jarro.

21 Também conhecido em textos contábeis ugaríticos, veja *DULAT*, 377-78.

22 Publicado originalmente por Me'ir Ben-Dov, *The Dig at the Temple Mount* (1982), 36 (em hebraico); (1985), 36; veja também Nahman Avigad, "A Note on an Impression from a Woman's Seal," *IEJ* 37 (1987): 18-19; Mazar e Mazar, *Excavations in the South of the Temple Mount*, 18, 131, 133; e André Lemaire, "Epigraphie palestinienne: Nouveaux documents II-Décennie 1985-1995," *Henoch* 17 (1995): 209-42.

23 Veja Isaac, "You Shall Be Named After Your Ancestors."

24 Amos Kloner e Irit Yezerski, "A Late Iron Age Rock-Cut Tomb on the Western Slope of Mount Zion, Jerusalem," *'Atiqot* 98 (2020): 17 (figura 13, n.º 2); veja Avigad, *West Semitic Stamp Seals*, n.º 35.

25 Veja Reich, Shukron e Lernau, "Recent Discoveries in the City of David, Jerusalem," 153-69.

26 A segurança alimentar é uma das questões centrais das populações refugiadas; veja Michael Cernea, "Risks, Safeguards, and Reconstruction: A Model for Population Displacement and Resettlement," em *Risks and Reconstruction: Experience of Resettlers and Refugees*, ed. M. Cernea e C. McDowell (Washington, DC: World Bank, 2000), 11-55; Aaron Burke, "Refugees in the Near East and the Eastern Mediterranean, Archaeology of," em *Encyclopedia of Global Archaeology*, ed. C. Smith (Cham: Springer, 2018), 1-6.

27 Agradecimentos especiais a James Moore por discutir esses textos comigo e compartilhar seu artigo no prelo "Social and Historical Observations of Women at Elephantine According to the Administrative Papyri and Ostraca," em *Studies on Elephantine*, ed. Verena Lepper (Brill).

28 Veja a visão geral em Michael Fox, *Proverbs 10-31, Anchor Bible Commentary* (New York: Doubleday, 2009), 882-88.

29 Para uma discussão dessa coletânea em Provérbios, veja Schniedewind, *Finger of the Scribe*, 126-31.

30 Um dos estudos mais extensos sobre Hulda está em uma obra de divulgação, Preston Kavanagh, *Huldah, the Prophet Who Wrote Hebrew Scripture* (Eugene, OR: Pickwick, 2012). Infelizmente, sua biografia baseia-se em imposições bastante fantasiosas sobre os textos, utilizando métodos de interpretação cabalística (mística). Ao menos ele reconheceu a importância de Hulda como figura. A cautela é geralmente o caminho seguido por estudiosos da Bíblia como Pauline Viviano: "Nada se sabe sobre ela, exceto que é esposa de Salum" ("Huldah," em *Anchor Bible Dictionary*, 1992). Da mesma forma, Alice Ogden Bellis dedica apenas uma página a Hulda em seu estudo abrangente *Helpmates, Harlots, and Heroes*, 153-54, e grande parte dessa página é apenas a citação da passagem de 2 Reis 22. Para um excelente resumo da pesquisa sobre Hulda, veja Stavrakopoulou, "The Prophet Huldah and the Stuff of State," em Rollston, ed., *Enemies and Friends of the State*, 277-96.

31 Veja os textos paralelos em 2 Crônicas 34:22 e 2 Reis 22:14.

32 Stavrakopoulou, "Prophet Huldah," 290-91.

33 Baruch Halpern chama Hulda de a primeira crítica textual da Bíblia. Veja Halpern, "Huldah, the First Biblical Text Critic," *Other Side* 35, n.º 2 (1999): 51-53; veja também Thomas Römer e Philip Davies, "From Prophet to Scribe: Jeremiah, Huldah, and the Invention of the Book," em *Writing the Bible: Scribes, Scribalism, and Script*, ed. Philip Davies e Thomas Römer (Durham, NC: Acumen, 2013), 96-106.

34 Adrian Bledstein, "Is Judges a Woman's Satire of Men Who Play God?" em *A Feminist Companion to Judges*, ed. A. Brenner (Sheffield: JSOT Press, 1993), 54.

35 Veja as numerosas publicações sobre as escavações feitas por Yuval Gadot e seus colegas, por exemplo, "A Newly Discovered Personal Seal and Bulla from the Excavations of the Giv'ati Parking Lot, Jerusalem," *IEJ* 69 (2019): 154-74.

36 Veja, por exemplo, a obra de divulgação de Kavanagh, *Huldah, the Prophet Who Wrote Hebrew Scripture*. Richard Elliot Friedman sugeriu que Jeremias foi "o Deuteronomista" em seu best-seller *Who Wrote the Bible?*

37 Esse ponto é bem desenvolvido em Bellis, *Helpmates, Harlots, and Heroes*, 143-48.

38 Enquanto encontramos palavras hebraicas para as profissões de escriba e profeta marcadas com sufixos femininos, não encontramos sacerdotisas na Bíblia Hebraica. Talvez tenham existido, mas o cânone da Bíblia Hebraica não as registrou. Veja Susan Ackerman, "Why Is Miriam Also Among the Prophets? (And Is Zipporah Among the Priests?)," *JBL* 121 (2002): 71-75. Agradeço também à Professora Ackerman por ter compartilhado comigo sua palestra inédita apresentada na ASOR, "Priestesses in the Days of Solomon and Ahab."

9. Comunidades de Escribas Sacerdotais: Jerusalém e a periferia

Lembro-me vividamente da primeira comunicação que apresentei sobre a literatura sacerdotal. Foi em uma conferência internacional em Cambridge, e era o início da minha pesquisa sobre a antropologia da escrita na Bíblia Hebraica. Comecei com estudos lexicais simples. Por exemplo, onde aparece o verbo hebraico "escrever" (*ktb*) na Bíblia? Fiquei surpreso ao descobrir que ele quase não aparece na literatura sacerdotal. Aprofundei um pouco mais e descobri que não há nenhum relato do recebimento de uma lei escrita no Monte Sinai na literatura sacerdotal do Pentateuco. E quanto à palavra hebraica *tôrah*, que viria a ser associada à totalidade do Pentateuco na tradição? Na literatura sacerdotal do Pentateuco, *tôrah* significa "ensino" e não um texto.

Em contraste, na literatura sacerdotal pós-exílica, como os livros de Esdras-Neemias, Crônicas e Jubileus, há uma forte ênfase na *escrita* da Tor – isto é, a palavra hebraica *tôrah* se torna "Torá" com "T" maiúsculo. Pareceu-me uma boa observação a ser desenvolvida na palestra que fui convidado a apresentar em Cambridge. Mas a conferência teve a recepção proverbial de um balão de chumbo. Onde foi que errei? Eu havia desafiado uma ortodoxia acadêmica que considera que o chamado "Documento Sacerdotal" do Pentateuco é uma criação exílica ou pós-exílica. Minha observação ainda permanece válida. Mas, claro, a questão é mais complexa do que isso.

Neste capítulo, começo a narrar a história das comunidades de escribas sacerdotais. Os sacerdotes têm sido objeto central da pesquisa bíblica desde os tempos da famosa obra de Julius Wellhausen sobre a "Hipótese Documentária", no século XIX. Wellhausen identificou uma fonte sacerdotal do Pentateuco (geralmente referida simplesmente como *P*), junto com outras três fontes. Em resumo, Wellhausen argumentou que o Pentateuco foi composto por quatro documentos – *J*, *E*, *D* e *P* – sendo que o último deles, a fonte *P*, teria sido composto e editado durante os períodos exílico e pós-exílico.[1] E foi um autor sacerdotal quem, por fim, teria editado todo o Pentateuco.

A teoria de Wellhausen dominou a pesquisa bíblica ao longo do século XX, mas o consenso que a sustentava já se dissolveu.[2] Mesmo com o declínio de sua influência, a centralidade da fonte *P* para a compreensão da formação do Pentateuco permanece. Há percepções importantes nesse modelo que ainda devem servir como base para a pesquisa bíblica.

Os primórdios do Templo de Jerusalém remontam ao século X a.C., e faz sentido buscar comunidades de escribas ligadas ao templo desde o início do período monárquico. As comunidades de escribas sacerdotais certamente antecedem as atividades editoriais e de canonização que ocorreram na época de auge do chamado "Segundo" Templo reconstruído em Jerusalém. De fato, os escribas sacerdotais eram figuras centrais no período pós-exílico ou do Segundo Templo. Como veremos (no Capítulo 12), eles eram praticamente "os únicos em cena" nesse tempo. Isso se deve ao fato de que a escrita em hebraico passou a ser praticamente restrita ao templo reconstruído, enquanto o aramaico se tornou a *lingua franca* administrativa da província persa de Yehud. O hebraico era, nesse contexto, uma língua usada principalmente pelos sacerdotes. No entanto, as comunidades sacerdotais já haviam adquirido habilidades escribais e feito uso da escrita muito antes da destruição e posterior reconstrução do templo. A principal diferença entre os períodos do Primeiro e do Segundo Templo é que, durante a Idade do Ferro, os sacerdotes não eram os únicos que escreviam em hebraico.

As comunidades de escribas sacerdotais são tanto antigas quanto tardias. Elas remontam à Idade do Ferro e ganham destaque nos períodos persa e helenístico. Neste capítulo, enfocarei as comunidades de escribas sacerdotais do período do Primeiro Templo. Quando foi que a primeira comunidade de escribas sacerdotais esteve ativa? Pode ter havido alguma atividade de escribas sacerdotais já desde os primórdios do estabelecimento do Templo de Jerusalém, mas isso é difícil de comprovar de forma definitiva. Podemos encontrar algumas evidências de escrita sacerdotal e de escribas entre as inscrições do final da Idade do Ferro. Isso inclui a escrita sacerdotal fora de Jerusalém, nos templos e santuários periféricos.

Essas evidências serão particularmente claras em inscrições sacerdotais relacionadas ao Templo de Arad. Elas representam indícios da atuação de escribas sacerdotais entre as cidades e vilarejos regionais. No entanto, qualquer literatura associada a comunidades sacerdotais rurais ou periféricas, para ser coletada, editada e preservada, teve que chegar a Jerusalém.

Inscrições sacerdotais

As evidências epigráficas sacerdotais começam no século VIII a.C., quando a escrita, de modo geral, passou a florescer. É verdade que o corpus de inscrições oriundas de comunidades de escribas sacerdotais é reduzido. Inclui, ao menos, os seguintes itens: tigelas inscritas, as inscrições do Templo de Arad, os amuletos de Ketef Hinnom e alguns selos e impressões de selos.[3] Tomadas em conjunto, essas inscrições apontam para comunidades de escribas com práticas específicas, distintas de outras comunidades de escribas.

Onde podemos procurar por inscrições sacerdotais? Talvez se pense que o melhor ponto de partida seria Jerusalém. Infelizmente, o local do antigo templo em Jerusalém – hoje conhecido como o Monte do Templo – não foi escavado. O Monte do Templo abriga lugares sagrados do Islã desde o século VII E.C., como o Domo da Rocha e a Mesquita de Al-Aqsa, e, por isso, não pode ser escavado adequadamente por razões práticas. Assim, não há muita esperança de se encontrar evidências diretas da comunidade de escribas do Templo de Jerusalém.

Usei a expressão "escavado adequadamente" porque diversos tipos de escavações já ocorreram. Por exemplo, a partir do século XIX, exploradores europeus cavaram túneis sob o Monte do Templo em busca dos tesouros do templo salomônico, assim como dos tesouros da história bíblica. Tais atividades certamente criaram uma atmosfera de desconfiança mútua com os atuais responsáveis pelo Monte do Templo, as autoridades islâmicas do Waqf, o que contribui para tornar qualquer atividade arqueológica nas proximidades do Monte do Templo particularmente sensível do ponto de vista político e religioso.

Uma recente atividade de construção no Monte do Templo – ou, como é chamado pelos muçulmanos, o *Haram esh-Sharif* ou "Santuário Nobre" – também nos forneceu um material arqueológico controverso: o Projeto de Peneiramento do Monte do Templo.[4] Em novembro de 1999, as autoridades islâmicas do Waqf removeram cerca de nove mil toneladas de terra do canto sudeste do Monte do Templo para construir a mesquita subterrânea el-Marwani. Normalmente, uma operação desse tipo seria precedida por uma longa e custosa escavação de salvamento, mas não foi o caso aqui. O canto sudeste do *Haram* foi escavado rapidamente com o uso de máquinas pesadas, e aproximadamente 350 caminhões de terra resultante da obra foram despejados no Vale do Cedrom. Teoricamente, essa área de Jerusalém poderia conter inscrições relacionadas ao templo e à comunidade sacerdotal.

Posteriormente, iniciou-se um projeto de salvamento que visava peneirar o conteúdo desses caminhões, a partir de 2004, sob a direção de um dos meus antigos professores, Gabriel Barkay. Gabi, laureado com o prestigioso Prêmio Jerusalém, ficou horrorizado com a possível perda de registros históricos, inclusive relacionados ao Primeiro Templo. Grande parte da terra recuperada já foi peneirada, e muitos artefatos e inscrições relacionados à história do Monte do Templo foram descobertos.

O fragmento mais interessante como evidência da administração sacerdotal do templo é uma impressão de selo fragmentada com a inscrição "filho de Immer".[5] A impressão está partida ao meio (ver Figura 9.1), mas foi reconstruída da seguinte forma:

> *[lh]ṣlyhw* [pertencente a Hi]tziliah,
> *[bn] `mr* [filho de] 'Immer

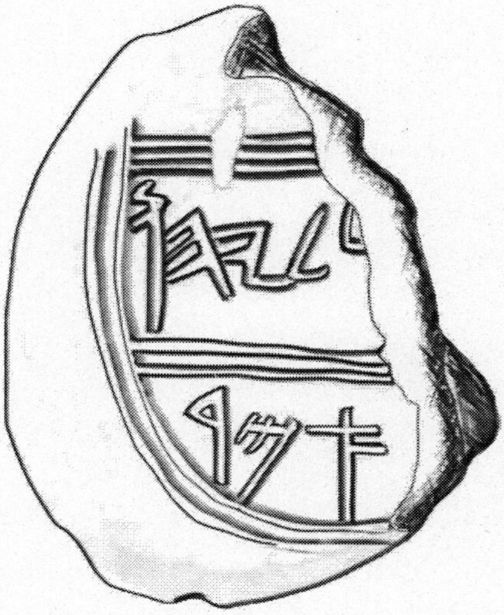

Figura 9.1 Impressão de selo do "Filho de Immer" proveniente do Monte do Templo.

Fonte: elaborada pelo autor.

Isso é notável porque Immer parece ser membro de uma proeminente família sacerdotal conhecida do final da monarquia de Judá. O Livro de Jeremias menciona um certo *Pašḥur*, filho de Immer, que persegue Jeremias:

> O sacerdote *Pašḥur*, filho de Immer, que era o chefe oficial no Templo, ouviu Jeremias profetizando essas coisas, e *Pašḥur* o feriu e o colocou no tronco que estava na Porta Superior de Benjamim, na Casa do Senhor. Na manhã seguinte, *Pašḥur* libertou Jeremias do tronco. (Jeremias 20.1-3a)

Quem é esse *Pašḥur*, filho de Immer? *Immer* é um nome bastante incomum, e a data da impressão do selo da família Immer torna *Pašḥur* e *Ḥiṣiliah* contemporâneos – talvez até irmãos. A localização arqueológica da impressão do selo de *Ḥiṣiliah*, filho de Immer - isto é, proveniente do Monte do Templo – reforça a identificação de *Pašḥur* e

Ḥiṣiliah como irmãos. A família aparentemente estava profundamente enraizada na administração do Templo, a julgar pelo título de *Pašḥur*: "chefe oficial do Templo".

A relação de antagonismo entre *Pašḥur* e Jeremias é um conflito intra-sacerdotal que simboliza a realidade de Judá na Idade do Ferro. Havia dois locais distintos para os sacerdotes – Jerusalém e todos os demais lugares. *Pašḥur* (e seu irmão) estavam profundamente enraizados na hierarquia do Templo de Jerusalém, ao passo que Jeremias era um forasteiro. Embora tenha nascido em uma família sacerdotal, a família de Jeremias era de Anatote, um vilarejo a cerca de oito quilômetros ao norte de Jerusalém. Essa família não tinha vínculos com a administração do Templo de Jerusalém como tinha a família de Immer. Esse conflito nos apresenta uma disputa interna entre sacerdotes centrais (como a família Immer) e sacerdotes periféricos (como Jeremias).

A história de duas diferentes comunidades de escribas sacerdotais também pode ser contada por meio da arqueologia dos templos e santuários de Judá no final da Idade do Ferro. Fora de Jerusalém, há poucos templos ou santuários judeus no registro arqueológico, e a maioria parece ter desaparecido após o século VIII a.C.[6] Yohanan Aharoni escavou um excelente exemplar arqueológico no forte da Idade do Ferro em Arad (Figura 9.2). Suas escavações também descobriram um conjunto de mais de cem inscrições. A maior parte delas se refere a atividades militares, mas dezoito inscrições encontradas nas proximidades do templo podem ser relacionadas a atividades cúlticas.[7] Embora a maioria dessas inscrições seja pequena e fragmentária, o templo e suas inscrições nos oferecem o ponto de partida ideal para explorar uma comunidade de escribas sacerdotais.

Arad era um sítio periférico para os sacerdotes judeus da Antiguidade, localizado a cerca de 110 km ao sul de Jerusalém, numa região árida que recebe aproximadamente 15 cm de chuva por ano. A fundação do forte em Arad remonta ao início da Idade do Ferro (por volta de 1100 a.C.), e sete diferentes camadas arqueológicas da fortaleza judaíta foram identificadas, desde o início da Idade do Ferro até o final da monarquia de Judá (por volta de 600 a.C.). Um templo

Figura 9.2 Templo dentro da Fortaleza de Arad.
Fonte: Andrew Herbek.

provavelmente foi construído dentro da fortaleza no século X e deixou de ser utilizado no final do século VIII a.C.[8]

O Templo de Arad foi desativado antes das reformas religiosas do rei Josias. A desativação no século VIII está em consonância com uma breve menção no Livro dos Reis sobre o rei Ezequias: "Removeu os altos, quebrou as colunas sagradas e cortou o poste sagrado de Aserá" (2 Rs 18,4). Em comparação com a narrativa das reformas de Josias, que ocupa dois capítulos inteiros (2 Rs 22-23), essa menção é extremamente concisa. O fato de ter sido preservada já sugere que havia algo de relevante. A desativação de santuários periféricos está em conformidade com a centralização do poder político em Jerusalém sob Ezequias, algo que também é claramente atestado pelo registro arqueológico. Resta a pergunta: o que teria acontecido com os sacerdotes periféricos que atuavam nos santuários locais, caso Ezequias tenha realmente tentado centralizar o culto em Jerusalém? Qualquer encerramento dos santuários teria causado uma enorme disrupção nas economias locais de vilas e povoados. Naturalmente, as campanhas militares assírias também foram altamente disruptivas, o que talvez tenha obscurecido – ou até mesmo facilitado – a ruptura religiosa causada pela desativação desses santuários locais.

Quem eram os sacerdotes que serviam no Templo de Arad? Uma das inscrições mais notáveis descobertas perto da entrada do santuário em Arad é a de uma tigela fragmentária que traz os nomes do pessoal cultual.[9] O texto está escrito no fundo de uma tigela completa e parece um tanto desorganizado em sua apresentação (ver Figura 9.3). A inscrição não está em um óstraco – isto é, em um fragmento de cerâmica –, mas em uma tigela completa que provavelmente ainda estava em uso. Yohanan Aharoni acreditava que havia também alguma escrita no interior da tigela, mas ela estava tão apagada que não era possível compreendê-la. Assim, o único texto legível está na parte externa.

Devemos presumir que a inscrição está relacionada à função ritual da tigela. Alguns nomes foram escritos na base, e parece haver quatro colunas visíveis, separadas por três linhas – duas visíveis e uma reconstruída. Uma linha adicional foi proposta, separando a coluna 2 (linhas 8-9) da coluna 3 (linha 10). A julgar pela coluna 4, as listas ao redor do exterior da tigela teriam seis ou sete linhas cada. No total, foram preservadas quatro listas: uma na base e outras três escritas ao redor da parte externa da tigela.

Começando pela base, as listas podem ser lidas da seguinte forma:

Base

1. Aprendizes de *Beẓal*, 3
2. Aprendizes de *Q̣óraḥ*, 2
3. Aprendiz de Gilgal, 1
4. Aprendizes de Q[ona]ias, 1

Coluna 1 (em torno da tigela, da direita para a esquerda)

5. [ ], 1
6. [ ], 1
7. [Yah]*u az*, 1

Coluna 2

8. Obad[ias, X]
9. Jehoab[, X]

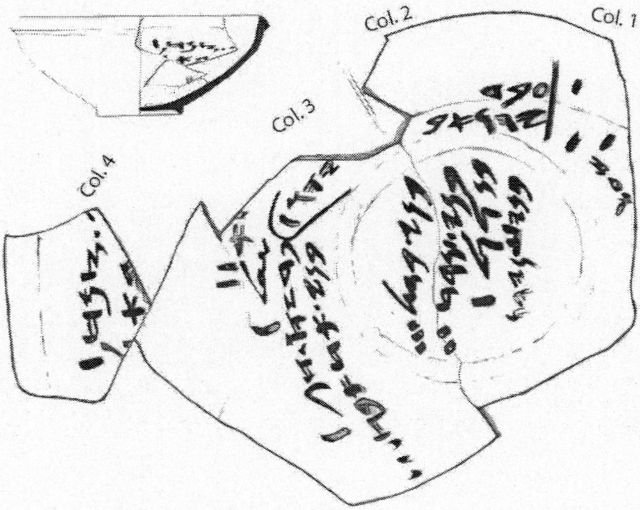

Figura 9.3 Inscrição sacerdotal em tigela (Arad nº 49).
Fonte: elaborada pelo autor.

Coluna 3

10. [ ]ias, 1

Coluna 4

11. [Aprendize]s de *Ṣemaḥ*, 1
12. [ ]*da* [ ]l[, X]
13. [ ], 2
14. *Shu'al*, 1
15. Pedaías, T(rigo), 11
16. Aprendizes de *Aḥab*, 3

Um aspecto particularmente interessante dessa inscrição é a menção a "aprendizes". Aqui, estou traduzindo o termo hebraico *ben* como "aprendiz" com base na discussão do capítulo 1, embora normalmente seja traduzido como "filho". Nesta inscrição em particular, estudiosos têm se perguntado por que os nomes dos pais são omitidos, mas isso deixa de ser um problema se entendermos *ben* como uma referência a guildas sacerdotais levíticas. Os vínculos de aprendizagem são familiares, mas não necessariamente de sangue.

Vários nomes presentes na tigela possuem afiliação direta com funções sacerdotais ou levíticas.[10] Por exemplo, *Beẓal* (linha 1) parece ser a forma abreviada do nome do famoso artífice do Templo, Bezalel, que supostamente "sabia executar toda obra para o serviço do santuário" (Êx 36:1; ver também Êx 31:2; 38:22; 2 Cr 1:5). Ainda que não devamos vincular diretamente o nome *Beẓal* à figura bíblica, os nomes geralmente se repetem em famílias ou clãs.

Os "Filhos de Corá" eram uma conhecida guilda levítica que atuava como músicos no templo (cf. Nm 26:58), e a linha 2 pode fazer referência a uma guilda levítica semelhante. Muitos salmos são atribuídos aos Filhos de Corá; por exemplo: "Ao mestre de canto. Masquil dos filhos de Corá" (Sl 42; ver também Sl 43-49, 84-88). Corá era um dos principais clãs envolvidos no culto e na liderança no templo. Segundo genealogias bíblicas, Corá era neto de Coate, um dos três filhos de Levi (cf. Êx 6:18; 1 Cr 6:22-24).[11]

No entanto, o clã coatita levítico está associado a cidades do norte - isto é, a Israel e não a Judá (cf. Js 21:20-26). Será que esses trabalhadores sacerdotais de Arad eram originalmente do norte? Talvez. Mas teriam perdido seus postos quando o Templo de Arad foi desativado no final do século VIII a.C. Seus nomes, no entanto, acabaram registrados no saltério bíblico. Isso pode sugerir que o sacerdócio de Jerusalém absorveu sacerdotes periféricos desempregados ao lhes conceder cargos como auxiliares no templo, mas não como sacerdotes propriamente ditos. Isso teria sido uma solução bastante prática diante da desativação de santuários e templos periféricos.

Vários nomes em Arad 49 indicam identidades do norte. Por exemplo, Gilgal (linha 3) é conhecido como um povoado do norte. Embora não tenhamos Gilgal como nome pessoal, talvez se trate de um clã proveniente daquela região. O nome *Aḥab* (linha 16) é um dos mais notáveis com fortes conexões ao norte – Acabe foi um rei do século IX a.C. em Samaria.[12]

O que nomes associados ao norte estão fazendo no sul, no Templo de Arad? Na verdade, isso se alinha ao padrão de evidências arqueológicas em locais como Kuntillet ʿAjrud, uma fortaleza de caravanas israelita situada no profundo sul do Neguev. Embora geograficamente mais próxima de Judá, Kuntillet ʿAjrud foi construída e mantida pelo reino do norte. Embora Judá estivesse mais próxima do Neguev, o comércio naquela região era dominado por Israel. Isso faz sentido, pois Israel tinha melhor acesso à costa mediterrânea e uma parceria econômica com a Fenícia, o que permitia explorar o comércio marítimo. Judá pode ter participado dessa parceria comercial, mas provavelmente não era o parceiro principal.

Assim, essas inscrições do século VIII a.C. (ou anteriores) podem refletir aspectos da atividade comercial e econômica israelita no Neguev. Alternativamente, refugiados do norte podem ter encontrado trabalho na fortaleza de Arad. Os levitas também tinham conexões com tribos do norte, como vemos em várias narrativas bíblicas (cf. Jz 18). Até a queda de Samaria, o reino do norte era mais forte, rico e poderoso do que Judá, e essas inscrições de Arad oferecem evidência tangível adicional dessa relação.

Arad 49 faz parte de um grupo maior de inscrições encontradas dentro e ao redor do templo (nºs 50-57, 60-62, 65, 67-70, 87, 89, 94, 95, 100-103). Infelizmente, todas estão bastante fragmentadas, mas várias apresentam nomes com bem conhecidas afiliações ao templo segundo a literatura bíblica (por exemplo, Meremot, Pasur, Azarias, Sebanias). O escavador sugeriu que alguns desses óstracos podem ter sido utilizados para o lançamento de sortes sacerdotais. Talvez. Alguns parecem indicar transações relacionadas ao templo; por exemplo, o óstraco nº 60 diz: "Eu pesei 27 *ḥekats* (de trigo)." Todas essas inscrições foram encontradas em estratos arqueológicos datados do final do século VIII a.C. ou de períodos anteriores.[13] Após o século VIII, nenhuma inscrição foi descoberta na área do santuário. Essa datação faz sentido dentro da história do templo. Em algum momento após a destruição de Samaria, no final do século VIII a.C., o templo de Arad foi desmontado, e Arad tornou-se exclusivamente uma fortaleza judaíta. O templo foi desmontado porque o santuário possuía afiliações religiosas com o norte? Essa é uma questão difícil de responder.

Aharoni também escavou duas "tigelas sagradas" diante do altar do santuário em Arad. Elas estão completas e têm duas letras, *qš*, riscadas na borda interna da cerâmica já após a queima. A inscrição no interior é incomum, uma vez que as inscrições geralmente são feitas na parte externa de vasos completos. Escrever no interior provavelmente indica o propósito de seu conteúdo. A maioria dos estudiosos acredita que a inscrição *qš* é uma abreviação da palavra hebraica *qôdêsh* (*qdš*), que significa "sagrado" ou "consagrado".[14] Há várias outras tigelas sagradas escavadas em outros locais que apresentam a inscrição não abreviada *qdš* (santo). A própria escrita serve como meio de consagrar um recipiente comum para fins sagrados.

Outro aspecto intrigante dessas tigelas sagradas é que a caligrafia utiliza letras de estilo fenício. Até o século IX a.C., havia uma forma geral para as letras alfabéticas usada amplamente desde a Fenícia e Aram até Judá, ao sul. Os estudiosos acreditam que essa escrita alfabética padronizada se originou na Fenícia e se espalhou por todo o Levante no início da Idade do Ferro. No entanto, a partir do século IX, supõe-se que diferentes escritas nacionais tenham se desenvolvido, incluindo uma escrita nacional hebraica.[15] Mas, se isso fosse o caso, por que as tigelas sagradas de Arad ainda usam escrita fenícia?

Nesse ponto, acredito que os estudiosos estejam equivocados. Não existia uma única escrita nacional hebraica, mas sim formas específicas de letras que eram aprendidas em diferentes comunidades de escribas. Essas formas refletem comunidades de prática inseridas em diferentes profissões. Diferentes comunidades de escribas podiam desenvolver convenções idiossincráticas quanto ao léxico, ortografia e paleografia. As diferenças de linguagem entre as várias fontes do Pentateuco já são há muito reconhecidas pelos estudiosos; essa evidência estende a observação também às convenções de ortografia e caligrafia. Muitas dessas convenções eram compartilhadas, mas comunidades de prática desenvolviam também características próprias. O que estudiosos descreveram como uma única escrita nacional hebraica é, na verdade, a prática da comunidade oficial de escribas do governo e do exército. As comunidades de escribas sacerdotais possuíam suas próprias convenções, que eram conservadoras e preservavam algumas características antigas da escrita fenícia. As tigelas sagradas não estão escritas em escrita fenícia; estão escritas em uma antiga escrita sacerdotal.

As tigelas sagradas em si continuam uma tradição ritual que remonta ao segundo milênio a.C.[16] Exemplos de tais tigelas votivas com inscrições em escrita hierática egípcia são conhecidos em Canaã, nos sítios de Laquis e Tel Sera, durante a Idade do Bronze Tardia. De certo modo, isso não é surpreendente. Afinal, essa prática se encaixa bem com a distribuição geral das tigelas sagradas encontradas em todo o território de Israel. Além dos exemplos encontrados nos sítios judaítas de Arad e Berseba, também se encontram tigelas dedicatórias no sítio filisteu de Ecrom e no sítio israelita do norte em Hazor. As tigelas têm formas e tamanhos variados, o que sugere que eram usadas para diferentes tipos de oferendas. Em outras palavras, essas tigelas sagradas não constituem um fenômeno ritual exclusivamente judaíta. As diversas comunidades sacerdotais e levíticas fora de Jerusalém compartilhavam práticas rituais e também práticas de escribas.

Há ainda um exemplo incomum de tigela votiva que ilustra mais profundamente as práticas rituais. No início do século XX, o arqueólogo escocês Duncan Mackenzie realizou escavações na cidade judaíta de Bete-Semes, onde encontrou uma tigela completa com três letras talhadas no interior: *ʾḥk* (ver Figura 9.4).[17] Mas como traduzi-las? A interpretação inicialmente confundiu os estudiosos. As letras tinham formas estranhas, e o significado era incerto. Mais de cinquenta anos após as escavações de Mackenzie, Gabriel Barkay reexaminou a tigela e sugeriu que a inscrição deveria ser relacionada à função da tigela como recipiente de oferenda "ao teu [pobre] irmão". Trata-se de hebraico bastante direto, mas sem paralelos conhecidos. Barkay relacionou essa expressão a textos sacerdotais como Levítico 25:25-48, que usam a expressão "teu irmão que empobreceu [*yāmûk ʾaḥîka*]" ao discutir justiça social e doações a "teu irmão". E "teu irmão" refere-se a uma fraternidade geral com o povo de Israel, e não a uma família

Figura 9.4 Inscrição "Teu Irmão" de Bete-Semes.
Fonte: Gabriel Barkay.

restritamente definida. Nessa leitura, a tigela teria sido colocada em um santuário ou templo para ofertas aos pobres.

Os aspectos inesperados da inscrição "Teu Irmão" se estendem ao formato das letras. Todas as três letras têm formas incomuns. Por exemplo, o *'alef* é escrito com um formato arredondado em "C" e uma barra vertical, em vez do formato em "C" pontiagudo típico de outras inscrições hebraicas. E essas letras foram talhadas, o que significa que foram cuidadosamente gravadas após a queima da cerâmica.[18] Como explicar essa caligrafia incomum? O eminente epigrafista francês André Lemaire novamente identificou o estilo como uma escrita do tipo fenício.[19] Já vimos que as duas tigelas sagradas de Arad supostamente apresentavam uma escrita "fenicizante", mas isso faz pouco sentido. Esses são objetos cultuais judaítas. A escrita deve ser judaíta, embora reflita uma comunidade sacerdotal de prática em ambientes periféricos. Vale lembrar que não encontramos exemplos semelhantes de tigelas sagradas em Jerusalém. A essa altura, a ausência de tais evidências parece significativa. Ela pode refletir uma comunidade de escribas periférica e conservadora, que preservava influências fenícias. A escrita fenícia, por sua vez, é bastante conservadora em seu desenvolvimento, de modo que tudo se encaixa bem nesse contexto. É também importante reiterar que nenhuma das inscrições dessas tigelas é posterior ao século VIII a.C. Ou seja, nenhuma pode ser datada com segurança como posterior às reformas religiosas de Ezequias.[20]

Amuletos de Ketef Hinnom

Uma das inscrições sacerdotais mais impressionantes são dois amuletos descobertos em uma tumba no declive do Vale de Hinom (em hebraico, *Ketef Hinnom*), logo fora da antiga cidade de Jerusalém. *Ketef Hinnom* era um complexo funerário familiar, e os arqueólogos identificaram uma das câmaras funerárias com os restos esqueléticos de pelo menos quarenta e três pessoas, datando do final da Idade do Ferro. Mas a descoberta mais sensacional foi a dos amuletos de prata datados do fim da monarquia de Judá (c. 600 a.C.).[21] A localização da tumba também é instrutiva – foi uma nova tumba escavada durante o século VII, bem longe do Monte do Templo. Normalmente, os mortos eram enterrados logo fora da cidade. Assim, por exemplo, os primeiros sepulcros da Jerusalém da Idade do Ferro estavam localizados nas encostas do Vale do Cédron e próximos à Cidade de Davi – isto é, onde o assentamento urbano teve início.[22] Também há tumbas na periferia norte de Jerusalém, que também teriam ficado próximas ao Templo.[23] A localização da tumba de *Ketef Hinnom* reflete a expansão da cidade para o oeste, principalmente por causa dos refugiados. As primeiras tumbas dos refugiados vindos do norte foram escavadas nas encostas orientais do Vale de Hinom, como a tumba da família de Menachem.[24]

A bem conhecida tumba de *Ketef Hinnom* está ainda mais distante da cidade, nas encostas ocidentais do vale, refletindo a segunda onda de refugiados, vinda das planícies de Judá no século VII. Os amuletos são pequenos. O primeiro (KH1) é um pouco maior, mas ainda assim mede apenas 97 mm (3,8 polegadas) de comprimento (ver Figura 9.5). O segundo é menor – apenas 39,2 mm (1,5 polegadas) –, mas está mais completo. A escrita é miúda, o que pode explicar algumas de suas características incomuns. Mas os autores também sugerem outra explicação provável – a saber, que as idiossincrasias paleográficas e ortográficas talvez reflitam uma "escola ou localidade de escribas".[25] A ortografia conservadora, por exemplo, é algo que já observamos em outras inscrições sacerdotais.

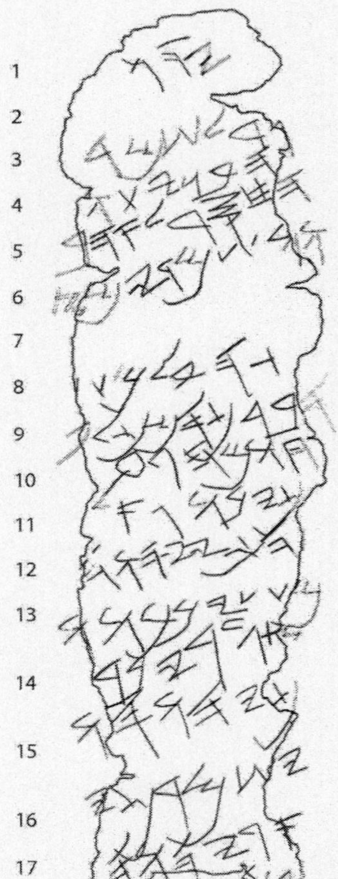

Figura 9.5 Amuleto 1 de Ketef Hinnom.
Fonte: Marilyn J. Lundberg, West Semitic Research.

Esses amuletos fornecem mais evidências da existência de uma comunidade de escribas especificamente sacerdotal, neste caso situada em Jerusalém.

Os dois amuletos de *Ketef Hinnom* podem ser traduzidos da seguinte forma:

Ketef Hinnom 1:
1 Que YHWH
2 [...
3 o] grande [que guarda]
4 a aliança e
5 [a] fidelidade para com os que o a[ma]m
6 e para com os que guardam [seus
7 mandamentos ...
8] o Eterno [...
9 a] bênção contra qualquer [...]
10 laço e contra o mal,
11 pois nele está a redenção,
12 pois YHWH
13 [há de] restaurá-lo.
14 [ ] Que YHWH o abençoe,
15 e
16 [que] ele te proteja,
17 [que] YHWH faça resplandecer
18 [o seu] rosto
19 sobre ti.
Ketef Hinnom 2:
1 [Para PN, filho de -y]ah, que seja abençoado
2 por YHWH.
3 o guerreiro, e
4 Aquele que expulsa
5 o Mal: Que te abençoe
6 YHWH, que ele
7 te proteja,
8 que YHWH faça resplandecer

9 o seu rosto
10 sobre ti, e
11 te conceda
12 paz.

Os amuletos causaram grande impacto por sua aparente citação da Bênção Sacerdotal: "Que o Senhor te abençoe e te guarde; que o Senhor faça resplandecer o seu rosto sobre ti e tenha misericórdia de ti; que o Senhor volte o seu rosto para ti e te conceda paz" (Nm 6:24-26).[16] Isso os tornaria a mais antiga citação bíblica conhecida em uma inscrição.[26] Na verdade, o quadro é mais complexo. Em primeiro lugar, não se trata de uma citação exata. É uma paráfrase. Ao mesmo tempo, as semelhanças entre os amuletos e a Bênção Sacerdotal são certamente impressionantes, e dificilmente se pode negar que os amuletos e Números 6:24-26 derivam de uma tradição ritual comum.

Em seu livro *The Priestly Blessing in Inscription and Scripture*, Jeremy Smoak aponta que a bênção nos amuletos e no Livro de Números corresponde ao chamado "Código de Santidade" na Bíblia.[27] O Código de Santidade é identificado com dez capítulos do Livro de Levítico (caps. 17—26). Esses capítulos formam uma seção própria dentro da literatura sacerdotal, mas a santidade não se restringe apenas a esses capítulos. Trata-se de um tema mais amplo que pode ser associado a sacerdotes que atuaram em santuários rurais e, posteriormente, vieram para Jerusalém.[28]

Há também outras tradições rituais presentes nos amuletos. Por exemplo, *Ketef Hinnom 1*, nas linhas 3-8, emprega uma fórmula significativa conhecida como fórmula dos atributos divinos, presente em vários textos bíblicos, como: "o Deus fiel, que guarda a aliança e a misericórdia até mil gerações para com aqueles que o amam e guardam os seus mandamentos" (Dt 7:9).[29] O amuleto compartilha claramente o conhecimento dessa fórmula, que foi integrada ao texto. A fórmula dos atributos divinos constitui uma tradição ritual compartilhada que, a julgar por seu reaproveitamento repetido na literatura bíblica, era usada em vários contextos religiosos.

Os textos bíblicos utilizados nos amuletos têm contextos literários litúrgicos. Por exemplo, o contexto da Bênção Sacerdotal em Números 6 destaca seu uso ritual: "O Senhor falou a Moisés, dizendo: Fala a Arão e aos seus filhos, dizendo: Assim abençoareis os filhos de Israel, dizendo-lhes: O Senhor te abençoe..." (Nm 6:22-24). Da mesma forma, Deuteronômio 7:9 apresenta indícios de um enquadramento oral e litúrgico, já que se inicia no v. 7 com uma fórmula paralela à liturgia de Salmo 100:3: "Sabei, pois, que o Senhor, teu Deus, é Deus".[30] E a própria fórmula dos atributos divinos é incorporada de diferentes formas na literatura bíblica (cf. Dt 7:9 com Ex 34:6-7; Nm 14:18; Mq 7:18-20). É improvável que os textos que usam essa fórmula estejam se citando mutuamente como referências textuais. Em vez disso, estão rememorando e reelaborando uma fórmula litúrgica bem conhecida, oriunda de contextos rituais. Os gravadores dos amuletos conheciam esses textos por meio da liturgia e da memória, não por meio de consulta direta a rolos ou códices. Eles não estavam citando a Bíblia; estavam evocando a tradição e invocando textos rituais memorizados.

Os amuletos foram certamente confeccionados em um ambiente de escribas sacerdotais, mas quem os adquiriu? Teria sido um sacerdote? Um levita? É difícil saber, e os artefatos encontrados na tumba não oferecem pistas diretas adicionais sobre a identidade daqueles que ali foram sepultados. A localização da tumba, por si só, é relativamente distante do Templo em Jerusalém, e tratava-se de uma tumba familiar - como mencionado, os arqueólogos identificaram restos mortais de pelo menos quarenta e três pessoas no local. Parece improvável que pertencesse a uma antiga família sacerdotal diretamente ligada ao Templo, justamente por estar tão afastada dele.

O cemitério mais antigo de Jerusalém é Silwan, localizado logo do outro lado do Vale do Cedrom, bem próximo ao Monte do Templo e à Cidade de Davi. É ali que teriam sido sepultadas as famílias antigas de Jerusalém. Ainda assim, a tumba de Ketef Hinnom é bem escavada e elaborada, o que indica que a família possuía certos recursos financeiros. Talvez a tumba tenha pertencido a uma família de sacerdotes periféricos? É difícil afirmar com certeza, mas é assim que imagino essa família: sacerdotes refugiados de alguma pequena vila nas Sefelá

– as colinas da Judeia - que teriam migrado para Jerusalém no início do século VII a.C. De qualquer forma, o conteúdo dos amuletos reflete inequivocamente escrita sacerdotal, mesmo que os proprietários dos amuletos e da tumba permaneçam um mistério.

Selos e impressões de selos sacerdotais

É bastante difícil identificar selos e impressões de selos que possam ter pertencido a membros de uma comunidade de escribas do templo. A melhor maneira de identificar um selo sacerdotal seria a presença do título "sacerdote" (em hebraico, *kōhēn*). No entanto, nenhum selo ou impressão de selo escavado até hoje contém esse título. Existem selos e impressões com títulos, mas nenhum com títulos sacerdotais. Isso seria um problema com as evidências disponíveis ou revela algo sobre a comunidade de escribas sacerdotais? Eu sugeriria a segunda opção.

Por exemplo, o extenso projeto de peneiração do Monte do Templo já descobriu diversos selos e impressões de selos, mas nenhum com o título "sacerdote". Isso sugere que os sacerdotes não estavam envolvidos nas tarefas administrativas cotidianas que exigiam posse de selos e o selamento de documentos. Há, no entanto, a impressão de selo da família Immer, que mostra que sacerdotes podiam possuir selos. Contudo, eles se identificavam pelo patronímico familiar, e não por um título.

Os selos com títulos tendiam a ser, primeiramente, de propriedade de oficiais do governo. A prática de usar selos parece ter-se disseminado por razões econômicas entre a população mais ampla. Ainda assim, os selos parecem ter pertencido principalmente a oficiais do governo, administradores e até a vários tipos de comerciantes e artesãos - mas raramente a sacerdotes.

Existe um exemplo famoso de selo sacerdotal, mas provavelmente trata-se de uma falsificação. É um selo montado em um anel que traz a inscrição: "Pertencente a *Ḥanan*, filho de *Ḥilkiah*, o sacerdote" (*leḥanan ben ḥilqiyāhū hakkōhēn*).[31] Ora, conhecemos alguém com o nome *Ḥilkiah*: ele é mencionado na narrativa das reformas religiosas do rei Josias (2 Rs 22:4ss.). Este poderia ser o anel de sinete de seu filho. Infelizmente, o objeto veio do mercado de antiguidades, o que já o torna bastante suspeito. Além disso, é uma peça única, o que também levanta dúvidas. Já escavamos bastante em Jerusalém e em outras regiões de Israel, e não encontramos nenhum outro exemplo de anel de sinete sacerdotal como esse. Entre as centenas de selos e impressões escavados, não há nenhum proveniente do templo ou pertencente a pessoal sacerdotal com títulos.

Em contraste, há grande variedade de títulos administrativos atestados em inscrições, selos e impressões de selo (como discutido em capítulos anteriores).

Podemos identificar ao menos um membro da comunidade de escribas sacerdotais de Jerusalém por meio de uma impressão de selo. Trata-se da impressão que aparentemente pertenceu a um sacerdote chamado "Azarias, filho de *Ḥilkiah*" (Figura 9.6).[32] Para começar, foi escavada na Cidade de Davi. O proprietário é provavelmente o mesmo Azarias, filho de *Ḥilkiah*, conhecido pelas listas genealógicas em Crônicas.[33]

Em 1 Crônicas 5:27-41, encontramos uma lista de sumos sacerdotes que vai desde os primórdios até o exílio babilônico. Nos versículos 39-41 aparecem os últimos sacerdotes do Templo de Jerusalém antes de sua destruição (ver também 1 Cr 9:10-11 e Ed 7:1):

> Salum gerou Hilquias,
> Hilquias gerou Azarias,
> Azarias gerou Seraías,
> Seraías gerou Jeozadaque,
> e Jeozadaque foi para o exílio.

Aparentemente, esse selo pertenceu a um sumo sacerdote em Jerusalém, oferecendo uma evidência tangível da guilda de escribas sacerdotais durante o final da Idade do Ferro na cidade. Hilquias é, claro, o nome do sacerdote que encontrou o rolo que inspirou as reformas religiosas do rei Josias - e este seria seu filho. A impressão do selo de Azarias foi encontrada em um tesouro bem preservado de

Figura 9.6 Impressão de selo de "Azarias, filho de Hilquias".
Fonte: elaborada pelo autor.

bullae (impressões de selo) guardado em um jarro datado da destruição babilônica de Jerusalém, em 586 a.C.

O contexto é sempre importante. Neste caso, a coleção foi escavada juntamente com outras 48 impressões de selo, entre elas uma pertencente a "Gemarias, filho de Safã", um escriba mencionado no Livro de Jeremias.[34] Ambos os pais - Safã e Hilquias - participaram das reformas religiosas de Josias. De acordo com 2 Reis 22, Josias envia seu escriba, Safã, ao sumo sacerdote Hilquias no templo com a missão de recolher dinheiro e restaurar o edifício. É então que o sacerdote encontra um rolo esquecido e o entrega ao escriba do rei: "Hilquias entregou o rolo a Safã, que o leu" (v. 8). Esse evento desencadeia uma série de acontecimentos: Safã informa o rei, o rei consulta a profetisa Hulda, e então ordena que reformas religiosas sejam executadas em conformidade com o "rolo da Torá".

Tanto o relato bíblico quanto essas impressões de selo indicam que essa família sacerdotal estava profundamente envolvida com os mecanismos de poder político em Jerusalém durante as reformas de Josias.

Em resumo, não há tantas evidências epigráficas das comunidades de escribas sacerdotais quanto há de atividades reais, administrativas e militares. Mas há algumas, e elas indicam a existência de duas comunidades distintas. Naturalmente, havia uma comunidade em Jerusalém, relacionada ao Templo. No entanto, há evidências notáveis – especialmente no templo de Arad – de escribas sacerdotais fora de Jerusalém. Além disso, o fenômeno das tigelas sagradas encontradas em diversos sítios arqueológicos sugere que a comunidade sacerdotal periférica mantinha uma afiliação solta, mas compartilhava tradições. Em última instância, contudo, todas essas tradições convergiam para Jerusalém, como veremos.

Duas reformas do templo e as comunidades de escribas sacerdotais

A história das comunidades de escribas sacerdotais possui dimensões diacrônicas e espaciais já antes da destruição do templo pelos babilônios em 586 a.C. Durante o período do Primeiro Templo, dois momentos são particularmente definidores: as Reformas de Ezequias e de Josias. Essas reformas também moldaram os aspectos espaciais da atividade dos escribas sacerdotais, ao marginalizarem os sacerdotes que não estavam ligados ao Templo de Jerusalém. Ao mesmo tempo, as reformas criaram uma oportunidade para que os sacerdotes periféricos – e sua literatura – viessem a Jerusalém, mesmo que em posição marginal. Esta parece ser a situação descrita em 2 Reis 23:9: "Os sacerdotes dos altos não subiam ao altar do Senhor, em Jerusalém; mas comiam pães ázimos no meio dos seus irmãos." Isso pode sugerir que os sacerdotes periféricos eram empregados em funções auxiliares no serviço do templo, mas não atuavam como sacerdotes sacrificiais no altar principal. Eventualmente, a conquista babilônica forçou a consolidação de quaisquer elementos diversos dentro da comunidade sacerdotal.

Embora ambas as reformas religiosas no final da monarquia - a reforma ezequiana e a reforma josiana – tenham moldado as comunidades de escribas sacerdotais, foi a segunda, a de Josias, que mais recebeu atenção dos estudiosos. Isso se deve naturalmente ao espaço que ela ocupa na narrativa bíblica: dois capítulos inteiros do Livro dos Reis (caps. 22—23). Historicamente, porém, a primeira reforma - a de Ezequias – foi provavelmente tão significativa quanto, senão mais. Mas a reforma de Ezequias é mencionada em apenas um versículo na edição final do Livro dos Reis: "Removeu os altos, quebrou as colunas, deitou abaixo o poste sagrado [Aserá] e despedaçou a serpente de bronze que Moisés fizera, porque até àqueles dias os filhos de Israel lhe queimavam incenso, e lhe chamaram Neustã" (2 Rs 18:4). É uma declaração marcante, mas com poucas informações. Felizmente, a arqueologia pode fornecer um contexto adicional para essas reformas.

A evidência arqueológica não respeita os processos editoriais da Bíblia. Neste caso, evidências arqueológicas recentes apontam para uma reorganização profunda dos templos que ocorreu no final do século VIII a.C., ou seja, nos dias do rei Ezequias (r. 715-689 a.C.). Por exemplo, templos e santuários em Arad, Berseba, Laquis e *Moẓa* desaparecem no século VIII, muito antes da Reforma de Josias (c. 622 a.C).[35] Isso não significa que nenhum santuário periférico tenha continuado após a reforma de Ezequias, mas que ela deu início a um processo de centralização. É pouco provável que isso tenha acontecido da noite para o dia. Ainda assim, de acordo com os registros arqueológicos disponíveis, a reforma de Ezequias foi um ponto de inflexão para a existência de templos e santuários independentes em Judá no final do século VIII.

Devemos reconhecer aqui que religião e política estavam entrelaçadas. Como vimos, houve um crescimento e centralização do poder em Jerusalém no final do século VIII. Isso foi influenciado pela ascensão do Império Assírio – por processos de globalização, comércio e mudanças demográficas profundas (urbanização, bem como o influxo de refugiados). Tanto o poder político quanto o religioso foram centralizados na capital nesse período.

A centralização do culto em Jerusalém promovida por Ezequias criou duas histórias distintas para os sacerdotes.[36] Primeiro, havia os sacerdotes que haviam servido em santuários e templos fora de Jerusalém; depois, havia os sacerdotes do Templo de Jerusalém. Com a destruição dos santuários rurais – provocada tanto pela centralização religiosa quanto pelas invasões assírias – muitos sacerdotes se dirigiram a Jerusalém. Eram, essencialmente, refugiados. Trouxeram consigo suas tradições e literaturas, mas foram em grande parte marginalizados ao chegarem à cidade no final do século VIII e início do VII a.C. Como refugiados, aliaram-se ao grupo rural conhecido como *'Am Ha'aretz*, também deslocado pelos avanços militares assírios. Esse período foi marcado pelo crescimento e florescimento econômico de Jerusalém, o que proporcionou condições ideais para a consolidação de suas tradições e para a formação de novas alianças. Eles representavam as tradições conservadoras do interior. Eram marginalizados – mas sua hora ainda viria.

O segundo grupo de sacerdotes era composto pelos antigos sacerdotes do Templo de Jerusalém. As reformas de Ezequias centralizaram o poder político e religioso na cidade, colocando o Templo e seus sacerdotes em uma posição de prestígio, privilégio e influência. Contudo, há sempre um fluxo e refluxo no poder político e religioso. A partir da época de Ezequias, refugiados políticos e religiosos israelitas - pessoas como Menaquém, filho de Yawbana – passaram a ocupar posições de prestígio em Jerusalém. O próprio Ezequias incorporou tradições do norte em sua corte, inclusive dando a um príncipe recém-nascido o nome de Manassés, uma das tribos mais proeminentes do norte. Durante o reinado do próprio rei Manassés (689-642 a.C.), o Templo de Jerusalém chegou até a incorporar aspectos da tradição religiosa israelita (cf. 2 Rs 21:3).

As reformas josianas foram uma reação conservadora a essas tendências. Elas começaram com o grupo político rural dos *'Am Ha'aretz*, que colocaram Josias no poder (como discutido no Capítulo 7). Os *'Am Ha'aretz* estavam aliados aos sacerdotes rurais, que finalmente conquistaram um lugar de influência em Jerusalém durante as reformas promovidas por Josias (c. 622 a.C.; 2 Rs 23:9). Parece ter havido, nesse período, uma fusão de interesses – e de tradições literárias - entre a antiga comunidade sacerdotal de Jerusalém e os sacerdotes rurais. Hilquias, o sacerdote que encontrou o rolo no Templo, é a figura central desse processo. O nome Hilquias possui longa tradição levítica, mas também se associa à linhagem dos sumos sacerdotes de Jerusalém (cf. 1 Cr 6:13-15). Curiosamente, Hilquias é também o nome do pai do profeta Jeremias (cf. Jr 1:1; ver Capítulo 10), que pertencia a um grupo de sacerdotes da vila de Anatote. O nome, portanto, carrega raízes sacerdotais profundas – inclusive entre os sacerdotes periféricos.

Literatura sacerdotal bíblica

A evidência epigráfica nos conduziu à identificação de duas comunidades de escribas sacerdotais. Uma delas estava associada ao Templo de Jerusalém, cuja influência e prestígio cresceram com a centralização do templo e do culto a partir do final do século VIII a.C. O trabalho desse grupo pode estar refletido na impressão de selo da família Immer. A impressão de selo de Azarias, filho de Hilquias, escavada na Cidade de Davi, destaca a presença e a atividade de escrita dessa comunidade sacerdotal nas áreas mais elitizadas de Jerusalém.

Um segundo grupo sacerdotal de escribas – que passarei a chamar de comunidade sacerdotal levítica – estava vinculado aos santuários periféricos e acabou se estabelecendo em Jerusalém como resultado tanto da centralização religiosa quanto da destruição do interior da Judeia pelos assírios. A centralização cultual e demográfica foi decisiva para a formação conjunta dessas duas comunidades sacerdotais de escribas.

Comunidade sacerdotal levítica

Quem eram os sacerdotes rurais? Creio que eles são mais bem compreendidos em conexão com a história dos levitas.[37] Quem eram os levitas? Eram um grupo sem terra que se associou ao templo e ao serviço do Templo. A condição de sem-terra dos levitas sugere que eram refugiados, talvez como resultado das campanhas militares assírias. Às vezes vemos a expressão "sacerdotes levíticos" na literatura bíblica, o que remete às suas origens. Eles eram originalmente sem-terra e vinculados a santuários rurais, ou seja, não estavam inicialmente nem prioritariamente em Jerusalém. As invasões assírias e babilônicas mudaram muita coisa, inclusive o lugar e o papel dos antigos levitas (isto é, sacerdotes levíticos). Eles se estabeleceram em Jerusalém e, eventualmente, os levitas passaram a estar formalmente ligados ao serviço do Templo no período persa. No entanto, as origens desse serviço no Templo podem remontar à Idade do Ferro.

Quero pensar de maneira pragmática, por um momento, a respeito dos sacerdotes levíticos. Eles são produto de uma sociedade baseada em clãs e na posse da terra. O problema com essa estrutura social é que a herança e a terra podiam ser subdivididas entre muitos filhos, o que acabava por empobrecer a família. Assim, para evitar a fragmentação da herança entre muitos filhos, os filhos que não eram primogênitos podiam ser entregues aos templos como sacerdotes (ou alocados no exército ou na administração pública). Crianças eram entregues como aprendizes em santuários e templos periféricos. Tornavam-se sem-terra e tiravam seu sustento como sacerdotes levíticos. Um bom exemplo bíblico disso é o menino Samuel, que foi entregue por seus pais para ser aprendiz do sacerdote Eli no templo em Silo (1 Sm 1.22—2.11). Samuel é um dos levitas mais famosos da Bíblia (1 Cr 6), embora inicialmente pareça ter sido um efraimita (2 Sm 1.1). Julgando pelo exemplo de Samuel, os levitas aparentemente perdiam sua afiliação tribal e tornavam-se sem-terra ao serem entregues a um santuário como aprendizes. A palavra hebraica *levita* significa literalmente "aquele que foi unido a". Assim, tornar-se um sacerdote levítico descreve esse processo de ser unido a um santuário, ou seja, tornar-se um sacerdote sem terra. À medida que esses santuários periféricos passaram a incluir treinamento de escrita como parte da aprendizagem, os sacerdotes levíticos também se tornaram uma comunidade de escribas.

A comunidade de escribas sacerdotal levítica alinhou-se a outros grupos sociais que foram excluídos com a centralização do poder em Jerusalém. Especificamente, os sacerdotes levíticos se aliaram ao *ʿAm ha-ʾAreṣ* (ver Capítulo 7). Ambos eram grupos de refugiados em Jerusalém. Parece provável que, como refugiados, os sacerdotes levitas e o *ʿAm ha-ʾAreṣ* tenham sido marginalizados no final do século VIII e início do século VII a.C. Ambos representavam aspectos do interior da Judeia que foram marginalizados com o crescimento de Jerusalém e com a centralização do poder político e religioso. Mas há um movimento cíclico no poder que acabaria por colocá-los em posição de destaque.

A comunidade sacerdotal de Jerusalém

Um ponto natural de convergência para uma comunidade de escribas sacerdotal era o Templo de Jerusalém. E Jerusalém sempre parece ter sido o templo central em Judá. Há indícios de outros santuários (por exemplo, Berseba, Laquis) e templos menores (como Arad e *Moẓa*), mas não há muitos templos e santuários no registro arqueológico, relativamente falando.[38] Por exemplo, durante a Idade do Bronze Final, pelo menos vinte templos foram identificados a partir de escavações, e esse número é baseado em uma amostragem muito menor do que a da Idade do Ferro. Há muito mais sítios da Idade do Ferro já escavados. Então, onde estavam os templos de Judá? Eles são difíceis de encontrar no registro arqueológico. Mesmo o Templo de Jerusalém, por exemplo, é conhecido principalmente a partir de registros literários e paralelos arqueológicos. Os poucos outros templos da Idade do Ferro que aparentemente existiram – como os de Arad, Berseba e *Moẓa* – aparentemente desapareceram no final do século VIII a.C., isto é, no tempo de Ezequias, não de Josias.[39] Nesse sentido, o Templo de Jerusalém não teve rivais significativos que pudessem ter servido como localizações sociais alternativas para uma comunidade de escribas sacerdotais. Isso também parece diferente do reino do norte, que parece ter tido múltiplos santuários importantes em Betel, Samaria e Dã. Em contraste, Jerusalém parece ter sido o santuário central em Judá. Mas Judá era um reino bastante pequeno em comparação com Samaria. Um grande santuário parece ter sido suficiente.

A ausência de outros templos também levanta uma questão importante sobre o que exatamente foram as reformas de centralização de Ezequias e Josias. Com efeito, na época das Reformas de Josias, não parecem ter havido muitos templos para Josias destruir. A reforma parece reivindicar os créditos por algo que aconteceu quase um século antes. Mesmo que houvesse alguns santuários que as reformas de Josias desmantelaram, Josias ainda assim parece ter se apropriado das ações de seu predecessor. As Reformas de Josias também fazem referência a sacerdotes estrangeiros (*kemarim*) em altos lugares em Judá, o que pode se referir a alguns santuários que surgiram após a influência neo-assíria. Talvez, mas não encontramos muitos indícios disso no registro arqueológico. Pode ser que houvesse santuários menores que não deixaram um grande vestígio arqueológico. De fato, a julgar pelo registro arqueológico, nunca parece ter havido um grande número de templos formais em Judá em qualquer época. A maioria dos templos periféricos que poderiam ter existido foi aparentemente desmantelada nos dias do rei Ezequias. Lido sob essa ótica, podemos notar que o relato josiaico realmente reivindica mais o mérito pela purificação cultual do Templo de Jerusalém e seus arredores do que pela destruição de outros santuários.

Enquanto a narrativa sobre Ezequias menciona a centralização, ela é bastante abreviada. As reformas religiosas de Ezequias são descritas em apenas um versículo (2 Rs 18:4), mas esse versículo se concentra na destruição dos altos fora de Jerusalém. Isso contrasta fortemente com os dois capítulos que detalham a reforma religiosa de Josias, os quais são focados na própria Jerusalém (2 Rs 22-23). As reformas foram notavelmente inclusivas em relação aos sacerdotes dos vários santuários, que "comeram pães ázimos com seus irmãos sacerdotes" (2 Rs 23:9). Josias parece ter usado os sacerdotes periféricos, há muito tempo marginalizados, para apoiar sua purificação religiosa.

Um dos focos das reformas de Josias foi a influência religiosa (e presumivelmente política) do norte em Jerusalém. Tratou-se de uma reação natural, de cunho político e religioso, à influência que os refugiados do norte passaram a exercer em Jerusalém a partir do início do século VIII. Ezequias parece ter incentivado essa influência como forma de fortalecer seu poder. Com Josias, o fluxo político e religioso se inverte. A narrativa da reforma de Josias menciona a destruição de santuários "nas cidades de Samaria" e se detém na destruição do altar de Jeroboão em Betel (2 Rs 23:15-20). Isso sugere a existência de um culto ainda ativo em Samaria e no norte no final da Idade do

Ferro (ver Capítulo 11). Essa polêmica contra Jeroboão e Samaria conclui uma trajetória narrativa que começou em 1 Reis 12:25-13:32; em outras palavras, ela encerra um arco narrativo importante centrado em Jerusalém.[40] Nesse sentido, mesmo a destruição de Betel é, na verdade, sobre Jerusalém.

Em suma, uma leitura cuidadosa da reforma de Josias sugere que os sacerdotes de Jerusalém se aliaram aos sacerdotes levitas e estavam redefinindo a prática cúltica normativa de modo a excluir práticas religiosas do norte. Tentava-se impor uma nova ortodoxia. Isso incluía um apelo a textos autoritativos – chamados alternadamente de "rolo da aliança" ou "rolo da *tôrah*". Os textos faziam parte da nova ortodoxia.

O sacerdote Hilquias encontra um rolo no templo (2 Rs 22:8). O rolo é primeiro lido ao rei, e depois o próprio rei aparentemente o lê para todo o povo (2 Rs 23:2). Isso também remete a Deuteronômio 17.18, onde se afirma que "o rei deverá escrever para si, num rolo, uma cópia desta *tôrah*, extraída de diante dos sacerdotes levitas". Isso sugere que os sacerdotes levitas eram os guardiões "desta *tôrah*", que aqui parece ser uma referência ao próprio livro do Deuteronômio.[41]

Devemos reconhecer, no entanto, que não está claro exatamente qual rolo Hilquias encontra no templo. Seria supostamente o Deuteronômio? Ou talvez o Código de Santidade? Podemos perceber influências de ambos os textos em alguns detalhes da reforma de Josias. Também é digno de nota que as referências ao "Rolo da Aliança" em 2 Reis 23.2 e 21 parecem apontar para a cerimônia de aliança em Êxodo 24.7 e, assim, para outro texto – talvez o Código da Aliança. Ou talvez a identidade do rolo encontrado em 2 Reis 22—23 seja intencionalmente ambígua. Sua identidade pode ter mudado à medida que a história foi contada e recontada. Em todo caso, o rolo é "encontrado" por um sacerdote – e isso faz toda a diferença.

A escrita e a atividade de escribas não foram o foco da comunidade do templo durante a Idade do Ferro. Os templos são os lugares de onde Deus fala e onde os sacerdotes oferecem sacrifícios. Isso é confirmado pelo registro epigráfico, no qual inscrições sacerdotais são relativamente raras. A maioria das inscrições hebraicas conhecidas está ligada ao Estado e sua administração, ao comércio e às atividades militares – e não à administração do templo e do culto. Ao mesmo tempo, a escrita era usada no templo e pelos sacerdotes. Temos evidências do uso da escrita para a administração dos templos, e a escrita também exercia um papel sagrado nos rituais sacerdotais.

A escrita sacerdotal na Bíblia

O que caracteriza a escrita de escribas sacerdotais na literatura bíblica? Esta é uma questão debatida por estudiosos há gerações.[42] Grande parte da literatura sacerdotal era mundana e administrativa – isto é, listas de pessoal, ofertas ou sacrifícios. Também incorporava os rituais do templo e a liturgia. De fato, as liturgias templárias faziam parte dos currículos gerais de escribas na Mesopotâmia, e provavelmente em Israel também. A escrita sacerdotal incluía ainda leis e outros assuntos legais. Por fim, refletia aspectos do divino e do numinoso.[43]

Vários exemplos na literatura bíblica ilustram o caráter divino e numinoso da escrita sacerdotal. O primeiro exemplo vem do relato sacerdotal das origens do tabernáculo, do templo, de seus utensílios e da lei do sábado. Esses temas são enquadrados por uma narrativa bíblica que começa em Êxodo 24:12: "O Senhor disse a Moisés: 'Sobe a mim ao monte, e permanece lá, e te darei as tábuas de pedra – a instrução e o mandamento – que escrevi para ensiná-los.'" A partir daí, Deus dá as instruções para a construção do templo nos capítulos 25 a 31. Esta seção conclui-se no capítulo 31 com a entrega do mandamento do sábado (31:12-17), e a narrativa encerra com: "Quando Deus terminou de falar com Moisés no monte Sinai, deu-lhe as duas tábuas do pacto, tábuas de pedra, escritas pelo dedo de Deus" (31:18).

Trata-se de uma moldura narrativa tipicamente sacerdotal que atribui uma origem divina ao Tabernáculo do deserto – e, por extensão, ao Templo de Jerusalém –, ao mesmo tempo em que associa o principal mandamento sacerdotal – o sábado – a essa escrita e comunicação divinas. Isso remete a exemplos mesopotâmicos de plantas de templos divinos registradas nas Tábuas do Destino,[44] e tem conexões profundas com a literatura técnica neoassíria, o que sugere uma data ao menos do período neoassírio (séculos VIII e VII a.C.).[45] Mais do que isso, esse exemplo nos introduz a um aspecto fundamental da escrita sacerdotal: seu caráter sagrado.

O caráter sagrado da escrita sacerdotal é bem ilustrado por seu uso ritual. Um exemplo clássico é o da *Soṭah*, ou "Ritual da Água Amarga", descrito em Números 5. Nesse ritual, a escrita é usada como ingrediente de uma poção ritual destinada a revelar se uma mulher cometeu adultério: "Então o sacerdote escreverá essas maldições num rolo e as lavará na água amarga. Fará a mulher beber a água amarga que traz a maldição e a dor amarga... se ela tiver se contaminado e sido infiel ao seu marido" (Nm 5:23-27). O próprio texto escrito é dissolvido na água como parte da poção! Vemos aqui que a escrita faz parte do ritual sacerdotal, e podemos imaginar como tigelas sagradas ou amuletos inscritos também poderiam funcionar nos rituais dos sacerdotes.

Há excelentes analogias contemporâneas para o uso ritual da escrita em textos mágicos em outras partes do antigo Oriente Próximo. Por exemplo, há os textos de Execração egípcios (*Egyptian Execration Texts*), nos quais maldições com os nomes dos inimigos são escritas em figuras ou tigelas de argila e, em seguida, ritualmente quebradas. A escrita faz parte do poder do ritual. Os textos de Execração remontam ao início do segundo milênio a.C., de modo que esse tipo de uso ritual da escrita na religião é bastante antigo. O paralelo com os textos de Execração egípcios nos leva a um terceiro exemplo bíblico: o "Livro da Vida" de Deus. Em certo momento, Deus ameaça exterminar Israel, dizendo: "Aquele que pecar contra mim, a esse riscarei do meu livro" (Êx 32:33). O livro divino – também conhecido como "Livro da Vida" (ver Dn 7:10; 12:1; Ap 20:15; 21:27) – está relacionado a um antigo tabu na literatura bíblica: o da realização de censos, ou seja, o de escrever nomes em uma lista.

Aparentemente, essa prática era considerada perigosa e dotada de um componente ritual, conforme lemos em Êxodo 30.12: "Quando fizeres o recenseamento dos filhos de Israel, cada um deles dará ao Senhor um resgate por sua vida, para que não haja praga entre eles quando os contares." A lei sacerdotal exigia que fosse oferecido um sacrifício por cada indivíduo cujo nome fosse registrado. Palavras escritas tinham poder.

O uso ritual da escrita incluía textos sacerdotais e até mesmo as vestimentas sacerdotais.[46] Segundo Êxodo 28 e 39, os sacerdotes arônicos deviam confeccionar vestes sacerdotais. Entre essas vestes estava o éfode, um colete adornado com pedras preciosas gravadas com os nomes das doze tribos de Israel:

> Tomarás duas pedras de ônix e gravarás nelas os nomes dos filhos de Israel, seis dos seus nomes numa pedra e os nomes dos seis restantes na outra pedra, segundo a ordem do seu nascimento. Como um lapidador grava selos, assim gravarás as duas pedras com os nomes dos filhos de Israel; tu as colocarás em engastes de filigrana de ouro. Fixarás as duas pedras sobre as ombreiras do éfode como pedras de memorial para os filhos de Israel; e Arão levará os seus nomes diante do Senhor sobre os seus dois ombros como memorial. (Êx 28:9-12)

As vestes sacerdotais eram coroadas com uma roseta de ouro, presa a um turbante, e gravada com as palavras "Santo ao Senhor" (Êx 39:30). A escrita aqui é essencial para transformar o próprio sacerdote em uma encarnação da presença e do favor divinos para os sacerdotes e para todas as tribos de Israel. A escrita, neste caso, não é uma ferramenta administrativa, mas uma ferramenta ritual. As descrições físicas da escrita na literatura sacerdotal sublinham seu uso ritual poderoso.

A escrita sacerdotal também podia ser mundana. O tipo mais mundano e típico de escrita sacerdotal são as listas. Os sacerdotes precisavam manter registros e fazer listas, e listas eram um elemento básico de todo currículo elementar de escribas.[47] Na verdade, listas e registros estão na base da própria invenção e desenvolvimento da escrita. Assim, mesmo que não compreendamos totalmente a lista de nomes sacerdotais em Arad 49, ela ilustra a utilidade mais mundana da escrita entre comunidades sacerdotais - e vemos isso também na literatura bíblica. Um exemplo clássico disso são as histórias de recenseamentos e listas genealógicas. Nesse sentido, é apropriado que o Livro de Números comece com um censo sacerdotal de todo o povo. Há uma variedade de listas sacerdotais, incluindo jornadas, sacrifícios e utensílios do templo, além de outros tipos de listas. Listas não são exclusivas das comunidades sacerdotais, mas os sacerdotes também se valeram da utilidade pragmática da escrita.

Esses exemplos ilustram os tipos de escrita sacerdotal que podem ser encontrados em todo o antigo Oriente Próximo, bem como na literatura bíblica em todos os períodos. Nesse sentido, é difícil vincular a literatura sacerdotal a uma comunidade de escribas em um tempo ou lugar específicos. Quando buscamos inscrições hebraicas antigas que possam nos dizer algo sobre comunidades sacerdotais de escribas, encontramos três tipos de exemplos: os mais sensacionais seriam os dois amuletos sacerdotais; o segundo tipo são as tigelas sagradas inscritas, encontradas em uma variedade de escavações em Israel; por fim, há os textos administrativos mais mundanos – isto é, listas, selos e impressões de selos – que nos informam sobre a organização das comunidades sacerdotais, bem como seu uso da escrita em funções cotidianas.

Notas

1 Sobre Wellhausen e a datação do material sacerdotal, veja Jakob Wöhlre, "The Priestly Writing(s): Scope and Nature," em *The Oxford Handbook of the Pentateuch*, ed. Joel Baden e Jeffrey Stackert (New York: Oxford University Press, 2021), 255-75. Além disso, veja a análise de Avraham Faust sobre o contexto arqueológico desse material em "The World of P: the Material Realm of the Priestly Writings," *VT* 69 (2019): 173-218. Para as complexidades dos escritos sacerdotais, veja Shara Shectman e Joel Baden, eds., *The Strata of the Priestly Writings: Contemporary Debate and Future Directions* (Zurique: TVZ, 2009).

2 Veja os ensaios em Gertz et al., eds., *The Formation of the Pentateuch*.

3 Sobre tigelas, veja Gabriel Barkay, "A Bowl with the Hebrew Inscription שדק," *IEJ* 40 (1990): 124-29; Jeremy Smoak, "Holy Bowls: Inscribing Holiness in Ancient Israel and Judah," *MAARAV* 23 (2019): 69-92. Sobre selos e impressões de selos, veja Avigad, *West Semitic Stamp Seals*. Para as inscrições do Templo de Arad, veja Aharoni, *Arad Inscriptions*. Sobre os amuletos de Ketef Hinnom, veja Gabriel Barkay, Andrew Vaughn, Marilyn Lundberg e Bruce Zuckerman,

"The Amulets from Ketef Hinnom: A New Edition and Evaluation," *BASOR* 334 (2004): 41-71; e Jeremy Smoak, *The Priestly Blessing in Inscription and Scripture: The Early History of Numbers 6:24-26* (New York: Oxford University Press, 2015). Outra possível inscrição sacerdotal é a enigmática inscrição de Khirbet Beit Lei, mas sua ligação com temas sacerdotais é incerta; veja Alice Mandell e Jeremy Smoak, "Reconsidering the Function of Tomb Inscriptions in Iron Age Judah: Khirbet Beit Lei as a Test Case," *JANER* 16 (2016): 192-245.

4 Veja Gabriel Barkay e Zachi Dvira, "Relics in Rubble: The Temple Mount Sifting Project," *BAR* 42, 6 (2016): 44-55; e, mais recentemente, Barkay e Dvira, "Jerusalem, the Temple Mount Sifting Project-Preliminary Report," *Excavations and Surveys in Israel* 133 (2021).

5 Veja Z. Dvira e G. Barkay, "Clay Sealings from the Temple Mount and Their Use in the Temple and Royal Treasuries," *Jerusalem Journal of Archaeology* 2 (2021): 41-57.

6 Veja a revisão de Avraham Faust, "Israelite Temples: Where Was Israelite Cult Not Practiced, and Why," *Religions* 10, n.º 2 (2019), https://doi.org/10.3390/rel10020106.

7 Veja Aharoni, *Arad Inscriptions*, n.os 49, 52, 60, 61, 62, 65, 67, 68, 70, 87, 89, 94, 95, 100, 101, 102, 103 e 104. Na'aman também considera que essas (e outros óstracos da área do depósito) são evidências de atividade literária relacionada ao Templo de Arad. Na'aman, "New Light on Six Inscriptions from Arad," 216.

8 Os primórdios da fortaleza de Arad e de seu templo são objeto de algum debate entre os arqueólogos, mas parece claro que o templo deixou de ser usado no final do século VIII a.C.; veja Z. Herzog, "The Date of the Temple at Arad: Reassessment of the Stratigraphy and the Implications for the History of Religion in Judah," em *Studies in the Archaeology of the Iron Age in Israel and Jordan*, ed. A. Mazar (Sheffield: Sheffield Academic Press, 2001), 156-78; veja também Moulis, "Hezekiah's Cultic Reforms According to the Archaeological Evidence," 167-80.

9 Publicado por Aharoni em *Arad Inscriptions* como Arad 49, pp. 80-84. Minhas leituras baseiam-se no artigo de Nadav Na'aman e em suas imagens multiespectrais, bem como em fotos originais fornecidas a mim pelo West Semitic Research; veja Na'aman, "New Light on Six Inscriptions from Arad," 213-35. No entanto, não vejo nenhuma razão convincente para a reorganização proposta por Na'aman, por isso mantenho a organização geral das colunas de Aharoni. Modifiquei o desenho original de Aharoni (Figura 9.3) com base nas imagens multiespectrais de Na'aman e nas imagens fornecidas pelo West Semitic Research.

10 Sigo a organização de Aharoni. Outros estudiosos propuseram diversas leituras "melhoradas", mas que não alteram substancialmente a natureza do texto. Isso inclui Na'aman, "New Light on Six Inscriptions from Arad," 216-24. É importante notar que Aharoni trabalhou com fotografias anteriores e com os óstracos recém-escavados, enquanto Na'aman trabalha com imagens multiespectrais recentes, nas quais a tinta se encontra bastante desbotada - o que explicaria por que Aharoni viu elementos que Na'aman já não consegue ver. Na'aman me forneceu suas novas imagens multiespectrais, mas não consegui confirmar muitas de suas leituras. Baseei-me mais nas fotos da publicação original fornecidas pelo West Semitic Research.

11 Essa conexão foi apontada a mim por Moise Isaac. Veja sua tese, "'You Will Be Named after Your Ancestors,'" 192 (nota 130), 251 (nota 165).

12 Aqui sigo a leitura de Na'aman. Veja "New Light on Six Inscriptions from Arad," 221. Aharoni originalmente leu esse nome como *Aḥa*, que também tem conexões setentrionais (1 Cr 5:15) e aparece em inscrições da Transjordânia. O nome *Aḥa* também é encontrado em outros dois óstracos de Arad - ambos bastante antigos (provavelmente do século IX a.C.), encontrados perto de Arad 49 e próximos à entrada do santuário.

13 Houve algumas tentativas de redatar os óstracos de Arad para datas mais recentes. Por exemplo, Herzog tentou reatribuir o Estrato VIII do século VIII para o século VII, mas admitiu que a cerâmica do Estrato VIII é semelhante à de Laquis III (ou seja, um nível de destruição de 701 a.C.); atualmente, Herzog considera que o templo foi desmontado no Estrato IX (século VIII), embora isso implicaria que todos os óstracos claramente sacerdotais foram escritos em um período em que o templo já não existia - o que não faz muito sentido. O templo de fato saiu de uso no século VIII, mas no Estrato VIII, que, pela cultura material, se alinha com Laquis III, cujas inscrições ainda devem ser datadas do século VIII. Veja Herzog, "The Date of the Temple at Arad," 156-78. Como aponta Singer-Avitz, o Estrato VIII é um estágio de transição entre o final do século VIII e o início do século VII. L. Singer-Avitz, "Arad: the Iron Age Pottery Assemblages," *Tel Aviv* 29 (2002): 110-214.

14 Veja a discussão em Smoak, "Holy Bowls," 72 (nota 10).

15 Veja, por exemplo, Rollston, *Writing and Literacy in the World of Ancient Israel.*

16 Barkay, "Bowl with Hebrew Inscription," 129; Barkay cita Orly Goldwasser, "Hieratic Inscriptions from Tel Sera' in Southern Canaan," *TA* 11 (1984): 85.

17 Duncan Mackenzie, "The Excavations at Ain Shems (Beth-Shemesh)," *PEFA* 2 (1912-1913): 86-88, prancha 54:13. A interpretação dessas letras tem sido debatida, mas Barkay apresenta a leitura material mais convincente; veja Barkay, "'Your Poor Brother': A Note on an Inscribed Bowl from Beth Shemesh," *IEJ* 41 (1991): 239-41.

18 Sobre a execução da escrita entalhada, veja Yonatan Nadelman, "'Chiseled' Inscriptions and Markings on Pottery Vessels from the Iron II (Discussion and Catalogue)," *IEJ* 40 (1990): 31-41.

19 Veja Bernard Delavault e André Lemaire, "Les inscriptions phéniciennes de Palestine," *Rivista di studi fenici* 7 (1979): 22.

20 Veja a visão geral em Smoak, "Holy Bowls." Frank Moore Cross rejeitou o contexto arqueológico do século VIII e argumentou que se tratavam de inscrições fenícias do século VII ou VI com base em sua análise paleográfica; veja Cross, "Two Offering Dishes with Phoenician Inscriptions from the Sanctuary of Arad," *BASOR* 235 (1979): 75-78. No entanto, não é sustentável descartar o contexto arqueológico. É mais razoável pensar na retenção da influência fenícia em uma comunidade periférica de escribas sacerdotais.

21 Houve tentativas de datar esses amuletos para períodos posteriores, mas o contexto arqueológico detalhado na *editio princeps* torna essas tentativas implausíveis; veja Barkay et al., "The Amulets from Ketef Hinnom," 41-71. Veja também Smoak, *Priestly Blessing*, 13-16.

22 Veja Gabriel Barkay, *Northern and Western Jerusalem in the End of the Iron Age*, tese de doutorado, Universidade Hebraica, 1985 (em hebraico); David Ussishkin, *The Village of Silwan: The Necropolis from the Period of the Judean Kingdom* (Jerusalém: Israel Exploration Society, 1993); Irit Yezerki, "Typology and Chronology of the Iron Age II-III Judahite Rock-Cut Tombs," *IEJ* 63 (2013): 50-77; Gabriel Barkay, "Jerusalem Tombs from the Days of the First Temple," *BAR* 12, n.º 2 (1986): 23-39.

23 Veja, por exemplo, Amihai Mazar, "Iron Age Burial Caves North of the Damascus Gate, Jerusalem," *IEJ* 26 (1976): 1-8; Gabriel Barkay, "Three First Temple Burial Caves North of Damascus Gate and the Date of Jerusalem's Northern Moat," *Cathedra* 83 (1997): 7-26 (em hebraico).

24 Foi nesse local que foi encontrado o selo da "filha de Menachem" (discutido no capítulo 8); veja Kloner e Yezerski, "A Late Iron Age Rock-Cut Tomb on the Western Slope of Mount Zion," 1-24.

25 Barkay et al., "The Amulets from Ketef Hinnom," 54.

26 As diferentes leituras e os méritos dessas leituras são analisados em Smoak, *Priestly Blessing*, 18-42.

27 A associação é feita em Smoak, *Priestly Blessing*. Um artigo posterior também desenvolve mais a identificação de Smoak com o Código de Santidade; veja Mark Awabdy, "The Holiness Composition of the Priestly Blessing," *Biblica* 99 (2018): 29-49.

28 Veja Faust, "World of P"; Joosten, *People and Land in the Holiness Code*.

29 A maioria dos estudiosos vê Êxodo 34:6-7 como a formulação mais antiga da qual Deuteronômio 7:9 deriva. Veja M. Fishbane, *Biblical Interpretation in Ancient Israel* (Oxford: Oxford University Press, 1985), 335-50; T. Dozeman, "Inner-Biblical Interpretation of Yahweh's Gracious and Compassionate Character," *JBL* 108 (1989): 207-33. Jeffrey Stackert destaca a influência mais ampla da legislação de santidade no Pentateuco: "The Holiness Legislation and Its Pentateuchal Sources: Revision, Supplementation, and Replacement," em *Strata of the Priestly Writings*, 187-204.

30 Para o pano de fundo litúrgico do Salmo 100, veja William Schniedewind, "Are We His People? Biblical Interpretation During Crisis," *Biblica* 77 (1995): 540-50; veja também John Evans, *You Shall Know That I Am Yahweh: An Inner-Biblical Interpretation of Ezekiel's Recognition Formula* (Winona Lake, IN: Eisenbrauns, 2019).

31 Avigad, *West Semitic Stamp Seals*, n.º 28. Há outro selo com o título "sacerdote" proveniente do norte de Israel e oriundo do mercado de antiguidades (*lṣdq bn mkʾ* e *[lz]kryw khn dʾr*, *WSSS* 29). Devemos presumir que também seja uma falsificação. Outro possível título para a comunidade do templo seria "servo de YHWH", encontrado no selo de "Miqneyaw, servo de YHWH" (*WSSS* 27). Mas ele foi adquirido em Jerusalém e não escavado. Há forte possibilidade de ser também uma falsificação.

32 Publicado como B27 por Shoham, "Hebrew Bullae," 29-57.

33 Lawrence Mykytiuk realiza um estudo exaustivo tentando identificar selos e impressões de selo com figuras bíblicas. Este é o único caso em que ele defende que há base segura para tal identificação; veja *Identifying Biblical Persons in Northwest Semitic Inscriptions of 1200-539 BCE* (Leiden: Brill, 2004), 148-52.

34 Shoham, "Hebrew Bullae," B2.

35 Veja, por exemplo, Israel Finkelstein e Neil Silberman, "Temple and Dynasty: Hezekiah, the Remaking of Judah and the Rise of the Pan-Israelite Ideology," *JSOT* 30 (2006): 259-85; Saar Ganor e Igor Kreimerman, "An Eighth-Century BCE Gate Shrine at Tel Lachish, Israel," *Bulletin of the American Schools of Oriental Research* 381 (2019): 211-36; Shua Kisilevitz, "The Iron IIA Judahite Temple at Tel Moẓa," *Tel Aviv* 42 (2015): 147-64. Apesar de algumas objeções, a interpretação que mais faz sentido a partir dos dados é relacionar esses achados às reformas de Ezequias; veja o resumo em Moulis, "Hezekiah's Cultic Reforms According to the Archaeological Evidence," 167-80.

36 A centralização do culto é um tema amplamente debatido entre estudiosos, sem consenso claro. Veja, por exemplo, Julia Rhyder, *Centralizing the Cult: The Holiness Legislation of Leviticus 17-26* (Tübingen: Mohr Siebeck, 2019), 65-111; e T. Römer, "Cult Centralization in Deuteronomy 12: Between Deuteronomistic History and Pentateuch," em *Das Deuteronomium zwischen Pentateuch und Deuteronomistischen Geschichtswerk*, ed. Eckart Otto e Reinhard Achenbach, *FRLANT* 20 (Göttingen: Vandenhoeck & Ruprecht, 2004), 168-80.

37 A estrutura conceitual para isso é apresentada no artigo clássico de Lawrence Stager, "The Archaeology of the Family in Ancient Israel," *BASOR* 260 (1985): 1-35. Essa estrutura é retomada e desenvolvida por Mark Leuchter em *The Levites and the Boundaries of Israelite Identity* (New York: Oxford University Press, 2017). Leuchter a apresenta de forma acessível em um ensaio publicado no *TheTorah.com*, "Who Were the Levites?" (2017), https://thetorah.com/article/who-were-the-levites.

38 Faust, "Israelite Temples," https://doi.org/10.3390/rel10020106.

39 Veja, por exemplo, Zeev Herzog, "Perspectives on Southern Israel's Cult Centralization: Arad and Beer-sheba," em *One God-One Cult-One Nation: Archaeological and Biblical Perspectives*, ed. Reinhard Kratz e Hermann Spieckermann (Berlin: de Gruyter, 2010), 169-200.

40 Veja, por exemplo, meu artigo "History and Interpretation: The Religion of Ahab and Manasseh in the Book of Kings," *CBQ* 55 (1993): 649-61.

41 Veja meu ensaio "Diversity and Development of *tôrâ* in the Hebrew Bible," 1-16.

42 A literatura sacerdotal da Hipótese Documentária é classicamente resumida em S. R. Driver, *An Introduction to the Literature of the Old Testament* (1909).

43 Veja "The Numinous Power of Writing," em Schniedewind, *How the Bible Became a Book*, 24-34.

44 Isso também encontra paralelo em relatos do antigo Oriente Próximo sobre a origem divina dos templos; veja Victor Hurowitz, *I Have Built You an Exalted House: Temple Building in the Bible in Light of Mesopotamian and North-West Semitic Writings* (Sheffield: JSOT Press, 1992).

45 Veja Brian Donnelly-Lewis, "The Tabernacle Manual: Exodus 25:1-31:18 in Light of the Cuneiform Procedural Genre," *JBL* 141 (2022): 617-33.

46 Veja Alice Mandell, "Writing as a Source of Ritual Authority: The High Priest's Body as a Priestly Text in the Tabernacle-Building Story," *JBL* 141 (2022): 43-64.

47 Veja Schniedewind, *Finger of the Scribe*, 68-92; Benjamin Scolnic, *Theme and Context in Biblical Lists* (Atlanta: Scholars Press, 1995).

PARTE TRÊS

A SOBREVIVÊNCIA DAS COMUNIDADES ESCRIBAIS

Extinção é a regra. Sobrevivência é a exceção.

— **CARL SAGAN,** *THE VARIETIES OF SCIENTIFIC EXPERIENCE*

10. Comunidades de Escribas Exiladas: as histórias de Jeremias e Ezequiel

Jeremias e Ezequiel eram ambos sacerdotes. Nesse aspecto, eles dão continuidade ao legado de escribas sacerdotais. Mas provinham de comunidades sacerdotais diferentes e seguiram caminhos muito distintos. Suas histórias nos ajudarão a compreender a história das comunidades sacerdotais de escribas à medida que essas comunidades começam a se desintegrar após as invasões babilônicas de Judá e Jerusalém. Os babilônios fizeram campanhas contra Jerusalém e Judá pelo menos três vezes – em 597, 586 e 581 a.C. – e cada campanha foi seguida por uma onda de exílios. Tendemos a focar na campanha de 586 a.C., que culminou com o saque e a queima de Jerusalém, mas o sacerdote de Jerusalém, Ezequiel, já havia sido exilado durante a campanha de 597 a.C. Ele ilustra o "êxodo intelectual" promovido pela Babilônia em Jerusalém - isto é, a deportação de artesãos, trabalhadores especializados, escribas e outras pessoas que poderiam ser úteis ao império. As histórias no Livro de Daniel também refletem esse êxodo intelectual que desestabilizou as diversas comunidades de escribas em Judá. Elas retratam a realidade do exílio: "o rei ordenou ao chefe dos oficiais da corte, Aspenaz, que trouxesse alguns dos israelitas, instruídos em toda sabedoria, dotados de conhecimento e discernimento, para servirem no palácio do rei e para que fossem ensinados na literatura e na língua dos caldeus" (Dn 1:3-4). Quer suas histórias sejam históricas ou literárias, figuras como Ezequiel ou Daniel foram úteis aos babilônios porque adquiriram habilidades de escribas.

A fuga de cérebros de Judá também se deu pelo êxodo de refugiados para o Egito. O refugiado mais proeminente no Egito foi Jeremias. Após a destruição de Jerusalém, os babilônios instalaram um governante fantoche, Gedalias, em Mispá. No entanto, ele foi assassinado, o que levou a uma nova campanha babilônica contra Judá em 581 a.C. (ver Jr 42:1-2). Após o assassinato de Gedalias, um remanescente fugiu para o Egito como refugiado, incluindo Jeremias, que parece ter sido levado à força. Jeremias era sacerdote, parte de uma comunidade sacerdotal periférica da vila benjaminita de Anatote (cerca de 8 km ao norte de Jerusalém). Segundo o Livro de Jeremias, ele foi levado a Tafnes, no delta ocidental do Nilo (ver Jr 43:4-8). Outras grandes populações de refugiados judeus são conhecidas no sul do Egito (Alto Egito), como em Elefantina. Cidades do delta do Nilo como Leontópolis e Alexandria mais tarde se tornariam lar de grupos de refugiados judeus. Tudo isso para dizer que nem todos os judeus foram deportados à força. Alguns fugiram e se tornaram refugiados, principalmente no Egito. Assim, a despovoação de Judá e Jerusalém foi um processo que ocorreu na esteira de várias campanhas militares babilônicas.

Os babilônios destruíram as maiores cidades e povoados, mas algumas pequenas vilas agrícolas sobreviveram. De acordo com levantamentos e escavações arqueológicas, ao longo de algumas décadas, a população diminuiu em até 85%, e a continuidade populacional ocorreu principalmente em pequenas vilas agrícolas.[1] Toda a economia e infraestrutura de Judá colapsaram. Em outras palavras, havia pouco contexto para as comunidades de escribas que haviam florescido em Jerusalém e ao redor de Judá durante o final da monarquia. Para seguir os escribas, é preciso acompanhá-los para os lugares onde foram exilados ou para onde fugiram.

Os babilônios estabeleceram centros administrativos que contavam com suas próprias comunidades de escribas. Esses centros dispunham de uma infraestrutura de escribas própria. Por exemplo, um assentamento em Ramat Rahel, ao sul de Jerusalém, parece ter continuado como centro administrativo mesmo após a destruição de Jerusalém.[2] Arqueólogos como Oded Lipschits escavaram e analisaram impressões de selos com leões que refletem a administração babilônica em sítios como Ramat Rahel. As impressões de selos de *Moẓa* são outro vestígio da administração babilônica e persa inicial. Mas é importante destacar: essas impressões de selos do século VI são relativamente poucas em comparação com os períodos anteriores e posteriores. Mais significativamente, elas testemunham o surgimento de uma comunidade administrativa aramaica a serviço dos interesses imperiais. Não é aqui que devemos procurar uma comunidade hebraica de escribas.

Alguns estudiosos sugerem que os escribas hebreus podem simplesmente ter se realocado. Por exemplo, havia um novo centro de administração babilônica na região ao redor de Mispá, alguns quilômetros ao norte de Jerusalém. Teria existido ali uma próspera comunidade de escribas que coletou e redigiu grande parte da literatura bíblica? Alguns estudiosos já propuseram a existência de uma comunidade robusta de escribas em Mispá dedicada à produção de literatura bíblica, mas isso é pouco provável.

Por que tal teoria poderia surgir? Em primeiro lugar, alguns estudiosos preferem localizar a composição da maior parte da literatura bíblica principalmente em períodos posteriores – o período babilônico, o persa e até mesmo o helenístico. Mispá oferece a esses estudiosos um local conveniente para começar, já que foi uma das primeiras localidades com administração babilônica (2 Rs 25:25; Jr 41:1-13). Também se notou o papel de destaque que a cidade benjaminita de Betel desempenha na literatura bíblica, embora eu já tenha discutido essa cidade no Capítulo 4, pois Betel foi destruída no século VIII a.C. pelos assírios.[3] Além disso, Mispá não é Betel. Não se pode simplesmente trocar uma pela outra. As evidências arqueológicas continuam indicando que Betel foi destruída no século VIII a.C., e que apenas um assentamento muito modesto persistiu. Betel não foi o grande centro hebraico de escribas.

Por fim, se a administração babilônica de fato continuou na região de Mispá, essa administração teria usado o aramaico, e não o hebraico. A língua hebraica ainda era um vestígio marginal do passado dentro da administração de escribas.

O século VI a.C., após a conquista babilônica de Jerusalém, representou tanto uma grande crise para as comunidades de escribas quanto uma oportunidade de autonomia sem precedentes. Foi uma crise que certamente deve ter ameaçado a própria sobrevivência dessas comunidades. Elas haviam perdido as instituições sociais que as sustentavam; a desestruturação deve ter sido profunda. Escrever exige dinheiro e patrocínio. O papiro precisava ser importado do Egito, e não era barato. O pergaminho requer um processo de fabricação elaborado. Escrever exige recursos e apoio, especialmente na Antiguidade. Ao mesmo tempo, a crise representava uma oportunidade.

Os escribas já não estavam mais atrelados a instituições sólidas e comunidades de prática bem desenvolvidas como as das gerações anteriores. Eles podiam trilhar um novo caminho. Isso lhes concedia um certo grau de autonomia, mesmo ao ameaçar seus meios de subsistência e, de fato, sua própria existência. Mas talvez seja justamente em meio a uma crise que a voz individual do escriba – em contraste com a voz coletiva da comunidade - possa ser ouvida com mais nitidez. De fato, o Livro de Ezequiel nos oferece o primeiro exemplo de uma autobiografia literária extensa. Ele nos apresenta a voz do indivíduo, um sacerdote separado de sua comunidade de prática.

Especialmente na crise do século VI a.C., os escribas ainda precisavam de comunidades e patronos. Por isso, seguimos em nossa busca por comunidades hebraicas de escribas durante o período babilônico. Existem poucos marcos sólidos na cultura material que nos permitem distinguir o (breve) período babilônico (586-539 a.C.). Ao sul, a fortaleza de Ramat Rahel continuou como centro administrativo babilônico e persa, mas seus ocupantes teriam sido administradores imperiais. Eles trabalhavam em aramaico; não surpreende que apenas inscrições aramaicas tenham sido encontradas nas escavações ali. Ao norte, houve apenas alguns grandes incêndios de cidades na região de Benjamim que podem ser atribuídos aos babilônios. Alguns sítios, como Gibeão, foram destruídos pelos babilônios, mas outros, como Mispá, sobreviveram. Ainda que algumas cidades em Benjamim tenham sobrevivido, a população da região sofreu um grande declínio durante o período babilônico. O número de cidades e vilarejos em

Benjamim caiu de cerca de 157 na Idade do Ferro para apenas 39 no período persa.[4] Não havia grandes centros urbanos. A tentativa dos babilônios de estabelecer um governo local fantoche sob Gedalias, em Mispá, fracassou.

Gedalias, o fantoche babilônico, era descendente da família de escribas de Jerusalém conhecida como a família de Safã. Nesse sentido, ele poderia ter sido um elo promissor para a relocação e continuidade de uma comunidade administrativa de escribas de Jerusalém em Mispá. Safã, seu avô, é mencionado com destaque na narrativa da descoberta do rolo que desencadeou as reformas de Josias. É fácil imaginar essa comunidade de escribas levando literatura para Mispá. Mas o governo de Mispá foi bastante efêmero. Gedalias foi assassinado em 581 a.C. – apenas cinco anos após a destruição de Jerusalém – e o exército babilônico retornou. Os remanescentes de Judá (por exemplo, pessoas como Jeremias) fugiram. Mesmo que nem todas as cidades da região tenham sido fisicamente destruídas, há evidências substanciais de um declínio dramático da população em toda a região. Assim, o território de Benjamim não foi um bom centro para uma próspera comunidade hebraica de escribas. Teria sido um último e breve momento de brilho? Talvez, mas há poucas evidências que sugiram a continuidade de uma comunidade hebraica de escribas florescente ali.

O período babilônico também marca uma grande mudança no idioma das comunidades de escribas – o aramaico torna-se a língua padrão. O treinamento administrativo em aramaico se reflete na literatura bíblica após a destruição. Por exemplo, seis capítulos do Livro de Daniel são escritos em aramaico. Mais importante ainda, o livro retrata jovens judeus sendo treinados nas cortes babilônica e persa, ou seja, na chancelaria aramaica. Da mesma forma, os Livros de Esdras e Neemias contam histórias de judeus atuando na administração persa; partes de Esdras são escritas em aramaico; e ambos os livros demonstram conhecimento da formação de escribas em aramaico. A educação aramaica era uma infraestrutura prontamente disponível para as comunidades de escribas. Os assírios já haviam incorporado o aramaico como *língua franca* no Ocidente, e os babilônios o tornaram a *língua franca* de todo o império. Os persas institucionalizaram e padronizaram ainda mais a educação de escribas em aramaico.

Do Irã à Turquia, até o Egito, encontramos inscrições escritas em aramaico, apropriadamente chamadas pelos estudiosos de "aramaico imperial". Esse dialeto imperial apresenta uma uniformidade em todo o antigo Oriente Próximo. Infelizmente, quase não há inscrições encontradas nas colinas da Judeia que datem do período babilônico. Uma exceção importante são as impressões de selos de *Moẓa*, que os estudiosos geralmente datam do século VI ou do início do século V a.C.[5] Essas impressões de selos utilizam escrita e língua aramaicas e, assim, confirmam o uso do aramaico como língua administrativa local a partir do período babilônico. A infraestrutura das comunidades hebraicas de escribas havia sido destruída pelos babilônios, e a chancelaria aramaica a substituiu. Devemos, portanto, procurar em outros lugares para seguir os escribas hebreus e sua literatura.

Comunidades exiladas

Devemos olhar para a Diáspora em busca de comunidades hebraicas de escribas que sobreviveram. Os escribas foram exilados para a Babilônia. Sabemos sobre os exilados babilônicos a partir de uma variedade de fontes. Por exemplo, um relato cuneiforme do exílio é preservado na Crônica Babilônica: "No sétimo ano, no mês de quisleu, o rei da Babilônia [Nabucodonosor] reuniu seu exército e marchou para a terra de *Ḫatti* [isto é, o Levante]. Acampou contra a cidade de Judá e, no segundo dia de adar, tomou a cidade e capturou o rei. Nomeou ali um rei de sua escolha, recebeu seu pesado tributo e os enviou para a Babilônia." A Bíblia também apresenta seu relato das campanhas de Nabucodonosor e do exílio na Babilônia. Juntamente com os relatos históricos no Livro dos Reis e em Jeremias, há também reflexões litúrgicas no Livro de Lamentações, bem como em algumas composições do Livro dos Salmos. Portanto, temos múltiplas fontes sobre o exílio.

E quanto ao destino específico dos escribas judeus e suas comunidades? Vestígios das comunidades hebraicas de escribas na Diáspora vieram à luz nos últimos anos. Uma das descobertas mais notáveis está reunida em um arquivo de tabuletas cuneiformes, *Documents of Judean Exiles and West Semites in Babylonia*, publicado por Laurie Pearce e Cornelia Wunsch.[6] Os documentos são uma coleção de recibos e registros que incluem muitos nomes hebraicos que podem ser identificados com exilados judeus. Eles os registram vivendo em um lugar chamado Cidade de Judá (em acádio, *al-Yaḫudu*). Uma das tabuletas cuneiformes inclui até mesmo uma inscrição hebraica rabiscada em sua lateral (ver Figura 10.1). Esse documento é um recibo de cevada, e vale a pena lê-lo na íntegra:

> [Cuneiforme]
> 13 *kor* de cevada são devidos a Gummulu, filho de *Bi-ḫame*, por Shalam-Yama, filho de Nadab-Yama.
> Em Simanu, ele entregará a cevada em seu valor principal na cidade de Adabilu. Dala-Yama, filho de Ili-shu, garante a entrega da cevada.
> Testemunhas: Shikin-Yama, filho de Ili-shu; *Balaṭu*, filho de Nabunatzir; e o escriba, Nabu-natzir, filho de Nabu-zer-iqisha.
> Escrito na Cidade de Judá, no 23º dia de *Ṭebetu*, no 6º ano do reinado de Nabônides, rei da Babilônia.
> [Hebraico na lateral]
> Shalamyah.[7]

O recibo em cuneiforme termina com a indicação do tempo (c. 550 a.C.) e do local (Cidade de Judá) do acordo. Esse lugar era uma colônia de exilados judeus vivendo na Mesopotâmia central. Trata-se de apenas cerca de trinta anos após o último exílio babilônico de Judá, e essa família judaica mercantil ainda preservava o conhecimento do hebraico e a habilidade de escrever seu nome em hebraico, embora a redação do recibo em cuneiforme tenha exigido os serviços de um escriba babilônico, Nabu-natzir. O nome escrito na lateral da tabuleta, Shalomyah (*šlmyh*), aparece em letras distintamente paleo-hebrai-

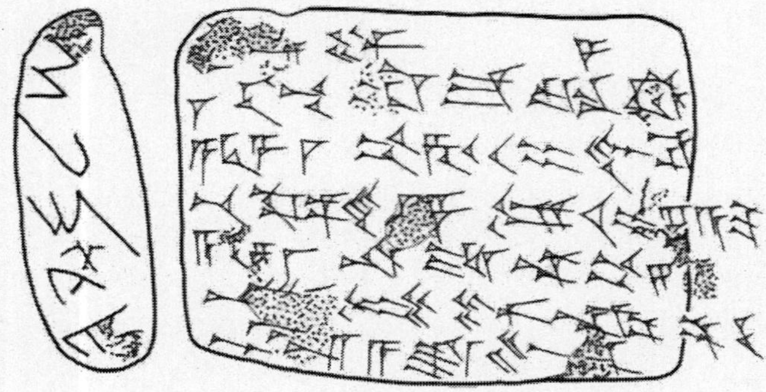

Figura 10.1 Recibo de cevada em cuneiforme com nome hebraico na lateral. De *Documents of Judean Exile*, nº 10, por Pearce e Wunsch.
Forte: Laurie Pearce.

cas e corresponde ao nome Shalam-Yama, escrito em cuneiforme. É irônico que o nome desse exilado judeu signifique "a paz de Yahweh".

Dada a data da tabuleta (550 a.C.), é provável que Shalomyah tenha nascido na Diáspora babilônica. Seu pai, cujo nome em cuneiforme, Nadab-Yama, pode ser traduzido para o hebraico como Nadabyah, provavelmente nasceu em Judá e pode ter chegado ainda jovem como escriba exilado na Babilônia. Assim, temos aqui um vislumbre da continuidade das comunidades de escribas no exílio. Shalomyah provavelmente aprendeu hebraico com seu pai enquanto vivia no exílio. Naquela época, a escrita aramaica já era amplamente usada na administração do Império Babilônico, mas Shalomyah escreve seu nome em um *script* hebraico antigo e distintivo. Ainda assim, a escrita dos nomes em cuneiforme revela influências aramaicas e assírias. Assim, o texto cuneiforme adota a pronúncia típica aramaico-assíria, *Shalam-Yama*, e não *Shalomyah*, como seria esperado em hebraico.

Não haveria grande motivação econômica para continuar ensinando habilidades de escrita hebraica no exílio, mas o aprendizado escolar e as práticas de escrita tendem a ser empreendimentos tradicionais e conservadores. Um nome como *Shalomyah* sugere um esforço consciente de preservação cultural e identidade – e a linguagem é parte crítica da manutenção e conservação dessa identidade. Essa família continuou ensinando a escrita hebraica, e podemos supor que outras famílias de escribas também continuaram transmitindo o hebraico à geração seguinte. Exilados como o sacerdote Ezequiel aparentemente continuaram a escrever e ensinar hebraico. Isso significava também preservar textos como material didático para seus alunos e aprendizes.

Outra coleção importante de tabuletas cuneiformes menciona o rei de Judá, a família real e parte de seu séquito administrativo que vivia na Babilônia. Um arquivo de 290 tabuletas cuneiformes foi escavado no Portão de Ištar, que dava acesso à cidade da Babilônia, durante a década de 1930. Os documentos são listas administrativas com datas que vão de 595 a 570 a.C., ou seja, logo após o primeiro exílio babilônico. Várias dessas tabuletas mencionam o rei de Judá, seus filhos e seus oficiais. Aqui está um exemplo listando figuras judaicas recebendo rações reais:

> 6 litros (de óleo) para Joaquim, rei de Judá
> 2½ litros para os 5 príncipes de Judá
> 4 litros para os 8 homens de Judá[8]

Os príncipes e os homens de Judá provavelmente ainda eram exilados de primeira geração. Essa referência a "homens de Judá" me faz lembrar da anotação no relato bíblico do Livro de Provérbios: "Estes são também provérbios de Salomão, que os homens de Ezequias copiaram" (Pv 25:1). A expressão "homens de Ezequias" no Livro de Provérbios se refere a escribas que trabalhavam para a burocracia real. Aqui, é provável que os "homens de Judá" mencionados no texto cuneiforme do Portão de Ištar também fossem remanescentes da administração real, que muito provavelmente possuíam formação como escribas. Eles estavam em posição favorável para reunir e preservar registros reais e literatura tradicional do antigo reino de Judá.

Permita-me antecipar para onde essa informação crucial está nos levando. Acredito que esse é um indício significativo que aponta para uma história real de Israel (o Livro dos Reis) e para a edição de livros como Isaías e Jeremias mais tarde, no século VI a.C.

Antes de nos aprofundarmos na coleta e edição da literatura bíblica no exílio, devemos mencionar outro grupo fundamental de textos vindos do Egito. Milhares de papiros e óstracos foram descobertos na ilha de Elefantina, que era uma cidade-fortaleza na fronteira sul do Egito.[9] Esses documentos incluem textos em aramaico, egípcio, grego, latim e copta. Os documentos judaicos estão escritos em aramaico, datam do século V a.C. e incluem cartas e contratos legais. Alguns dos documentos mais notáveis incluem a "Carta da Páscoa", que oferece instruções para a celebração da Páscoa, e o "Pedido para Construir um Templo" (c. 411 a.C.), redigido aos governadores de Jerusalém e Samaria, solicitando permissão para reconstruir seu templo, que havia sido destruído durante distúrbios civis na cidade.

Esses documentos nos oferecem evidência direta da existência de uma comunidade mista de refugiados judeus vivendo no Egito após as campanhas babilônicas contra Judá, no final do século V. Os primeiros refugiados podem até ter vindo de Samaria, após as campanhas assírias e a destruição do reino do norte no final do século VIII. Infelizmente, não há evidências do uso do hebraico escrito entre esses exilados em particular. Nesse aspecto, eles parecem ter se assimilado à cultura linguística local e imperial.

Um dos textos mais fascinantes produzidos por exilados no Egito é conhecido como Papiro Amherst 63 (*PapAm 63*) – assim nomeado em homenagem a Lord William Tyssen-Amherst, que o adquiriu - e ele inclui um salmo bíblico! Mas não se trata de um texto estritamente judaico. O papiro é uma compilação diversa de cerca de trinta e cinco textos literários escritos em língua aramaica, mas utilizando a escrita demótica egípcia. Inclui diversos tipos de textos, incluindo textos litúrgicos relacionados ao festival de Ano Novo babilônico, bem como uma novela de corte sobre o rei assírio Assurbanipal (r. 669-631 a.C.). Os estudiosos acreditam que sua origem possa estar em Elefantina, e o papiro como um todo parece ter sido reunido a partir de diferentes partes de currículos de escribas.[10]

Esse texto complexo já era conhecido no final do século XIX, mas permaneceu em grande parte indecifrado por quase um século. A combinação incomum de um texto aramaico escrito com caracteres demóticos confundiu os estudiosos. Foi somente na década de 1940 que se reconheceu que o texto era aramaico escrito em escrita demótica, e apenas na década de 1980 se percebeu que o texto continha uma tradução aramaica do Salmo 20![11] Isso levanta a questão: como um salmo bíblico acaba traduzido para o aramaico e inserido em um papiro literário do século IV a.C. vindo de Elefantina? Uma excelente pergunta. Mas trata-se justamente de um exercício de acompanhamento dos escribas e de suas comunidades – ou seja, figuras como Ezequiel e Jeremias.

A tradução do Salmo 20 para o aramaico o distancia do salmo bíblico, mas ainda é possível reconhecer a correspondência geral. É melhor apresentar os dois textos em paralelo[12] para apreciar as semelhanças e diferenças:

Salmo 20 (Hebraico)	Papiro Amherst 63 (aramaico em escrita demótica)
1 O Senhor te responda no dia da angústia! O nome do Deus de Jacó te proteja!	Que Yaho nos responda em nossas angústias. Que Adonay nos responda em nossas angústias.
2 Do santuário te envie socorro, e de Sião te sustenha!	Adorna um arco no céu, ó Lua! e envia teus mensageiros de toda Rash! e de Zafom, que Yaho nos socorra.
3 Que se lembre de todas as tuas ofertas, e aceite os teus holocaustos com agrado.	
4 Conceda-te conforme o desejo do teu coração, e realize todos os teus planos.	Que Yaho nos conceda o desejo do nosso coração. Que o Senhor nos conceda o desejo do nosso coração.
5 Cantaremos de alegria pela tua vitória, e em nome do nosso Deus hastearemos bandeiras. Que o Senhor cumpra todos os teus pedidos.	Que todo desejo Yaho realize. Que Yaho realize, que Adonay não diminua Nenhum pedido do nosso coração.

Salmo 20 (Hebraico)	Papiro Amherst 63 (aramaico em escrita demótica)
6 Agora sei que o Senhor salva o seu ungido; dos seus santos céus lhe responderá com a força salvadora da sua destra.	
7 Uns confiam em carros, outros em cavalos,mas nós faremos menção do nome do Senhor, nosso Deus.	Uns com arco, outros com lança - Eis que, quanto a nós, meu Senhor, nosso Deus é Yaho! Que nosso Touro esteja conosco. Que Betel nos responda amanhã. Baal-Shamayin abençoará o Senhor: "Por teus fiéis eu te abençoo!"
8 Eles se encurvam e caem, mas nós nos levantamos e nos mantemos firmes.	
9 Salva, Senhor! Que o rei nos responda quando clamarmos.	"Por teus fiéis eu te abençoo!"

Não se trata de uma simples tradução do Salmo 20. É mais uma tradução litúrgica e adaptação de uma versão mais antiga do salmo. Quando comparamos os dois textos, podemos perceber como o próprio Salmo 20 pode ter derivado originalmente de uma tradição litúrgica do norte de Israel, antes de ser levado ao sul, para Jerusalém, por refugiados no final do século VIII a.C. Lá, o salmo foi adaptado e atualizado, mas ainda manteve ecos de sua origem setentrional em expressões como "o Deus de Jacó". Houve também adaptações jerusalemitas, como o versículo 6, que menciona o Senhor ajudando "seu ungido" – uma ação típica da ideologia real davídica.

No versículo 2, o salmo faz referência a "Sião" – uma alusão a Jerusalém –, enquanto o Papiro Amherst traz "Zafom", que na poesia bíblica frequentemente se refere ao monte Hermom, na região do Golã, no norte de Israel, mas que pode ter originalmente se referido ao lar montanhoso de Baal (Monte Zafom/Jabal al-ʾAqraʿ), no norte do Líbano.

Sendo franco, a história por trás do Salmo 20 no *PapAm 63* ainda é um mistério. O que tenho é apenas uma hipótese de trabalho. A saber: uma versão primitiva desse salmo – um texto litúrgico israelita – chegou a Jerusalém no final do século VIII a.C. com refugiados do reino do norte. Mas também chegou ao Egito, para onde outros refugiados israelitas haviam fugido. Esses refugiados, tanto em Jerusalém quanto no Egito, provavelmente conheciam o salmo de forma oral. Talvez estivesse associado a uma comunidade de escribas ligada ao santuário de Betel, como sugere o trecho "Que Betel nos responda amanhã!". Os nomes divinos no *PapAm 63* – o Touro, Betel, Baal-Shamayim - se encaixam bem na cultura religiosa israelita anterior à destruição de Samaria, em 722 a.C.

Isso significa que houve três séculos de desenvolvimento independente dessa liturgia em Jerusalém e entre os exilados israelitas no Egito. Esses exilados acabaram se estabelecendo no sul do Egito e, ali, traduziram o salmo para o aramaico e o adaptaram à população local. Posteriormente, foi transcrito com caracteres demóticos e incorporado ao *PapAm 63*. Dada essa longa e sinuosa história, não é de se surpreender que o Salmo 20 e o *PapAm 63* apresentem apenas correspondências gerais. Ainda assim, trata-se de uma história notável de uma antiga liturgia israelita que atravessou os séculos. *PapAm 63* continua sendo um enigma. Sua história ainda está sendo escrita pelos estudiosos – e a chave para desvendar esse mistério será seguir os rastros dos escribas e de suas comunidades.

O(s) livro(s) de Jeremias e suas comunidades de escribas

A história textual do(s) Livro(s) de Jeremias é uma das mais complexas da Bíblia.[14] Existem duas versões dramaticamente diferentes – que podemos até considerar como livros distintos – conhecidas a partir do texto hebraico massorético tradicional, dos Manuscritos do Mar Morto e da Septuaginta grega. Esses "livros" de Jeremias revelam um aspecto fascinante da história das comunidades de escribas.

Há muito os estudiosos reconhecem a existência de dois livros de Jeremias – uma versão "longa" em hebraico e uma versão "curta" em grego. A versão curta de Jeremias é cerca de 15% menor em extensão, mas também reorganiza significativamente a ordem dos capítulos posteriores.[15] No entanto, a descoberta dos Manuscritos do Mar Morto mudou a compreensão dessas duas versões, ao revelar que uma versão hebraica "curta" do Livro de Jeremias coexistia com a versão "longa" entre os manuscritos encontrados em Qumran.

Contudo, a existência de uma versão "longa" e uma "curta" em hebraico ainda não explica toda a complexidade, pois os primeiros vinte e cinco capítulos são, em grande parte, semelhantes em ambas as versões.

Vamos tentar entender a relação entre essas diferentes versões de Jeremias comparando sua organização. A seguir, apresento um quadro comparativo entre a estrutura da versão "longa" (baseada no Texto Massorético) e da versão "curta" (seguida pela Septuaginta):

Jeremias "Curto" (Septuaginta)	Jeremias "Longo" (Texto Massorético)
1:1—25:13a	1:1—25:13a
25:13b-19	49:34-39
26:1-18	46:1-18
27:1—28:64	50:1—51:64
29:1-23	47:1-22
30:1-5	49:1-5
30:6-16	49:28-27 [possível erro tipográfico; ordem reversa]
31:1-44	48:1-44
32:1ss.	25:15ss.

Ambas as versões começam da mesma forma, e é no meio do capítulo 25 que a organização do livro passa a divergir de maneira dramática. A versão curta parece seguir uma organização mais cronológica, enquanto a versão longa apresenta uma estrutura mais temática. As diferenças também indicam que a primeira metade do Livro de Jeremias segue a mesma ordem em ambas as versões, o que sugere que já existia uma versão primitiva do livro até a metade do capítulo 25. E é exatamente assim que Jeremias 25 se apresenta, encerrando no versículo 13a com a frase: "Trarei sobre esta terra todas as palavras escritas neste rolo." Isso parece marcar o encerramento de um rolo primitivo do sacerdote Jeremias – mas não é o fim da história do Livro de Jeremias.

As partes ausentes na versão curta de Jeremias estão concentradas principalmente na segunda metade do livro, embora haja também algumas expansões e acréscimos na primeira metade. Algumas das omissões mais significativas incluem:

10:6-8, 10 (poema sobre a grandeza de Deus)
11:7-8 (advertências divinas à obediência)
17:1-4 (o pecado de Judá)
39:4-13 (destino do rei Zedequias e dos exilados)
48:45-46 (condenação de Moabe)
51:44-49 (condenação da Babilônia)

As diferenças são significativas e refletem dois caminhos distintos nas tradições sobre Jeremias. Esses dois caminhos provavelmente acompanharam os próprios exilados e refugiados - um rumo ao Egito, e outro à Babilônia.

Uma das diferenças mais marcantes entre a versão curta e a versão longa de Jeremias é a descrição constante de Jeremias como "o profeta" na versão longa. A versão longa acrescenta o título "o profeta" vinte e sete vezes onde ele está ausente na versão curta.[16]

Em outras palavras, a versão longa transforma Jeremias em "o profeta" por meio de sua edição. A seguir, alguns exemplos:

Jeremias Curto (LXX-NETS)	Jeremias Longo (TM-NRSV)
26:13 – O que o Senhor falou por meio de Jeremias...	46:13 – A palavra que o Senhor falou ao profeta Jeremias sobre...
35:5-6 – E Jeremias disse a Hananias diante de todo o povo e dos sacerdotes que estavam na casa do Senhor...	28:5 – Então o profeta Jeremias falou ao profeta Hananias na presença dos sacerdotes e de todo o povo...
36:1 – Estas são as palavras do livro que Jeremias enviou de Jerusalém aos anciãos do exílio e aos pseudo-profetas...	29:1 – Estas são as palavras do rolo que o profeta Jeremias enviou de Jerusalém aos anciãos restantes entre os exilados...

Jeremias Curto (LXX-NETS)	Jeremias Longo (TM-NRSV)
39:2 – ...e Jeremias estava preso no pátio da guarda que ficava na casa do rei.	32:2 – ...e o profeta Jeremias estava preso no pátio da guarda que ficava na casa do rei.
41:6 – E Jeremias falou todas essas palavras ao rei Zedequias em Jerusalém...	34:6 – E o profeta Jeremias falou todas essas palavras ao rei Zedequias em Jerusalém...
43:8 – E Baruque fez conforme tudo o que Jeremias lhe ordenara...	36:8 – E Baruque fez conforme tudo o que o profeta Jeremias lhe ordenara...
43:26 – E o rei ordenou que prendessem Baruque e Jeremias...	26:26 – E o rei ordenou que prendessem Baruque e o profeta Jeremias...
44:2, 3 – ...as palavras do Senhor que Ele falou por meio de Jeremias. E o rei Zedequias enviou...	37:2, 3 – ...as palavras do Senhor que Ele falou por meio do profeta Jeremias. E o rei Zedequias enviou...
44:6 – A palavra do Senhor veio a Jeremias...	37:6 – A palavra do Senhor veio ao profeta Jeremias...
44:13 – ...Sarouias, filho de Selemias, filho de Hananias, prendeu Jeremias.	37:13 – ...Irijá, filho de Selemias, filho de Hananias, prendeu o profeta Jeremias.
45:9-10 – Vocês agiram perversamente ao tentar matar este homem... tirem-no da cisterna para que não morra!	38:9-10 – Meu senhor, o rei, esses homens agiram perversamente contra o profeta Jeremias...
45:14 – E o rei enviou mensageiros e mandou chamá-lo...	38:14 – E o rei Zedequias enviou mensageiros ao profeta Jeremias...
49:4 – E Jeremias lhes disse...	42:4 – E o profeta Jeremias lhes disse...

A partir dessa titulação consistente de Jeremias, torna-se evidente que o sacerdote Jeremias foi sistematicamente transformado no profeta Jeremias na versão mais longa do livro. Essa reformulação de Jeremias - de sacerdote a profeta - foi provavelmente obra de uma comunidade de escribas sacerdotais em Jerusalém durante o início do período persa. Esses escribas não queriam que Jeremias fosse identificado por sua herança sacerdotal, mas sim como profeta.

Por que uma comunidade sacerdotal de escribas no início do período persa desejaria reinventar Jeremias? A identidade de Jeremias como sacerdote aparentemente era problemática. Talvez porque ele não pertencia aos sacerdotes que serviam em Jerusalém - ele não fazia parte da comunidade do Templo de Jerusalém. A chave para entender as duas novas edições do livro de Jeremias está em perceber que uma delas preserva a identidade de Jeremias como sacerdote periférico, enquanto a outra o rebatiza como "profeta". Jeremias, afinal, não possuía a "linhagem correta" - ou seja, ele não era um sacerdote aronita. Sua família vinha da vila de Anatote e não tinha vínculos com Jerusalém ou com o templo. Esse Jeremias é levado ao exílio no Egito. Devemos supor que o Jeremias "curto", que conserva sua identidade como sacerdote de Anatote (e não como profeta), é uma edição que foi atualizada entre a comunidade exílica egípcia. Esse Jeremias "curto" do Egito foi, originalmente e apropriadamente, acolhido por aqueles que estavam no Egito (ver LXX, Jeremias 51 [= 44 na versão longa]).

Devo admitir que me surpreendeu o fato de a requalificação de Jeremias como "profeta" - ou seja, a invenção de Jeremias como profeta - não ser um tema central no discurso acadêmico. Por exemplo, em um extenso volume acadêmico editado sobre os escritos de Jeremias, quatro estudiosos refletem sobre a pergunta "Por que Jeremias? A invenção de uma figura profética".[17] Nenhum deles discute o próprio uso do título "profeta" para Jeremias. Esse título é fundamentalmente um reflexo do Texto Massorético, em contraste com a versão anterior e mais curta do Livro de Jeremias.

E aqui temos a sorte de contar com evidências objetivas e concretas da transformação da figura de Jeremias ao longo do processo editorial do livro, evidenciado pela Septuaginta, pelos Manuscritos do Mar Morto e pelo Texto Massorético. A conclusão deve ser a seguinte: Jeremias não era originalmente conhecido como profeta. Esse não era um de seus títulos. Ele era simplesmente alguém oriundo de uma família sacerdotal periférica, sem vínculo com a elite sacerdotal do Templo de Jerusalém.

Essa observação precisa ser o ponto de partida para uma reflexão sobre "A invenção do profeta Jeremias." O que aprendemos com isso?

Que a representação de Jeremias como um dos grandes profetas - promovida pela comunidade sacerdotal persa que produziu o proto-Texto Massorético - foi um sucesso completo.

O Livro de Jeremias afirma que oráculos foram enviados à comunidade exílica babilônica. Por exemplo, Jeremias 29:1 (LXX, 36:1) refere-se às "palavras de um rolo que Jeremias enviou aos anciãos entre os exilados." Isso indica que existia uma tradição de um rolo de Jeremias entre uma comunidade de escribas na Babilônia. Sabemos da existência de tal comunidade por meio de registros cuneiformes, especialmente da comunidade estabelecida em Babilônia associada à família real.

Além disso, uma adição crucial na versão "longa" de Jeremias é a inclusão da história dos últimos reis de Judá, conforme relatada em 2 Rs 24:18-25:21, que é acrescentada como o capítulo 52 de Jeremias. Trata-se, ao que parece, de um caso de autoplágio. Em outras palavras, a comunidade de escribas que produziu a edição final "deuteronomista" de 2 Reis - que termina com o destino da família real - foi a mesma que considerou esse capítulo um encerramento adequado para a história do profeta Jeremias.

Tanto o Jeremias "longo" (babilônico) quanto o "curto" (egípcio) retornam a Jerusalém no início do período persa (isto é, no final do século VI a.C.). Lá, as duas versões foram parcialmente harmonizadas por copistas posteriores em Jerusalém, mas não de forma sistemática. Por exemplo, ambas receberam introduções e conclusões semelhantes, de modo a parecerem mais coesas, mas também conservaram as características únicas de suas respectivas comunidades de escribas.

A mais importante dessas características é o título "profeta". Vale notar que essa reformulação da figura do "profeta" é algo típico da História Deuteronomista (Deuteronômio-2 Reis). O conceito de profeta é introduzido em Deuteronômio e passa a ser usado, sobretudo, nos livros históricos (Samuel-Reis). Isso cria um contraste interessante: o título "profeta" aparece muito raramente nos Primeiros Profetas (por exemplo, Oseias, Amós, Isaías, Miqueias), mas é empregado com frequência em toda a História Deuteronomista.

Devemos lembrar ainda que o próprio Livro de Samuel alerta os leitores de que estava redefinindo o significado do título "profeta", ao afirmar: "Antigamente em Israel, o profeta [*nabi'*] era chamado de vidente" (1 Sm 9:9; ver Capítulo 6). A comunidade de escribas que acrescentou essa nota editorial em 1 Samuel 9:9 é, muito provavelmente, a mesma que sistematicamente acrescentou o título "profeta" a Jeremias na versão longa.

A conclusão editorial de Jeremias, emprestada de 2 Reis, lembra a edição final do Livro de Isaías. A primeira seção do livro, conhecida pelos estudiosos como "Primeiro Isaías" (caps. 1—39), termina com um extenso paralelo de 2 Reis (comparar 2 Rs 18—20 com Is 36—39). Esse encerramento, extraído de Reis, detalha o reinado de Ezequias, figura central para quem Isaías atuou como "profeta" na administração real. Os mesmos escribas reais e administrativos que editaram Jeremias também editaram Isaías e usaram uma técnica semelhante - a inclusão de uma narrativa real retirada de 2 Reis - para concluir a primeira parte do livro.

O rei Ezequias parece ter sido um herói para a comunidade de escribas do exílio e do início do período persa, pois foi visto como alguém que incluía escribas do norte e figuras periféricas como Jeremias. Assim, os livros de Jeremias e Isaías recebem o mesmo tratamento editorial: a inclusão de narrativas reais tiradas do Livro de Reis como forma de encerramento na edição final.

Então, como sabemos que esses eram escribas administrativos da realeza? A pista reveladora está justamente na conclusão do Livro de Reis. Ali se conta a história dos últimos dias de Jerusalém, com destaque para o destino do último rei davídico:

No trigésimo sétimo ano do exílio do rei Joaquim de Judá, no décimo segundo mês, no vigésimo sétimo dia do mês, Evil-Merodaque, rei da Babilônia, no ano em que começou a reinar, libertou o rei Joaquim de Judá da prisão; falou-lhe com bondade e lhe deu um lugar mais elevado do que o dos outros reis que estavam com ele na Babilônia. Joaquim deixou suas roupas de prisão, e passou a comer à mesa do rei todos os dias da sua vida. E, quanto à sua provisão, uma porção regular lhe era dada pelo rei, dia após dia, enquanto viveu (2 Rs 25:27-30 // Jr 52:28-34).

Essa conclusão nos revela algo importante sobre a comunidade de escribas que deu os retoques finais no Livro de Reis: eles estavam ligados à família real e se preocupavam com o seu destino. Sabemos que a família real e seu aparato de escribas sobreviveram durante o exílio babilônico a partir de documentos administrativos cuneiformes da Babilônia (mencionados anteriormente).

A reconstrução do Templo de Jerusalém envolveu um dos filhos posteriores de Joaquim, Sesbazar, "um príncipe de Judá", que retornou a Jerusalém para ajudar na reconstrução do Templo nos dias da província persa inicial de Yehud (ver Ed 1:8-11; 5:14). Zorobabel é outro príncipe davídico do início do período persa mencionado como responsável por auxiliar na reconstrução do Templo e na restauração da comunidade judaica em Yehud (cf. Ag 1:1).

No entanto, a liderança davídica no início do período persa não perdurou. A comunidade de escribas ligada à administração real não sobreviveu além do século VI a.C., mas eles preservaram e atualizaram alguns dos arquivos reais, que acabaram integrando a biblioteca do Templo de Jerusalém.

Em suma, Jeremias era um sacerdote periférico. Ele sobreviveu ao primeiro (597 a.C.) e ao segundo (586 a.C.) exílios, mas acabou no Egito com diversos refugiados por ocasião da terceira campanha babilônica contra Judá (581 a.C.). Nessa época, já existia um primeiro rolo de Jeremias que continha uma versão inicial do livro, refletida em Jr 1:1-25:13a. Essa primeira edição de Jeremias seguiu, então, dois destinos diferentes - um rolo foi parar no Egito (com o sacerdote Jeremias) e outro na Babilônia, com a família real e sua comunidade de escribas.

O próprio Livro de Jeremias dá indícios da existência de uma versão babilônica: "Estas são as palavras do rolo que o profeta Jeremias enviou de Jerusalém aos anciãos restantes entre os exilados... que Nabucodonosor havia levado de Jerusalém para a Babilônia" (Jr 29:1 TM; 36:1 LXX). Esse texto se tornaria a base para o Jeremias "longo", que transformaria Jeremias em "o profeta".

Os dois rolos de Jeremias contam a história de duas comunidades de escribas diferentes - os sacerdotes periféricos, que refletem a figura original de Jeremias, um sacerdote de Anatote; e a administração real, exilada na Babilônia, que sobreviveu num palácio na capital babilônica, mantida por rações da mesa real. Esses rolos eventualmente retornaram a Jerusalém, para a biblioteca do templo reconstruído. Foram atualizados, em parte harmonizados, mas as duas edições de Jeremias continuaram com vida própria. Essas duas versões foram preservadas pela comunidade de escribas sacerdotais do templo de Jerusalém - a comunidade que sobreviveu ao exílio babilônico.

Jeremias, como sacerdote, expressava uma preocupação íntima com o sacerdócio e o templo - mas, em grande parte, como crítica ao sacerdócio de Jerusalém. Isso não é surpreendente, considerando que sua família era vista como forasteira entre os sacerdotes de Jerusalém. Ainda assim, suas preocupações sacerdotais estão gravadas ao longo das páginas do Livro de Jeremias. Talvez a melhor evidência disso seja a simples presença da palavra hebraica "sacerdote" (kohen) no Texto Massorético de Jeremias - ela aparece quarenta vezes! Os sacerdotes estão por toda parte, assim como suas preocupações - o templo, os rituais, a pureza, etc.

Jeremias condena repetidamente os sacerdotes de Jerusalém porque ele também era sacerdote, mas não fazia parte do grupo deles.[18] Os sacerdotes de Jerusalém estão entre aqueles que Jeremias responsabiliza pelo exílio. Essa crítica servia bem aos escribas reais e administrativos do período posterior, pois lhes permitia usar Jeremias para desviar o foco da culpa da família davídica pela queda de Jerusalém. No entanto, eles não podiam se apoiar na linhagem sacerdotal de Jeremias como fonte de legitimação. Eles encontraram legitimação em outro lugar: ao intitulá-lo como "o profeta".

A história de Jeremias sendo chamado por Deus para falar em nome de Deus como profeta torna-se a nova introdução harmonizada do Livro de Jeremias (ver Jr 1:5).[19] Essa introdução o reformula como "um profeta para as nações". Nessa reformulação de Jeremias, não apenas o próprio Jeremias é transformado, mas também o ofício tradicional de profeta passa por uma reformulação (ver também o Capítulo 6).[20]

A história de Ezequiel

Quem foi Ezequiel? Ao contrário de Jeremias, ele era um sacerdote de Jerusalém. Foi exilado para a Babilônia após a primeira campanha de Nabucodonosor, em 597 a.C. Sem dúvida, foi escolhido porque oferecia habilidades especiais para o império - isto é, como sacerdote de Jerusalém, ele havia recebido formação como escriba. Uma parte especialmente útil dessa formação teria sido o conhecimento do aramaico, que era a *língua franca* administrativa do império. O aramaico parece ter feito parte do treinamento de escribas em Judá já durante a monarquia,[21] portanto havia utilidade em exilar pessoas como Ezequiel para a Babilônia. O Livro de Daniel oferece uma boa ilustração sobre o treinamento de estrangeiros para trabalhar na corte babilônica: "Nabucodonosor ordenou ao chefe dos oficiais da corte, Aspenaz, que trouxesse alguns dos israelitas da família real e da nobreza [...] para que fossem ensinados na literatura e na língua dos caldeus" (Dn 1:3-4). Essas posições envolviam o aprendizado do aramaico, e os babilônios literalmente se referiam a essa posição na escrita cuneiforme como LÚA.BA - uma pessoa das "A e B" - usando os logogramas sumérios que representavam A e B. A pronúncia acádica desse logograma era *sepīru*, que se referia apenas a escribas aramaicos ou alfabéticos. O *sepīru*, que é cognato do termo hebraico para escriba, sôfer, trabalhava ao lado dos escribas cuneiformes, que eram conhecidos por um título acádico diferente, *ṭupšarru*.

Assim, o jovem Ezequiel é levado e estabelecido "junto ao rio Quebar" (Ez 1:1), na Mesopotâmia central, não muito longe da capital do império. O rio Quebar era um canal conhecido em babilônico como Nār Kabari, mencionado em documentos comerciais cuneiformes do século VI a.C.[22] Era parte do sistema de canais utilizado tanto para transporte comercial quanto para irrigação agrícola. Ezequiel vivia perto da capital da Babilônia, em um centro comercial. Seu trabalho ali envolvia, sem dúvida, atividades na administração babilônica como escriba, mas pouco se menciona sobre isso no Livro de Ezequiel. A partir de registros cuneiformes babilônicos - tanto os documentos de "Cidade de Judá" quanto o arquivo Murashu - lemos sobre comunidades judaicas na diáspora que atuavam no comércio ao longo dos sistemas de canais da Mesopotâmia central.[23]

O Livro de Ezequiel incentiva e reflete a integração à vida cotidiana na Babilônia. Como alguém vivendo na Babilônia, não é surpreendente que Ezequiel começasse a usar palavras e expressões locais - ou seja, empréstimos do acádio. Há até oitenta "acadismos" no livro, o que reflete seu contexto babilônico. Mais do que isso, Ezequiel também demonstra conhecimento da literatura cuneiforme clássica, como a Epopeia de Gilgámesh, *Maqlu* e o Poema de Erra.[24] O uso de empréstimos do acádio e a familiaridade com clássicos literários babilônicos sugerem que Ezequiel viveu sua vida adulta em contato com comunidades de escribas cuneiformes.

Contudo, ao examinarmos com cuidado o conhecimento de Ezequiel sobre a literatura cuneiforme e seu uso de empréstimos, percebemos que eles refletem contato com comunidades de escribas cuneiformes, mas não necessariamente formação como escriba cuneiforme. Por exemplo, os empréstimos linguísticos de Ezequiel refletem especificamente o comércio e a vida cotidiana. As palavras emprestadas vêm de experiências mercantis locais, e ele conhece termos legais presentes em contratos de casamento, que refletem sua experiência no exílio.

Alguns estudiosos sugeriram que o próprio Ezequiel aprendeu a escrita cuneiforme e se envolveu profundamente com a cultura intelectual babilônica, mas não há evidência concreta disso.[25] Ele foi um exilado de primeira geração. Era um ex-sacerdote de Jerusalém. Provavelmente chegou à Babilônia ainda jovem. Parece improvável que tenha começado a aprender acádio junto com os meninos locais. Mas Ezequiel aparentemente possuía habilidades de escriba. A formação avançada de escribas em Judá provavelmente já incluía alguma introdução ao aramaico, e, como escriba alfabético, Ezequiel teria acesso à cultura escribal babilônica sem necessariamente se tornar um escriba cuneiforme. De fato, Ezequiel até parece admitir que não conhece o acádio quando escreve sobre ser enviado para falar com seu próprio povo e não "a povos de fala obscura e língua difícil, cujas palavras tu não entendes" (Ez 3:6). Ezequiel pode ter se familiarizado com a cultura literária babilônica e adquirido linguagem e conhecimento técnico como escriba alfabético, mesmo continuando estrangeiro e outsider.

Há considerável debate entre os estudiosos a respeito da composição do Livro de Ezequiel.[26] Alguns questionam se o próprio Ezequiel teria escrito seu livro. Eu não compartilho desse ceticismo. Uma característica marcante do Livro de Ezequiel é sua voz insistente em primeira pessoa. Nesse aspecto, ele não se parece com nenhum outro livro da Bíblia Hebraica. Ezequiel é, do começo ao fim, inteiramente autobiográfico. De fato, a voz de Ezequiel é singularmente autobiográfica.

Temos, sim, outros exemplos de voz em primeira pessoa na Bíblia. Por exemplo, Isaías 6 começa dizendo: "No ano da morte do rei Uzias, eu vi o Senhor." Isso é seguido por alguns capítulos no Livro de Isaías onde parece haver a voz autobiográfica do profeta falando a partir do passado. No entanto, isso contrasta com o restante do livro, em que o profeta Isaías é apresentado em terceira pessoa. Isaías, em geral, é um personagem em seu próprio livro; ele não é retratado como seu escriba. Da mesma forma, Moisés aparece como personagem no Pentateuco, quase sempre apresentado em terceira pessoa. Por exemplo, o Livro de Deuteronômio começa com: "Estas são as palavras que Moisés falou...", e não: "Eu, Moisés, falei estas palavras." Em outras palavras, a literatura bíblica costuma ser apresentada como transmitida por uma comunidade de escribas, e não por autores individuais.

Ezequiel é diferente. O livro começa com: "No trigésimo ano, no quarto mês, no quinto dia do mês, estando eu entre os exilados junto ao rio Quebar, os céus se abriram, e eu tive visões de Deus." O livro começa de forma autobiográfica e mantém essa voz singular ao longo de toda a obra. Sem dúvida, a autobiografia de Ezequiel foi recebida, copiada e até estudada por uma comunidade de escribas posterior, mas o livro é apresentado como obra de um indivíduo, não de uma coletividade.

Ezequiel, portanto, torna-se uma exceção à tese deste livro. Para mim, ele é a exceção proverbial que confirma a regra. Por que Ezequiel é único? Em parte porque reflete as circunstâncias da destruição babilônica e do exílio em si. As campanhas contra Jerusalém e Judá destruíram sistematicamente as instituições que serviam de base para as comunidades de escribas. No caso de Ezequiel, ele era um sacerdote sem templo para servir. Foi removido de sua comunidade em Jerusalém. É razoável supor que ele tivesse aprendizes na Babilônia e que ensinasse hebraico a uma pequena comunidade como atividade paralela. Ele afirma ter sido chamado por Deus "para ir à casa de Israel e falar-lhes minhas próprias palavras" (Ez 3:4). Nesse caso, as palavras de Deus devem ter sido em hebraico.

Há uma tradição literária posterior no Livro dos Jubileus que torna isso explícito (Jub 12:26), mas isso também pode ser facilmente inferido a partir das citações de Deus na literatura bíblica – "Deus falou" e "assim diz o Senhor" são sempre seguidos por uma citação em hebraico. Afinal, em que outra língua Ele falaria? Assim, podemos supor que Ezequiel tentou preservar e ensinar sua própria língua e tradição cultural, mas o cenário de seu livro é a Babilônia. Seus alunos ou aprendizes teriam sido encarregados de copiar e transmitir seus ensinamentos, que eventualmente chegaram de volta a Jerusalém e foram preservados na biblioteca do templo reconstruído.

Ezequiel conhecia as tradições de escribas sacerdotais. Provavelmente foi aprendiz no Templo de Jerusalém, aprendendo as tradições sacerdotais, mas depois se viu separado e deslocado da comunidade de escribas sacerdotais de Jerusalém. Isso talvez explique por que Ezequiel revisa as leis sacerdotais com certa naturalidade. Vamos tomar um exemplo relacionado ao casamento, pureza e genealogias sacerdotais – uma preocupação central após o exílio babilônico. Em Levítico 21:13-15, lemos:

> Um sacerdote deve casar-se apenas com uma mulher que
> seja virgem.
> Viúva, mulher divorciada, mulher que tenha sido profanada,
> prostituta – com essas ele não se casará.
> Ele deve tomar por esposa uma virgem do seu próprio povo,
> para que não profane sua descendência entre o seu povo.
> Pois eu sou o Senhor, que o santifico.

Ezequiel 44:22 ecoa essa lei com uma pequena modificação:

> Os sacerdotes não se casarão com viúva, nem com mulher divorciada, mas apenas com virgem da descendência da casa de Israel, ou com a viúva que for viúva de um sacerdote.

Ezequiel reescreve a lei levítica que proibia o sacerdote de se casar com uma viúva! Certamente havia muitas viúvas após as invasões babilônicas, então Ezequiel pode estar revisando essa lei para lidar com sua realidade. O fato de Ezequiel destacar que um sacerdote pode se casar com a viúva de outro sacerdote sugere que ele conhece a regra levítica. Tais leis, entre os sacerdotes, também provavelmente eram de conhecimento comum. Ezequiel não precisava consultar um rolo. Os sacerdotes provavelmente copiavam ou memorizavam tais leis durante sua formação como escribas. É improvável que Ezequiel tenha levado consigo um "Levítico de bolso" para o exílio. E também não tratava essas regras como permanentes. Elas, ao que tudo indica, não eram consideradas "canônicas" – ou seja, fixas e imutáveis. Estavam sujeitas a revisão, atualização ou esclarecimento.[27]

Para concluir, é importante destacar que Ezequiel era sacerdote, não profeta – ao menos em seu próprio livro. O Livro de Ezequiel nunca lhe atribui o título de "profeta". No processo canônico posterior, Ezequiel foi incluído entre "Os Profetas Anteriores" e, no TaNaK judaico, na seção dos *Nebi'im* (Profetas). Embora seja considerado um dos três "profetas maiores" (junto com Isaías e Jeremias), Ezequiel era sacerdote. Ele vinha de uma família sacerdotal de Jerusalém. Representa o legado final da tradição sacerdotal do Primeiro Templo, que desapareceria com o exílio. Ainda assim, os sacerdotes voltariam a Jerusalém, e a comunidade sacerdotal renasceria com a reconstrução do Templo de Jerusalém no final do século VI a.C. A julgar pelas listas genealógicas nos livros de Esdras-Neemias, os sacerdotes e a linhagem sacerdotal foram uma preocupação central no período pós-exílico. Mas essa já é uma história para um capítulo posterior na história das comunidades de escribas sacerdotais (ver Capítulo 12).

Notas

1 Veja Avraham Faust, *Judah in the Neo-Babylonian Period: The Archaeology of Desolation* (Atlanta: SBL, 2012), 147, 233. Um estudo anterior de Oded Lipschits calculava uma queda de 72% na população de Judá; veja *The Fall and Rise of Jerusalem in the Neo-Babylonian Period* (Winona Lake, IN: Eisenbrauns, 2005), 270. Yuval Gadot argumenta que o hinterlândia rural de Jerusalém não foi tão devastado quanto sugerido por Faust; veja "In the Valley of the King: Jerusalem's Rural Hinterland in the 8th-4th Centuries BCE," *TA* 42 (2015): 3-26. Trata-se de debates sobre os graus de devastação - a infraestrutura escribal hebraica teria sido dizimada em qualquer um desses modelos.

2 Oded Lipschits et al., *Ramat Rahel VI* (Winona Lake, IN: Eisenbrauns, 2021); veja também o resumo em Lipschits et al., "Palace and Village, Paradise and Oblivion: Unraveling the Riddles of Ramat Rahel," *NEA* 74, n.º 1 (2011): 2-49.

3 Em "Bethel Revisited", Lipschits contesta a interpretação arqueológica de Finkelstein e Singer-Avitz em "Reevaluating Bethel". Mas a destruição do século VIII não está em questão. Lipschits busca encontrar continuidade em um santuário nas proximidades. Isso parece uma tentativa de justificar a escassez de evidências arqueológicas em apoio a antigos modelos redacionais e das fontes da literatura bíblica.

4 Veja Faust, *Judah in the Neo-Babylonian Period*, 210-11.

5 Veja Oded Lipschits e David Vanderhooft, *The Yehud Stamp Impressions: A Corpus of Inscribed Impressions from the Persian and Hellenistic Periods in Judah* (Winona Lake, IN: Eisenbrauns, 2011).

6 Veja Cornelia Wunsch e Laurie Pearce, *Documents of Judean Exiles and West Semites in Babylonia in the Collection of David Sofer* (Bethesda: CDL Press, 2014). De modo mais geral, veja Laurie Pearce, "Cuneiform Sources for Judeans in the Neo-Babylonian and Achaemenid Periods: An Overview," *Religion Compass* 10 (2016): 230-43.

7 Wunsch e Pearce, *Documents of Judean Exiles and West Semites in Babylonia*, 112 (n.º 10).

8 Proveniente do Staatliche Museen (Berlim, Alemanha), número de inventário 28178. Veja Ernst F. Weidner, "Jojachin, Koenig von Juda, in babylonischen Keilschrifttexten," *Mélanges Syriens offerts à M. René Dussaud*, Vol. II (1939), 923-35.

9 Esses documentos foram editados e publicados por Bezalel Porten e Ada Yardeni em *Textbook of Aramaic Documents from Ancient Egypt*, 4 vols. (Winona Lake, IN: Eisenbrauns, 1986-1999).

10 Veja a síntese apresentada por Tawny Holm, "Papyrus Amherst 63 and the Arameans of Egypt: A Landscape of Cultural Nostalgia," em *Elephantine in Context: Studies on the History, Religion and Literature of the Judeans in Persian Period Egypt*, ed. Reinhard Kratz e Bernd Schipper (Tübingen: Mohr Siebeck, 2022), 323-46.

11 Para uma apresentação voltada ao grande público, veja Karel van der Toorn, "Egyptian Papyrus Sheds New Light on Jewish History," *BAR* 44, n.º 4 (2018): 32-39. Veja também Richard Steiner, "Papyrus Amherst 63: A New Source for the Language, Literature, Religion, and History of the Arameans," em *Studia Aramaica: New Sources and New Approaches*, ed. M. Geller, J. Greenfield e M. Weitzman (Oxford: Oxford University Press, 1995), 199-207; Steiner, "An Aramaic Text in Demotic Script," em *Context of Scripture*, 1.99; e K. van der Toorn, *Papyrus Amherst 63* (Tecklenburg, Alemanha: Ugarit-Verlag, 2018).

12 A tradução paralela se baseia em van der Toorn, "Egyptian Papyrus," 37, e em Heckl, "Relationship Between Psalm 20 and Papyrus Amherst 63," 365-66. A tradução de *ꜣḥr* como "Yaho" é problemática e alvo de debates. Veja, por exemplo, Sven Vleeming e Jan Wesselius, *Studies in Papyrus Amherst 63: Essays on the Aramaic Texts in Aramaic/Demotic* (Amsterdam: Juda Palache Instituut, 1985), 42; Zauzich, "Der Gott des Aramaisch-Demotisch Papyrus Amherst 63," *Göttinger Miszellen* 85 (1985): 89-90.

13 Veja, por exemplo, M. Kister, "Psalm 20 and Papyrus Amherst 63: A Window to the Dynamic Nature of Poetic Texts," *VT* 70 (2020): 426-57; M. Rösel, "Israels Psalmen in Ägypten? Papyrus Amherst 63 und die Psalmen XX und LXXV," *VT* 50 (2000): 81-99.

14 Robert Carroll corretamente questionou nossa capacidade de identificar camadas redacionais complexas e múltiplas no livro de Jeremias; veja especialmente seu comentário, *Jeremiah*, *OTL* (Philadelphia: Westminster John Knox, 1986). Eu prefiro me manter nas versões relativamente mais diretas de Jeremias, representadas pela Septuaginta (e pelos Manuscritos do Mar Morto) e pelo Texto Massorético. Veja também Hindy Najman e Konrad Schmid, eds., *Jeremiah's Scriptures: Production, Reception, Interaction, and Transformations* (Leiden: Brill, 2016).

15 Veja Emanuel Tov, "The Last Stage of the Literary History of the Book of Jeremiah," em *The Oxford Handbook of the Book of Jeremiah*, ed. E. Silver e L. Stulman (New York: Oxford University Press, 2021), 129-47.

16 Veja Emanuel Tov, "The Literary History of Jeremiah in the Light of Its Textual History," em *Empirical Models for Biblical Criticism*, ed. Jeffrey Tigay (Philadelphia: University of Pennsylvania Press, 1985), 228. Minhas traduções das versões "longa" e "curta" tentam seguir a NRSV para o Texto Massorético (Jeremias longo) e a nova tradução NETS da Septuaginta (Jeremias curto).

17 Veja especialmente o ensaio introdutório de Reinhard Kratz, "Why Jeremiah? The Invention of a Prophetic Figure," em Najman e Schmid, eds., *Jeremiah's Scriptures*, 197-212, seguido por três respostas.

18 Corrine Patton destaca perspectivas sacerdotais ao longo do livro de Jeremias no Texto Massorético, "Layers of Meaning: Priesthood in Jeremiah MT," em *The Priests in the Prophets: The Portrayal of Priests, Prophets and Other Religious Specialists in the Latter Prophets*, ed. Lester Grabbe e Alice Ogden Bellis (London: T & T Clark, 2004), 149-76.

19 Essa introdução expandida e harmonizadora (vv. 4-10) é enquadrada por repetições: "A palavra do SENHOR veio a mim" (vv. 4, 11, 13).

20 A própria Septuaginta é complexa; veja, por exemplo, Emanuel Tov, "The Liter-

ary History of Jeremiah in the Light of Its Textual History," em *Empirical Models for Biblical Criticism*, ed. Jeffrey Tigay (Philadelphia: University of Pennsylvania Press, 1985), 211-37. Provavelmente houve um tradutor original e, depois, um revisor posterior que aproximou a Septuaginta do Jeremias longo (proto-massorético). Tov propõe uma "Edição I" como base da "Edição II" do TM. O Jeremias curto tem sua própria série de revisões a partir da "Edição I".

21 Christopher Rollston apresenta um argumento convincente em favor do aramaico como parte do currículo de escribas judeus. Veja Rollston, "Scribal Curriculum During the First Temple Period," em *Contextualizing Israel's Sacred Writing: Ancient Literacy, Orality, and Literary Production*, ed. Brian Schmidt (Atlanta: SBL, 2015), 90-93.

22 Veja Laurie Pearce, "Ezekiel: A Jewish Priest and a Babylonian Intellectual," *TheTorah.com*, 2017, https://thetorah.com/article/ezekiel-a-jewish-priest-and-a-babylonian-intellectual, n. 10. Veja também John MacGinnis, "Construction and Operation of Canals in Neo-Assyrian and Neo-Babylonian Sources," em *Water for Assyria*, ed. Hartmut Kühne (Wiesbaden: Harrassowitz, 2018), 41-56.

23 Veja Laurie Pearce, "Cuneiform Sources for Judeans in Babylonia," 230-43; veja também Pearce, "Judean Life in Babylonia," *TheTorah.com*, 2018, https://thetorah.com/article/judean-life-in-babylonia.

24 Sobre o conhecimento de cuneiforme por parte de Ezequiel, veja Daniel Bodi, "The Mesopotamian Context of Ezekiel," em *The Oxford Handbook of Ezekiel* (Oxford: Oxford Academic, 2020), DOI: 10.1093/oxfordhb/9780190634513.013.1. Veja também David Vanderhooft, "Ezekiel in and on Babylon," em *Bible et Proche-Orient, Mélanges André Lemaire III*, ed. J. Elayi e J.-M. Durand, *Transeuphratène* 46 (2014): 107-14; Jonathan Stökl, "Ezekiel: Remarks on the Transmission of Learning," *Die Welt des Orients* 45 (2015): 50-61; Abraham Winitzer, "Assyriology and Jewish Studies in Tel Aviv: Ezekiel among the Babylonian literati," em *Encounters by the Rivers of Babylon: Scholarly Conversations between Jews, Iranians, and Babylonians in Antiquity*, ed. U. Gabbay e S. Secunda (Tübingen: Mohr Siebeck, 2014), 163-216.

25 Para uma visão geral sobre essa questão, veja Madhavi Nevader, "On Reading Ezekiel by the Rivers of Babylon," *Die Welt des Orients* 45 (2015): 99-110.

26 Veja, por exemplo, Rainer Albretz, *Israel in Exile: The History and Literature of the Sixth Century B.C.E.* (Atlanta: SBL, 2003), 345-56.

27 Veja a visão geral apresentada por Michael Lyons, "How Have We Changed? Older and Newer Arguments about the Relationship between Ezekiel and the Holiness Code," em *The Formation of the Pentateuch*, ed. Jan Gertz et al., 1055-74; e Christophe Nihan, "The Holiness Code between D and P," em *Das Deuteronomium zwischen Pentateuch und Deuteronomistischen Geschichtswerk*, 81-122.

11. O Templo Samaritano e Sua Comunidade de Escribas

Um dos meus velhos amigos na área dos estudos bíblicos foi Gary Knoppers. Ele era um grande estudioso, mas, mais do que isso, uma grande pessoa. Uma das minhas lembranças mais queridas foi o dia que passei mostrando Jerusalém para ele, quando nós dois éramos bolsistas no Instituto Albright de Pesquisas Arqueológicas. Minha intenção era encerrar o dia atravessando com ele o Túnel de Ezequias. As águas frescas que correm da Fonte de Giom através do túnel até o Poço de Siloé são uma ótima forma de terminar um dia quente de verão em Jerusalém. Gary estava animado, até entrarmos na caverna da Fonte de Giom e ele ver a entrada estreita e baixa do túnel. Gary era um sujeito grande, provavelmente tinha quase dois metros de altura. Molhamos os pés, mas não atravessamos o túnel naquele dia. Muito baixo, muito estreito. Lembro-me desse dia porque Gary faleceu prematuramente há alguns anos. Uma grande perda. Uma das contribuições acadêmicas finais de Gary foi um livro, *Jews and Samaritans: The Origins and History of Their Early Relations*, que elevou meu entendimento sobre um tema pouco estudado - a história antiga dos samaritanos.[1]

Muita gente conhece os samaritanos por causa da parábola do "Bom Samaritano" ou através da lente do Novo Testamento, mas sua história é muito mais antiga.

O que torna os samaritanos tão interessantes para este livro é que eles tinham sua própria comunidade hebraica de escribas, cujas origens devem remontar ao final da Idade do Ferro (século VII a.C.). Como sabemos disso? Os samaritanos usavam e desenvolveram as letras do hebraico antigo e preservaram sua própria versão do Pentateuco. Para começar, não é provável que os samaritanos tenham adotado o antigo alfabeto hebraico durante os períodos persa ou helenístico, pois esse sistema de escrita já havia deixado de ser usado regularmente. Não – seu alfabeto se desenvolveu organicamente a partir de um sistema da Idade do Ferro, o que indica que o uso desse alfabeto pelos samaritanos remonta, muito provavelmente, ao século VII a.C.

Embora conheçamos o alfabeto samaritano principalmente em suas versões posteriores - que foram utilizadas pela comunidade samaritana nos períodos helenístico, romano e além –, suas origens são anteriores. O uso do antigo alfabeto hebraico (em contraste com o alfabeto aramaico que dominaria no período persa), juntamente com a preservação de sua própria versão do Pentateuco, sugere que os sacerdotes samaritanos já estavam trabalhando com os sacerdotes judeus no final da Idade do Ferro.

Neste capítulo, proporei que eles colaboraram com os sacerdotes de Jerusalém durante os séculos VII, VI e V a.C. na criação do Pentateuco, mas que, eventualmente, se separaram após construírem seu próprio templo.

Os estudiosos há muito sustentam que sempre houve animosidade mútua entre Jerusalém e Samaria. Essa visão vem em parte da leitura da história sob a ótica do Novo Testamento. Mas não é apenas o Novo Testamento. O historiador judeu Flávio Josefo, que viveu no século I d.C., relata como um rei asmoneu, João Hircano (r. 134-104 a.C.), destruiu o templo samaritano no monte Gerizim. No século II a.C., a animosidade entre judeus e samaritanos já estava bem consolidada. Mesmo antes disso, os livros de Esdras-Neemias descrevem as tensões entre Sambalate, o líder samaritano, e seus homólogos em Jerusalém. E o Livro das Crônicas, escrito durante o período persa, reescreve a história de Israel eliminando completamente a narrativa de Samaria e do reino do norte (em contraste com o Livro dos Reis). Ou seja, há muita história por trás dessa relação conflituosa.

Mas a relação nem sempre foi tão conflituosa. Como sempre, a história é mais complexa. Afinal, as narrativas patriarcais contam as histórias de todas as doze tribos, e não apenas da tribo meridional de Judá e dos herdeiros sacerdotais de Levi. E, embora seja verdade que o Livro das Crônicas elimina a narrativa do reino das tribos do norte (1 Cr 10—2 Cr 36), ele ainda assim inicia sua obra histórica com as genealogias de todas as doze tribos (1 Cr 1—9).[2] Em outras palavras, reconhece uma genealogia compartilhada. Mas é só até aí que o autor de Crônicas vai. Gary Knoppers destacou essa genealogia compartilhada em Crônicas para sugerir que o livro não é completamente antisamaritano, embora as genealogias compartilhadas sejam limitadas. As genealogias em Crônicas concentram-se no período patriarcal, nas linhagens levíticas e sacerdotais, nas genealogias judaítas e nos filhos de Davi. Há, por exemplo, uma genealogia de Saul, mas ela serve apenas como introdução à narrativa da ascensão de Davi – o verdadeiro rei em Crônicas – e é aí que as genealogias das tribos do norte terminam.

Assim como as narrativas de Crônicas não incluem o reino do norte, as genealogias das tribos do norte não avançam cronologicamente para os dias do reino dividido. O cronista reconhece as tribos do norte, mas não o reino do norte. Assim, por exemplo, lemos que "os rubenitas, os gaditas e a meia tribo de Manassés eram guerreiros valentes, que levavam escudo e espada, sabiam manejar o arco, e eram treinados para a guerra – quarenta e quatro mil setecentos e sessenta homens prontos para o serviço. Eles guerrearam contra os hagarenos, Jetur, Nafis e Nodabe" (1 Cr 5:18-19). Tudo isso faz parte da pré-história dos reinos, mas Crônicas encerra qualquer discussão sobre as tribos do norte e seu reino ao dizer apenas que "eles habitaram naquela terra até o exílio" (v. 22). Não há uma história compartilhada de Israel, mas sim uma pré-história compartilhada.

Nesse sentido, as genealogias de Crônicas refletem a narrativa de 1 Crônicas 21, onde o rei Davi realiza um censo de todas as tribos de Israel. Esses eram os dias do "reino unido". Ao incluir o censo de Davi, Crônicas faz uma declaração sobre a ilegitimidade do reino do norte. As tribos do norte só são legítimas sob a autoridade de Davi e Jerusalém, quando são contadas dentro da Monarquia Unida. No fim das contas, o objetivo parece ser marginalizar os samaritanos.

Para o Livro das Crônicas, o reino de Judá é Israel, e todos os verdadeiros israelitas vêm a Jerusalém. Para promover essa ideia, Crônicas apresenta histórias únicas, como a da Páscoa celebrada por Ezequias, em que as tribos do norte são convidadas a vir a Jerusalém: "Ezequias enviou cartas a Efraim e Manassés, para que viessem à casa do Senhor em Jerusalém, a fim de celebrar a Páscoa ao Senhor, Deus de Israel" (2 Cr 30:1). Como já destaquei, Ezequias parece ser um herói para a comunidade de escribas do início do período pós-exílico porque acolhe as tribos do norte, mas essa história ainda assim coloca todos em Jerusalém. Ela não reconhece um lugar alternativo legítimo para o culto, nem dá qualquer indício de que a história de Samaria fizesse parte da história legítima de Israel. Isso reflete a atitude prevalente em Jerusalém no século IV a.C., mesmo que tenha havido alguma cooperação em tempos anteriores.

O templo samaritano e a comunidade de escribas

A história da comunidade samaritana começa onde terminam Samaria e o reino do norte, ou seja, com a invasão assíria, a destruição de Samaria e o exílio de muitos habitantes do norte no final do século VIII a.C. Supostamente, Samaria foi então repovoada pelos assírios com pessoas vindas de outras partes do império: "O rei da Assíria trouxe gente da Babilônia, de Cuta, de Ava, de Hamate e de Sefarvaim, e os estabeleceu nas cidades de Samaria, em lugar dos filhos de Israel" (2 Rs 17:24). Muitas pessoas fugiram para o sul, rumo a Jerusalém, e também para o Egito. Segundo a tradição bíblica, os assírios mais tarde trouxeram de volta um sacerdote israelita exilado à sua terra natal para ensinar os novos habitantes sobre os costumes e a religião locais (ver v. 27), de modo que a população etnicamente mista criou uma tradição religiosa híbrida, combinando o yahwismo com cultos babilônicos locais (v. 33). Tal relato funciona bem como uma crítica à religião samaritana por parte dos escribas posteriores de Jerusalém, mas também reconhece conexões religiosas aparentes entre o norte e o sul. Com certeza, os escribas jerusalemitas estão sugerindo que a verdadeira ortodoxia existia apenas em Jerusalém.

O relato da queda de Samaria indica uma consciência de uma tradição religiosa samaritana única que se desenvolveu após a conquista assíria. Ele também reconhece elementos yahwistas nessa religião, que teria sido liderada por um sacerdote de Yahweh. O relato bíblico localiza essa tradição inicialmente em Betel: "um dos sacerdotes que haviam sido levados de Samaria veio habitar em Betel, e ele lhes ensinava como deviam adorar a Yahweh" (2 Rs 17:28). Betel possuía uma antiga tradição religiosa, mas escavações arqueológicas no local demonstram que o sítio estava em grande parte desocupado nos períodos babilônico e persa (ver Capítulo 4).[3] Betel não se tornou um centro da religião samaritana. Essa honra caberia ao monte Gerizim.

Do recinto sagrado ao templo samaritano no Monte Gerizim

Por duas décadas, o arqueólogo Yitzhak Magen escavou um recinto sagrado no Monte Gerizim (ver Figura 11.1). Magen datou a construção do templo samaritano em torno de 450 a.C — meados do período persa — mas também reconheceu algumas características antigas do recinto sagrado. Outro arqueólogo, Eran Arie, aprofundou as observações de Magen e argumentou que o recinto sagrado foi fundado antes do Templo de Jerusalém, no final da Idade do Ferro, talvez no século VII a.C. As escavações revelaram um recinto sagrado, delimitado por um muro com um portão de seis câmaras no lado norte e provavelmente também no sul. Os portões de seis câmaras, que serviam como entrada para o recinto sagrado, são conhecidos em toda a região do Levante Sul durante a Idade do Ferro, mas não há um único exemplo conhecido que tenha sido construído no período persa.

O recinto sagrado foi modificado no período persa com a construção do templo do Monte Gerizim, erguido por volta de 450 a.C, com base em moedas, cerâmica e datação por carbono-14 (ver Figura 11.2). Os muros do recinto sagrado foram reformados nessa época para que tivessem oito câmaras, fazendo com que correspondessem

Figura 11.1 Recinto sagrado da Idade do Ferro no monte Gerizim.
Fonte: Andrew Herbek.

Figura 11.2 Templo samaritano do período persa.
Fonte: Andrew Herbek.

às descrições bíblicas dos portões do templo em Ezequiel, bem como aos detalhes do posterior Rolo do Templo. O novo templo samaritano foi construído voltado diretamente para o leste. Mas isso deixou os muros do templo desalinhados em relação aos antigos muros do recinto sagrado da Idade do Ferro. Por que construíram o muro do templo desalinhado em relação aos muros do recinto sagrado? A orientação do templo samaritano, sem dúvida, pretendia espelhar a do Templo de Jerusalém, que também tinha uma orientação oriental. Nesse aspecto, eles não tiveram escolha. O templo samaritano copiou a orientação do Templo de Jerusalém, mesmo que isso significasse que os muros do templo e do recinto sagrado externo não estivessem alinhados. A ideologia superou a simetria arquitetônica! Aqui, é importante lembrar que os retornados judaítas reconstruíram o Templo de Jerusalém por volta de 515 a.C. A fundação de um templo samaritano no século V está de acordo com o relato de Neemias, que menciona que um dos netos do sumo sacerdote Eliasibe era genro de Sambalate, o horonita, e Neemias sugere que ele assim contaminou o sacerdócio (Ne 13:28–29).

Os muros exteriores do recinto sagrado devem ser mais antigos do que o próprio templo, pois, se tivessem sido construídos ao mesmo tempo, estariam alinhados. Essa observação é reforçada pela posterior reforma helenística do recinto do templo samaritano, no século III a.C., que corrigiu o desalinhamento ao acrescentar um novo muro de delimitação ao redor do templo samaritano (ver Figura 11.3). Com essa reforma, o templo passou a estar perfeitamente alinhado com os muros de contenção, e os antigos muros do recinto sagrado, ao sul, foram removidos. Com isso, a tensão arquitetônica entre o templo e o recinto sagrado começa a desaparecer. A reconstrução helenística do recinto sagrado também acentuou ainda mais a orientação leste, evocando a descrição do templo visionário de Ezequiel, em que Deus entra tanto no templo quanto na cidade a partir do leste (Ez 43:1-5). Os vestígios antigos do recinto sagrado da Idade do Ferro foram sendo gradualmente substituídos nas sucessivas reformas do complexo do templo. Os muros desalinhados contam a história do recinto sagrado e do espaço sagrado samaritano no monte Gerizim.

Outro achado arqueológico que aponta para o final da Idade do Ferro como data da fundação do distrito sagrado são os capitéis proto-jônicos (Figura 11.4). Foram encontrados dois capitéis quase intactos e um fragmentado. Esses capitéis foram escavados no recinto sagrado no monte Gerizim e utilizam um estilo conhecido quase exclusivamente na Idade do Ferro. Exemplares semelhantes foram escavados em Jerusalém, Ramat Rahel, Arnona, Megido e em diversas partes do Levante meridional, datando da Idade do Ferro.

Nesse sentido, eles reforçam a indicação de que o recinto sagrado no monte Gerizim já devia estar estabelecido no século VII a.C. Há quase cinquenta exemplos comparáveis de capitéis proto-jônicos conhecidos no Levante meridional, datando do final da Idade do Ferro. Infeliz-

Figura 11.3 Templo helenístico com novo muro de delimitação.
Fonte: Andrew Herbek.

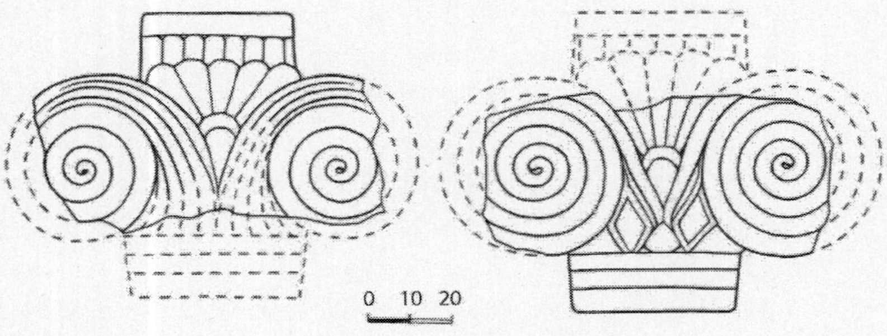

Figura 11.4 Capitéis proto-jônicos do recinto sagrado do Monte Gerizim.
Fonte: Eran Arie.

mente, os capitéis de Gerizim foram encontrados em uso secundário em uma igreja bizantina posterior. O imperador Zenão demoliu o recinto sagrado samaritano e construiu uma igreja dedicada a Maria Theotokos no ano 484 d.C. Naquela época, os capitéis foram aparados nas laterais e reutilizados como blocos de construção, mas os antigos elementos artísticos da Idade do Ferro ainda são facilmente visíveis. Esses capitéis são entalhados apenas em um dos lados, o que indica que originalmente faziam parte de uma entrada ornamentada no recinto sagrado do monte Gerizim.

Os escavadores também encontraram um grande número de inscrições – 395 no total – nas escavações no monte Gerizim. As inscrições são, em sua maioria, em aramaico, mas há também inscrições em hebraico. As inscrições hebraicas utilizam tanto o antigo alfabeto hebraico da Idade do Ferro quanto o posterior alfabeto hebraico samaritano. Existem nove exemplos fragmentários de inscrições que usam o antigo alfabeto hebraico da Idade do Ferro. Essas inscrições, infelizmente, sofreram o mesmo destino que os capitéis proto-jônicos: foram removidas de seus contextos originais e reutilizadas na construção da igreja bizantina, mas ainda assim são reveladoras. Um exemplo é suficiente para ilustrar (ver Figura 11.5).

A inscrição nº 384 preserva três linhas fragmentárias em hebraico que podem ser traduzidas da seguinte forma:

1. *[p]ynḥs* – [Ph]inehas,
2. *[ ] ʾšr [ ]* – quem era
3. *[hkhn] hgdl* – o sumo sacerdote.

É uma inscrição curta e fragmentária, mas a linguagem e a escrita ainda apresentam semelhanças notáveis com o hebraico antigo da Idade do Ferro.[8] Trata-se de uma inscrição monumental, que deve ter sido uma dedicatória para o recinto sagrado. Talvez Fineias tenha sido o primeiro sumo sacerdote da comunidade sacerdotal samaritana durante a Idade do Ferro. O nome hebraico *pynḥs* é geralmente traduzido como Fineias nas Bíblias em inglês (influenciadas pela grafia grega), e esse nome familiar é bem conhecido nas genealogias sacerdotais. Por exemplo, um certo Fineias era neto de Arão, o irmão de Moisés, segundo a tradição bíblica (Nm 6:25). E esse sacerdote Fineias é elogiado por seu zelo por Yahweh ao eliminar cultos estrangeiros (ver Nm 25:7-15; Sl 106:30). Pode tratar-se de uma referência à figura bíblica de Fineias, mas é mais provável que se refira a um sumo sacerdote samaritano primitivo.

A inscrição pode ser datada, com base em sua escrita, ao século V ou IV a.C., e oferece uma evidência antiga de uma comunidade de escribas sacerdotais ao redor do monte Gerizim. Pode ter sido insta-

Figura 11.5 Inscrição em hebraico antigo (nº 384) do monte Gerizim.
Fonte: elaborada pelo autor.

lada com o templo samaritano original ou, talvez, durante a reforma helenística do recinto do templo. A comunidade sacerdotal samaritana obviamente se atribuía uma linhagem sacerdotal e bíblica de elite. O nome desse sacerdote em particular sugere que conheciam as histórias sacerdotais bíblicas.

O que tudo isso significa? Isso teria ocorrido após 721 a.C., quando os assírios conquistaram Israel, destruíram Samaria e exilaram muitos israelitas. É difícil determinar com precisão o início do recinto sagrado no monte Gerizim, mas o século VII a.C. é compatível com elementos arquitetônicos como os capitéis proto-jônicos, os portões de seis câmaras e as inscrições em hebraico antigo. Mais tarde, no século V, um templo com orientação voltada para o leste foi construído dentro do recinto sagrado no monte Gerizim.

A orientação oriental intencional – e desajeitada – do templo samaritano indica que ele buscava se modelar a partir do Templo de Jerusalém e, ao fazê-lo, se posicionava como um templo rival. A construção de um templo que imitava o Templo de Jerusalém naturalmente criou um ambiente de competição, especialmente considerando a exigência de Deuteronômio 12 por um único lugar sagrado.

A comunidade de escribas samaritana

A administração de Judá durante o período babilônico mostra sinais contínuos de influência samaritana. Os primeiros Selos Estampados de Yehud, por exemplo, utilizam nomes israelitas. Um selo bastante usado traz a inscrição "*Yehud | ʾUriyaw*", e um segundo, "*Yehud | Malkiyaw*". Esses são nomes nitidamente israelitas, como indicado pela terminação teofórica *-yaw*. Isso sugere que alguns dos primeiros governadores de Judá no século VI a.C. (seja durante o período babilônico ou no início do período persa) se identificavam como samaritanos ou israelitas. Isso indica ainda mais possibilidades de cooperação entre as comunidades sacerdotais de Samaria e de Jerusalém nos séculos VI e início do V a.C. – cooperação essa que deu origem, posteriormente, ao Pentateuco Samaritano.

Parte de nossa incompreensão sobre a história dos samaritanos pode ser atribuída ao historiador judeu Flávio Josefo. Escrevendo no século I d.C., Josefo (des)datou a construção do templo samaritano para a época de Alexandre, o Grande (*Antiguidades* 11.302-47; 13.254-56). Podemos suspeitar que Josefo tinha o interesse de situar o templo samaritano o mais tardiamente possível – e, portanto, como algo não autêntico. Em sua defesa, as fontes literárias às quais Josefo tinha acesso (principalmente Esdras e Neemias) eram difíceis de interpretar, e os estudiosos até hoje debatem a cronologia e a datação das figuras de Esdras e Neemias.

Mas a arqueologia veio em socorro. Hoje temos uma data sólida para a construção do templo samaritano, e essa data mostra que Josefo errou por mais de um século. Mais ainda: o recinto sagrado e sua tradição sacerdotal no monte Gerizim provavelmente datam de mais dois séculos antes da fundação do templo. Isso exige uma reavaliação profunda da história da tradição samaritana.

A comunidade sacerdotal samaritana, é claro, queria que seu templo fosse o mais antigo possível. Para alcançar esse objetivo, a comunidade de escribas revisou histórias relacionadas à sua origem no Pentateuco Samaritano. Como sabemos que essas revisões são posteriores? O relato dos Dez Mandamentos, que é fundamental para a religião samaritana, indica modificações tardias. O Pentateuco Samaritano insere uma tradição ligada ao monte Gerizim na narrativa da entrega dos Dez Mandamentos. Ele conclui esse relato, em Êxodo, da seguinte maneira:

> Quando o Senhor, teu Deus, te introduzir na terra dos cananeus... erguerás estas pedras, que hoje te ordeno, no monte Gerizim, e ali edificarás um altar ao Senhor, teu Deus. (Êx 20:17b)

O Pentateuco Samaritano empresta diretamente esse trecho de Deuteronômio 28, anexando versículos de lá à conclusão dos Dez Mandamentos em Êxodo 20. Isso também conecta explicitamente as "tábuas de pedra" que Deus deu a Moisés no monte Sinai (ver Êx 24:12 e 31:18) com os Dez Mandamentos - uma ideia igualmente emprestada de Deuteronômio. Essa conexão não aparece na versão massorética do relato da entrega dos Dez Mandamentos em Êxodo 20, onde os mandamentos são apresentados apenas oralmente: "Deus falou todas estas palavras" (v. 1). Não é dito que foram escritos.

Mais adiante na narrativa de Êxodo, no capítulo 24, são mencionadas "tábuas de pedra", mas não se diz que contêm os Dez Mandamentos. No entanto, quando o Livro de Deuteronômio reconta a história, ele identifica as duas tábuas de pedra com os Dez Mandamentos (ou Dez Palavras) (Dt 4:12-13; 5:22).

Fica evidente um processo de interpretação progressiva nesses relatos, e o Pentateuco Samaritano reflete uma interpretação em desenvolvimento da teofania no monte Sinai. Ele toma emprestado elementos de outros textos para inserir essa interpretação diretamente no relato da colocação das tábuas dos mandamentos no monte Gerizim. Essa revisão também expressa o papel central que os Dez Mandamentos desempenhavam na tradição religiosa samaritana. Dessa forma, o monte Gerizim é elevado a lugar sagrado que supera o próprio Templo de Jerusalém!

As escavações arqueológicas agora permitem redefinir nosso entendimento. As origens do recinto sagrado no monte Gerizim remontam ao final da Idade do Ferro. Esse recinto, ao que tudo indica, possuía originalmente apenas um altar, e não um templo. O templo samaritano, que imitava o Templo de Jerusalém, foi construído por volta da metade do século v a.C. Isso oferece uma nova perspectiva sobre a história religiosa samaritana. Por exemplo, o Pentateuco Samaritano não pode ter se originado no período helenístico, quando já existia uma cisão irreversível entre as comunidades dos templos de Jerusalém e do monte Gerizim. O Pentateuco Samaritano deve ser datado do período de cooperação, e não do período de competição entre Jerusalém e Gerizim.

As comunidades sacerdotais de escribas de Jerusalém e Samaria provavelmente compartilharam o Pentateuco até que se separaram. Quando isso aconteceu? Provavelmente já no final do século v a.C. Um templo em Jerusalém e outro no monte Gerizim não podiam coexistir com a tradição do Pentateuco, especialmente com o texto de Deuteronômio 12. Ambas as comunidades reconheciam Deuteronômio como uma tradição sagrada. No entanto, Deuteronômio 12 estabelece a exigência de um lugar único para o culto:

> Guarda-te de oferecer os teus holocaustos em qualquer lugar que vires. Mas no lugar que o Senhor escolher numa das tuas tribos, ali oferecerás os teus holocaustos e ali farás tudo o que te ordeno (Dt 12:13-14).

Esse texto é ambíguo o suficiente para acomodar a ideia de que o local sagrado escolhido por Deus poderia se deslocar – por exemplo, de Siló para Jerusalém. Poderia até ser interpretado como permitindo múltiplos espaços sagrados em diferentes regiões ou mesmo na diáspora. Mas a tradição interpretativa caminhou no sentido de entender esse trecho como referência a um único local sagrado. Esse lugar poderia ser Jerusalém – ou o monte Gerizim – mas não ambos.

Essa incompatibilidade é bem ilustrada pelo encontro posterior entre o rabi judeu Jesus e a mulher samaritana, perto do monte Gerizim. Ela lhe diz:

> Nossos antepassados adoraram neste monte, mas vós dizeis que é em Jerusalém o lugar onde se deve adorar. (Jo 4:20).

Depois que Deuteronômio 12 foi textualizado e passou a ser interpretado com esse foco exclusivo, ele passou a ser usado como texto de autoridade para justificar a centralização do culto em apenas um lugar.

Os escribas sacerdotais samaritanos abordaram a tensão entre Jerusalém e o monte Gerizim em seu trabalho de cópia e transmissão do Pentateuco Samaritano. Mas como – e quando – os samaritanos passaram a ter seu próprio Pentateuco? Se seguirmos o historiador judeu Flávio Josefo, podemos ser levados ao erro de situar o início da história do Pentateuco Samaritano apenas no período helenístico. O Pentateuco Samaritano tem, na verdade, uma longa história própria,[9] e as comunidades sacerdotais de Jerusalém e Gerizim estavam colaborando na formação do Pentateuco muito antes da era helenística. A arqueologia do monte Gerizim revela a presença de uma comunidade sacerdotal de escribas já no final da Idade do Ferro. A inscrição de dedicação de um certo Fineias, o sumo sacerdote, no monte Gerizim, sugere conexões profundamente enraizadas com as tradições do Pentateuco (ver Figura 11.4).

Podemos imaginar que as relações entre os sacerdotes de Jerusalém e os de Samaria tenham oscilado com o tempo. Talvez tenham cooperado bem no início do século VII a.C., durante os reinados dos reis judaítas Ezequias e Manassés. Já sob o reinado do rei Josias, pode ter havido mais tensão com um centro de culto ao norte. Após a destruição de Jerusalém e de seu templo, é possível imaginar um retorno a uma relação mais cooperativa entre o remanescente de escribas sacerdotais judaítas e os escribas samaritanos. Pelo menos dois dos primeiros governadores de Yehud parecem ter sido de origem samaritana. No entanto, com a reconstrução do Templo de Jerusalém no final do século VI a.C. e, posteriormente, com a construção de um templo rival samaritano em meados do século V, a cooperação entre essas duas comunidades deve ter se tornado cada vez mais difícil. Como resultado, duas tradições textuais distintas do Pentateuco se desenvolveram, cada uma seguindo sua respectiva comunidade sacerdotal de escribas.

A comunidade de escribas samaritana estabelece diferenças significativas que ressaltam a centralidade do monte Gerizim. A melhor forma de ilustrar isso é a partir da conclusão do discurso de Moisés ao povo de Israel, ao lhes dar a lei. A mudança entre o texto tradicional massorético e o texto samaritano é pequena, mas significativa.

Pentateuco Massorético	Pentateuco Samaritano
Dt 27:4 Assim que tiverdes passado o Jordão, levantareis estas pedras, que hoje vos ordeno, no *monte Ebal*, e as cobrireis com cal.	Dt 27:4 Assim que tiverdes passado o Jordão, levantareis estas pedras, que hoje vos ordeno, no *monte Gerizim*, e as cobrireis com cal.

Os dois montes, Ebal e Gerizim, situam-se ao norte e ao sul da antiga cidade e templo de Siquém, localizada no vale abaixo. A própria Siquém era um antigo local sagrado, com um templo monumental datando do segundo milênio a.C., além de ter sido a primeira capital do reino do norte (1 Rs 12:25). Segundo a tradição bíblica, foi perto de Siquém que Deus apareceu pela primeira vez a Abraão e lhe prometeu: "Darei a ti e à tua descendência esta terra", após o que Abraão edificou ali um altar (Gn 12:7). Nesse sentido, a região possuía uma tradição antiga como espaço sagrado, à qual os samaritanos podiam recorrer ao construir seu templo no monte Gerizim.

As adições e mudanças específicas de Gerizim datam de depois da separação entre Jerusalém e as comunidades samaritanas, mas elas compartilhavam um Pentateuco que era, em sua maior parte, o mesmo. Deve ter havido um período em que as comunidades sacerdotais de Jerusalém e Samaria trabalharam juntas, compartilhando e codificando tradições do Pentateuco. Afinal, ambas herdaram o Pentateuco, e os dois textos são notavelmente semelhantes, apesar das adições específicas feitas pelos samaritanos. Os Manuscritos do Mar Morto atestam inclusive uma tradição textual antiga do Pentateuco Samaritano, provavelmente anterior à cisão entre samaritanos e judeus.[10] As diferenças entre o Pentateuco massorético e o Pentateuco samaritano pré-sectário são, em sua maioria, de natureza linguística ou ortográfica. Mais significativamente, essa versão pré-sectária ainda não incluía as adições que enfatizavam a importância especial do monte Gerizim.

A existência dessa tradição pré-sectária mostra que os escribas sacerdotais samaritanos e judaítas tinham uma herança comum na formação do Pentateuco. Mas essa história compartilhada teve de ocorrer antes da cisão entre Jerusalém e Samaria, provavelmente antes mesmo da construção dos dois templos rivais em Jerusalém e no monte Gerizim. Uma vez que o templo rival foi erguido em Gerizim, as duas comunidades sacerdotais de escribas seguiram caminhos distintos. Dois centros físicos passaram a competir por legitimidade – Jerusalém e o monte Gerizim – e desenvolveram duas comunidades distintas de escribas sacerdotais.

Essa herança compartilhada entre sacerdotes samaritanos e judaítas é ilustrada por uma história de casamento misto na família dos sumos sacerdotes, relatada mais tarde pelo historiador judeu Flávio Josefo.

> Então Jadua sucedeu no sumo sacerdócio, e ele tinha um irmão chamado Manassés. Ora, havia um certo Sambalate, que foi enviado por Dario, o último rei da Pérsia, para Samaria... Ele voluntariamente deu sua filha, chamada Nicaso, em casamento a Manassés, acreditando que essa aliança por matrimônio seria uma garantia e segurança de que a nação dos judeus manteria boa vontade para com ele... *Sambalate disse a Manassés, irmão do sumo sacerdote Jadua, que construiria para ele um templo semelhante ao de Jerusalém no monte Gerizim.* Sambalate tam-

> bém prometeu conceder-lhe a honra e dignidade de sumo sacerdote e fazê-lo governador, caso ele mantivesse sua filha como esposa. Manassés ficou exaltado com essas promessas, e muitos sacerdotes e levitas em Jerusalém estavam envolvidos em uniões semelhantes. (*Antiguidades Judaicas* 11.302-313)

Josefo, é claro, desaprova. Mas esse não é o ponto. A narrativa atesta uma relação próxima entre os habitantes de Jerusalém e os samaritanos antes da construção do templo samaritano. Isso sugere que a cooperação entre os escribas sacerdotais de Jerusalém e do monte Gerizim perdurou ao longo do século V a.C. A escolha do nome *Manassés*, com suas conexões com uma das tribos do norte de Israel, também sugere relações mais amistosas entre Jerusalém e Samaria.

Um relacionamento amigável entre as comunidades de Jerusalém e Samaria também é atestado por uma carta em aramaico enviada por refugiados judeus que viviam em Elefantina, no Egito, durante o final do século V a.C. Um certo Jedanias e seus companheiros sacerdotes em Elefantina escreveram uma carta a Jerusalém, conhecida como "Pedido para Reconstrução de um Templo em Elefantina", a qual menciona também uma carta enviada ao governador da Samaria.[11] A carta apela especificamente à autorização para reconstruir santuários, conforme permitido pela inscrição de Behistum do rei persa Dario I. Nesse sentido, Bagoi e Delaías, os governadores de Jerusalém e Samaria, podem ter se sentido obrigados a emitir uma resposta conjunta positiva, datada de 407 a.C., autorizando a reconstrução do templo em Elefantina. No entanto, o estudioso de Elefantina, Bezalel Porten, observa que a permissão para reconstruir o templo omite a autorização para queima de ofertas – algo solicitado expressamente na carta original enviada a Jerusalém.[12] Nesse ponto, Deuteronômio 12 se mostra especialmente relevante, pois trata justamente de "o lugar onde se devem trazer *as ofertas e sacrifícios*" (ver vv. 5-6).

Vale também notar que a carta de pedido e o memorando de permissão foram dirigidos e respondidos pelos governadores de Jerusalém e Samaria, e não pelos sacerdotes do templo em Jerusalém ou no monte Gerizim. Os sacerdotes talvez tivessem uma visão diferente da dos governadores sobre a construção de outros templos e sobre a possibilidade de oferecer sacrifícios a Yahweh em múltiplos lugares. De fato, isso é sugerido pelo fato de que Jedanias e seus colegas sacerdotes se queixam de que os sacerdotes em Jerusalém nunca responderam à carta.

O livro de Tobias

Um exemplo evidente de herança literária compartilhada entre os sacerdotes de Jerusalém e os samaritanos é o *Livro de Tobias*. Essa obra era conhecida principalmente por cópias posteriores em grego, até que cinco fragmentos em aramaico e um em hebraico foram encontrados entre os Manuscritos do Mar Morto.[13] Antes da publicação dos pergaminhos de Tobias, havia muita confusão sobre a origem da obra. Mas agora, como observa a estudiosa israelense dos Manuscritos do Mar Morto, Devorah Dimant, os estudiosos em geral reconhecem que "Tobias pertence à literatura aramaica criada na terra de Israel durante o período do Segundo Templo."[14]

O livro conta a história de Tobias, um exilado israelita da tribo de Naftali durante os dias do império assírio. A obra compartilha certos temas e recursos literários com outro texto aramaico conhecido da época, chamado *Ahiqar*, que era utilizado como material escolar na formação de escribas arameus em todo o Império Persa.[15] O *Livro de Tobias* toma emprestado o recurso do sábio que serve aos assírios e até identifica Ahiqar como sobrinho de Tobias, que intercede por ele e o leva para Nínive (Tob 1:21-22).

Em geral, entende-se que *Ahiqar* foi composto na Mesopotâmia no século VII ou VI a.C., mas a primeira cópia conhecida é de Elefantina e data do século V a.C. O *Livro de Tobias* teria sido, então, uma narrativa local que se inspirou em *Ahiqar* e que se tornou parte da formação literária de escribas aramaicos atuando em Jerusalém ou Samaria.

Os grandes debates acadêmicos sobre *Tobias* giram em torno de sua língua original e do tempo e lugar de composição. Temos o texto em hebraico e em aramaico entre os Manuscritos do Mar Morto, o que torna ambas as línguas possíveis como originais. As semelhanças com *Ahiqar*, amplamente usado como literatura pedagógica em aramaico, sugerem que *Tobias* também foi originalmente escrito em aramaico. Ainda assim, sua tradução para o hebraico indica que também podia ser usado na formação de escribas hebraicos. Mais do que isso, a tradução para o hebraico nos lembra que o aramaico era o caminho de acesso para o aprendizado da leitura e escrita em hebraico durante os períodos babilônico e persa, quando o aramaico era a *língua franca* da burocracia imperial no Mediterrâneo oriental.

Quanto ao tempo e local de composição, a questão é mais complexa. Observando atentamente a história de Tobias, é plausível entender o livro como uma obra samaritana.[16] Afinal, costumamos escrever sobre nós mesmos. A narrativa começa nos dias do rei assírio Salmaneser (r. 727-722 a.C.). Tobias vem da vila de Thisbe, em Naftali, e afirma ter sido um judeu piedoso, mesmo vivendo no reino do norte. Acaba sendo exilado para Nínive, onde escreve sua história. No entanto, muitos estudiosos observam que, para alguém supostamente vivendo na Mesopotâmia, o livro demonstra pouco conhecimento da geografia mesopotâmica. Por essa razão (e outras), faz sentido entender a obra como sendo composta em Samaria.

O livro traz temas que lembram outras obras bíblicas, como *Ester* e *Daniel*. Tobias vive sob um rei estrangeiro que proíbe práticas judaicas (no caso, os sepultamentos), mas Deus salva o piedoso Tobias, que segue as leis alimentares, as festas, pratica caridade e realiza sepultamentos apropriados. Grande parte do livro também é dedicada ao tema do casamento adequado, ou seja, casamento dentro da própria tribo e família.

Uma dificuldade em considerar *Tobias* como literatura samaritana é sua visão fortemente positiva de Jerusalém. Por exemplo, lemos: "Quando eu ainda era jovem, toda a tribo de *meu antepassado Naftali abandonou a casa de Davi e Jerusalém*. Esta cidade havia sido escolhida dentre todas as tribos de Israel, para que todas as tribos de Israel nela oferecessem sacrifícios, e onde o templo, a morada de Deus, havia sido consagrado e estabelecido para todas as gerações para sempre" (Tob 1:4). Isso não soa como algo que um samaritano diria, mas ecoa a explicação bíblica para a queda de Samaria: "Quando Israel se separou da casa de Davi, e fizeram de Jeroboão, filho de Nebate, rei, e Jeroboão afastou Israel de seguir o Senhor e os fez cometer grande pecado" (2 Rs 17:7). Essa visão também acompanha o entendimento do profeta do norte, Oseias, que escreve: "Os filhos de Israel ficarão por muitos dias sem rei e sem príncipe... Depois os filhos de Israel voltarão e buscarão o Senhor seu Deus e a Davi, seu rei" (Os 3:4-5).

O *Livro de Tobias* termina com uma liturgia que louva Jerusalém: "Que todos falem da majestade de Deus e o reconheçam em Jerusalém" (Tob 13:8). O livro encerra-se de forma anacrônica, sabendo que Jerusalém será eventualmente destruída, assim como Samaria. Ele olha para a reconstrução do templo: "Deus terá novamente misericórdia deles e os trará de volta à terra de Israel. Eles reconstruirão o templo de Deus, *mas não como o primeiro*, até que chegue o tempo do cumprimento. Depois disso todos retornarão do exílio e reconstruirão Jerusalém com esplendor; e nela o templo de Deus será reconstruído" (Tob 14:5).

Tudo isso sugere que a versão final de *Tobias* – isto é, o livro tal como o temos hoje – foi editada em Jerusalém. Além disso, foi traduzida do aramaico para o hebraico, tornando-se literatura hebraica. A ênfase em Jerusalém no início e na conclusão do livro – mas apenas nessas partes – é um sinal clássico de revisão literária por meio da criação de uma nova introdução e conclusão.[17]

Podemos contrastar o apreço de *Tobias* por Jerusalém com a completa ausência de menção ao monte Gerizim. Nada positivo, nada negativo – *Tobias* não faz qualquer alusão ao local. Considerando que o templo no monte Gerizim provavelmente foi construído em meados do século v a.C., é estranho que não haja qualquer menção a ele. Isso pode indicar que *Tobias* foi composto em aramaico e escrito antes da existência de um templo samaritano em Gerizim.

O personagem central, Tobias, um exilado da tribo de Naftali com uma atitude positiva em relação a Jerusalém, sugere um contexto em uma comunidade de escribas em que ainda havia relações amigáveis entre Jerusalém e Samaria.

O deterioramento das relações entre samaritanos e Jerusalém

A relação entre os judeus e os samaritanos deteriorou-se e acabou levando a uma separação irreparável. A destruição do templo samaritano pelo governante asmoneu João Hircano (ca. 111-110 a.C.) é o ponto culminante dessas relações em declínio. O Novo Testamento reflete posteriormente essa animosidade na parábola do "Bom Samaritano" (Lc 10:25-37), bem como no encontro entre Jesus e a mulher samaritana junto a um poço próximo ao monte Gerizim (Jo 4).

Quando começa toda essa animosidade? Os indícios de tensão já aparecem em Esdras-Neemias, o que aponta para o final do século v ou início do iv a.C. Por exemplo, o livro de Neemias relata que um dos netos do sumo sacerdote Eliasibe era genro de Sambalate, o horonita. Por um lado, o casamento de um sacerdote arônico de alta posição com a família de Sambalate oferece um caminho plausível para a transferência e criação de um Pentateuco samaritano. Por outro lado, Neemias sugere que esse casamento misto contaminou o sacerdócio (Ne 13:28-29).[18]

Essa história pode anteceder a origem do templo samaritano, mas o tom editorial da narrativa aponta claramente para uma ruptura definitiva entre as comunidades sacerdotais de Jerusalém e do monte Gerizim. Já mencionamos que o historiador judeu Flávio Josefo escreveu sobre um sacerdote arônico de Jerusalém chamado Manassés, que se casou com uma filha de Sambalate e depois se tornou sumo sacerdote no templo do monte Gerizim durante o reinado de Alexandre, o Grande (Ant. 11.324). Embora Josefo tenha se equivocado por cerca de um século em sua cronologia, ele acerta em alguns pontos – especialmente no fato de que houve casamentos entre membros das famílias sacerdotais de Jerusalém e Samaria. Isso apenas aconteceu mais de um século antes do que ele relata.

Talvez a confusão de Josefo seja compreensível devido à prática de *papponímia* - a tradição de dar aos filhos o nome dos avós. Como resultado, há pelo menos dois Sambalates conhecidos como governadores de Samaria: um no século v e outro no século iv a.C. Um certo Sambalate aparece como figura central nos relatos de conflito entre judeus e samaritanos no livro de Neemias. Sabemos também, a partir dos papiros de Elefantina, que um Sambalate governava a Samaria no final do século v a.C. Outro Sambalate é conhecido pelos papiros de Samaria datados do início do século IV a.C.[19]

Segundo a narrativa de Esdras, os conflitos já começam com a reconstrução do Templo em Jerusalém (por exemplo, Ezr 4:20-24), o que remonta ao final do século VI a.C. Alguns estudiosos sugerem que os textos bíblicos não são totalmente confiáveis no que diz respeito às relações entre judeus e samaritanos. Eles apontam para o fato de haver um Pentateuco compartilhado, bem como para a descrição de Josefo sobre casamentos entre famílias sacerdotais durante o período helenístico, e defendem que as relações amistosas entre as comunidades teriam perdurado até esse período. No entanto, Josefo nos leva a uma falsa impressão ao datar erroneamente a construção do templo samaritano no tempo de Alexandre, o Grande (c. 333 a.C.). As escavações arqueológicas indicam que o templo em Gerizim foi construído mais de um século antes, e que sua edificação, em meados do século v a.C., deve ter sido um catalisador para tensões entre as comunidades sacerdotais de Gerizim e Jerusalém.

Nesse sentido, até o final do século v a.C., as comunidades sacerdotais de Jerusalém e do monte Gerizim já se encontravam em uma situação irreconciliável, sobretudo por causa do Pentateuco que ambas compartilhavam, o qual incluía Deuteronômio 12 – um texto que exige um único lugar de culto.

As relações entre judeus e samaritanos foram, sem dúvida, complexas e mudaram com o tempo.[20] É difícil determinar uma data exata para a ruptura definitiva. Os eventos que moldaram essa relação começaram com a destruição de Samaria (721 a.C.) e se aprofundaram com a destruição de Jerusalém (586 a.C.). Durante o período babilônico, escribas sacerdotais samaritanos e judeus passaram por uma experiência comum: a perda de seus espaços sagrados e a necessidade de preservar suas tradições religiosas. Mesmo nos conflitos narrados por Neemias com Sambalate e os samaritanos, o próprio Neemias admite que muitos judeus mantinham alianças com os samaritanos e suas famílias tinham casamentos mistos (cf. Ne 6:17-19).

É fácil simplificar demais essa relação. Ainda assim, a reconstrução do Templo em Jerusalém, seguida da construção do templo rival no monte Gerizim, alterou profundamente a experiência compartilhada entre essas comunidades de escribas sacerdotais. O desenvolvimento de um recinto sagrado e de um templo em Gerizim significou que os samaritanos passaram a ter um centro próprio e independente para sua comunidade de escribas.

Pode-se imaginar que algumas dessas experiências partilhadas – herança comum, língua, literatura, alianças familiares – permitiram a manutenção de uma relação, ainda que tensa, entre as comunidades. Contudo, com a construção de templos rivais e a crescente importância e autoridade do Pentateuco que compartilhavam, elas se tornaram comunidades em conflito fundamental.

Notas

1 Gary Knoppers, *Jews and Samaritans: The Origins and History of Their Early Relations* (New York: Oxford University Press, 2013).

2 Knoppers destaca a genealogia compartilhada em Crônicas para enfatizar uma perspectiva pan-israelita. No entanto, as genealogias se concentram no período patriarcal, e não há uma história comum de Israel. Para Crônicas, o reino de Judá é Israel, e todos os verdadeiros israelitas vêm a Jerusalém.

3 Finkelstein e Singer-Avitz, "Reevaluating Bethel," 33-48; veja também Aharon Tavgar, "East of Beitin and the Location of the Ancient Cult Site of Bethel," em *In the Highland's Depth: Ephraim Range and Binyamin Research Studies* 5 (2015): 49-69 (em hebraico).

4 Veja Yitzhak Magen, *Mount Gerizim Excavations II: A Temple City* (Jerusalém: Autoridade de Antiguidades de Israel, 2008); Magen, "The Dating of the First Phase of the Samaritan Temple on Mount Gerizim in Light of the Archaeological Evidence," em *Judah and Judeans in the Fourth Century BCE*, ed. O. Lipschits, G. Knoppers e R. Albertz (Winona Lake, IN: Eisenbrauns, 2007), 157-211; Eran Arie, "Revisiting Mount Gerizim: The Foundation of the Sacred Precinct and the Proto-Ionic Capitals," em *New Studies in the Archaeology of Jerusalem*, vol. 14, ed. Yehiel Zelinger, Orit Peleg-Barkat, Joseph Uziel e Yuval Gadot (Jerusalém: IAA, 2021), 39*-63*.

5 Magen, "The Dating of the First Phase of the Samaritan Temple," 158-64.

6 Veja Magen, *Mount Gerizim Excavations II*, 145-48.

7 Esta é a "datação alta" de Neemias; alguns estudiosos preferem posicionar essas figuras históricas no século IV. Veja os dois ensaios sobre cronologia e composição de Sara Japhet e Tamara Eskenazi em *Judah and the Judeans in the Persian Period*, ed. Oded Lipschits e Manfred Oeming (Winona Lake, IN: Eisenbrauns, 2006), 491-530. O argumento relacionado de Jan Dušek, de que as inscrições e a escrita samaritana devem ser posteriores ao Templo, deve ser revisto - na verdade, devem ser posteriores ao recinto sagrado (*sacred precinct*); veja Dušek, *Aramaic and Hebrew Inscriptions from Mt. Gerizim and Samaria between Antiochus III and Antiochus VI Epiphanes* (Leiden: Brill, 2012), 49-59.

8 Veja a discussão sobre essa escrita em Antony Perrot e Matthieu Richelle, "The Dead Sea Scrolls' Paleo-Hebrew Script: Its Roots in the Hebrew Scribal Tradition," em *The Hebrew Bible Manuscripts: A Millennium*, ed. Élodie Attia e Antony Perrot (Leiden: Brill, 2022), 1-74.

9 Veja Emanuel Tov, *Textual Criticism of the Hebrew Bible*, 2ª ed. (Minneapolis: Augsburg Fortress, 2001), 80-100.

10 Veja Emanuel Tov, "The Samaritan Pentateuch and the Dead Sea Scrolls: The Proximity of the Pre-Samaritan Qumran Scrolls to the SP," em *Textual Criticism of the Hebrew Bible, Qumran, Septuagint* (Leiden: Brill, 2015), 387-410.

11 Veja Bezalel Porten e Ada Yardeni, *Textbook of Aramaic Documents from Ancient Egypt* (A4.7, A4.8 e A4.9); e, de forma mais acessível, em Porten, "Request for Letter of Recommendation (First Draft)," *Context of Scripture*, 3.51.

12 Bezalel Porten, "Recommendation for Reconstruction of Temple," *Context of Scripture*, 3.52.

13 Para uma revisão dos estudos sobre o livro de Tobias, veja Andrew Perrin, "An Almanac of Tobit Studies: 2000-2014," *Currents in Biblical Research* 14 (2014): 107-42.

14 Devorah Dimant, "Tobit and the Qumran Aramaic Texts," em *Is There a Text in This Cave? Studies in the Textuality of the Dead Sea Scrolls in Honour of George J. Brooke*, ed. Ariel Feldman, Maria Cioata e Charlotte Hempel (Leiden: Brill, 2017), 389.

15 Para uma visão geral breve, veja James Lindberger, "Ahiqar," em *The Old Testament Pseudepigrapha*, vol. 2 (Garden City, NY: Doubleday, 1985), 497-507. Para uma análise mais extensa, veja Herbert Niehr, *Aramäischer Ahiqar* (Gütersloh: Gütersloher Verlagshaus, 2007); e James Moore, *Literary Depictions of the Scribal Profession in the Story of Ahiqar and Jeremiah 36* (Berlin e Boston: De Gruyter, 2021).

16 Por exemplo, Józef Milik acreditava que o autor de Tobias era um samaritano, "La patrie de Tobie," *RB* 73 (1966): 522-30. Frölich observa que o conteúdo confirma "familiaridade com tradições associadas a esses contextos históricos" (2005, p. 59), basicamente a história de Israel no final do século VIII a.C. Isso sugere uma comunidade de escribas palestina familiarizada com a narrativa bíblica da queda de Samaria.

17 A técnica da revisão por introdução é detalhada em Milstein, *Tracking the Master Scribe*. O conceito de revisão por conclusão foi desenvolvido em um trabalho de seminário doutoral por Andrew Bock e em sua tese de doutorado (no prelo).

18 Esta é a "datação alta" de Neemias; alguns estudiosos preferem situar essas figuras históricas no século IV.

19 Veja Oded Tammuz, "Will the Real Sanballat Please Stand Up?," em *Samaritans-Past and Present*, ed. Menachem Mor e Friedrich Reiterer (Berlin e New York: de Gruyter, 2008), 51-58.

20 Veja, por exemplo, Gary Knoppers, "Nehemiah and Sanballat: The Enemy Without or Within?," em *Judah and the Judeans in the Fourth Century B.C.E.*, ed. Oded Lipschits, Gary N. Knoppers e Rainer Albertz (Winona Lake, IN: Eisenbrauns, 2007), 305-22.

12. Esdras e Neemias: comunidades de escribas persas

Quando eu era estudante de pós-graduação, fiz um seminário com Sara Japhet, uma das maiores especialistas do mundo no Livro das Crônicas. Na época, eu era doutorando na Universidade Brandeis, mas ela me convidou para participar de seu seminário em Harvard, onde estava como professora visitante, então atravessei a cidade para sentar aos pés de uma mestra. Eu estava nos estágios iniciais de redação da minha dissertação sobre o Livro das Crônicas, e essa era uma daquelas oportunidades que não podiam ser desperdiçadas. A professora Japhet aprofundou nossa compreensão de Crônicas de muitas maneiras, incluindo sua autoria.

Antes disso, havia um consenso de que os Livros das Crônicas e Esdras-Neemias derivavam de um autor comum. A professora Japhet escreveu uma crítica devastadora a essa posição, apontando as muitas distinções pequenas, mas significativas, nas ideologias das duas obras.[1] É claro que também há várias semelhanças entre os livros, o que havia criado a impressão de uma autoria comum. Essas semelhanças não passaram despercebidas aos rabinos posteriores, que também sugeriram uma autoria comum. No entanto, essas semelhanças - começando pela centralidade do Templo e a alta consideração pelos sacerdotes – são melhor explicadas como derivando de uma comunidade de escribas comum, e não de um autor individual. Esses livros são produtos de uma comunidade de escribas sacerdotais que atuava no Templo durante os períodos persa e helenístico.

O livro de Crônicas dificilmente teve um único autor. Na verdade, comunidades de escribas ao longo de várias gerações compilaram e posteriormente revisaram a obra. Os indícios de compilação começam já nas extensas genealogias (1 Cr 1-9), que constituem uma composição própria. Essas genealogias foram incorporadas como prefácio da obra. Uma primeira edição do livro foi compilada já no final do século VI a.C. Nessa edição inicial, a linhagem davídica ainda era relevante para a história de Israel. Mas o livro foi revisado e atualizado, como demonstram genealogias que se estendem até o século IV a.C. Nessa época, os sacerdotes de Jerusalém haviam se tornado os líderes da comunidade judaica, e os reis davídicos se tornaram uma herança do passado. Na edição final de Crônicas, as preocupações com o templo e com o papel dos sacerdotes assumem um lugar central.

Assim, Crônicas possui dois aspectos que refletem a transição ocorrida em Jerusalém do século VI ao IV a.C. Há interesses antigos - históricos, reais e administrativos -, mas que, na composição final, são ofuscados pelas preocupações com o sacerdócio e com o templo. Dessa forma, o livro serve como uma boa introdução às duas figuras centrais deste capítulo: Neemias e Esdras.

Esdras e Neemias ilustram dois aspectos distintos da comunidade hebraica de escribas do período pós-exílico. Esdras, que recebe os títulos de "sacerdote" e "escriba", representa o principal desenvolvimento da comunidade de escribas hebreus – ou seja, sua associação com o templo e com o serviço sacerdotal. Neemias, por outro lado, era um administrador e governador persa, e ilustra outra faceta da história das comunidades de escribas do Segundo Templo. A administração persa era conduzida em aramaico, e não em hebraico. A alfabetização em hebraico era secundária. A alfabetização em aramaico era prática. A alfabetização em hebraico estava relacionada à ideologia religiosa e, mais tarde, seria usada também para fins políticos.

Retornando para Jerusalém

Neemias e Esdras representam a comunidade exílica que retornou a Jerusalém. Eles encarnam o último episódio dessa história das comunidades bíblicas de escribas. A narrativa começa com o retorno dos exilados e a reconstrução do Templo e, depois, da cidade de Jerusalém. O decreto do rei persa Ciro, o Grande, em 539 a.C., marca tradicionalmente o início do período persa, que se estende até a conquista de Alexandre, o Grande, em 333 a.C. Durante esse período, os exilados provavelmente retornaram a Jerusalém e a Judá (ou, como os persas chamavam, a província de "Yehud") em várias ondas.

Os primeiros repatriados se juntaram àqueles que haviam permanecido na terra, e juntos reconstruíram o Templo de Jerusalém por volta de 515 a.C.[2] Os muros de Jerusalém foram reconstruídos posteriormente, em uma segunda fase do processo de restauração da cidade, sob a liderança de Neemias, por volta da metade do século V a.C. Há um debate sobre quando exatamente Neemias retornou da Babilônia; alguns defendem que foi sob Artaxerxes I (r. 464-424 a.C.) e outros sob Artaxerxes II (r. 404-358 a.C.).[3] Eu prefiro a data da metade do século V, pois a liderança no início do período pós-exílico não era estritamente sacerdotal. Por exemplo, uma carta de Elefantina enviada a Jerusalém no final do século V é endereçada a um governador persa, Bagoi, e não a um sacerdote do templo. Contudo, já no século IV, os sacerdotes haviam assumido diretamente a liderança política em Yehud. Isso se torna visível fisicamente nas moedas cunhadas com inscrições mencionando sacerdotes.

Esdras e Neemias parecem ser contemporâneos, embora raramente apareçam juntos nas narrativas de Esdras-Neemias. Por exemplo, Neemias surge na história da leitura da Torá em Neemias 8, mas quase como um adendo. O foco do relato está em Esdras e nos levitas lendo e ensinando a Torá. Só então Neemias faz uma aparição, como se vê a seguir:

> Então Esdras bendisse o Senhor, o grande Deus, [...] e os levitas ajudavam o povo a entender a Lei. Assim, leram no livro, na

> Torá de Deus, com interpretação. Explicaram o sentido, de modo que o povo compreendesse a leitura. [...] E Neemias, que era o governador, e Esdras, o sacerdote e escriba, e os levitas, que ensinavam ao povo, disseram a todo o povo: "Este dia é santo ao Senhor, vosso Deus; não vos entristeçais nem choreis." (Ne 8:6-9)

Neemias aparece junto com Esdras e os levitas de forma quase inesperada. Em seguida, desaparece novamente da narrativa. Neemias não é incluído entre aqueles que leem a Torá ou ensinam ao povo. Poderíamos argumentar que não havia motivo para Neemias ter um papel de destaque nessa história, pois ele era um governador e administrador, não um mestre de textos religiosos. Esdras e Neemias pertenciam a comunidades diferentes dentro de Jerusalém: Neemias era um administrador, enquanto Esdras era um escriba sacerdotal. Mas antes de avançarmos demais com as figuras de Neemias e Esdras, vamos observar mais de perto Jerusalém no período persa.

Jerusalém no período persa

Jerusalém era uma cidade pequena no período persa. Nesse sentido, é surpreendente que Neemias e Esdras não sejam mencionados como colaborando com mais frequência. Por exemplo, o chamado "Memorial de Neemias" (Ne 1-7), que é um relato em primeira pessoa da jornada de Neemias a Jerusalém e de seu trabalho com o povo para restaurar os muros da cidade, nunca menciona Esdras. Da mesma forma, o breve "Memorial de Esdras" (Esd 7:27-9:15) também não menciona Neemias. Além disso, Esdras não aparece nas histórias sobre Neemias reconstruindo os muros de Jerusalém, e parece desempenhar um papel secundário no relato geral de Neemias. Por exemplo, Neemias 12 apresenta duas listas de pessoas que trabalharam com ele. Uma delas omite Esdras (vv. 41-43), embora seja precedida por outra que destaca os sacerdotes, incluindo Esdras (vv. 31-37). Sob essa perspectiva, as duas listas parecem ter sido unidas posteriormente, por causa da necessidade de enfatizar o papel proeminente dos sacerdotes.

De modo mais amplo, os livros de Esdras e Neemias foram reunidos por uma comunidade posterior de escribas, que combinou suas histórias em um único livro. Por isso, os estudiosos se referem à obra com um título hifenizado: Esdras-Neemias. Nessa fusão, as narrativas se tornam uma só história. Afinal, Jerusalém no período persa era pequena demais para que eles não se conhecessem e não trabalhassem juntos! O fato de que seus memoriais não se mencionam mutuamente sugere que essa união foi uma construção literária, em vez de um reflexo direto das circunstâncias históricas.

Cada nova escavação arqueológica em Jerusalém confirma o quadro de uma cidade muito pequena durante o período persa. Jerusalém persa passou por algo como uma Idade das Trevas. Há dois aspectos para essa Idade das Trevas. Primeiro, geograficamente, Jerusalém era isolada. Era, como observou com acerto George Adam Smith em sua obra clássica *The Historical Geography of the Holy Land*, uma cidade "na estrada para lugar nenhum".[4] Localizada nas colinas da Judeia, Jerusalém ficava longe das principais rotas e centros comerciais do império. Segundo, o Império Persa não fez nenhum esforço para integrar Jerusalém ao seu sistema administrativo. A província persa de Yehud, onde ficava Jerusalém, tinha fronteiras restritas à região montanhosa. As fronteiras de Yehud não alcançavam a planície costeira.

Como resultado, Jerusalém era irrelevante dentro do império. Tinha pouca importância militar, comercial ou política. Sua relevância poderia ter vindo de sua proximidade com o Egito, se controlasse o acesso à planície costeira e ao mar Mediterrâneo. Mas como Jerusalém e Yehud não dominavam nenhuma parte da faixa costeira oriental do Mediterrâneo, a cidade não teve qualquer papel nas aspirações imperiais persas em relação ao Egito. Por isso, Jerusalém permaneceu uma cidade pequena e pobre durante todo o período persa.

Os eventos do final do século v a.C. realmente direcionaram a atenção do império para o Mediterrâneo oriental. O Egito se revoltou com sucesso contra os persas por volta de 404 a.C. Essa revolta egípcia resultou em um foco maior na rota oriental de acesso ao Egito, mas Jerusalém continuava isolada nas colinas da Judeia. As últimas décadas de intensos estudos arqueológicos apenas confirmaram esse retrato. Os persas desenvolveram uma série de fortalezas militares ao longo da planície costeira, que foram essenciais para suas ambições imperiais no Egito. Milhares de inscrições administrativas em aramaico apontam para o intenso interesse econômico e político na planície costeira a oeste de Jerusalém e Yehud.

Nesse sentido, as escavações arqueológicas não iluminaram a "Idade das Trevas" de Jerusalém - apenas a confirmaram. Jerusalém sequer é mencionada nos centenas de documentos econômicos da planície costeira datados do final do século IV a.C. A cidade não teve contato significativo com o comércio costeiro vibrante nem com o desenvolvimento militar característicos do final do período persa no século IV.

O tamanho de Jerusalém também se relaciona com uma questão relevante para o nosso tema aqui: quantos escribas viviam em Jerusalém? Provavelmente não muitos. A arqueologia forneceu algumas evidências quanto ao tamanho relativo da cidade desde o período do ferro até o período persa (ver Figura 12.1). Durante muito tempo, estudiosos estimaram que até quinze mil pessoas poderiam ter vivido em Jerusalém durante o período persa, mas, à medida que mais escavações foram realizadas, as estimativas foram sendo reduzidas. Os arqueólogos simplesmente não encontraram muitas evidências de povoamento fora da parte superior da colina oriental - a chamada Cidade de Davi.

Quão pequena era Jerusalém? Um debate entre dois antigos amigos meus - os arqueólogos israelenses Israel Finkelstein e Oded Lipschits - é instrutivo.[5] Eu caracterizaria esse debate como uma discussão sobre se Jerusalém era realmente minúscula (2,5 hectares, segundo Finkelstein) ou apenas bastante pequena (5 hectares, segundo Lipschits). Mesmo o "maximalista" Lipschits ainda aponta para uma redução de 90% no tamanho de Jerusalém do século VII ao século V a.C.[6]

Em termos populacionais, quanto isso representa? A estimativa depende da densidade populacional - isto é, quantas pessoas viviam por hectare de terra. Finkelstein chega a sugerir que Jerusalém tinha apenas cerca de quatrocentas pessoas, incluindo mulheres e crianças.

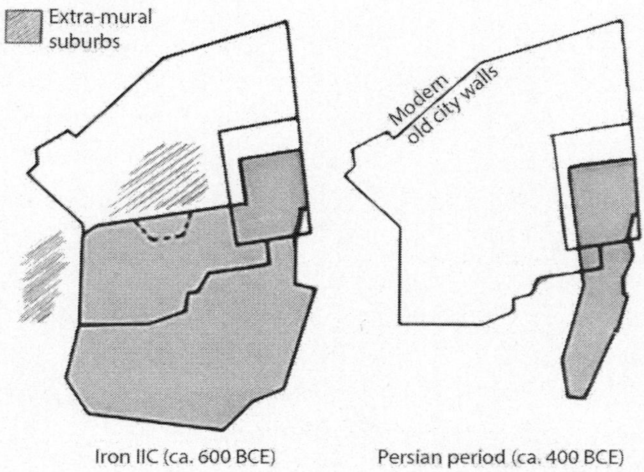

Figura 12.1 Declínio e ascensão de Jerusalém desde a Idade do Ferro até os períodos asmoneus.

Fonte: elaborada pelo autor.

Isso implicaria em menos de cem homens adultos vivendo na cidade até o século III a.C. E, claro, não há razão para supor que todos eles fossem escribas!

Lipschits, mais generoso, propõe uma estimativa de cerca de mil habitantes, o que representaria aproximadamente duzentos homens adultos. Mesmo assim, certamente nem todos eram alfabetizados. Esse cenário não sugere uma atividade significativa de escribas em Jerusalém.

O próprio livro de Neemias oferece um retrato sombrio. Segundo o *Memorial de Neemias*: "A cidade era espaçosa e grande, mas havia pouca gente nela, e as casas ainda não tinham sido reconstruídas" (Ne 7:4). Neemias propõe um programa de repovoamento: "Os líderes do povo moravam em Jerusalém, mas o resto do povo lançou sortes para trazer um de cada dez para morar na cidade santa de Jerusalém, enquanto os outros nove ficavam nas demais cidades" (Ne 11:1).

Quantas pessoas alfabetizadas havia em uma cidade com apenas cerca de mil habitantes e pouco mais de duzentos homens adultos? Talvez algumas dezenas de escribas capazes de escrever em hebraico durante o período persa. O problema de se imaginar um número maior de escribas é simples: o hebraico não tinha utilidade prática além da preservação de textos religiosos. Neemias lamenta que muitos nem mesmo conseguiam falar hebraico: "Naqueles dias, vi judeus [...] cujos filhos falavam a língua de Asdode e não sabiam falar a língua de Judá" (Ne 13:23-24).

Quando a Torá foi lida publicamente, teve que ser traduzida para o aramaico para que o povo pudesse compreendê-la (Ne 8:8). Tudo isso aponta para o fato de que o livro de Esdras-Neemias não imagina uma alfabetização em hebraico generalizada. Cabia a uma pequena comunidade sacerdotal de escribas ler, escrever e comunicar esses textos religiosos ao povo.

Escrita e comunidades de escribas exigem riqueza, infraestrutura e patrocínio. Jerusalém era tão pobre durante o período persa que dificilmente poderia ter abrigado uma grande comunidade de escribas. Há diversas ferramentas arqueológicas que podem ser utilizadas para medir o grau de riqueza de um local. Por exemplo, os arqueólogos podem quantificar e comparar itens como cerâmica importada, características de joias ou o número de inscrições.[7] Todos esses elementos funcionam como indicadores de riqueza – e a cidade persa de Jerusalém praticamente não possui nenhum deles.

A quantidade e o tipo de inscrições também indicam algo sobre a infraestrutura disponível. Novamente, podemos ver um retrato semelhante no livro de Neemias, que descreve uma situação em que as pessoas reclamavam que precisavam "hipotecar nossos campos, vinhas e casas para conseguir cereal" (Ne 5:3). Algumas pessoas, supostamente, estavam até vendendo seus próprios filhos como escravos e em prostituição para obter alimento (5:5). Neemias pinta um cenário sombrio. Ainda que sua crítica tenha como alvo a desigualdade de riqueza, ela confirma uma situação econômica desoladora em Jerusalém durante o período persa – uma realidade que corresponde bem ao que é revelado pela arqueologia. Tudo isso não favorece a existência de uma comunidade de escribas robusta em Jerusalém.

Vamos trabalhar com alguns números relativos ao tamanho de Jerusalém e às possíveis comunidades de escribas. Comecemos com a estimativa mais otimista de uma população de mil pessoas, o que corresponderia a cerca de duzentos homens adultos. Podemos assumir que quase toda a comunidade de escribas hebreus era composta por homens, já que essa atividade estava ligada ao Templo e a literatura bíblica não menciona mulheres atuando como sacerdotes, levitas ou administradoras do templo.

Além disso, é razoável supor que alguns administradores da cidade fossem alfabetizados, embora, no contexto do Império Aquemênida, a alfabetização útil para a administração fosse em aramaico. Se houvesse vinte pessoas com algum nível de alfabetização em hebraico, isso representaria uma taxa de 10% de alfabetização entre os homens adultos - um número alto, especialmente para uma cidade pequena e isolada como Jerusalém. No entanto, a ideologia religiosa e o serviço no templo talvez estimulassem uma taxa de alfabetização maior.

Também pode ter havido administradores como Neemias, que além de sua formação administrativa em aramaico, possuíam algum conhecimento de hebraico. Neemias, que faz questão de valorizar o conhecimento do hebraico, parece ter acrescentado a alfabetização hebraica à sua formação. Ainda assim, não se pode esperar que todos os homens alfabetizados tivessem domínio avançado da língua. Talvez houvesse uma dúzia de escribas realmente ativos no Templo – copiando, atualizando e estudando textos tradicionais hebraicos.

Comunidade de escribas de Neemias

A comunidade de escribas de Neemias estaria inserida na administração persa de Yehud. Podemos presumir isso porque a principal função de Neemias como governador o inseria naturalmente dentro da administração persa – o que significava uma comunidade de escribas de escribas aramaicos.

A ampla extensão dessa comunidade de escribas em aramaico é evidente no registro epigráfico. A partir especialmente do século IV a.C. (final do período persa), temos milhares de inscrições provenientes do sul do Levante - todas em aramaico.[8] Essas inscrições incluem impressões de selos, papiros, óstracos e inscrições em pedra, e podem ser encontradas em locais como a planície costeira do sul do Mediterrâneo (por exemplo, Maresá), o Vale do Jordão (Jericó), o Neguev judeano (Arade) e Samaria (Monte Gerizim). Há também algumas inscrições aramaicas provenientes de Jerusalém, mas a vasta maioria vem da planície costeira a oeste de Yehud – e todas elas são administrativas.

Por exemplo, centenas de óstracos aramaicos datados do século IV a.C. foram encontrados na costa judaica a oeste de Jerusalém. As inscrições têm caráter administrativo, mas nos fornecem informações valiosas. Revelam nomes e títulos de oficiais (como *pḥt* "governador", *khn* "sacerdote", *sgn* "prefeito", *dyn* "juiz"), além de informar quais mercadorias estavam sendo tributadas, comercializadas e registradas.[9] O grande número desses óstracos reflete o desenvolvimento econômico e militar do Império Persa na costa sul do Levante - a porta de entrada para o Egito.

O elevado número de inscrições aramaicas na planície costeira da Judeia faz sentido histórico. O Império Persa havia perdido o controle do Egito em 404 a.C. Como consequência, investiu recursos significativos para fortificar a costa sul do Levante, o que acabou por contribuir para sua reconquista do Egito por volta de 343 a.C. Mais tarde, no século IV, Alexandre, o Grande, também marcharia por essa mesma costa em sua campanha de conquista do Egito. Mas, como Jerusalém era irrelevante para ele, acabou por ignorá-la. O historiador judeu posterior, Flávio Josefo, tenta aumentar a importância de Jerusalém ao narrar a visita de Alexandre ao sumo sacerdote (Antiguidades Judaicas 11.302-47),[10] mas, na realidade, Jerusalém não teve papel central no desenvolvimento administrativo, comercial ou militar da costa levanta sob os persas ou os helenistas. Ainda assim, Jerusalém acabou beneficiada de forma secundária com essa atenção crescente – especialmente no século III a.C., quando começou a crescer e prosperar sob o controle dos Ptolomeus.

Uma boa medida para avaliar a infraestrutura da comunidade de escribas em aramaico são os selos e impressões de selos. Hoje, contamos com um estudo abrangente sobre o tema, *The Yehud Stamp Impressions*, produzido por uma dupla de estudiosos renomados - Oded

Lipschits, arqueólogo israelense, e David Vanderhooft, especialista americano em inscrições. As escavações conduzidas por Lipschits em Ramat Rahel, cerca de cinco quilômetros ao sul de Jerusalém, revelaram um centro administrativo que o motivou a catalogar e analisar todas as impressões de selos de Yehud.[11]

Ele argumenta que Ramat Rahel serviu como centro administrativo durante os séculos VI e V a.C., enquanto Jerusalém ainda estava em grande parte em ruínas. Esse argumento é reforçado pela descoberta de noventa selos do tipo mais antigo em Ramat Rahel, comparado a apenas dezessete encontrados em Jerusalém. Os selos de Yehud apresentam uma variedade de inscrições, sendo que a maioria contém apenas a inscrição aramaica *yhwd* ("Yehud"). Alguns poucos trazem o nome do governador, como nas inscrições "Pertencente a *ʾAḥîab*, o Governador" ou "Yehud, *ʾUriyaw*".

Essas inscrições apontam para a administração persa da província de Yehud, que exigia uma comunidade de escribas em aramaico. No entanto, não há uma única inscrição em hebraico de Ramat Rahel que possa ser datada dos séculos VI ou V a.C. Qualquer escriba atuando em Ramat Rahel fazia parte de uma comunidade aramaica de escribas. Eles eram treinados para redigir recibos e correspondências. Supervisionavam a contabilidade, os impostos e a comunicação diplomática da administração imperial.

Os selos e impressões de selo confirmam fortemente que o aramaico era a língua da administração aquemênida, mesmo na província persa de Yehud. Ainda assim, o hebraico provavelmente continuava a ser falado em algumas aldeias. Com base em analogias da antropologia linguística, pode-se supor que as pequenas aldeias judaicas que não foram destruídas pelos babilônios continuaram a falar um vernáculo hebraico local. No entanto, tais locais dificilmente seriam centros de alfabetização, e os assentamentos recém-estabelecidos provavelmente falavam aramaico. O aramaico havia se tornado o idioma vernáculo.

Como Neemias aprendeu hebraico e como foi treinado como escriba? O aramaico teria sido a base linguística de sua formação. Os escribas aprendiam primeiro a ler e escrever em aramaico. O hebraico era um tipo de formação secundária, especializada e avançada.

Havia uma diferença significativa entre as comunidades de escribas aramaicas e hebraicas no período do Segundo Templo. O aramaico era a língua franca em todo o antigo Oriente Próximo. Isso já havia começado com o uso do aramaico pelos assírios como idioma administrativo. O uso e a importância do aramaico continuaram sob os babilônios; no período aquemênida, o uso do aramaico estendia-se da Índia ao Egito. Por ser uma língua administrativa, o escopo da literatura em aramaico era bastante limitado, apesar das milhares de inscrições e textos aramaicos conhecidos. A educação de escribas em aramaico geralmente servia como uma ponte para a formação de escribas em hebraico.

Figuras bíblicas como Neemias e Esdras são bons exemplos disso. As pessoas aprendiam a ler e escrever em aramaico e, então, alguns acrescentavam o hebraico às suas habilidades de alfabetização. Uma boa analogia para esse modelo de aprendizado é a antiga cidade de Ugarit, no século XIII a.C. Lá, os escribas aprendiam a ler e escrever em acádio, que era a língua franca do Oriente Próximo no segundo milênio. Depois de adquirirem habilidades de alfabetização, alguns escribas acrescentavam o ugarítico – uma língua alfabética – ao seu repertório. Como já tinham adquirido habilidades de leitura e escrita, e o ugarítico é linguisticamente relacionado, era relativamente fácil acrescentar a alfabetização em ugarítico. Essa sequência – aprender acádio e depois ugarítico – explica por que há muito poucos textos escolares em ugarítico em comparação com os em acádio encontrados em Ugarit, e também por que havia muito menos escribas ugaríticos do que acadianos na cidade. A alfabetização em ugarítico era uma habilidade secundária.

O mesmo se aplicava ao hebraico em Jerusalém durante o período persa. O aramaico era a principal língua da chancelaria, e o hebraico era um idioma secundário, utilizado pela comunidade de escribas do Templo.

Um dos textos literários aramaicos mais antigos conhecidos, *Ahiqar*, foi usado como um dos principais textos curriculares para o treinamento na chancelaria administrativa. *Ahiqar* teria feito parte do currículo da comunidade de escribas hebreus, já que os escribas hebreus começavam seu treinamento aprendendo aramaico. Por isso, não é surpreendente que *Ahiqar* tenha se tornado um modelo literário para muitas outras obras hebraicas. Os vestígios de *Ahiqar* podem ser vistos em vários textos do período do Segundo Templo. Mais notavelmente, o *Livro de Tobias* menciona um escriba chamado Ahiqar já no primeiro capítulo (Tobias 1:21-22). *Tobit* (Tobias) toma emprestado o tema geral da história de *Ahiqar*-um estrangeiro trabalhando na corte imperial. Esse tema foi localizado em *Tobit*, agora com um judeu trabalhando em uma corte estrangeira. *Tobit* foi originalmente composto em aramaico, sem dúvida como uma adaptação local para o treinamento de escribas levantinos, mas foi traduzido para o hebraico, como aprendemos a partir de uma cópia encontrada entre os Manuscritos do Mar Morto. Essa tradução para o hebraico teria facilitado o treinamento de escribas hebreus no final do período do Segundo Templo.

O tema literário de *Ahiqar*-um estrangeiro na corte imperial-aparece repetidas vezes na literatura hebraica do Segundo Templo. Neemias, por exemplo, era um estrangeiro na corte persa. O *Memorial de Neemias* apresenta um certo Tobias, que nos lembra do personagem principal do *Livro de Tobias*. O sacerdote Esdras também é uma figura que originalmente trabalhava em uma corte estrangeira. O tema se estende ao *Livro de Daniel*, que começa com o treinamento de judeus para servir nas cortes babilônicas, e os contos posteriores em *Daniel* continuam o tema com judeus servindo na corte persa. O *Livro de Ester* também utiliza o tema de judeus trabalhando na corte de um rei persa. Todas essas obras adaptam um tema literário do mais proeminente texto curricular aramaico, *Ahiqar*, mas também refletem uma realidade iniciada no período assírio e expandida nos períodos babilônico e persa: a experiência de administradores diversos e multiculturais trabalhando nas cortes imperiais. Nesse sentido, *Ahiqar* utiliza uma experiência universal das comunidades de escribas persas, e não é de se surpreender que a comunidade de escribas hebreus tenha emprestado e adaptado esse tema.

Segundo uma tradição posterior, Neemias teria estabelecido uma biblioteca em Jerusalém. O relato sobre a biblioteca de Jerusalém é encontrado em 2 Macabeus 2:13-14, um livro escrito em grego no século II a.C.

> As mesmas coisas estão registradas nos anais e nas memórias de Neemias, e também que ele fundou uma biblioteca e reuniu os livros sobre os reis e os profetas, e os escritos de Davi, e cartas de reis a respeito de oferendas votivas. Do mesmo modo, Judas (Macabeu) também recolheu todos os livros que haviam sido perdidos por causa da guerra que nos sobreveio, e eles estão em nossa posse. (NETS)

O objetivo desse relato parece ser o de enaltecer Judas Macabeu por imitar Neemias.[12] Para que esse apelo ao passado fosse eficaz, devia haver alguma tradição sobre uma biblioteca antiga em Jerusalém. Certamente, uma biblioteca de textos clássicos hebraicos já existia no Templo de Jerusalém. A criação de uma biblioteca por Neemias teria sido uma biblioteca secular, provavelmente inspirada (de forma anacrônica) na Grande Biblioteca de Alexandria. Um relato grego do século II a.C., conhecido como *Carta de Aristeas*, conta a história da tradução da Torá para a Biblioteca de Alexandria. Segundo Aristeas, Ptolomeu escreveu ao sumo sacerdote em Jerusalém pedindo cópias oficiais da Torá, que então foram traduzidas para o grego. A biblioteca mencionada em Macabeus se encaixa bem com outras bibliotecas reais do antigo Oriente Próximo, mas a referência às oferendas votivas na história de Macabeus sugere que ela se refere, na verdade, à biblioteca do Templo de Jerusalém.

Podemos supor que o autor de Macabeus considerava a Torá como parte da biblioteca do Templo, em contraste com a biblioteca de Neemias. É curioso, porém, que Neemias sequer tenha reunido os livros da Torá. Provavelmente, os autores de Macabeus entendiam que a Torá era muito mais antiga do que Neemias e, portanto, não seria ele o responsável por sua coleta.

Mas por que Neemias seria apresentado como o fundador de uma biblioteca em Jerusalém? Esperaríamos, na verdade, que Ezra, o sacerdote e escriba, fosse enaltecido pelo autor de 2 Macabeus. Por que, então, Neemias? Ele não era sacerdote. Provavelmente, ele foi considerado um paralelo literário a Ptolomeu, que fundou a Biblioteca de Alexandria. Além disso, havia uma tradição de bibliotecas reais seculares no antigo Oriente Próximo. O exemplo mais famoso é a biblioteca do rei assírio Assurbanípal em Nínive. O faraó egípcio Shabaka também teria reunido uma biblioteca em Mênfis.[13] Esses personagens são contemporâneos do rei judeu Ezequias, cujos oficiais, segundo Pv 25:1, reuniram os provérbios de Salomão.

Podemos sugerir que o autor de Macabeus estava ciente dessa tradição de líderes seculares que colecionavam bibliotecas. Neemias, nesse contexto, seria o personagem ideal para representar esse tipo de coleção – uma biblioteca mais diversa do que aquela mantida pelos sacerdotes do Templo.

Neemias, como administrador persa, parece ter desempenhado um papel fundamental na coleta de materiais que foram utilizados por escribas posteriores. Isso é sugerido, de fato, pelo relato da biblioteca de Neemias em 2 Macabeus, mas também é evidente nos escritos de Josefo. Em contraste com o relato de Josefo sobre Esdras – que basicamente segue a narrativa bíblica -, Josefo parece recorrer a uma variedade de fontes para contar a história de Neemias.[14]

Uma análise do relato de Josefo sugere que havia mais materiais disponíveis do que os que foram compilados no livro de Esdras-Neemias. A natureza de Esdras-Neemias como obra compilada também é indicada pelas diferentes formas em que era conhecida na Antiguidade. Por exemplo, o livro grego de 1 Esdras inclui 2 Crônicas 35-36, Esdras 1-10 e Neemias 8:1-13. Em contraste, o 2 Esdras grego corresponde ao livro combinado de Esdras-Neemias, que só foi dividido em dois livros distintos a partir do tempo de Orígenes e Jerônimo - e talvez até mais tarde na tradição judaica.

Esdras, sacerdote e escriba

Esdras atua como o escriba-mestre dentro da comunidade sacerdotal de escribas. Ele recebe, na verdade, dois títulos de forma recorrente: "sacerdote" e "escriba" (por exemplo, Ed 7:11; Ne 8:9; 12:16). Essa ênfase em dois títulos distintos é algo único na literatura bíblica. Esdras não é apenas um escriba qualquer com formação sacerdotal. Ele tem uma linhagem. Segundo Esdras 7:1, o pai de Esdras se chamava Seraías, que, por coincidência ou não, é o mesmo nome do escriba do rei Davi (2 Sm 8:17) e também do último sumo sacerdote do Primeiro Templo, que foi executado por Nabucodonosor (2 Rs 25:18-21). Que linhagem impressionante! Coincidência? Creio que não. É possível que isso esteja relacionado à prática cuniforme helenística de traçar linhagens de escribas até um ancestral prestigioso.[15]

A literatura grega helenística também desenvolveu a prática da pseudepigrafia – ou seja, a atribuição de obras literárias a figuras antigas e veneráveis. A tradição judaica no período helenístico adotou e adaptou essa prática. Obras da literatura judaica helenística como Enoque, Baruque e 4 Esdras são atribuídas a personagens do passado.

Com a edição final da Bíblia Hebraica, o ancestral de Esdras passa a fazer parte de uma família de escribas que remonta aos dias do rei Davi. Segundo a tradição judaica posterior, Esdras escreveu seu próprio livro e também o Livro das Crônicas (BT, Bava Batra 15a), embora não lhe seja atribuído nenhum papel na composição da Torá. Apesar disso, o estudioso bíblico Richard Elliot Friedman argumentou, em seu livro *best-seller Who Wrote the Bible?*, que foi o próprio Esdras quem compilou a Torá.[16] No entanto, é curioso que a própria Bíblia nunca o nomeie como compilador, redator ou editor da Torá.

Esdras é apresentado apenas como um escriba sacerdotal que promove a autoridade e o prestígio da Torá, junto com seu grupo em Neemias 8. Curiosamente, o livro helenístico *A Sabedoria de Ben Sira* (também chamado de Eclesiástico), composto por volta de 200 a.C., parece omitir Esdras deliberadamente, talvez porque considerasse Moisés e Aarão como as figuras principais envolvidas na composição do Pentateuco. Os livros de Esdras e Neemias, por sua vez, não se apresentam como tendo um único autor e parecem mais antologias de textos coletados e editados pela comunidade sacerdotal de escribas.

Esdras-Neemias é uma coletânea complexa de diferentes tipos de escrita. Ela inclui as memórias pessoais de Neemias (Ne 1-7; 10-

13), bem como narrativas sobre Esdras (Ed 7-10, continuadas em Ne 8-10), cópias em hebraico e aramaico do Decreto de Ciro (Ed 1:9-11; 6:3-5), cartas em aramaico (Ed 4:8-22; 5:6-17; 6:3-12), inventários dos utensílios do Templo (Ed 1:9-11), uma lista de repatriados (Ed 2) e uma variedade de outras listas. Às vezes, essas listas são reutilizadas; assim, encontramos a lista de Esdras 2 repetida em Neemias 7.

Esdras 1-6 é amplamente considerado uma composição mais antiga, que trata dos primeiros retornados e da reconstrução do Templo no final do século VI a.C. O próprio Esdras nem sequer aparece no livro até o capítulo sete, quando a narrativa muda para um período completamente diferente. Neemias, da mesma forma, é uma antologia complexa que começa com as chamadas "Memórias de Neemias", narradas em primeira pessoa. Essas memórias concluem com uma lista de repatriados – supostamente 42.360 pessoas (Ne 7:66) – e então a narrativa muda para a terceira pessoa.

Essa mudança explícita de narrativa aponta para uma variedade de textos diferentes reunidos, compilados e editados por escribas ao longo de mais de um século.[17] A cifra inflacionada de repatriados em Neemias – muito maior do que a arqueologia atestaria – segue uma tradição escriturística de uso de números inflacionados, algo também observado nos livros das Crônicas e do Êxodo.

Crônicas reconta sua história utilizando números impossivelmente grandes – por exemplo, um exército de Judá com 300.000 homens (2 Cr 14:8) – que não estão presentes em Samuel e Reis. O livro do Êxodo apresenta uma das cifras mais conhecidas e infladas da Bíblia: 600.000 homens (ou seja, pelo menos dois milhões de pessoas) que teriam saído do Egito (Êx 12:37).

Todos esses grandes números parecem fazer parte de uma tradição escriturística pós-exílica, de escribas sacerdotais, que preferiam cifras infladas. O uso desses números aponta para uma tradição unificada de escribas, mesmo em obras diversas (Êxodo, Neemias, Crônicas). Esses livros faziam parte da tradição – e até mesmo do currículo – da comunidade de escribas do templo que atuava em Jerusalém durante e após o período persa. Tudo isso teria sido compilado por escribas sacerdotais em Jerusalém, talvez no século IV a.C.

Evidências epigráficas para uma comunidade de escribas sacerdotais que utilizava o hebraico podem ser observadas em moedas. No século IV a.C., moedas foram cunhadas com uma imagem de um rosto em um dos lados e a inscrição em hebraico "*Yoḥanan*, o [sumo] sacerdote" no outro.[18] O livro de Neemias menciona quatro sumos sacerdotes que provavelmente datam do início do século IV — Eliasibe, Joiada, Joanã e Jadua (Ne 12:22).[19] Um sumo sacerdote chamado Joanã também é mencionado em uma carta aramaica de Elefantina enviada a Bagoí, o governador de Yehud. No entanto, é difícil identificar com precisão essas figuras, pois a tradição de nomear os filhos com nomes de ancestrais faz com que os mesmos nomes reapareçam constantemente.

Outra moeda de prata, datada do final do século IV, traz a inscrição em hebraico "*Yeḥezqiyah*, o governador" — figura que pode ser tentativamente identificada com um sumo sacerdote mencionado por Flávio Josefo, que teria atuado como governador no final do século IV a.C.

Embora escassas, essas evidências demonstram que os sacerdotes de Jerusalém estavam em total controle do governo local no século IV a.C. Mais ainda, essas moedas trazem inscrições feitas no antigo alfabeto hebraico, e não na escrita aramaica, que se tornara predominante em toda a região. Existem pouquíssimas inscrições hebraicas que podem ser datadas com segurança ao período persa, de modo que o uso do hebraico em moedas com os nomes e imagens de sacerdotes é bastante significativo. Parece que o antigo alfabeto hebraico continuava sendo a escrita preferida da comunidade sacerdotal de Jerusalém.

Escavações também revelaram outras moedas de prata com inscrições hebraicas antigas, indicando que Jerusalém e a província de Yehud desfrutavam de certo grau de autonomia — suficiente para permitir à comunidade sacerdotal e escribal cunhar suas próprias moedas, utilizando seu idioma e alfabeto nacionais.

Os manuscritos do Mar Morto mais antigos do Pentateuco

Quando eu era um estudante de pós-graduação, há trinta anos, nos ensinavam que os manuscritos bíblicos mais antigos de Qumran eram fragmentos dos Livros de Samuel, datando do século III a.C. No entanto, muitos dos manuscritos bíblicos ainda não haviam sido publicados. Iniciei meus estudos de pós-graduação nos dias mais conturbados da pesquisa sobre Qumran — a década de 1980. Naquela época, apenas um pequeno grupo de estudiosos tinha acesso aos Manuscritos, e várias teorias da conspiração surgiram para explicar por que não havia mais transparência na publicação dos textos. Quando eu era estudante, os Manuscritos pareciam um segredo guardado, com apenas alguns poucos sendo publicados.

Por volta da época em que terminei meu doutorado, o "cartel" dos Manuscritos foi rompido, e a publicação avançou rapidamente. Hoje, todas as imagens dos Manuscritos do Mar Morto estão facilmente disponíveis na internet para download e estudo, e edições críticas de todos os cerca de vinte e cinco mil fragmentos já foram publicadas por uma grande equipe internacional de estudiosos.

Tive a sorte de trabalhar com o editor-chefe dos Manuscritos, o professor Emanuel Tov, a quem se pode creditar por ter impulsionado a publicação completa dos textos e os tornado amplamente acessíveis. Trabalhei com ele duas vezes — uma como estudante de pós-graduação (em 1985) em seu projeto da Septuaginta, antes de ele ser o editor dos Manuscritos do Mar Morto, e depois (em 1993), logo após ele assumir o cargo, quando eu era bolsista de estágio pós-doutoral no Instituto Albright em Jerusalém.

A publicação completa dos Manuscritos do Mar Morto transformou nossa compreensão sobre a história dos textos bíblicos. Por exemplo, alguns dos Manuscritos do Pentateuco — Gênesis (4QpaleoGen^{m}; ver Figura 12.2) e Deuteronômio (4QpaleoDeut^{s}) — parecem ser cópias muito mais antigas. Eles estão escritos em uma arcaica escrita paleo-hebraica, cuja datação era difícil até recentemente. Novas inscrições samaritanas do Monte Gerizim, juntamente com inscrições

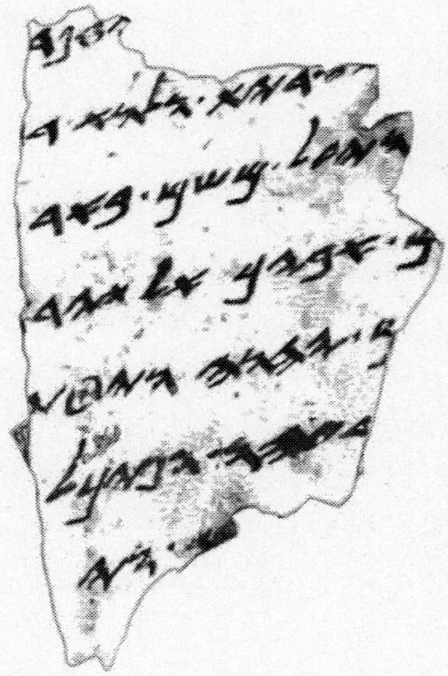

Figura 12.2 Fragmento de um rolo do Gênesis em escrita paleo-hebraica, datado do século IV a.C.

Fonte: elaborada pelo autor.

paleo-hebraicas em moedas, nos ajudam a reavaliar a datação desses manuscritos antigos.

Com base nessas novas evidências, o paleógrafo francês professor Michael Langlois datou os primeiros fragmentos do Pentateuco já no século V a.C.[20] Talvez. O século IV é provavelmente uma estimativa mais conservadora, mas é difícil ser preciso com base apenas na paleografia. Eles parecem posteriores às inscrições da Idade do Ferro, mas anteriores às moedas e inscrições paleo-hebraicas helenísticas encontradas em escavações no Monte Gerizim. Em outras palavras, parecem anteriores ao período helenístico (333-164 a.C.).[21] Eles representam os manuscritos bíblicos mais antigos conhecidos de Qumran.

O que isso significa? É significativo que esses exemplos sejam rolos do Pentateuco. O Pentateuco era, sem dúvida, um foco da comunidade de escribas de Jerusalém, como vemos no relato da leitura do rolo da Torá em Neemias 8. O uso do antigo alfabeto hebraico também é significativo, provavelmente dando continuidade a uma tradição de cópia de manuscritos hebraicos que remonta ao período do Primeiro Templo. Isso também sugere que o Pentateuco já estava essencialmente compilado até o final do século v a.C.

A comunidade de escribas samaritana provavelmente teria depositado uma cópia em seu recém-construído templo no Monte Gerizim por volta da metade do século v a.C. Uma cópia do Pentateuco teria servido como documento fundacional para o novo templo. Há paralelos desse tipo de "documento fundacional" em templos de todo o antigo Oriente Próximo. Para o templo do Gerizim, o Pentateuco serviu como documento fundacional durante sua construção, no século v a.C. A partir desse momento, as comunidades de escribas samaritanas e jerusalemitas seguiriam seus próprios caminhos e desenvolveriam suas próprias tradições textuais do Pentateuco.

A veneração dos textos religiosos tornou-se cada vez mais importante durante o período persa. O relato da leitura da Torá em Neemias 8 é marcante devido ao status elevado atribuído ao rolo. Já citei esse trecho em parte anteriormente, mas vale a pena apresentá-lo aqui integralmente:

> 1 Todo o povo se reuniu na praça diante da Porta das Águas.
> Eles disseram ao escriba Esdras que trouxesse o rolo da Torá de
> Moisés, que o Senhor havia dado a Israel. 2 Assim, o sacerdote
> Esdras trouxe a Torá diante da assembleia, tanto homens quan-
> to mulheres, e todos os que podiam ouvir com entendimento.
> Isso aconteceu no primeiro dia do sétimo mês. 3 Ele leu dela,
> de frente para a praça diante da Porta das Águas, desde o ama-
> nhecer até o meio-dia, na presença dos homens, das mulheres
> e daqueles que podiam entender; e os ouvidos de todo o povo
> estavam atentos ao rolo da Torá. 4 O escriba Esdras estava em
> um palco de madeira que tinha sido feito para esse fim; e ao
> seu lado estavam Mattithiah, Shema, Anaiah, Uriah, Hilkiah e
> Maaseiah à sua direita; e Pedaiah, Mishael, Malchijah, Hashum,
> Hash-baddanah, Zechariah e Meshullam à sua esquerda. 5
> Esdras abriu o rolo na vista de todo o povo, pois ele estava
> em pé acima de todo o povo; e quando o abriu, todo o povo se

> levantou. 6 Então Esdras abençoou ao Senhor, o grande Deus,
> e todo o povo respondeu: "Amém, Amém", levantando as mãos.
> Depois, se inclinando, adoraram ao Senhor com os rostos em
> direção ao chão. 7 Também Jeshua, Bani, Sherebiah, Jamin,
> Akkub, Shabbethai, Hodiah, Maaseiah, Kelita, Azariah, Joza-
> bad, Hanan, Pelaiah, os levitas, ajudaram o povo a entender a
> Torá, enquanto o povo permanecia em seus lugares. 8 Assim,
> leram do rolo, da Torá de Deus, com interpretação. Eles expli-
> caram o sentido, para que o povo entendesse a leitura... 13 No
> segundo dia, os chefes das casas paternas de todo o povo, com
> os sacerdotes e levitas, se reuniram com o escriba Esdras para
> estudar as palavras da Torá. 14 E encontraram escrito na Torá,
> que o Senhor havia ordenado por meio de Moisés, que o povo
> de Israel deveria habitar em tendas durante a festa do sétimo
> mês, 15 e que deveriam publicar e proclamar em todas as suas
> cidades e em Jerusalém... 18 E dia após dia, do primeiro ao
> último dia, ele leu do rolo da Torá de Deus. Celebraram a festa
> por sete dias; e no oitavo dia houve uma assembleia solene,
> conforme o estatuto. (NRSV)

O escriba sacerdotal Esdras é a figura central aqui, mas ele está acompanhado por outro grupo ligado ao templo — os levitas. Esse relato remete à descoberta do rolo da Torá nos dias do rei Josias (como narrado em 2 Reis 22–23), mas agora o texto sagrado é elevado ainda mais, tornando-se um verdadeiro ícone religioso. Esdras lê o rolo com grande pompa e solenidade. Constrói-se uma plataforma especial para a leitura. O povo escuta durante horas. Essa leitura é, inclusive, a ocasião para a reinstituição da festa judaica das cabanas (Sukkot). Durante a festividade, há leitura diária da Torá.

A reverência pelo texto em Neemias 8 é um tanto atenuada pela falta de compreensão do texto. O povo que escuta com diligência não o entende. No versículo 8, lemos que "leram no livro com interpretação". A palavra hebraica para "interpretação" (מְפֹרָשׁ) provavelmente se refere à tradução do texto do hebraico para o vernáculo aramaico. Isso é o que faria sentido para um público amplo em Jerusalém naquela época. Isso sugere que devemos moderar qualquer suposição entusiasmada de que a alfabetização era amplamente difundida fora do templo e da administração. Aqui, a alfabetização é atribuída especificamente a Esdras e aos seus ajudantes levitas.

Uma comunidade de escribas pode receber uma menção especial em Neemias 8. Há algumas listas curtas inseridas na narrativa. Primeiro, há a lista de treze pessoas que ficam ao lado do escriba sacerdotal Esdras enquanto ele lê (v. 4): Maatitias, Sema, Anaías, Urias, Hilquias e Maaseias, Pedaías, Misael, Malquias, Hashum, Hash-Badaná, Zacarias e Mesulão. Estes parecem ser oficiais administrativos, já que o narrador não os chama de sacerdotes ou levitas. A segunda lista é mais relevante para a nossa busca por uma comunidade de escribas. Uma lista de levitas é nomeada como ajudando o povo a entender a Torá — Jesua, Bani, Serebias, Jamim, Acube, Sabetai, Hodias, Maaseias, Quelita, Azarias, Jozabade, Hanã e Pelaías (v. 7).[22] É razoável pensar que essa lista possa incluir as principais pessoas que trabalhavam como escribas do templo quando essa história foi escrita. A partir de seus papéis na leitura e interpretação, podemos supor que formavam a comunidade de escribas naquele momento. Se a lista estiver completa, então havia cerca de uma dúzia de pessoas que fariam parte da comunidade de escribas do templo em Jerusalém. Isso é apenas uma estimativa, mas faz sentido. Também podemos incluir a primeira lista como de pessoas letradas, embora seu papel não envolvesse a leitura ou interpretação de textos, mas sim apoio administrativo. Considerando que Jerusalém era uma cidade pobre, vinte e cinco seria uma estimativa generosa para o total da comunidade de escribas atuando em Jerusalém. Talvez metade deles estivesse envolvida na cópia, edição e interpretação da literatura e liturgia hebraicas tradicionais. Não era um grupo grande, mas era uma tarefa enorme. Eles tinham que preservar o legado do antigo Israel, que começava com a leitura e interpretação de uma Torá.

Listas de levitas aparecem novamente em Neemias 9–10. Primeiro, o povo continua a "ler no livro da Torá" em outro evento ocorrido mais tarde no mesmo mês (9:3). Oito dos levitas da leitura anterior da Torá são nomeados como estando sobre o púlpito, liderando o povo na leitura, oração e confissão (9:4–5). No capítulo 10, a comunidade de escribas, composta por "oficiais, levitas e sacerdotes", redige e assina um contrato de aliança:

> 1 No documento selado estavam os nomes de Neemias, o governador, filho de Hacalias, e Zedequias;
> 2 Seraías, Azarias, Jeremias,
> 3 Pasur, Amarias, Malquias,
> 4 Hatuxe, Sebanias, Maluque,
> 5 Harim, Meremote, Obadias,
> 6 Daniel, Ginetom, Baruque,
> 7 Mesulão, Abias, Miamim,
> 8 Maazias, Bilgai, Semaías; estes são os sacerdotes.
> 9 E os levitas: Jesua, filho de Azanias, Binui, dos filhos de Henadade, Cadmiel;
> 10 e seus companheiros, Sebanias, Hodias, Quelita, Pelaías, Hanã,
> 11 Mica, Reobe, Hasabias,
> 12 Zacur, Serebias, Sebanias,
> 13 Hodias, Bani, Beninu.
> 14 Os líderes do povo: Parós, Paate-Moabe, Elão, Zatu, Bani,
> 15 Buni, Azgade, Bebai,
> 16 Adonias, Bigvai, Adim,
> 17 Ater, Ezequias, Azur,
> 18 Hodias, Hasum, Bezai,
> 19 Harife, Anatote, Nebai,
> 20 Magpias, Mesulão, Hezir,
> 21 Mesezabel, Zadoque, Jadua,
> 22 Pelaías, Hanã, Anaías,
> 23 Oseias, Hananias, Hassube,
> 24 Haloés, Pilha, Sobebe,
> 25 Reum, Hasabna, Maaseias,
> 26 Aías, Hanã, Anã,
> 27 Maluque, Harim e Baaná.

O contrato reivindica esses três grupos como signatários, o que explica de onde vêm as listas de Neemias 8–10, mas também pode nos dar uma boa noção do tamanho das comunidades de escribas sacerdotais e administrativas em um momento específico no final do período persa.

O escopo da comunidade de escribas hebreus era bastante limitado. O hebraico, em contraste com o aramaico, havia perdido qualquer função administrativa quando Jerusalém foi destruída e Judá foi exilado pelos babilônios. Quando o hebraico passou a ser usado durante o período do Segundo Templo, ele assumiu conotações nitidamente ideológicas. Por exemplo, os asmoneus o utilizam em suas moedas (assim como o moderno Estado de Israel). Os samaritanos o usam apenas para textos e inscrições religiosas samaritanas. No entanto, o hebraico já não servia como língua administrativa. Por exemplo, não temos uma única inscrição administrativa em hebraico datada do período persa. É claro que quase não temos nenhuma evidência epigráfica do hebraico desse período. Há algumas moedas e impressões de selos que apontam para a sobrevivência do hebraico,[23] mas tais inscrições apontam mais para uma ideologia política do que para um uso cotidiano. Os primeiros fragmentos dos Manuscritos do Mar Morto também indicam o papel religioso e ideológico do hebraico escrito.

O hebraico vernáculo sobreviveu como língua falada em algumas aldeias. Isso se deve ao fato de que línguas vernáculas continuam sendo faladas enquanto houver continuidade no assentamento. Aprendi isso pessoalmente com o aramaico. Quando cheguei à UCLA, um dos meus colegas — o professor Yona Sabar — era falante nativo de aramaico. Ele havia crescido em uma pequena aldeia no Iraque onde o aramaico era falado há mais de dois mil anos! Mas sua família foi forçada a se mudar após a Segunda Guerra Mundial. Eventualmente, ele se tornou professor de aramaico na UCLA, mas seus filhos não aprenderam a falar aramaico. O deslocamento de sua família da aldeia encerrou o legado do aramaico vernáculo que durara milênios. Esse é um fenômeno linguístico geralmente observável. Línguas vernáculas são preservadas enquanto as pessoas não forem deslocadas. Assim, o hebraico vernáculo teria persistido nas aldeias da Judeia que não foram destruídas, exiladas ou deslocadas pelos babilônios. Infelizmente, cerca de 80% das cidades judaicas desapareceram durante o período babilônico, e por isso apenas pequenos bolsões de hebraico vernáculo teriam sobrevivido.

Quando o exilado Neemias retorna a Jerusalém, ele torna o hebraico vernáculo uma prioridade. Ele parece um precursor de Eliezer Ben-Yehuda, que emigrou para a Palestina no final do século XIX e reviveu o uso cotidiano do hebraico. Assim como Ben-Yehuda, Neemias lamentou a falta de conhecimento do hebraico. Ele reclama de judeus que haviam se casado com mulheres estrangeiras e, como resultado, "eles não sabiam falar a língua de Judá" (Ne 13:23–24). Neemias está se referindo particularmente ao conhecimento do hebraico vernáculo entre o povo, e isso está inserido na questão mais ampla do casamento com mulheres estrangeiras que permeia os livros de Esdras-Neemias. Mas aqui, a linguagem é apresentada como parte da identidade judaica, e o casamento com mulheres estrangeiras transforma a incapacidade de falar hebraico em um problema religioso. Naturalmente, a incapacidade de falar hebraico é diferente da habilidade de escriba de ler e escrever em hebraico.

O hebraico sobreviveu como língua literária. Isso é evidente, antes de tudo, na preservação do antigo alfabeto paleo-hebraico que vemos em algumas moedas e fragmentos dos Manuscritos do Mar Morto (cf. Figuras 12.2 e 11.5). Textos literários em hebraico foram preservados e coletados no Templo de Jerusalém. Durante o período persa, eles teriam sido copiados e editados pela comunidade sacerdotal do Templo. O hebraico era a língua de sua liturgia e de suas tradições sagradas. Os primeiros Manuscritos do Mar Morto em hebraico podem agora ser datados do final do período persa, e esses refletem o uso do hebraico como língua religiosa — como a língua do Templo e de sua comunidade sacerdotal.

A pequena comunidade de escribas hebreus em Jerusalém estava organizada em torno do Templo. Isso não deveria ser uma observação controversa. No entanto, muitos estudiosos não querem aceitar os dados arqueológicos dos períodos babilônico e persa. Ou talvez não compreendam seu alcance. Por exemplo, o estudioso britânico Philip

Davies defendeu uma datação tardia para toda a literatura bíblica e, como resultado, postulou "várias escolas de escribas com uma atividade vigorosa de escrita".[24] Davies entendeu as implicações de datar a literatura bíblica tardiamente e, por isso, sugeriu reescrever — eu diria inventar — um novo contexto arqueológico para o Yehud persa. Como Davies sugeriu: "Talvez a visão de Judá no período persa como um centro cultural periférico e economicamente pobre precise ser reconsiderada".[25] Davies queria reescrever os dados arqueológicos em vez de admitir que a literatura bíblica deve, em grande parte, datar de antes do exílio babilônico. Infelizmente para Davies, o contexto arqueológico só foi ainda mais corroborado nas duas décadas desde que ele escreveu seu livro *Scribes and Schools*.

Outros estudiosos compreendem a situação. Por exemplo, na introdução de *Chronicles and the Priestly Literature of the Hebrew Bible*, Jaeyoung Jeon e Louis Jonker observam: "Vivendo e trabalhando em proximidade temporal e espacial uns com os outros, [os escribas] estariam familiarizados com os trabalhos literários uns dos outros, os quais estavam se tornando e/ou já haviam se tornado bens religiosos e intelectuais comuns da comunidade".[26] A proximidade espacial é mais fácil de estabelecer do que a proximidade temporal. Afinal, o período persa durou dois séculos, e a edição de alguns livros bíblicos (como Salmos, Eclesiastes, Daniel) plausivelmente continuou durante os períodos helenístico e asmoneu. Houve, sim, proximidade espacial para a comunidade de escribas hebreus — eles viviam, estudavam e trabalhavam em Jerusalém e arredores. Mas não houve uma continuidade temporal plena. A comunidade persistiu do período persa até a destruição do Templo pelos romanos. Os livros de Crônicas e Esdras-Neemias refletem sobre um texto que estava se tornando "escritura" e até mesmo "canônico" para a comunidade sacerdotal de escribas — a saber, a Torá, que os estudiosos passaram a chamar de "Pentateuco" (literalmente, "cinco livros").

A comunidade sacerdotal de escribas do Templo em Jerusalém teria sido um grupo fechado e coeso. Os escribas certamente se conheciam. Foram aprendizes juntos. Estudaram juntos. Trabalharam juntos. Teriam mantido conexões com a comunidade de escribas aramaicos. Talvez até tenham feito o aprendizado inicial juntos, estudando aramaico, mas o grupo se tornava mais restrito quando o treinamento avançava para incluir o hebraico no currículo. A alfabetização em hebraico era principalmente relevante para o Templo, sua tradição, sua liturgia e sua comunidade sacerdotal. Tornou-se uma ferramenta de política e ideologia nacional especialmente durante o período asmoneu. Nesse momento, a alfabetização hebraica pode ter se espalhado novamente para diferentes grupos sociais.

Notas

1 Veja Sara Japhet, "The Supposed Common Authorship of Chronicles and Ezra-Nehemiah Investigated Anew," *VT* 18 (1968): 330-71; veja também Japhet, *The Ideology of the Book of Chronicles and Its Place in Biblical Thought*, ed. reimpressa (University Park: Pennsylvania State University Press, 2009).

2 Diana Edelman propôs uma revisão radical dessa cronologia, em parte porque considera que o início do período persa não seria adequado para uma construção significativa do templo; veja Edelman, *The Origins of the "Second" Temple: Persian Imperial Policy and the Rebuilding of Jerusalem* (London: Equinox, 2005). Ela tem um ponto. Como este capítulo aponta, as evidências arqueológicas sugerem que Jerusalém era bastante pequena nos períodos médio e tardio do domínio persa. No entanto, Jerusalém não precisava ser grande e próspera para reconstruir seu templo, e Ralph Klein destacou que a análise genealógica de Edelman não resiste ao escrutínio. Veja Ralph W. Klein, "Were Joshua, Zerubbabel, and Nehemiah Contemporaries? A Response to Diana Edelman's Proposed Late Date for the Second Temple," *JBL* 127 (2008): 697-701.

3 Veja a discussão de Sara Japhet, *From the Rivers of Babylon to the Highlands of Judah* (University Park: Pennsylvania State University Press, 2006), 245-67.

4 George Adam Smith, *Historical Geography of the Holy Land*, 25ª ed. (London: Hodder and Stoughton, 1931), 215.

5 Veja Israel Finkelstein, "Jerusalem in the Persian (and Early Hellenistic) Period and the Wall of Nehemiah," *JSOT* 32 (2008): 501-20; Oded Lipschits, "Persian Period Finds from Jerusalem: Facts and Interpretations," *JHS* 9 (2009): Artigo 20; e Finkelstein, "Persian Period Jerusalem and Yehud: A Rejoinder," *JHS* 9 (2009): Artigo 24.

6 Veja Oded Lipschits, "Demographic Changes in Judah," em Lipschits e Blenkinsopp, eds., *Judah and the Judeans in the Neo-Babylonian Period*, 332.

7 Essa abordagem foi especialmente desenvolvida por David Jamieson-Drake, *Scribes and Schools in Monarchic Judah: A Socio-Archaeological Approach*,

JSOTSS 109 (Sheffield: JSOT Press, 1991). Para pesquisas que se concentram especificamente na economia do período persa, veja Charles Carter, *The Emergence of Yehud in the Persian Period: A Social and Demographic Study* (Sheffield: JSOT Press, 1999). Veja também o levantamento de Oded Lipschits sobre Jerusalém, "Jerusalem Between Two Periods of Greatness: The Size and Status of the City in the Babylonian, Persian and Early Hellenistic Periods," em *Judaism between East and West: The Transition from Persian to Greek Rules (ca. 400-200 BCE)*, ed. Lester Grabbe e Oded Lipschits (New York: T & T Clark, 2011), 163-75. As implicações foram recentemente retomadas em um estudo de Torleif Elgvin, "Post-Exilic History and Archaeology and the Formation of Biblical Literature," em *Epigraphy, Iconography, and the Bible*, ed. Meir Lubetski e Edith Lubetski (Sheffield: Sheffield Phoenix Press, 2022), 243-79.

20 Michael Langlois, "Dead Sea Scrolls Paleography and the Samaritan Pentateuch," em *The Dead Sea Scrolls and the Samaritan Pentateuch*, ed. Michael Langlois, CBET 94 (Leuven: Brill, 2019), 270-71. Drew Longacre, no entanto, observou que esses Manuscritos parecem empregar penas de junco (*reed pens*) e não as penas de caniço (*rush pens*) do século IV a.C.; veja sua palestra, "Script Interactions and the Development of Formal Hebrew/Aramaic Handwriting," Albright Institute of Archaeological Research, 2 de junho de 2022, no YouTube.

21 Uma linha de evidência diferente surgiu a partir de uma metodologia forense, argumentando que o 4QpaleoDeut^s representa a forma textual mais antiga do Livro do Deuteronômio; veja Benjamin Ziemer, "A Stemma for Deuteronomy," em M. Langlois, ed., *The Dead Sea Scrolls and the Samaritan Pentateuch*, 127-97. Infelizmente, ainda se trata de uma datação relativa.

22 A lista da Septuaginta contém apenas dez nomes e pode refletir uma fase anterior da lista.

23 Veja o estudo clássico de Ya'akov Meshorer, *Ancient Jewish Coinage, Volume I: Persian Period Through Hasmoneans* (New York: Amphora, 1982), 13-34.

24 Philip Davies, *Scribes and Schools: The Canonization of the Hebrew Scriptures* (Louisville: Westminister John Knox Press, 1998), 79.

25 Davies, *Scribes and Schools*, 79.

26 Jaeyoung Jeon e Louis Jonker, eds., *Chronicles and the Priestly Literature of the Hebrew Bible*, BZAW 528 (Berlin: de Gruyter, 2021), 2.

Conclusão

Esta história sobre comunidades de escribas — ou seja, quem realmente escreveu a Bíblia — desviou-se da resposta tradicional à pergunta. A saber, a busca por autores individuais. Comecei com a observação, que para mim foi uma revelação, de que aprender a ler e escrever no antigo Israel acontecia por meio de aprendizagens. Isso também significa que não havia escolas como as conhecemos. A educação era mais próxima do modelo de ensino doméstico, com um mestre escriba e seus aprendizes. Essa forma de educação criava comunidades de aprendizagem muito unidas, que por sua vez formavam comunidades de prática, como os antropólogos gostam de chamar. A literatura e os textos eram produtos dessas comunidades. É claro que indivíduos podiam escrever suas próprias obras, mas mesmo nesse caso, o trabalho precisava tornar-se parte da comunidade para poder ser preservado. A ênfase em autores individuais surgiu especialmente na época helenística, por influência grega. É por isso que os livros bíblicos geralmente não nomeiam autores como tais. A tradição posterior, no entanto, atribuiria autores tradicionais e autorias a toda a literatura bíblica, mas essa não era a norma da própria Bíblia. A Bíblia nasceu de uma vida de aprendizado coletivo. Foi um livro reunido, copiado e preservado por comunidades de escribas, e não por autores.

A história das comunidades de escribas tem um movimento de fluxo e refluxo. Vai do simples ao complexo e retorna ao simples. No Israel antigo, a escrita era relativamente incomum. Era um legado da Idade do Bronze Final em Canaã, um mundo governado pelos faraós do Novo Império. Eles usavam a escrita para a administração colonial das terras de Canaã que dominavam. Vemos uma variedade de línguas e sistemas de escrita em uso, incluindo o hierático egípcio, a escrita cuneiforme acadiana e até o alfabeto primitivo. Quando o Egito se retirou, restos de seu sistema administrativo e do treinamento de escribas permaneceram. As primeiras entidades políticas cananeias — isto é, Fenícia, Israel e Judá — escolheram o sistema de escrita alfabética e o aperfeiçoaram como sistema local de escrita das novas entidades em formação. Mas a escrita alfabética primitiva era bastante mundana. Era principalmente patrocinada pelo Estado para finalidades administrativas simples. Levaria alguns séculos até que a escrita alfabética florescesse e novas comunidades de escribas surgissem.

A ascensão do império assírio foi um ponto de inflexão para as comunidades de escribas. O império trouxe consigo urbanização, centralização e burocracia — todos fatores que favoreceram o uso e a disseminação da escrita. As habilidades de escrita se espalharam para uma variedade de novas profissões, incluindo sacerdotes, profetas e comerciantes. Também se disseminaram para além dos grandes centros urbanos, alcançando o povo comum. A literatura bíblica reflete esse desenvolvimento de novas comunidades de escribas e suas obras literárias associadas. E as mulheres também adquiriram alfabetização e trabalharam em várias profissões. De fato, a alfabetização no antigo Israel chegou a ser personificada no feminino pela figura da Senhora Sabedoria, a mestra por excelência no Livro de Provérbios. Em tudo isso, a literatura hebraica começa a refletir diversidade social e profissional.

As diversas comunidades de escribas chegaram ao fim com as invasões babilônicas e a destruição de Jerusalém. Nem todos os escribas pereceram, mas a infraestrutura social que sustentava suas comunidades diversas colapsou. Os escribas foram dispersos. Alguns foram exilados para a Babilônia. Outros fugiram para o Egito. Outros ainda se espalharam entre as poucas cidades e vilarejos que sobreviveram às invasões babilônicas. O exílio babilônico foi um período de sobrevivência para a literatura israelita antiga e para a tradição escriturística hebraica. E elas sobreviveram.

Fragmentos de várias profissões de escribas e da literatura hebraica eventualmente retornaram a Jerusalém no final do século VI a.C. A princípio, essa comunidade era provavelmente bastante diversa — remanescentes, fragmentos e sobreviventes de uma geração anterior. Por exemplo, havia habitantes locais que nunca foram exilados, mas que trabalhavam na administração babilônica em lugares como Ramat Rahel, ao sul de Jerusalém, ou Mispá, ao norte. Também havia repatriados de diversos lugares da Diáspora, especialmente da Babilônia, mas também do Egito. O templo reconstruído se tornou o local de coleta dos remanescentes das tradições literárias clássicas hebraicas. Alguns textos, como os livros do Pentateuco, tornaram-se documentos fundacionais para a nova comunidade e sua liderança sacerdotal. Ainda assim, Jerusalém permaneceu uma cidade pequena e pobre durante o período persa, e seus escribas hebreus também teriam sido uma comunidade pequena e coesa, centrada no templo.

Havia duas comunidades de escribas muito distintas em Jerusalém e em seus arredores durante o período persa. A principal seria composta por administradores do Império. Eles usariam o idioma aramaico, que era a *lingua franca* do antigo Oriente Próximo desde o período neoassírio. Durante o período persa, eclipsou completamente o acádio como principal idioma administrativo do império. Não surpreende, portanto, que quase todas as inscrições que temos do sul do Levante estejam em aramaico. A segunda comunidade de escribas teria sido uma comunidade hebraica centrada no templo. Como o aramaico era a língua de circulação no período persa, mesmo a educação escribal em hebraico começaria com o aprendizado da leitura e escrita em aramaico. Após uma formação elementar em aramaico, seria relativamente fácil para os escribas adicionarem o hebraico ao seu repertório. Vemos a influência do texto escolar aramaico por excelência — *A Sabedoria de Ahiqar* — em vários livros compostos no período persa, incluindo Daniel, Esdras-Neemias e Tobias. Contudo, o hebraico tinha utilidade limitada fora do templo e da preservação das tradições literárias clássicas.

A comunidade sacerdotal do templo foi a responsável final por coletar e editar a literatura hebraica clássica. A comunidade sacerdotal pós-exílica não escreveu o Pentateuco, mas o coletou, preservou e o canonizou como sua nova Torá. Provavelmente até acrescentou algumas de suas próprias composições durante o processo de edição do Pentateuco. Os sacerdotes também compuseram e editaram suas próprias obras — livros como Crônicas, Esdras-Neemias e Ester pertencem à literatura da comunidade sacerdotal de escribas do templo.

Além da comunidade sacerdotal em Jerusalém, havia uma comunidade samaritana intimamente ligada a Jerusalém durante os períodos babilônico e persa inicial. Essas comunidades mantinham antigos laços que remontavam à Idade do Ferro. A crise babilônica provavelmente as reaproximou. Devem ter colaborado na edição do Pentateuco, que também se tornou um texto sagrado na tradição samaritana. De fato, o Pentateuco se tornou um documento fundador para os templos tanto em Jerusalém quanto no Monte Gerizim. Suas comunidades sacerdotais chegaram até mesmo a se unir por meio do casamento, mas a rivalidade entre os dois templos concorrentes acabou por separá-las. Ao lermos Esdras-Neemias, vemos indícios dessa antiga relação cooperativa, mas também uma ideologia em desenvolvimento que proibia o casamento interétnico — o que consolidou uma ruptura permanente. A tradição sacerdotal samaritana concentrou-se em seu Pentateuco e, especialmente, nos Dez Mandamentos.[1] Já o Templo de Jerusalém desenvolveu uma coleção muito mais ampla de literatura hebraica, como vemos em nosso cânone bíblico, bem como na coleção ainda mais diversificada dos Manuscritos do Mar Morto.

A comunidade sacerdotal de Jerusalém provavelmente era bastante pequena durante o período persa. A cidade era pequena, isolada e pobre. Devia haver cerca de mil pessoas vivendo em Jerusalém, e a cidade girava em torno de um templo reconstruído e de seus líderes sacerdotais. A comunidade de escribas hebreus era formada, em sua maioria, por sacerdotes e concentrava-se nos arredores do templo. É claro que havia também administradores que trabalhavam para o Império Persa, como Neemias, que também poderiam ter aprendido hebraico. Esses administradores foram treinados em aramaico — a língua de sua vida profissional. Às vezes, a ideologia os inspirava a aprender hebraico, como no caso de Neemias, mas é provável que ele tenha sido uma exceção, e não a regra.

Os sacerdotes de Jerusalém eram um caso à parte. Um sacerdote como Esdras teria se alfabetizado primeiro em aramaico, mas o hebraico era essencial à sua vida profissional, isto é, ao seu serviço no Templo. Esdras fazia parte de uma comunidade sacerdotal pequena e fechada. Essa comunidade era ampliada por uma classe profissional — os levitas — que também participavam do serviço do templo. No entanto, essa comunidade não incluía mulheres, o que torna improvável a existência de muitas escribas hebraicas durante o período persa.

Isso parece refletir-se em certa marginalização das mulheres na edição final da Bíblia. Por exemplo, o "Cântico de Miriam" parece ter se tornado o "Cântico de Moisés" (Êx 15:1, 20–21), e o "Cântico de Débora" vira o "Cântico de Débora e Baraque" (Jz 5:1). Essa pequena comunidade sacerdotal masculina tornou-se a guardiã do patrimônio literário do antigo Israel — e moldou a literatura à sua própria imagem. Foram eles que preservaram a literatura hebraica que, mais tarde, seria canonizada em nossa Bíblia.

Concluirei com uma reflexão sobre o próximo capítulo na história das comunidades de escribas — um tema que vai além do escopo deste livro —, a saber, os Manuscritos do Mar Morto. Esse tesouro de cerca de novecentos manuscritos data, em sua maioria, do segundo século a.C. ao primeiro século d.C., e constitui uma história à parte[2]. Os Manuscritos do Mar Morto encontrados nas cavernas de Qumran pertenciam à biblioteca de uma comunidade religiosa sectária — os essênios.[3] Eles não refletem apenas a comunidade de escribas em Qumran, mas também o recolhimento e a compilação de textos de diferentes comunidades e diferentes localidades nos períodos finais dos asmoneus e iniciais do domínio romano.

Alguns manuscritos foram compostos ou copiados em Qumran. Outros refletem a comunidade essênia espalhada por várias cidades da Palestina, cujos membros trouxeram suas bibliotecas pessoais quando se estabeleceram em Qumran. Alguns rolos podem ter vindo de Jerusalém, e outros provavelmente foram levados para Qumran (e para Massada) por pessoas que fugiam durante a Grande Guerra contra Roma (c. 66 d.C.).

Uma pequena e interessante coleção entre os Manuscritos do Mar Morto foi escrita com uma caligrafia elaborada. Trata-se de textos ornamentados, geralmente redigidos em grandes rolos. São pergaminhos cuidadosamente preparados, com margens largas e linhas claramente marcadas. Às vezes são chamados de "rolos de luxo" ou, alternativamente, "cópias de apresentação". Essencialmente, são rolos públicos — o tipo de Bíblia que se guarda em um púlpito numa igreja ou na arca de uma sinagoga. Eles são feitos para leitura pública. Drew Longacre observa: "Esses manuscritos reproduzem conteúdos bem conhecidos e foram produzidos profissionalmente por escribas para patronos".[4]

Esses rolos de apresentação exigem uma nova profissão — a do escriba como copista profissional. Esses rolos foram feitos por escribas cujo trabalho era exclusivamente criar livros. Eles tinham que preparar profissionalmente o pergaminho, traçar linhas e margens, costurar vários pedaços — às vezes até dezoito — para formar grandes rolos. Depois, copiavam cuidadosamente o texto com uma bela caligrafia. Esse processo demandava muito mais tempo e era muito mais caro. A escrita caligráfica e os detalhes físicos desses rolos refletem uma produção feita por uma classe profissional.

Mas quem eram os "patronos" que compravam tais rolos grandes, ornamentados e caros? Certamente havia elites ricas que adquiriam livros para bibliotecas privadas, como sugerem estudiosos como Longacre. No entanto, esse público não era suficiente para sustentar uma indústria que produzisse esses rolos de apresentação. Não. Acredito que esse tipo de rolo surgiu da demanda econômica de um novo cliente: a sinagoga. Ao fim do período do Segundo Templo, já havia sinagogas em todas as vilas e cidades judaicas na Palestina romana. A sinagoga criou a demanda por rolos produzidos profissionalmente e por uma nova profissão — o copista escriba.[5] As sinagogas tornaram-se um importante repositório de manuscritos bíblicos.

A leitura de textos bíblicos fazia parte do serviço nas primeiras sinagogas. Não é surpreendente, portanto, que a sinagoga em Massada tivesse um compartimento de armazenamento nos fundos destinado aos rolos, onde os arqueólogos escavaram fragmentos de dois manuscritos caligráficos do Livro dos Salmos (Mas1e e Mas1f).

Toda sinagoga provavelmente tinha sua própria biblioteca. Nas escavações em Magdala, arqueólogos descobriram duas sinagogas datadas do período romano inicial. Uma dessas sinagogas possuía até um grande bloco de calcário quadrado, ricamente esculpido, que os arqueólogos interpretaram como um púlpito de leitura na sinagoga (Figura 13.1).

A leitura de textos bíblicos fazia parte do serviço nas primeiras sinagogas. Não é surpreendente, portanto, que a sinagoga em Massada tivesse uma sala de armazenamento nos fundos para rolos, onde os arqueólogos escavaram fragmentos de dois manuscritos caligráficos do Livro dos Salmos (Mas1e e Mas1f). Toda sinagoga provavelmente teria sua própria biblioteca. Nas escavações em Magdala, os arqueólogos descobriram duas sinagogas datadas do início do período romano. Uma dessas sinagogas possuía até mesmo um grande bloco de calcário quadrado, ricamente entalhado, que os arqueólogos interpretaram como um púlpito de leitura na sinagoga (Figura 13.1).

Um exemplo bem conhecido de leitura na sinagoga nos primeiros tempos vem do Evangelho de Lucas, quando Jesus de Nazaré se levanta e lê do rolo do profeta Isaías:

> Quando chegou a Nazaré, onde fora criado, entrou na sinagoga no dia de sábado, como costumava fazer. Levantou-se para ler, e foi-lhe entregue o rolo do profeta Isaías. Desenrolou o rolo e encontrou o lugar onde estava escrito:
> "O Espírito do Senhor está sobre mim,
> porque ele me ungiu para anunciar boas-novas aos pobres.
> Enviou-me para proclamar libertação aos cativos
> e restauração da vista aos cegos,
> para pôr em liberdade os oprimidos,
> para proclamar o ano aceitável do Senhor." [Isaías 61:1–2a]
> E enrolou o rolo, devolveu-o ao assistente e sentou-se.
> (Lucas 4:16–20)

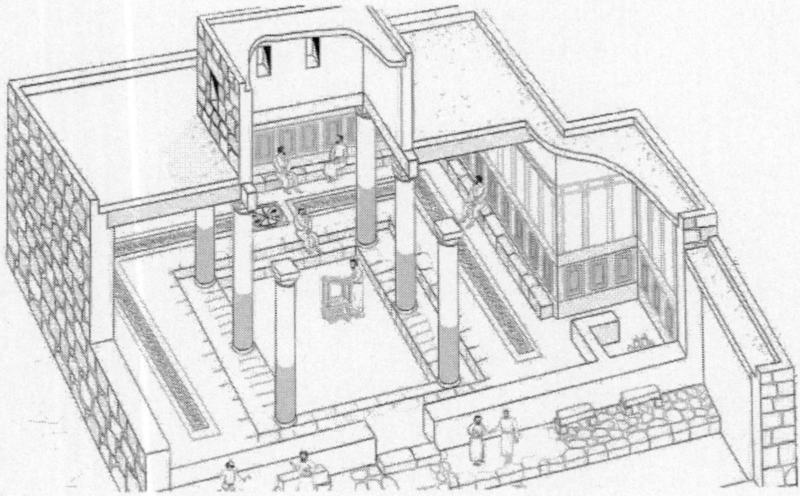

Figura 13.1 Sinagoga de Magdala com púlpito para leitura do sábado.
Fonte: Leen Ritmeyer.

Esse episódio ressalta como a leitura pública das Escrituras era uma prática litúrgica estabelecida nas sinagogas do período do Segundo Templo.

Quando eu era estudante e aprendia sobre sinagogas antigas, mais de trinta anos atrás, os estudiosos ainda debatiam a historicidade do episódio de Lucas, com alguns argumentando que não havia sinagogas antes da destruição do Templo de Jerusalém.[6] Quão enganados estavam! Escavações arqueológicas já identificaram muitas sinagogas datadas do período romano inicial, e a sinagoga mais antiga conhecida, em Modi'in — cidade natal dos Macabeus — provavelmente remonta ao final do século II a.C.[7] Arqueólogos também encontraram duas sinagogas do período romano inicial no mesmo vilarejo antigo de Magdala. Está ficando cada vez mais claro que sinagogas existiam em praticamente toda cidade ou vila da Palestina com uma população judaica significativa.[8]

Mesmo em Jerusalém havia sinagogas durante o período do Segundo Templo. A evidência mais reveladora é uma inscrição do século

I que menciona três gerações de *archisynagogoi* — líderes de uma sinagoga em Jerusalém.[9] A inscrição teodociana diz o seguinte:

> Teodoto, filho de Vetteno, sacerdote e chefe da sinagoga (*archisynagōgos*), filho de um chefe da sinagoga (*archisynagōgos*), neto de um chefe da sinagoga (*archisynagōgos*), construiu a sinagoga (*synagōgē*) para a leitura da Lei e o ensino dos mandamentos, bem como o quarto de hóspedes, os aposentos superiores e as piscinas rituais de água para acomodar os que viessem do exterior, o que seus pais, os anciãos (*presbyteroi*) e Simonides haviam fundado.

As gerações de líderes da sinagoga em Jerusalém mencionadas na inscrição indicam que essa sinagoga remonta ao século I a.C. Isso pode torná-la contemporânea da ampliação e embelezamento do Templo de Jerusalém promovidos por Herodes, o Grande. A referência a quartos de hóspedes sugere que uma das finalidades das sinagogas em Jerusalém teria sido acomodar peregrinos que vinham à cidade para celebrar as festas religiosas, o que, por si só, exige uma data anterior à destruição do Templo para a inscrição. Essa função também se alinha com a demanda por habitação gerada pela ampliação do Monte do Templo realizada por Herodes.

Além disso, a sinagoga era um espaço comunitário multifuncional, mas a inscrição lista como sua prioridade "a leitura da Lei e o ensino". A leitura ritual e o estudo da literatura clássica judaica eram funções centrais dessas sinagogas.[10] Isso teria gerado uma demanda por produção de rolos de escritura durante o período do Segundo Templo.

Uma das formas de explorar a produção de rolos nesse período é a coleção das cavernas de Qumran. No entanto, a biblioteca de Qumran representava a coleção de um grupo judaico específico, os essênios, que tinham fortes objeções ao Templo de Jerusalém e à sua liderança sacerdotal. Eles não teriam recorrido ao Templo para suprir suas comunidades com rolos. As particularidades e a história do movimento essênio se refletem na diversidade da biblioteca de Qumran, que não seria representativa, de modo geral, das bibliotecas das sinagogas judaicas do período do Segundo Templo.

Ainda assim, os rolos de Qumran — muitos dos quais foram trazidos de fora para o local — oferecem pistas sobre a produção de livros naquele período. Por exemplo, os rolos de Qumran fornecem as primeiras evidências do início da tradição textual massorética, que provavelmente teve origem entre os escribas do Templo de Jerusalém. A maioria das sinagogas teria recorrido ao Templo como fonte de cópias dos textos para suas bibliotecas. A produção de rolos para leitura e estudo nas sinagogas teria criado a necessidade de um texto padronizado que pudesse ser copiado e distribuído — o chamado texto proto-massorético.

Escribas judeus posteriores da Idade Média (do século VI ao X d.C.), conhecidos como massoretas — ou "mestres da tradição" — padronizaram um sistema de pronúncia, leitura e também de cantilação da Bíblia Hebraica, que os estudiosos chamam de "tradição massorética". Eles representam um tipo de comunidade de escribas bastante diferente da que encontramos no antigo Israel.

Eu sugeriria que o início dessa tradição muito posterior já teve seus primeiros passos ainda no fim do período do Segundo Templo, com os escribas do Templo de Jerusalém produzindo rolos para leitura nas sinagogas espalhadas por toda a Palestina. Muito antes dos massoretas, escribas caligráficos do Templo já estavam desenvolvendo uma tradição textual proto-massorética para ser lida ritualmente nas sinagogas. A necessidade de um texto padronizado surgiu diretamente da prática crescente da leitura pública das Escrituras nas sinagogas.

A maioria das sinagogas provavelmente adquiria seus textos bíblicos junto ao Templo de Jerusalém, e os escribas do templo, que copiavam os rolos para essas sinagogas, completavam o círculo econômico de oferta e demanda. A maior parte dos rolos caligráficos encontrados em Qumran, por exemplo, são rolos bíblicos. O desenvolvimento de uma indústria de livros também significava que outros textos, além do corpus bíblico, podiam ser copiados por escribas caligráficos do Templo e adquiridos por indivíduos ricos. No entanto, o principal sustentáculo dessa nova indústria seriam as sinagogas, que estavam surgindo por toda a Palestina romana.

A ascensão das sinagogas foi, assim, um catalisador para a padronização de uma tradição escriturística proto-massorética — isto é, do texto das Bíblias que hoje lemos em sinagogas e igrejas.

Um modelo de leitura ritual das Escrituras é apresentado pela história de Neemias 8. A narrativa começa com a construção de um púlpito especificamente para a leitura da Torá. Notavelmente, esse púlpito não foi erguido no Templo de Jerusalém, mas "na praça diante do Portão das Águas" (Ne 8:1). Há algum debate sobre onde esse portão estaria localizado, mas talvez fosse perto da fonte de Giom, no lado leste da Cidade de Davi (cf. Ne 3:26). Assim, esse exemplo de leitura ritual da Torá acontece bem fora do templo.

Como a leitura ritual das Escrituras se tornaria um dos componentes centrais do serviço nas sinagogas, essa história em Neemias — situada no período persa — sugere que a prática de leitura pública da Torá antecede qualquer sinagoga conhecida do ponto de vista arquitetônico. É claro que o surgimento das sinagogas como instituição social pode ser anterior ao mais antigo exemplar conhecido arquitetonicamente, encontrado em Modi'in, do período hasmonita.[11] A narrativa de Neemias sugere uma tradição de leitura ritual anterior às primeiras sinagogas conhecidas.

Rolos caligráficos usados para leitura ritual teriam sido muito caros. Um rolo completo da Torá poderia custar o equivalente a seis meses de salário de um trabalhador não qualificado. Além disso, um único escriba poderia levar seis meses para fazer uma cópia inteira da Torá usando uma escrita caligráfica ornamentada.[12] Cópias menos ornamentadas seriam mais baratas de produzir, mas ainda assim bastante caras e inacessíveis para a maioria das pessoas. As sinagogas, no entanto, poderiam reunir recursos da comunidade para adquirir esses rolos.

Muito provavelmente, as sinagogas começaram comprando rolos menores e individuais — talvez um rolo de Deuteronômio, depois os Salmos e Isaías —, que são os manuscritos bíblicos mais comuns entre os Rolos do Mar Morto e também os livros mais frequentemente citados no Novo Testamento. Certamente não haveria razão para a biblioteca de Qumran possuir vinte e uma cópias de Isaías ou trinta e seis cópias do Livro dos Salmos. Muitas dessas cópias devem ter sido levadas a Qumran por iniciados que ingressavam na comunidade ou por pessoas que fugiam para lá durante a Grande Guerra contra Roma. Provavelmente não é coincidência que Jesus leia um rolo de Isaías na sinagoga de Nazaré. A maioria das sinagogas em vilarejos judeus menores provavelmente não possuía cópias completas do que conhecemos como Tanakh ou Bíblia Hebraica. Elas devem ter priorizado a compra de Salmos, Deuteronômio, Isaías e, depois, o restante da Torá.

O crescimento da comunidade de escribas sacerdotais do templo no início do período hasmonita também incentivou a fragmentação e dispersão dessas comunidades de escribas. Era mais fácil para a comunidade de escribas de Jerusalém manter-se coesa quando era pequena, mas, conforme a cidade cresceu, ela se fraturou.

Há indícios de uma comunidade de escribas hebraicos fora do templo em Jerusalém já no início do século II a.C. O principal exemplo é Simeão, filho de Yeshua, filho de Eliezer, filho de Sira (ou Yeshua ben Sira), mencionado no prefácio do livro *Sabedoria de Ben Sira* como tendo escrito uma obra "para os que amam o aprendizado". Como seria de esperar, *Sabedoria de Ben Sira* apoia o templo e seu sacerdócio, mas o autor não parece estar diretamente afiliado ao templo, e não está claro se ele próprio era sacerdote, embora a maioria dos estudiosos acredite que sim.

Manuscritos como o rolo de Ben Sira encontrado em Massada e o rolo de Levítico de En-Gedi refletem essa prática escribal de Jerusalém (proto-massorética), mas outras comunidades de escribas surgiram, particularmente entre os essênios.[13] A comunidade essênia começou como um grupo de oposição ao Templo de Jerusalém e ao seu sacerdócio. Esses sacerdotes dissidentes criaram sua própria comunidade de prática escribal, refletida na biblioteca de textos das cavernas de Qumran. Segundo o filósofo judeu do século I, Fílon, os essênios chegaram a ter suas próprias sinagogas, que por sua vez mantinham bibliotecas sectárias próprias (*Prob.* 81–82).[14] Ao longo de mais de dois séculos, essa comunidade escribal essênia evoluiu e se desenvolveu em diversos locais, incluindo o centro de copistas em Qumran.

A ascensão da sinagoga e a leitura ritual da literatura hebraica clássica no contexto sinagogal teriam tornado a alfabetização em hebraico possível muito além dos limites do Templo de Jerusalém, de sua classe sacerdotal e das elites abastadas. A história de Jesus na sinagoga de Nazaré é um exemplo disso. Independentemente da historicidade desse episódio em particular, o ponto é que essa história não deveria ser considerada extraordinária. Ou seja, não era surpreendente que um homem judeu adulto no final do período do Segundo Templo pudesse adquirir certo grau de alfabetização em hebraico.

Aspectos da vida judaica — por exemplo, as orações em hebraico — exigiam certo nível de fluência nesse idioma, mesmo que o aramaico fosse a língua vernácula.[15] É claro que a capacidade de ler e a capacidade de escrever são habilidades diferentes, e o nível e a extensão da alfabetização na Palestina romana continuam sendo questões debatidas. No entanto, a sinagoga teria espalhado a disponibilidade da literatura hebraica por toda a região e incentivado uma ideologia religiosa que exigia algum domínio da língua hebraica. Após a destruição do Templo, a sinagoga se tornaria o novo local para o estudo do hebraico, assim como para comunidades de escribas.

Notas

1 Isso é, na verdade, algo que a comunidade samaritana compartilha com a comunidade aristocrática sacerdotal saduceia, que também enfatizava a autoridade da Torá escrita; veja Eyal Regev, "Were the Priests All the Same? Qumranic Halakhah in Comparison with Sadducean Halakhah," *DSD* 12 (2005): 158-88.

2 Há uma montanha de literatura sobre os Manuscritos do Mar Morto, mas dois livros úteis relacionados a este estudo são John Collins, *Beyond the Qumran Community: The Sectarian Movement of the Dead Sea Scrolls* (Grand Rapids, MI: Eerdmans, 2010); e Sidnie White Crawford, *Scribes and Scrolls at Qumran* (Grand Rapids, MI: Eerdmans, 2019).

3 Veja especialmente Crawford, *Scribes and Scrolls at Qumran*.

4 Drew Longacre, "Paleographic Style and the Forms and Functions of the Dead Sea Psalms Scrolls," 82. Veja também seu estudo anterior, "Disambiguating the Concept of Formality in Palaeographic Description: Stylistic Classification and the Ancient Jewish Hebrew/Aramaic Scripts," *Comparative Oriental Manuscript Studies Bulletin* 5 (2019): 101-28.

5 Essa distinção é feita por Paul Mandel, embora ele não relacione a nova profissão de "escriba-copista" com o surgimento da sinagoga; veja "Between סֹפֵר and סָפָּר: The Evolution of the Second Temple Period 'Scribe,'" 295-320.

6 Veja a visão geral de Lee Levine, *The Ancient Synagogue: The First Thousand Years* (New Haven: Yale University Press, 2000).

7 Zeev Weiss et al., eds., *Synagogues in the Hellenistic and Roman Periods: Archaeological Finds, New Methods, New Theories* (Göttingen: Vandenhoeck & Ruprecht, 2020).

8 Hachlili, *Ancient Synagogues*. Para uma sinagoga mais recente, veja Machael Osband e Benjamin Arubas, "The Excavation of a Roman-Period Village and Synagogue at Majduliyya," *IEJ* 70 (2020): 189-214.

9 Veja John Kloppenborg Verbin, "Dating Theodotos (CIJ II 1404)," *JJS* 51 (2000): 243-80.

10 Veja Levine, *The Ancient Synagogue*, 145-55.

11 Veja os ensaios reunidos em *Synagogues in the Hellenistic and Roman Periods: Archaeological Finds, New Methods, New Theories*, ed. Lutz Doering e Andrew Krause (Göttingen: Vandenhoeck & Ruprecht, 2020).

12 Veja, por exemplo, Theo van der Louw e Pieter Hartog, "Physical and Economic Aspects of the Earliest Septuagint Papyri," *JJS* 72 (2021): 1-22.

13 Veja Emanuel Tov, *Scribal Practices and Approaches Reflected in the Texts Found in the Judean Desert* (Leiden: Brill, 2004); William Schniedewind, "Language and Group Identity in the Dead Sea Scrolls: The Case for an 'Essene Hebrew,'" em *Hebrew Texts and Language of the Second Temple Period: Proceedings of the Eighth International Symposium on the Hebrew of the Dead Sea Scrolls and Ben Sira*, ed. Steven Fassberg (Leiden: Brill, 2021), 280-91.

14 A. Runnesson, D. Binder e B. Olsson, eds., *The Ancient Synagogue from its Origins to 200 CE: A Source Book* (Leiden: Brill, 2010), 70-72.

15 Muito já se escreveu sobre o problema da alfabetização em hebraico no período do Segundo Templo; veja Michael Wise, *Language and Literacy in Roman Judea: A Study of the Bar Kokhba Documents* (New Haven: Yale University Press, 2015); Alan Millard, *Reading and Writing in the Time of Jesus* (New York: New York University Press, 2000); Catherine Hezser, *Jewish Literacy in Roman Palestine* (Tübingen: Mohr Siebeck, 2001).

Este livro foi composto em Capitolina e
Vista Sans OTCE, e impresso em papel Pólen
Natural 80 g/m², pela Meta Gráfica.